金庸人物

生動的眾生情愁

覃賢茂——著

目錄

金庸人物

第一部 女人篇

一、十大美女排行

二、十大可愛女排行

三、十大美少女排行

金庸人物

四、十大暗戀女排行

五、十大失貞女排行

六、十大賢妻排行

七、十大惡女排行

金庸人物

八、十大怨婦排行

九、十大魯莽女排行

十、十大偏激女排行

十一、十大悲情女排行

十二、十大尼姑排行

第二部　男人篇

一、十大英雄排行

金庸人物

二、十大書生排行

三、十大高人排行

四、十大俠義排行

五、十大奇人排行

六、十大搞笑排行

七、十大情種排行

八、十大倒楣男排行

九、十大惡人排行

金庸人物

十、十大偽君子排行

十一、十大奸雄排行

十二、十大壞蛋排行

十三、十大皇帝排行

十四、十大僧道排行

推薦序

傳奇的人寫傳奇人物
——金庸百年 欣見傳奇三書

著名武俠文學研究者
師大中文系教授
林保淳

繼《古龍三書》之後，平生致力於武俠文學、文化研究的覃賢茂，又即將出版他耗費十數年精力撰寫的《金庸三書》，這不但對金庸的研究有其意義，就是對武俠學術研究圈而言，無疑也是一件大事。

古龍、金庸是中國武俠小說創作的高峰，不但可以睥睨其他舊派、新派的武俠創作，就是放諸於中國文學的層面，也是絕對足以佔一席重要地位的。放眼目前華人地區的武俠研究，以金庸為論題的，無疑是車載斗量，而古龍次之，其他作家則明顯瞠乎其後，這現象充分證明了古龍與金庸小說超越時代的卓越成就。

然而，如果不懷成見的平心以論，投入到金庸、古龍小說研究的學者、專家雖多，相關論著也已到了可以說是汗牛充棟的地步，但是，率心任意、枝枝節節，以抒發其個人主觀的閱讀心得，或者是致敬於金庸、古龍兩大家，以表示其由衷肯定、仰慕之意者為多。前者雖是意到筆隨，偶有新見，有如春花初放，蓓蕾新綻，足以驚人耳目，卻嫌其枝葉紛雜，未能綜窺其繁花怒放、觸目成春的全景，更遑論枝連脈結、從根本至於末梢的條暢，失之於散漫；而後者則心存定見，化敬崇之意為琳瑯之文字，引據理論、附會穿鑿，雖侃侃而論、鑿鑿而言，終不免陷於「歌德」之窠臼。真正能鉤稽爬梳，以這兩位大家的不同時期文本詳批細閱為經，而以其生平經歷、發表言論及當時社會情狀為緯，汲深鉤沉、條徹理貫，彰顯出其作品的言內、言外之意，並就此展現個人精闢見解的論著，嚴格說來，畢竟還是有限的。

覃賢茂前此的《古龍三書》，以深厚的國學根柢、詳盡的考索、縝密的閱讀、精沉的思路，發而為論，既強調其無可替代的經典性，又追溯其武學的承繼與創發性，更縱觀其生平，為其作了精采的評傳，平正公允、見解精到，雖未必能說是出類拔萃、矯矯獨勝之作，但其成就之斐然，卻是有目共睹的。

時隔七年，覃賢茂再接再厲，「七年來復」，再度以金庸為主題，出版其長達百萬言的巨著——《金庸三書》：《金庸傳奇》、《金庸人物》、《金庸武學》，雖云三書，卻是渾然為一書，個別來看，都自有其精妙動人、微言而中的精湛解讀，而窺其全體，則是從文本內容、時代走向、平生經歷，到金庸的人格與風格，皆宛然全都呈現於讀者眼前，無論從哪個角度來說，都足以稱得上是武俠史上的一個傳奇。

金庸是個傳奇人物，金庸的小說是武俠史上的傳奇，傳奇的人物、傳奇的創作，如果配合著傳奇的人來寫來論，則更是一個傳奇。

大家都知道，金庸左手寫小說，右手寫社論，旁及劇本寫作、影評、翻譯，創作是其當行本色，而以武俠知名於世。我想，百年以後，恐怕他有關新聞媒體上的成就會讓人遺忘掉，但他的小說創作，無疑將會是歷久彌新，在中國文學史上耀眼長存的。但金庸對他所最出色當行的武俠小說，卻是未必如一般讀者所想像般的如此重視，他甚少對其他作家有中肯的評論，也對武俠小說的未來發展未置一辭。他是武俠小說的創作者，但也是武俠小說的旁觀者，武俠小說成就了金庸，而金庸卻吝於成就武俠小說的前景，這是不免仍讓人若有憾焉的。

覃賢茂當然也可說是傳奇的人。他是在八〇年代趕上武俠小說班車的，雖說讀的是物理系，卻有點不務正業，反而對中國的傳統國學甚感興趣，在廣泛的閱讀下，奠定了深厚的基礎，尤其是對《易經》情有獨鍾，在內地尚對古代經典隔膜的時節即出版了《周易解謎》一書，令易學專家刮目相看，還施絳帳、課生徒，巍然易學名家。在受到金庸的《射鵰英雄傳》啟蒙下，先是以「閑夢樓主」的筆名，撰寫武俠小說，更進一步對古龍、金庸等名家的作品，以及武俠小說史撰寫了評論。他的所長，也在創作，但卻集中於武俠的相關評論。傳奇通常是流傳於民間的，在墨守成規的學院派裡，通常是不會有傳奇的，反正循規蹈矩，弄個不至於違反學術常規的論著出來，儘管極可能只看幾本書、幾篇論文，就能援據理論，說得天花亂墜，玩個票、過個場，就算盡了研究的能事。說實話，有關武俠小說的研究，反而是民間的愛好者，成就大於學院派的學者，尤其是散佈於民間龐大的相關資料，是學院派的學者既無時間、精力，也缺乏經費去蒐集的。此所以我向來認為武俠小說既是通俗文學的一類，而真正能將傳奇人物定位成傳奇的，也正在於民間。以武俠小說的歷史建構來說，最先為武俠史定出標竿的葉洪生，也就是非學院派的。覃賢茂的論著，也走向了我所認定的傳奇路徑上，來自民間、出於民間，也必將流傳於民間。

中國的歷史，向來有正史、野史的區別，在許多人的觀念中，正史較為可信，而野史卻多屬於街談巷議、道聽途說之流所造，荒誕悠謬，難以置信者為多。但是，正史所受到的政治立場、道德觀念的拘束甚多，晚近以來的史學觀點，早已將其揭露無遺，反而未必可信者居多。民間流傳的光怪陸離的說法，雖一眼即可窺知其虛構的，所在多有，但「雖小道，亦必有可觀者焉」，個中亦有不少是真實而可參照，足以破正史之妄的。覃賢茂的武俠評論，在諸多非學院派的評論群中，倒是頗不會涉入不經，反而能舉證歷歷，據之成理、言之有物，既有民間天馬行空、自由無羈絆的發揮，又儼然不失學院派規行矩步的繩墨，可謂是兼兩者之美，相信也必然會是武俠小說評論史上的傳奇。

在《金庸三書》中，有關金庸武學、金庸人物的評論，可能較為讀者所熟悉，畢竟坊間已出版過為數不少的相關評論，覃賢茂當然也別闢蹊徑，有與眾不同的新解，然而我認為真正能展現出其根深柢厚功力的，還是《金庸傳奇》。《金庸傳奇》書分十章，從金庸的天賦與性情開始抒論，援據其生平大要，點點滴滴，將金庸一生的經歷，羅縷而述而論，有其悲、有其喜、有其平順、有其挫折，更有其榮耀、有其理想、有其寂寞，是及至目前我看過的資料最齊整、申論最公允，也最詳盡的評傳之書。光看本書的小標題，就足以令人心悅神馳，而瀏覽之餘，其能使人悠然神往，與金庸同行、同其悲喜，自是也不在話下了。

傳奇之人，寫傳奇人物，相信這就是一個傳奇。

金庸三書總序

劍飛白雪，笑書丹青，韶光入蘆花

上個世紀八十年代，我在四川大學物理系念書時，迷戀上了武俠小說。記得大概是大三，在路邊的租書攤，偶然發現一本雜誌（應該是《武林》雜誌）上面，選載了金庸的《射鵰英雄傳》中幾千字的一個章節，內容是郭靖初逢梅超風的九陰白骨爪那一小段，驚為天書！自是不忍釋卷。此後數日，縈繫於心，遍尋大學旁邊的租書店，終於找到香港版的金庸武俠小說。租書店的老闆還是偷偷摸摸拿出來的，再三叮囑我不要聲張。

難忘在大學宿舍最初讀到金庸武俠小說的情景。那時租一冊金庸的武俠小說，租金是三角錢，是我們學校食堂中午供應一份回鍋肉的價格。《射鵰英雄傳》四冊，就是一元二角錢。不管那時作為窮學生的囊中羞澀，這租書的錢，花得一點不心痛。當然還要必須保證一天看完一冊，否則租金還是吃不消的。

此後數年的時間，陸陸續續，基本上把港台主要的武俠小說名家的作品都看了。把劍細品，當然還是唯獨傾心於金庸和古龍兩位大俠。

一九八五年大學畢業，我離開了故鄉四川新都新繁鎮，遠赴千里之外的江南南京工作。自小就有著文學夢的我，九十年代初，終於不覺技癢，也嘗試開始寫作武俠小說。後來因緣際會，得到當時花山文藝出版社編輯張志春先生的賞識，一九九四年我以閑夢樓主的筆名，在花山文藝出版社出版了約六十萬字的長篇武俠小說《海棠夫人》（上、中、下三冊），聊以慰藉我年輕時候的武俠情結。取名閑夢樓主，一是因為在大學寫詩時用的筆名是閑夢（我的名字覃賢茂，四川話讀音就是閑夢），二是致敬於天才武俠小說作家還珠樓主。大學時我熱愛詩歌，有〈回答〉一詩收入《中國當代校園詩人詩選》。

九十年代開始，大陸市場上武俠小說的出版情況急劇衰退，我的武俠小說寫作生涯也難以為繼。手上還有一部約六十萬字的武俠小說《粉豹桃花》書稿，幾經波折，終於還是沒有能夠面世。考慮到當時出版市場的需要，於是我轉而進行武俠小說研究的寫作。一九九五年在四川人民出版社出版了《古龍傳》，這應該是華人世界第一本全面研究古龍的傳記書籍。一九九六年繼續在四川人民出版社出版了《金庸智慧》。二〇〇一年又在四川人民出版社推出了約一百萬字的《金庸武俠小說鑒賞寶典》一部厚書。

和古龍、金庸的因緣

二〇一八年因為古龍生前好友、當代知名作家、資深媒體主筆陳曉林先生的厚愛，在風雲時代出版公司出版古龍三書：《評傳古龍：這麼精彩的一個人》、《武學古龍：古龍武學與武藝地圖》、《經典古龍：古龍十大經典排行點評》。這一套書也是約一百萬字。

隨便說一句，金庸年輕時曾想著手翻譯湯恩比的巨著《歷史研究》，後來因為見到了陳曉林先生的中譯本，盛讚其譯筆流暢，有了一種「眼前有景道不得，崔顥題詩在上頭」的喟嘆，所以金庸從此放棄了當初想要翻譯此書的念想，並在後來和日本文豪池田大作的對話錄中述及他對陳氏譯筆的推許。

陳曉林先生是古龍生前的好友，他也是金庸先生的朋友。在一次有陳曉林、古龍、陳怡真、羅龍治等文化人參加的與金庸的對話採訪中，陳曉林先生做了一段對金庸的武俠小說精闢深刻的論述：

「金庸先生的武俠小說固然描寫了人的貪婪，人的進取，人在衝突之下的爭鬥，但我更發覺到在這之中不經意地流露出我們中國農業社會中普遍地存在著的寬容的德性，這也是我十分激賞的一點。在現實生活上的許多方面，它都給我帶來了極大的啟示。我個人認為，這些年來在國內成功的作品之所以能吸引大家注意，大多是因為它在文學創作上的成功。之所以成功，必然是具有永恆不變的因素，也具有環境上的因素，尤其是前者。永恆的價值是不可磨滅的，金庸先生對真理的追尋，對正義的堅持，是讓人深為敬佩的。這也就是金庸之所以為金庸之處。」

著名學者龔鵬程先生在為我的「古龍三書」寫的序中說：「我由北投回到淡水時，道逢陳曉林兄。這麼些年，他是最懷念古龍，也最能不負故友，為之檢點身後遺事的人。他示我甫出版之程維鈞《本色古龍》，並說將再出版覃賢茂《評傳古龍——這麼精采的一個人》、《武學古龍——古龍武學與武藝地圖》、《經典古龍——古龍十大經典名著點評》，把稿子交我攜回北京細看。我對諸君能花那麼大的氣力來評述古龍，曉林又能如此仗義地出版，實是不勝欽仰，故歸來都詳細拜讀了。」

著名武俠小說研究專家，師範大學中文系教授林保淳先生也為我寫序說：「《古龍評傳》

是覃賢茂一九九五年《古龍傳》的擴增修訂版，非文史出身，而熱衷於國學，鍾情於古龍的覃兄，勤力搜剔，在古龍仙逝十年後出版，據我所知是引起廣泛矚目與讚賞的第一本古龍傳記。」

林保淳先生說我「非文史出身，而熱衷於國學」，誠哉斯言！我在四川大學物理系畢業後，就職於南京一家電子工廠，任技術品質科長。因未曾放棄文學夢，一直努力，業餘時間寫了數十部書。二〇〇九年，因緣聚會，特聘於四川大學錦江學院文學傳媒學院。

因為非科班文史出身，尷尬的是，我的職稱一直停留在「講師」。二〇一一年七月湖南衛視《零點鋒雲》節目邀請我作為學者嘉賓，講評當時檔期大片電影《武俠》，就鬧了笑話。節目播出，片頭介紹我是「教授」，我趕緊給製片人打電話去糾正。製片人驚嘆，你寫了那麼多書，還是「講師」？那時接連三期的《零點鋒雲》都有我的節目，第二期我講評瓊瑤《新還珠格格》，片頭介紹我，才改過來是「國學講師」。

當大學老師，教學相長，能夠全力投入文史的研究和寫作，所以這數十年，我也還算是著述頗多。

金庸三書的宿願

二〇一八年金庸先生過世，我心有戚戚。當天就寫了一首詩作為紀念，引錄於下：

《送金庸》

甚矣！誰為此長有飛雪般的戚戚？連天杳杳
白鹿走向西風縹緲之何處？潛龍已經長潛
沉睡，永遠都不止只是千年！而祝願
不過如陰陽轉移的疾射：離別如此，放棄亦如此

在那些笑傲的神俠和無可不可的書寫中
我看到，分別心，即是生者的驕傲之心
相看白刃，三尺之下，那是逝者劍鋒上閃耀的黃昏
渴望永恆，得到的難道只會是虛妄的無明？

只有不可以講述的愛情的癡和痛，才是真正的痛
所有的警惕和懷疑，都是生命被抑止的眼淚
所有的生命都是被講述的故事，如依依在水的碧鴛
紙花一樣開放，悄無聲息，呈現卑微的美

（注：詩中嵌入「飛雪連天射白鹿，笑書神俠倚碧鴛」金庸十四部小說名集聯）

二〇二四年，正是金庸先生誕辰一百周年，再承陳曉林先生盛情，將在風雲時代出版公司推出我多年來研究金庸完成的《金庸傳奇》、《金庸人物》、《金庸武學》三本專著。

《金庸傳奇》，是一部傳神寫照視角獨到的金庸人生的評述傳記。作者研究金庸已有三十

多年的時間，正所謂觀千劍而識器，作者對金庸的認知和理解，自是不敢妄自菲薄。《金庸傳奇》是一本最新的金庸先生的評述傳記，完整呈現金庸先生的俠路人生，梳理素材，披沙瀝金，勾勒描畫，寫照傳神，雖然不敢說是完滿或權威，但作者竭盡誠意，用力甚勤，其中獨見的評述，也能成一家之言，其特別的用心，盼讀者不要錯過。

《金庸人物》，作者通過對金庸小說中所有人物的詳細分析，將金庸的十五部武俠小說中近三百個人物按照不同的分類標準，由標準的程度高低進行排行，並對每一個上榜人物進行評價和分析，指出各人物上榜原因、排名前後的依據。全書能令讀者更好、更多地瞭解金庸武俠小說中的人物。作者曾深入地研究過評點《水滸傳》的大文學家金聖歎，在一九九八年出版過《金聖歎評傳》一書，學習金聖歎的評點手法，對金庸先生十五部小說的人物進行全面詳細分析和評價，增刪數載，可謂是得失自知。

《金庸武學》，是對金庸小說每本書中主要武學進行評述和講解，是作者多年來閱讀金庸小說的讀書筆記和備忘，是閱讀金庸小說的輔助工具。其中包括對金庸小說的武功備忘、琴棋書畫、美食美酒、奇物奇技等諸多典故出處的勾陳析介，實是金庸迷們可以一讀，可以收藏的。

需要說明一下的是，《金庸傳奇》、《金庸人物》、《金庸武學》這三本專著，評述金庸的武俠小說，依據的都是金庸小說的三聯版本。行筆至此，回想當初在大學讀到金庸先生小說的情景，不禁感慨良多。浮生恰似冰底水，日夜東流人不知。

韶光流逝，白駒過隙，如飛入蘆花中的白雪，了無痕跡，化成雪泥鴻影的追憶。惟有現在已經結集完成的金庸三書的書稿，是我對金庸先生的致敬和紀念，是我的青春無悔。

是為序。

弁言

一樣人便還他一樣說話

在大學教過《基礎寫作》的課程，寫作理論中，有著名的小說三要素的說法：人物、情節、環境。而這三要素中，人物是核心。我對此深為贊同。西方小說中，年輕時最喜歡赫爾曼．黑塞，他的《彼得．卡門青德》，我驚為神品，沒有什麼情節、高潮之類，但是其人物絕妙神韻，卻讓人留下深刻印象。

金庸的武俠小說，許多人都以為是以情節曲折離奇取勝，如梁羽生所說：「情節變化多，每有奇峰突起，令人意想不到。」錯了！金庸武俠小說的成功，在於其人物的刻畫摹寫極為精到絕倫，栩栩如生，似乎這世間真有這些妙人兒存在，如金聖歎評《水滸傳》所說：「一樣人，便還他一樣說話，真是絕奇本事。」

因為研究武俠小說，所以我極為推崇金聖歎，細讀過《金聖歎全集》，在一九九八年還出版了一部《金聖歎評傳》。金聖歎預支了三百年後的文學新意，力推《水滸傳》、《西廂記》為第五、第六大才子書，與莊騷馬杜（莊子、離騷、司馬遷、杜甫）並稱，皆是天地之間至文。那時我就想到，金庸、古龍之雄文巨制，不也是錦繡文字、天地之間至文嗎？

我以為，要想讀懂讀透金庸，需要有金聖歎讀水滸的智慧。

有一個著名的例子，金聖歎評《水滸》智取生辰綱一段，楊志被麻翻，醒來後一看生辰綱沒了，「環顧四下，別無他物」。就一把刀，把這把刀撿起來就走了。金聖歎在「別無他物」四個字後面畫了四個圈做了一個評點：「只有滿地的棗子。」金聖歎讀出了文字之外的意思，點出了惡戰後的寂靜，評得真是漂亮。

金聖歎說：「別一部書，看過一遍即休。獨有《水滸傳》，只是看不厭，無非為他把一百八個人性格，都寫出來。《水滸傳》寫一百八個人性格，真是一百八樣。若別一部書，任他寫一千個人，也只是一樣；便只寫得兩個人，也只是一樣。」

《金庸人物》細論了金庸武俠小說中近三百個人物（因為篇幅原因，刪減了部分支線人物）。金庸武俠小說的成功，正是這樣，三百個人物性格，真是三百不同樣。「任憑提起一個，都似舊時熟識，文字有氣力如此。」（金聖歎語）

金聖歎《讀第五才子書法》中：「然則《水滸》之一百六人，殆莫不勝於宋江。然而此一百六人也者，固獨人人未若武松之絕倫超群。然則武松何如人也？曰：『武松，天人也。』武松天人者，固具有魯達之闊，林沖之毒，楊志之正，柴進之良，阮七之快，李逵之真，吳用之捷，花榮之雅，盧俊義之大，石秀之警者。斷曰第一人，不亦宜乎？」

我在評析蕭峰的時候，就是用了金聖歎的說法：

「金聖歎評《水滸》論武松為天人，蕭峰何嘗不是天人。看他有闊處，有毒處，有正處，有良處，有快處，有真處，有捷處，有雅處，有大處，有警處，實是金大俠小說中之第一人，不亦宜乎。

「大氣磅礴，勇猛剛健，是為闊；七歲殺人，不受怨屈，是為毒；誓不殺一漢人，是為正；義釋背叛他的丐幫長老，是為良；出手即重創雲中鶴，是為快；英雄有淚亦盡彈，是為真；杏子林快刀斬亂麻平息叛亂，是為捷；激賞段譽書呆子之爽氣，是為雅；單刀於聚賢莊應戰群雄，是為大；於客店中探得薛神醫大撒英雄帖，是為警。蕭峰的一身集有郭靖之闊，楊過之毒，張無忌之正，石破天之良，令狐冲之快，周伯通之真，黃藥師之捷，陳家洛之雅，洪七公之大，胡斐之警，不作第一人，可乎？」

我早年研究金庸，正是學習了金聖歎的文本細讀方法，也做了極細緻的功夫。還記得九十年代有一年的冬天，我那時在南京工作，父母在四川，按照當時的政策可以有約一個月的探親假。那年我沒有回家，我利用休探親假的一個月時間，借住在南京一個親戚的家裡，集中寫了金庸幾部重要武俠小說的回評。

那時研究的條件比較艱苦。九十年代，電腦還沒有普及，我還不會用電腦打字，要用筆手寫。那一個冬天，南京天寒地凍，滴水成冰，我住的小屋沒有空調和取暖器，我還是每天要堅持寫作十多個小時。至今我還保存了那時數十個筆記本的手寫稿。

回想那時的情景，真有許多感慨。那時我真的年輕，真的是精力好，真的是有激情。對金庸武俠小說的回評，我的手寫筆記前後大約有四十萬字。在這樣研究的基礎上，我對金庸武俠小說中的人物，才有了較為細緻準確全面的把握，後來才有了《金庸人物譜》的結集。《金庸人物譜》將金庸的十五部武俠小說中近三百個人物進行分類排名，較為詳細地對這些人物進行了品析和解讀，是作者數十年竭盡愚誠的用心奉獻，如能對讀者閱讀金庸的武俠小說略有裨益，則是萬幸。限於作者的學問和眼界，多有錯謬之處，還請方家指正。

是為再序。

第一部

女人篇

一、十大美女排行

十大美女上榜人物：陳圓圓、西施、香香公主、石洞仙子、紫衫龍王、阿珂、王語嫣、小龍女、黃衫美女、霍青桐。

．排名第十

霍青桐：《紅樓夢》中的古典美人

容貌：★★★★　武功：★★★　智商：★★★★★

情商：★★　攻擊力：★★★

翠羽黃衫霍青桐可以在美人榜中占一席之地，因為她是頗具代表性的古典美人。從《書劍恩仇錄》中明白可以看出，霍青桐儼然是《紅樓夢》中的古典美人，書中描繪她的美麗是「霞映澄塘」、「月射寒江」，連這些形容詞也是從《紅樓夢》中照搬而出的。

霍青桐的特色是純樸認真，雖有小女兒的單純和執著，但行事卻能識大體，處處以大局為重，並不小家氣，可謂是從善如流，最能替他人著想，有著一種可貴的犧牲和奉獻的精神。

陳家洛本來對霍青桐是大為動心的。陳家洛率紅花會群雄幫助回疆的木卓倫部奪還經書，而霍青桐則贈以寶劍，一表感激之懷，二定相愛之意，可以說兩人已情愫暗生，這時李沅芷女扮男裝與霍青桐親熱談笑引起了誤會，這在一個真正的勇敢的追求者眼裡實在算不了什麼，但這位可憐的陳家洛就此把妒恨交迸的心理悄悄地掩飾起來，裝得若無其事，不敢表白，不敢追求，甚至不敢去打聽一下。

陳家洛對待霍青桐的矛盾態度還有另一重要原因，這就是霍青桐英姿颯爽，智計過人，豪邁超群，是一位不折不扣、光彩照人的巾幗英雄，而陳家洛的內心深處，潛意識裡存在著的想法卻是，他怕娶了一個「巾幗丈夫」而使自己顯出小男人的真形。

以霍青桐的冰雪聰明，對陳家洛的小心眼，當然看得心知肚明，但她一個少女，又怎能說得出口去解釋清楚？那不是她的性格。黃蓉在這種情況下會換一種方式去解釋，也許李沅芷也能，但霍青桐做不到，這也是她命定的悲劇。

這些是霍青桐的優點，也是她的弱點。霍青桐的愛情悲劇，與她的性格行事是相吻合的，她永遠都不會以自己為中心。

霍青桐不僅絕美，而且多才，多才更是惹得多愁。香香公主是有福的，心地單純的她，是想不到她的姐姐和陳家洛之間還有那麼多微妙的關係。看著妹妹找到了幸福，霍青桐真是苦水只能獨自往肚子裡咽。霍青桐對族人的貢獻大家看不到，反是香香公主逞無謂之勇赴清兵營中作使者，木卓倫就稱讚不絕：「青兒，你妹子真勇敢。」這對霍青桐，確實是太不公平了。

香香公主的勇敢何在？她有情郎陳家洛相陪，當然不怕了，天塌下來自有人承擔。見殺人，香香公主心軟而流淚，只是苦了陳家洛，拚死保護，千難萬難才闖了出來，而且幸有紅花會兄弟趕到求援，這才暫時脫了險。還是周綺心直口快，就是看不過去，質問陳家洛。香香公主呢，只是睜著一雙眼睛，弄不明白。眾人都在心焦如何應付危機之時，香香公主卻甜甜地睡著了。駱冰笑道：「這孩子真是一點也不擔心。」與她的姐姐霍青桐相比，香香公主真是不知要幼稚多少倍。

霍青桐真是忍辱負重，淒苦一人承擔。她的聰明，她的才幹，她的胸襟，她的眼光，真不知比周圍之人高出多少。眾人偏偏都一起誤解她。身為領袖的陳家洛也不能明白她的心意。一直到了最後，眾人才反應過來，一切盡在霍青桐的巧妙安排之中。

黑水河之役，回部在霍青桐的調度有方，指揮得法的領導下，以少勝多，大勝兆惠清兵十餘萬人。霍青桐的形象，於此出色到極處。

陳家洛、木卓倫等人困守沙丘，幾如甕中之鱉，無逃生的可能。加之大惡人張召重加入清軍隊中，真讓紅花會好漢們大感吃緊。張召重行惡不遺餘力，把師兄馬真也給害了，這回文泰來與之劇鬥，以文泰來的神勇，也才堪堪與其打個平手。

最危險時刻，霍青桐發動反攻，號令回部軍馬，沉著應戰，並用計謀，使清兵吃了大虧。此一戰精彩絕倫，該止即止，該行則行，不忙不亂，不急不躁，皆是在最佳地點，最佳時機發動衝擊。清兵人數雖多，亦只能逞一時之勇，最後終於潰不成軍。

與霍青桐鎮定自若指揮有法的大擔當相對照的是她內心的委曲和淒苦，無處可訴。這是有才幹的女人的最大悲劇，她有能力解決重大的事業上的問題，儼然是英雄，是女強人，但面臨感情上的問題，她卻無能為力。她所有的聰明才智，最後只能成為多餘和無用的笑柄。

戰鬥結束之後，霍青桐吐出一大口鮮血，她真是心力俱疲，殫智竭力。這時，大家的道歉，又有什麼用呢？父親偏愛小妹就不說了，意中人莫名其妙和自己的親妹妹在一起打得火熱，她如何能解開這個大結？霍青桐氣苦而去，離開了這個是非傷心之地，去找尋她的師父吐一吐苦水。此時霍青桐的光彩，遠遠勝過了陳家洛，更顯出陳家洛書生的格局見小，胸襟不夠，不足以包容，不足以幹一番大事業。

美麗並沒有給霍青桐帶來更多的運氣和幸福，這主要是因為霍青桐還有一個比她更要美麗得多的夢幻美人香香公主。

霍青桐的美麗很容易被人忽略，因為她的風頭總是被她的妹妹壓過。所以在十大美女上榜人物中，她只能排在第十位。

·排名第九

黃衫美女：世外仙姝般人物

容貌：★★★★　武功：★★★★★　智商：★★★★
情商：★★★　攻擊力：★★★★★

《神鵰俠侶》中，有一個不知名姓的神秘的黃衫美女，帶給人以無窮無盡的遐想和回味。

黃衫美女如神龍一現，真正是世外仙姝般人物，似乎純從太虛幻境生出的人間絕無的虛無縹緲的美人。

神秘高藐的黃衫美女成了《神鵰俠侶》書中意外的矛盾調解者，她神秘的出現，輕易地解決了本書人物糾葛的理不清的頭緒，她實是功莫大焉。

看她微微責備了張無忌，有恨鐵不成鋼之意，她站的位置是張無忌遙不可及的。黃衫美女談笑之間，輕易點穿揭破陳友諒和假冒丐幫幫主的絕大陰謀，她雖不涉俗世，對江湖變故卻瞭若指掌，最後大功告成之後，在琴簫之聲中飄然遠引，不知所終，真如一場春夢。

黃衫美女雖然驚鴻一瞥，但我們還是可以從其言行中略可推測其來歷。她極美，但臉色卻白得竟無著半點血色，又與丐幫上一代極有淵源，她極可能是古墓派的傳人。

神秘的黃衫美女出現，實是為《神鵰俠侶》此書增色不少，拔高境界。

在十大美女上榜人物中，黃衫美女可排在第九位。

・排名第八

小龍女：神仙般邈遠高潔的形象

容貌：★★★★　武功：★★★★　智商：★★★

情商：★★　攻擊力：★★★★

《神鵰俠侶》中小龍女出場，用的是欲擒故縱，欲揚先抑的筆法。未聞其聲，未見其容，先是聽到小龍女彈奏的仙樂。那琴聲的平和、琴聲的激亢、琴聲的輕柔、琴聲的沉寂，使小龍女神仙般邈遠高潔的形象早就已在讀者的心中烙下了深深的印象。還有那神奇而通靈的玉蜂，甜美而暢懷的花香，讀者心神醉矣！千呼萬喚，小龍女終於靜靜地出場了。

一定要突出這個靜字。

處女的靜，世外仙姝的靜，是她難以描繪的神韻。靜靜的一身白衣，蒼白而秀美絕俗的面容，肌膚若冰雪，步態若弱柳臨風，這又是一個不食人間煙火的「藐姑之山有神人焉」。

神人，然而終究還是人，是活色生香有血有肉的人性的人，一定要記住這一點，不要被小說一開始的印象蒙蔽。

否則，再看下去，看到小龍女人性的復活和轉變，就會難以理解了。這是潤物無聲的自然中的跬積的轉變。轉變將是真實的，但此刻超越和不近人情的虛幻之絕美也是真實的。

小龍女的神性與楊過的人性在此一刻就開始撞碰並磨擦出星星點點的火花了。

一個靜若止水，一個心熱似火，由冷到微熱，由楊過的油腔滑調到小龍女「臉上微微的一紅」，真實的變化已在快速地發生。

小龍女道：「人人都要死，那也算不了什麼」，此可作警世語，作醒世語，作喻世語。

古墓派、寒玉床，令人眼花繚亂的「天羅地網」式的神奇武功，如暮春三月枝頭的新綠一般暢人心懷，漫不經心和慵慵懶懶的幻美裝點著生命蓬勃迸發的歡娛熱情。

這是純粹和澄明的極樂境地，天上人間，世外桃源。

楊過、小龍女，奇特的二人世界，契合出精神和人性雙重的脫胎換骨和新生。

接下去，生命之樹綻開了少年最為驚豔的鮮花，蜜一般成熟的芳香潛入浸潤空氣和燦爛的陽光，連醺然的微風吹拂也隱隱約約變幻了另一種含蓄和曖昧的意味。

玉女心經在楊過與小龍女二人如切如磋如琢如磨的共同修煉中，在影射，在隱喻，在切入現象堅硬外殼中柔軟而赤裸的本質的內核。

那是金大俠小說中難得的香豔驚魂的一段，生理已經成熟和英俊的少年楊過，和實際上更早地成熟和甜美的小龍女，相隔著奇香撲鼻的紅瓣綠枝的花叢，像嬰兒一樣赤裸自然地敞開性感的肉體，心無雜念地互相幫助。但千萬不要把這只當香豔小說來讀，必須讀懂這紙背後的深刻的人性，讀懂這一場面的隱喻，讀懂小龍女性格變化中最內在的一致和統一。

倪匡先生說禁欲是欲的另一種遊戲方式。在這裡，我們才恍然讀出冷若冰霜、不著紅塵的世外仙姝小龍女，內心中竟潛伏著更為狂野和澎湃的生命和熱情本能的衝動。

然而戲劇性的場面卻不忍地到來。楊過、小龍女赤身練功的場面竟被趙志敬和尹志平撞見。色的幻象在定格和凸現，在警示著愚頑。孽因已種下，必將有碩大和腐爛的不倫之果使世蒙羞。

小龍女在重傷之時竟要對楊過下殺手，要讓楊過和她一起死。這是扭曲的愛和責任，是獨自佔有的另一種表達方式。

問世間，情為何物，直教生死相許。

不可抗拒的固執的愛，獨自在悄然生長和茁壯，楊過和小龍女癡愛的命運，原來早已在冥冥之中註定。

小龍女數次欲說還休，其實早已動了真情。一邊是既有的規範，一邊是本能的衝動，潛伏的感動不知不覺地背叛了虛幻的言辭。生不同衾死同穴，堅貞的愛情已在誓言中綻放出奇花。

楊過心想，「為她死也甘心」，真情像草原一般寬闊，像閃電一般照亮陰暗的心情。視死如歸，其實死已不重要，不可怕，因為它再強大也不能阻擋相愛的心靈之間的歡悅。在生與死兩難的悖論中，楊過交上了最為完滿的答卷。

情為何物？情是奉獻和犧牲，是在無私中實現了自我的一場覺悟。在證實和疑慮的一剎那間，情最為美好的注釋被發揚光大了，幾乎就是永恆。

變化如怒潮一般驚心動魄地衝擊著小龍女靈魂的每一個細胞和毛孔，從世外仙姝的女神到有血有肉有情有欲的女人，這最艱難的一步跨出去了。

金大俠準確地描述道：「她卻不知以靜功壓抑七情六欲，原是逆天行事，並非情欲就此消除。」

情和欲愈是壓抑得厲害，激情愈是報復得驚濤拍岸。

楊過反而是一片赤子之心，渾然不覺，只是盲目而本能地被指引，被點撥。

欲潔何曾潔，云空未必空。小龍女竟然被尹志平這狗東西玷污了。小龍女何辜？金大俠何忍？造化妒人，難道這世界真的不存在圓滿，難道最純粹的美麗必定要帶有欠缺？這是全書最有深意的一筆。

情為何物？情不可能遁世，不可能迴避人世間的骯髒、獸性和罪惡。

小龍女道：「我自己要做過兒的妻子。」平常心，平常語言，只有這世外的仙姝，非塵世的遊戲規則，才如此自然，不做作。

小龍女是特例，萬不可以用人世的有色眼鏡戴上，去對她妄加點評。在絕情谷中，小龍女不與楊過相認，更有甚者，她還要作絕情谷主公孫止的新娘。小龍女，這是何苦？情的果實，真的是這般醜陋酸澀？為情所傷，竟就要這樣作踐糟蹋自己，讓親者痛，仇者快，讓痛心和恥辱永遠烙上愛人的心頭，一生一世蒙羞？

小龍女本是世外仙姝，此時忽作凡婦中下品之舉，其內心情孽的複雜隱晦程度，實不忍去深究。

難怪倪匡先生作極偏激語：「小龍女是我最討厭的金庸女子。」

小龍女五雷轟頂般得知了她被尹志平迷姦的真相，痛到魂飛魄散，神志不清，心中淒苦到了極點，悲憤到了極處。

寫小龍女痛的心態，細膩真實，宛如在眼前，是高明之極，格物之致的大手筆。看她先是一顆心慢慢沉了下去，腦中轟轟亂響，繼而懊悶欲絕，全身痠軟無力，連報仇也提不起精神，只是茫然，只是拿不定主意，最後她只是鬼魅一般如影附形地不遠不近跟著尹志平又不知該拿他怎麼辦。

迷惘了好些日子的小龍女，心中的悲傷已鬱結到了極點，劍上一見血，壓抑太久的悲憤頓時發作出來，如平地滾起春雷，如野馬驟然脫韁，一發不可收拾。她凜然如復仇女神，劍光閃動，就要大開殺戒。

小龍女已非吳下阿蒙，非但群道不是其對手，就是金輪法王、尼摩星、尹克西、瀟湘子四人齊上，小龍女才感到氣力不支，精神上也撐不住了。此時小龍女非是不能再戰，實是激情減退，意志消磨，心中早已抱一死之念以報楊過之深情。

好楊過，終於閃亮登場，青松之下，玫瑰花旁，將小龍女抱在懷裡，不要緊了，可以寬懷了，可以放心了。

楊過雖然來了，但還是晚了半拍，小龍女這時已身受重傷，又命在旦夕。愛情，還是要以生與死激烈的衝突來作襯托，才能更顯其堅貞和偉大。

「甚麼師徒名分，甚麼名節清白，咱們通統當是放屁」，金大俠已憋了許久的話，這時終於借楊過之口說了。

楊過本性中疏狂的一面在此時急速地膨脹，補償和報復般地席捲和橫掃過來，他竟就要和小龍女在重陽宮神聖的祖師堂前結拜天地，全然不把一干愚昧低劣固執自大的臭道士放在眼裡。這是世間上最為奇特的婚禮。

楊過滿足了小龍女的要求，帶著小龍女（還有小郭襄）回到了古墓中，要把生命中最後的歡娛細細來享受，不讓外人來打擾。

寫小龍女強打起精神扮新娘妝一段文字，有許多細膩的極醉極苦語。悲和喜奇特的揉合和交融，淚裡帶笑，笑中有淚。

峰迴路轉，楊過忽然從義父歐陽鋒逆練經脈和寒玉床中找到了為小龍女療傷的方法，希望的曙光再次出現。

小龍女逼得公孫止交出了絕情丹，交給了楊過。楊過接解藥之後，竟隨手將之擲入深谷之中，引出一片莫名的驚呼。

「半枚丹藥難救兩人之命，要它何用？難道你死之後，我竟能獨生麼？」

小龍女再次離去。這一次不是誤會，不是賭氣，是小龍女聽黃蓉的一席話而有所悟，她要以渺茫的希望給楊過，激發起楊過的求生意志，服下斷腸草以解除情花之毒。

（「情」之毒須用「斷腸」來解，寫得真是恰如其分。）

「十六年後，在此重會，夫妻情深，勿失信約」。

皇天不負有心人，楊過終於見到了小龍女！

小龍女還是那麼的年輕，那麼冰雪之姿，楊過卻老了，等閒白了少年頭。

想當初，楊過小，小龍女在等待楊過成長；看現在，楊過成熟了，更像知冷知熱的好男人。這符合了一種傳統的美滿的情愛模式：年長成熟的男子，美貌的女孩，最能體現出情愛的美感來。

因此在十大美女上榜人物中，小龍女排在第八位。

‧排名第七

王語嫣：貌若天仙不會武功的武學博士

容貌：★★★★★　武功：☆　智商：★★★★★

情商：★★★　攻擊力：★

《天龍八部》寫王語嫣之美，用的是月步迴廊，一唱三歎之筆法。「從此醉」一回中，先不見人，但聞其聲。只是一聲輕輕的歎息，就能使段譽全身一震，怦怦心跳，熱血如沸，心神俱往。此處寫得真好，一聲歎息竟能作出如此文章，我亦心神馳往了！

一聲歎息便如魔咒一般勾了段譽之魂，及見其背影，只覺煙霞籠罩，恍如仙境地。苗條的身形，披肩的長髮，折射的卻是一種純潔而神聖的氛圍，一抹精神的濃郁香氣，一片悅耳聲音的雲霧，一次宗教般情感的向上衝鋒。

段譽、王語嫣、阿朱、阿碧從曼陀山莊逃出，趕去聽香水榭對付眾多江湖人物，先是由阿朱代他們易容喬裝打扮，但旋即暴露，此後便是王語嫣的重彩戲。

王語嫣雖然絲毫不會武功，但卻是一部武學活詞典。武林中各門各派秘傳絕學，甚至失傳絕學，全部裝在她的胸中，可以隨口滔滔不絕地道出。王語嫣絕對可說是武學權威大教授級別，武學頂尖評論大師。不僅別人通名報姓她即可以如數家珍道出來歷，而且她還能從別人的招數上識出其武學源流，甚至還能出口指點當教練，隨便點拔幾句，立時就能令其武學境界大增，反敗為勝。

女孩子畢竟是女孩子，即使沒有來電的感覺，也同樣會因自己的美貌顛倒眾生而心下竊喜。何況段譽這等書生，這等人品，雖有些呆氣，王語嫣卻不能不感到一種暖烘烘的極慰貼的快意。

其實王語嫣和段譽，倒是絕配。

兩人都一般不通世務，全無機心；兩人都一般的有些迂腐的呆氣；兩人都一般的有一肚子學問；兩人都一般的愛著一個並不把他們當回事的人；兩人都一般因心有寄託而倍覺充實；兩人都有一般的愁，一般的怨，一般的喜，一般的傷心人別有懷抱。除此之外，兩人還能在武功上取長補短，配合得天衣無縫。段譽身懷絕世武功而不會用，王語嫣不會武功卻能當教練指點段譽。碾房一段中段譽一邊因殺了人而心下發毛，一邊在王語嫣的指點下大展神威，所向披靡。

為情所迷，段譽呆，段譽出醜，段譽丟臉，段譽臉無愧色安然坦白承認自己確是癩蛤蟆，只不過是與眾不同的特殊的癩蛤蟆，只想向天鵝看幾眼就心滿意足，吃不吃倒是無所謂。讀此，雖讓人忍俊不住，卻並不覺段譽出醜、丟臉，反覺其人性有說不出的正大尊嚴。

王語嫣真的愛慕容復嗎？當然不是。

王語嫣表面上對慕容復始終如一的癡情，只是少女青春崇拜，一種自己無法解脫的慣性。當初在姑蘇慕容家的那個小圈子裡，沒有比較，沒有競爭對手，慕容復確是完美的青春偶像，王語嫣正好自己對號入座，當上了崇拜者的角色，從此她也一直以為自己是愛了，一直去規範和引導這種愛的發展。

段譽出現了，段譽像另一個世界吹來的醺人欲醉的和風，他用了自己最完美的行動，去證明自己才值得王語嫣的真愛。

倪匡先生批評王語嫣說她利用段譽，天性涼薄，這是太偏頗，太不公正了。

王語嫣確是有許多讓人看不順眼的缺點，特別是以前對段譽有許多不公平的態度，但一個人要認識自己是很困難的，一個人往往不能分清他（她）心中情感的真假，因為感情有時候也會騙人的。

王語嫣最後能認識她對慕容復的愛是錯誤的，段譽才是她最值的真愛，這是不容易的。所謂知恥近乎勇，我們應該加以鼓勵。

還有，能表明王語嫣心態正常，豁然覺悟的細節，可以從這一點上看出：

王語嫣心許段譽後，並不像一般淺薄女子那樣拚命攻擊以前的偶像以表白清白和心意，她甚至還能理解慕容復「原不是壞人」，為其開脫分辯，這就是王語嫣的境界高明之處了。

蕭遠山、慕容博從生死間走了一回而悟佛，王語嫣從生死間走了一回而悟情。極端情境，極端衝突，如當頭棒喝，最能使人覺悟。

在十大美女上榜人物中，王語嫣排在第七位。

·排名第六

阿珂：除了絕色之外是幼稚和膚淺

容貌：★★★★★　武功：★★　智商：★★

情商：★★　攻擊力：★★

阿珂出場，阿珂如何美法，書中沒有正面描寫，只寫了小寶見了阿珂立即是五雷轟頂的感覺，要死要活：「我死了！我死了！」

小寶的七個老婆中，阿珂是小寶親點的「元配正室大老婆」，小寶見到阿珂的那種色授魂與，難以自持的感覺，其實與段譽見到王語嫣的感覺相似，一般的昏昏沉沉，從此醉矣。而小寶追阿珂，死纏爛打，百折不撓的精神，與段譽追王語嫣絕不放棄一絲希望一點機會的行為，其實本質上也有相通之處。所不同的是，段譽的癡情，是文化的，有高貴教養作底色，而小寶的癡情，卻是反文化的，純是一種本能衝動的力量。小寶和段譽，是事物的兩面，正反映出人性的複雜，生命的豐富和多樣性來。

阿珂除了絕色之外，個性特點並不鮮明，反不如小寶的其他幾個老婆有特色。我們從書中可以看到阿珂的幼稚膚淺，對人生世界的認知少得可憐。阿珂和阿琪不知天高地厚，想去見識少林武學絕技，本已是滑稽，小寶輕薄無賴，無意中又非禮了阿珂，阿珂就要抹刀自殺，也是頭腦簡單，並見不出其有什麼貞烈處。此後，小寶一心忘不了阿珂，阿珂則一心要殺小寶洩憤，小寶忽樂忽苦，自此不得安寧。

小寶調戲阿珂的那一段，寫得真是駭人之極。看小寶鄭重發誓，聲聲都是最為怨毒陰狠的詛咒，天打雷劈，千刀萬剮，非要把阿珂娶來當老婆不可。小寶一向油腔滑調，半真半假，此時如此正色，真讓人看了不習慣。小寶的輕浮本性中，原來還有這般極蠻極狠之處，倒真不要看錯了。

阿珂的人生如一張白紙，何嘗見過這等大陣仗，只見她聽得呆了，臉也紅了，害怕起來，不敢逼視。這強烈的印象，真如刀子一般，讓阿珂刻骨銘心，給予她生命巨大的震撼。這震撼將在她的內心生根發芽，給她內在潛移默化的影響，改變她的人生道路和命運。不管怎樣，阿珂已將永遠不可擺脫小寶這強烈巨大的意志的陰影了。

情欲的力量和死亡的意志相通，愛的衝動正與死的衝動相似。寫小寶在阿珂面前，心性大亂，內分泌失調，又想跪下膜拜哀求，又想野獸般將她撕毀，文筆的奇詭，真是不可思議。這是小寶本能中最真實之處，全不作偽，小寶更是凡人中的凡人，是人性弱點複雜的隱喻。

阿珂怨恨小寶倒也罷了，連澄觀憨直弱智之人也誤會，可見她見識的不高明之處，難怪後來見了鄭克爽這繡花枕頭草包公子，便立即死心塌地傾慕，阿珂確是膚淺。

九難提出要收小寶為徒以作為獎賞，小寶大喜過望，倒不是小寶真的要學九難的武功，而是如此與阿珂的關係大進一層，兩人成了師姊弟，阿珂無法再趕走他了。小寶橫下一條心來，不到黃河心不死，到了黃河心也不死，一定要追到阿珂當老婆。

阿珂去刺殺吳三桂，行刺不成功，卻反而被擒，這可讓小寶心神大亂。老婆出了事，小寶是無論如何拚著命都要去救回來的。小寶如此待阿珂，你能說這不是真心，不是付出？不是真正的愛情？

為了阿珂，小寶真是氣急敗壞，把自己所帶的兵馬都調了過來，簡直是要與吳三桂拚命的樣子。

阿珂和王語嫣都是絕美，而且她們的美麗都有著驚人和可怕的震撼力量。考慮到遺傳關係，阿珂的母親是傾國傾城的陳圓圓，所以在十大美女上榜人物中，阿珂應該排在王語嫣之前，位居第六位。

·排名第五

紫衫龍王（金花婆婆）：勝如凌波仙子但沒有連貫一致的美感

容貌：★★★★　武功：★★★★　智商：★★★
情商：★★　攻擊力：★★★★

金花婆婆這個人物形象上不夠豐滿，她很神秘，行事風格奇特，而且又相當詭異。可當謎底揭開時，她竟然是明教四大法王中的紫衫龍王。金花婆婆相貌醜陋，目前的模樣鼻低唇厚、四方臉蛋、耳大招風，其實是改易了面容。謝遜說她一生行事怪僻，其實內心有說不出的苦處，她這樣做，主要是在逃避波斯總教來人的追尋。

與其他三位，金毛獅王、白眉鷹王、青翼蝠王相比，金花婆婆或是紫衫龍王就不及格，實是難與另外三人比肩而論。

金花婆婆行事風格雖然不連貫一致，但她的真實面目卻是美若天仙，二十餘年前乃是武林中第一美人。

金花婆婆位列明教四王之首，但不是因為她的武功高，機謀深，她位列金毛獅王、白眉鷹王、青翼蝠王三位之上，那是金毛獅王、白眉鷹王、青翼蝠王心甘情願讓她的。這也沒有什麼其他原因，只因為她是天下第一美人而已。

趙敏和謝遜開玩笑說他和白眉鷹王、青翼蝠王三人是英雄難過美人關，三位大英雄都甘心拜服於石榴裙下，謝遜竟不著惱，歎道：「甘心拜服於石榴裙下的，豈止三人而已？其時教內教外，盼獲黛綺絲之青睞者，便說一百人，只怕也說得少了。」

二十年前，這位波斯豔女黛綺絲便在光明頂上住了下來，一時不知傾倒了多少英雄豪傑。

謝遜回憶二十年前，碧水寒潭之畔，黛綺絲與韓千葉的那一戰。那日黛綺絲穿了一身紫色衣衫，她在冰上這麼一站，當真勝如凌波仙子。苦頭陀范遙據說年輕時是個美男子，他對黛綺絲十分傾心，那一見鍾情，終於成為銘心刻骨的相思。其實何止范遙如此，見到黛綺絲之美色而不動心的男子只怕很少。

紫衫龍王是中國和波斯女子的混種，頭髮和眼珠都是黑的，但高鼻深目，膚白如雪，和中原女子大異。但紫衫龍王的行事，似乎許多都是道理不夠充分。她本來與謝遜的關係很好，謝遜沒有做過對不起她的事，但她現在卻行事偏頗，全不念當年故人之情，而紫衫龍王似乎又對明教中其他人有極深的怨恨，事情的起因又只不過是當年她嫁給「銀葉先生」時，大家不支持，認為她「所托非人」。她與殷離的關係也不清不楚，開始兩人出場時，看不出金花婆婆對殷離有什麼惡意，後來她卻多次要不利於殷離，甚至最後還處心積慮使用詭計把殷離打成重傷，其目的也不過是要懲治殷離出聲向謝遜示警而已。

由金花婆婆，再到紫衫龍王，再到黛綺絲，人物形象、性格、行事的風格，沒有給人以連貫一致的美感，懸念和謎底雖然抽絲剝繭，一層一層地打開，給讀者看到其中情節的細密機巧和精緻，看到獨具的匠心，卻總感到不夠，感到缺失天然的韻致。

但是不管怎樣，紫衫龍王當年能如此傾倒眾生，在十大美女上榜人物中，她完全可以排在第五位。

·排名第四

石洞仙子：得睹芳容，死而無憾

容貌：★★★★★　武功：☆　智商：★★★

情商：★★★　攻擊力：☆

石洞仙子便是《天龍八部》中，無崖子發癡發狂地暗戀著的那個並沒有直接出場的李秋水的「小妹子」。

當年李秋水和童姥為無崖子爭風吃醋，但她們卻全然沒想到，她們真正的秘密情敵卻是李秋水的小妹。李秋水和童姥臨死前看到了無崖子畫的那幅畫，才明白了真相。在大理無量山劍湖畔的石洞中，無崖子用一塊巨大的美玉，雕塑了一座美人玉像，李秋水本來以為無崖子是按照她的模樣雕刻的，卻不知無崖子心中另有所想，那石像其實是李秋水的小妹子。

李秋水的小妹和李秋水的容貌十分相似，但小妹無疑比李秋水更要美麗漂亮得多。小妹有酒窩，而李秋水沒有，小妹的右眼旁還有一顆小小的黑痣，李秋水也沒有，小妹的人間絕色是不容質疑的。

段譽在無量山的石洞中遇到了石洞仙子的雕像，神馳目眩，竟如著魔中邪一般，竟然說出了什麼「得睹芳容，死而無憾」的蠢話出來。石洞仙子僅僅是一座玉像，就有如此大的魅力，那麼真人其絕色的美貌之處，顯然是不容置疑的。

無量山的山洞中還有莊子《逍遙遊》中的幾句：「藐姑射之山，有神人居焉，肌膚若冰雪，綽約若處子，不食五穀，吸風飲露。」段譽在此歎道，拿莊子這幾句話來形容神仙姊姊，真是再貼切不過。

石洞仙子的美色，讓段譽是如癡如狂，頂禮膜拜。段譽最後說：「神仙姊姊，你若能活過來跟我說一句話，我便為你死一千遍，一萬遍，也如身登極樂，歡喜無限。」

這當然不能說段譽是瘋了，只能以此來證明石洞仙子傾倒眾生的美色，在金庸的武俠小說美女排行榜中，足可以爭一席之地。

《天龍八部》中最奇妙的，還有對石洞仙子赤裸肉身的細緻描繪……如此非常的情色，難怪更要讓段譽心猿意馬，魂不守舍。

後來段譽遇到了王語嫣，王語嫣的相貌居然和無量山石洞中玉像的相貌全然一般。書中說除了服飾相異之外，臉形、眼睛、鼻子、嘴唇、耳朵、膚色、身材、手足竟然沒有一處不像，宛然便是那石洞仙子復活了。段譽在夢想之中，已不知幾千遍思念那玉像，那一腔非份和虛妄的癡戀，終於有了落到實處的地方，段譽怎麼可能不對王語嫣拜倒稱臣呢？

段譽見了王語嫣，耳朵裡「嗡」的一聲響，頭發昏，眼發花，雙膝發軟，不由自主的跪了下去。王語嫣雖然也很美麗，但和石洞仙子相比，還要略遜幾分。

《天龍八部》中說的很清楚，王語嫣和石洞仙子畢竟略有不同。石洞仙子冶豔靈動，有勾魂攝魄之態，而王語嫣僅僅是一個美少女，端莊中帶有稚氣，顯然沒有石洞仙子的那種讓人感覺到五雷轟頂般的震撼力。

僅僅是石像就有如此美色，所以石洞仙子在十大美女上榜人物中，她可以排在第四位。

排名第三 香香公主：一個男人們都會沉醉其中的白日夢

容貌：★★★★★　武功：★　智商：★

情商：★　攻擊力：★

塞上風光，忽然撲眼而來。看長城巍峨，戈壁無邊，黃沙漠漠，亂石嶙峋，憑添許多蒼涼悲壯意緒。大漠之中，忽然又出現一片美麗綠洲，花瓣飄流，溪水芳香，青草萋萋，雪山皚皚，恍如童話中的仙境瑤地。此一段，可作金大俠寫景名篇來讀，經典範文，真莫測其文思的博大精深。

香香公主出場，忽然天上人間的諸般美景也為之褪色！

金大俠把香香公主寫得太美了，太好了，似乎是集中了所有可以想像得到的純美來，像一個春日雜花鋪陳的夢，幾乎是不真實的，幾乎是永恆天空中的一種理想的雲彩，幾乎已與真實世界失去了聯繫，幾乎就是一首詩，一支超越了純粹的極限的溫柔含羞的樂曲。雲霧籠罩之中，一抹明媚的陽光照射下來，香香公主的形象把我們凡人的內心一下子照亮。陳家洛癡了，讀者又何嘗不是癡了？

香香公主真的只能以童話中的形象來看待，她不像是一個現實中的人物。她明豔聖潔，像嬰兒一般純粹和自然健康，她完全沒有遭遇過文明的侵蝕。她是真正的天真，不明白世事太多的複雜。在湖中裸浴，她不知道避人；遇到陳家洛這樣的陌生人，她不知道有危險；對漢人的知識，她幾乎是零；只為了陳家洛給她摘下雪蓮花，她就能立即感動得落淚；她還有童話般的奇癖，愛吃花不愛吃肉；她口中說的事盡是牧羊、採花、覓草、看星，以及女孩子們遊戲鬧玩之事；她還像小女孩一樣對小鹿說話。

香香公主有著最為女人性感的美貌，但她的心智卻只是一個小姑娘的水準，其實實在是與陳家洛不在同一檔次上。陳家洛愛上的不是一個真實的女人，而是愛上了一個水中月、鏡中花，一個童話的幻影，一個男人們都會沉醉其中的白日夢。

香香公主的絕美確實顯現出非凡的魔力來。在拔劍弩張的最危險的時刻，香香公主出現在清兵和回部兩軍對壘的陣前，其人間所無的美貌，竟讓數萬軍兵目瞪口呆，消失了鬥志。這驚天的描寫，動人心魄的筆觸，奇蹟般地籠罩著魔雲幻霧，匪夷所思。

寫這樣一個童話般的人物，其難度之大是難以想像的。如果只是一個幻象，在文中一筆拖過，還不算什麼，但香香公主這個人物卻在此書中佔有極重的戲路，與現實又離得如此之近，人物形象和性格的統一點，確是太不容易把握。

應該說，金大俠已盡了全力，而且寫得已是不能再寫得更好了。不少評論家苛責香香公主這個人物內涵是空洞蒼白，不可信。但這是小說的格局和體裁的問題，在本書的如此情況下，又怎可能像現實主義小說那樣枯燥而盡善盡美呢？

香香公主將她童話般閃爍著虛幻的迷彩的純潔形象，置入了凡人們所不能企及的永恆的星群之中，她單純但是聖潔，她詩篇一般優雅而柔弱的心靈，不是為了這個殘酷醜惡的現實世界而存在，她是一支夢想中的溫柔呵護的天使的音樂，在棄絕和毀滅中她的純粹得到永恆的鍛造，讓我們體會到更為本質的神性。

無庸置疑，在十大美女上榜人物中，香香公主絕對可以名列三甲，排在第三位。

·排名第二

西施：奪天地之造化的神異尤物

容貌：★★★★★ 武功：☆ 智商：★★★★

情商：★★★ 攻擊力：☆

西施的故事，大家都知道，用不著我在這裡饒舌。

《越女劍》中，金大俠讓我們著名的古代大美女西施也來表演了一番，而且還對西子捧心這個典故給出了自己有趣的說法。

《越女劍》中寫西施有多美？范蠡對阿青講述楚國湘妃和山鬼的故事時，講的是湘妃，想的卻是西施。

范蠡輕輕說道：「她的眼睛比這溪水還要明亮，還要清澈……」

阿青道：「她眼睛裡有魚游麼？」

范蠡道：「她的皮膚比天上的白雲還要柔和，還要溫軟……」

阿青道：「難道也有小鳥在雲裡飛嗎？」

范蠡道：「她的嘴唇比這朵小紅花的花瓣還要嬌嫩，還要鮮豔，她的嘴唇濕濕的，比這花瓣上的露水還要晶瑩。湘妃站在水邊，倒影映在清澈的湘江裡，江邊的鮮花羞慚的都枯萎了，魚兒不敢在江裡游，生怕弄亂了她美麗的倒影。她白雪一般的手伸到湘江裡，柔和得好像要溶在水裡一樣……」

這已經不是美人，是奪天地之造化的神異的尤物了。

西施有多美？連她的腳步聲也像仙樂般悅耳動聽。西施腳步輕盈，每一步都像是彈琴鼓瑟那樣，有美妙的音樂節拍。夫差建了一道長廊，長廊下面是空的，只是為了好聽西施奏著音樂般的腳步聲。西施音樂般的腳步聲響了起來，像歡樂的錦瑟，像清和的瑤琴。

阿青終於發現范蠡對自己只是利用而已，心中真正愛著的女人還是西施。阿青一怒之下，要殺西施，她右手竹棒的尖端已指住了西施的心口，但當她凝視著西施的容光，阿青臉上的殺氣漸漸消失，變成了失望和沮喪，再變成了驚奇、羨慕，變成了崇敬，喃喃的說：「天……天下竟有著……這樣的美女！范蠡，她……她比你說的還……還要美！」纖腰扭處，一聲清嘯，阿青已然破窗而出。清嘯迅捷之極的遠去，漸遠漸輕，餘音嫋嫋，良久不絕。西施的美麗，不僅讓男人拜倒，甚至也讓女人心服口服。

西施眼中閃出無比快樂的光芒，忽然之間，微微蹙起了眉頭，伸手捧著心口。阿青這一棒雖然沒戳中她，但棒端發出的勁氣已刺傷了她心口。

兩千年來人們都知道，「西子捧心」是人間最美麗的形象。這就是金庸版的「西子捧心」的出典。

本來西施是完全有實力競爭十大美女上榜人物中的第一名，但她的戲份太輕，沒有能完全展現她的風采，而且太遙遠和太不切實際，也太輕飄和作態，所以她只能屈居第二。

・排名第一

陳圓圓：美原來是這般直截了當

容貌：★★★★★　武功：☆　智商：★★★

情商：★★★　攻擊力：☆

金大俠小說的第一美女當然是陳圓圓了！

小寶見了阿珂已經是五雷轟頂的感覺，而阿珂還不及其母陳圓圓的美。

香香公主極美讓萬人癡迷，但還要寫她的雪膚和體香。寫西施的絕美也還要用隔了好幾層的爛俗的比喻。寫陳圓圓呢，卻沒有形容詞好使用！

饒是陳圓圓此時的年紀已足可當小寶的媽，小寶見了她只是張大了口合不攏來，目瞪口呆，手足無措，雙膝一軟，跌入了坐椅，茶水傾翻，打濕衣襟。

小寶見了阿珂還有「我死了」的感覺，見了陳圓圓卻近乎萬念俱灰，沒有了想法。

女人的美是什麼？是情人眼裡出西施嗎？是需要一雙發現美的眼睛嗎？小寶的感受告訴

我們，美原來是這般的直截了當，這般的具有原始和本能的震撼力。

陳圓圓是天下第一大美人，但她在感情上的無助、苦惱、被動、優柔寡斷，卻像一個普通女人那樣，充滿了人性的弱點。美色是陳圓圓的悲劇，陳圓圓自己也知道，在男性為中心的社會，她只是一件貨色，只能任別人擺佈和搶來搶去。

沒有人來關注陳圓圓她作為人的感受，她經歷的是非人的生活，但她卻畢竟是個人，有自己的感情和自主的意識，她不懂國家大事，對吳三桂，對李自成，她只是把他們當作一個真正的男人。吳三桂是漢奸也好，李自成是反賊也好，與她並不相干，她只是和他們相處之後，發現他們作為男人的優點。

對這樣特殊的男人，陳圓圓的心理感受無比的複雜，愛和恨奇特地交融在一起。她恨這些男人之間奇怪的鬥爭和野蠻，但她又感激這些男人對她的深情。她只希望能像一個正常的女人過著正常的家庭生活和感情生活，渴望平安和日常的幸福，但她身不由己，只能聽從命運的擺佈，只能哀怨和放棄，對人生和社會全然不能把握。所以當真正讓她取捨之時，她又極矛盾和不知所云。

李自成要殺吳三桂之時，陳圓圓挺身相救，但她心裡想的是，如是反過來吳三桂要殺李自成之時，她也會與李自成同死。

陳圓圓雖然在十大美女上榜人物中名列榜首，但她卻像普通女人那樣充滿了人性的弱點，更容易讓我們投她一票。

十大美女上榜人物中，陳圓圓無可爭議地，排名第一。

二、十大可愛女排行

十大可愛女上榜人物：黃蓉、任盈盈、雙兒、小昭、阿朱、趙敏、苗若蘭、白阿繡、銀川公主、焦宛兒。

·排名第十

焦宛兒：聰明能幹的好姑娘

容貌：★★★　武功：★★　智商：★★★★　情商：★★★

可愛指數：★★★　攻擊力：★★

《碧血劍》中，焦宛兒的戲路雖然不多，但她辦事周到，應對得體，十分有分寸感，給讀者留下極好的印象，評選十大可愛女，焦宛兒不應該被遺漏。

焦宛兒顯然對袁承志很有好感，依溫青青的脾氣，她不可能不感覺焦宛兒的分量，所以焦宛兒也是溫青青一向疑忌和吃醋的對象之一。冰雪聰明的焦宛兒也非常清楚這一點，她並沒有勇於爭取，只是更加注意和避嫌，退居幕後。

焦宛兒之父焦公禮遇難身亡，焦宛兒嬌楚可憐，哭得梨花帶雨，但她卻很有主見和擔當，精明幹練，做事周到。尋訪到仇人的蹤跡，她並沒有輕舉妄動，而是安排好了之後，再來請袁承志一行人為其主持公道。焦宛兒確實是一個聰明能幹的好姑娘。

焦宛兒雖然報仇心切，但沒有魯莽行事，事實上證明了她的小心沒有錯。本來以為焦公禮是被閔子華暗殺的，後來她探明真相，閔子華是被陷害的，兇手另有其人，原來是賣國求榮的太白三英。

袁承志和張無忌一樣，雖然沒什麼主見，雖然拿不定什麼主意，但豔遇卻是不斷，一個個好姑娘都暗地裡愛上了他們，焦宛兒也不例外，雖然她嘴上沒說，雖然她行動上處處注意，但一些細微小節上還是披露了她內心的隱情和難以言說的秘密。

焦宛兒硬朗剛強，內心雖然有軟弱和隱痛，但在外人面前還是苦苦撐住。只有單獨面對袁承志之時，她不再假裝，她會輕輕的啜泣，把真實的一面毫無顧忌的暴露在袁承志的面前，這是對袁承志意味深長的信任，也是一種欲說還休的訴求和求助。她希望她所欣賞和所愛的人能給她支持、鼓勵和分擔，她決不願意一個人那樣剛強的支撐著。

對於焦宛兒這些含蓄和秘密的示愛，袁承志的表現卻粗糙和麻木，還有幾分道學的迂腐氣。看到焦宛兒輕輕的哭泣，袁承志竟然問出「焦姑娘你不舒服麼？」這樣愚蠢的話來，與袁承志少年的聰明伶俐相比，長大後的袁承志確實少了許多的靈氣，也許是被溫青青的小性子和吃醋管得怕了，袁承志的內心也在有意和無意的遠離和逃避。

父債子還，何紅藥恨上了溫青青，要拿溫青青發洩自己的怨氣。袁承志救出了溫青青，溫青青卻大發脾氣，當著焦宛兒的面鬧了起來，擺明了是在爭風吃醋。焦宛兒冰雪聰明，心思細膩，怎麼可能聽不出溫青青指桑罵槐的疑心之意？

焦宛兒知難而退了，她溫宛的性格決定了命運的悲劇，她剛強硬朗的性格又使她勇於承擔傷心和煩惱，焦宛兒馬上找來了師兄羅立如，當著溫青青的面，要求袁承志作主將自己許配給羅師哥。雖說焦宛兒敬重師兄的為人，也知道師兄對自己的暗戀，嫁給師兄也並不是說不過去，但這樣做擺明了是委曲自己，當溫青青明白她的用意而內疚向她道歉時，焦宛兒忍不住泣然淚下，這真實的眼淚，把一切難以言說的秘密都暴露無遺。

和溫青青相比，焦宛兒其實要可愛得多。通情達理，以大局為重，這樣的好姑娘實在是很難得。

所以在十大可愛女之中，焦宛兒可以排名第十。

‧排名第九

銀川公主：足夠聰明足夠的執著

容貌：★★★★　武功：★　智商：★★★★　情商：★★★

可愛指數：★★★　攻擊力：★

銀川公主是個癡心人，張榜招婿，便是只為了那陌生得尚未能見面，熟悉得已融為一體的夢郎。

銀川公主顯然是個很有主意和主見的女子，有足夠聰明，足夠才學，也有足夠的執著。她心中想一件事，就不只是想想而已，便會動腦筋想辦法，一定要把事情做成。

張榜招婿，出三道問題，別出心裁，果然收到了奇效。

酒罷問君三語，三問三答，不同人有不同回答，各見本色。

包不同滑稽列傳中人物，故所答盡見其精靈刁鑽，幽默風趣。

段譽情有獨鍾，自得其樂，卻最見其素心質樸。

宗贊王子三答，有其機智討巧之處，但卻流於輕浮和俗套，不入品。

慕容復之回答，最絕，他竟沒有過真正的快樂，又沒什麼最愛之人，做人做到了這個地步，真是可憐了。

蕭峰三問而不答，悄然而去，極好。此真傷心人，此心中的一段隱痛，又何忍提起。

虛竹之三答，這才出現真命天子。

夢姑終於找到了夢郎，夢郎終於再次擁有了夢姑，童話和夢境般的愛情，正要在此神秘和浪漫的場合下發生。

虛竹給段譽的便條上寫：「我很好，極好，說不出的快活」，這也只有段譽能真正理解。二兄弟一個黑暗冰窟裡，一個枯井爛泥中，品味到人生的極樂，一般的呆氣，一般的運氣，一般的福氣。虛竹終於做不成和尚了，童姥給他的人生課程，虛竹終於畢業了。

為銀川公主的勇氣和童話如夢境般的愛情所感動，因此在十大可愛女上榜人物中，銀川公主排名第九。

·排名第八

白阿繡：善良又體諒的好姑娘

容貌：★★★★　武功：★★★　智商：★★★　情商：★★★

可愛指數：★★★★　攻擊力：★★

阿繡是個好姑娘，一出場其溫柔文雅，婉和有禮的形象就已經確立。阿繡的眼淚流到了石破天的臉上，她也要說對不起。她善良又體諒，這才是與石破天像一對。

僅僅是聽了阿繡叫了幾聲大哥，石破天就說不出的慰貼舒服。他將剝了皮的柿子餵阿繡吃，阿繡滿臉羞得像紅柿子一般，石破天又何嘗不是心旌搖動不已。

石破天和阿繡之間愛情表白一場戲，寫得溫婉細膩，阿繡只是哭，石破天只是情急於剖白，甚合書中二人的身分和性格。

對於阿繡，她有過心靈上的創傷，對所愛之人，她又想親近，又不敢把握，她的夢，夢見石破天用金烏刀法將她殺了，此中就有許多婉轉暗示。夢見石破天對她凶，其實是石破天對她太好，她擔心石破天會負情變心。夢見石破天使用金烏刀法，是阿繡對家庭中變故的焦慮，史婆婆、白自在的關係，還有她的父親，她的母親的不明處境，她口中沒有說，其實是極放不下。夢見石破天殺她，是她受創的心靈當初痛不欲生的影射，她的心靈傷口還沒有完全復原。

石破天則是初閱人世，又在叮叮噹噹那兒受了一些男女愛情上的啟蒙教育，所以他雖質樸，卻能自然而然說出甜言蜜語來討阿繡喜歡，而且還敢於情不自禁吻了吻阿繡的手指，但做了唐突舉動，石破天又心下忐忑不安。

兩小無猜，兩人之間，終於心事挑明，蜜裡加糖了起來。

石破天問阿繡，為何人人見了他都會誤認為他是那個石中玉，而阿繡卻沒認錯。阿繡臉上紅一陣白一陣，實是難堪。阿繡有過錐心刺骨的痛恨經驗，她當然對石中玉的認識比其他人都要深刻，所以只憑直覺，她就可以分出孰善孰惡來。

在十大可愛女上榜人物中，阿繡排名第八。

・排名第七

苗若蘭：像春陽一般將人照暖照亮

容貌：★★★★　武功：☆　智商：★★★★　情商：★★★★

可愛指數：★★★★　攻擊力：☆

苗若蘭出場，簡直就是公主一般的排場，氣派大得驚人。

小姐未露面，先上來的丫鬟、奶媽、廚娘，咭咭呱呱，囉囉嗦嗦，只顧自說自話，全不管那劍拔弩張，真槍實彈的緊張危急局面，就已先聲奪人，讓雪山上座中群雄真是又好氣又好笑，發作不出來。又寫鳥籠、狸貓、鸚鵡架、蘭花瓶，寫書籍、皮裘、衣櫃，丫鬟奶媽只顧著收拾，商量要這要那，這樣行那樣不行，實在與座中場面不相稱。雪山上群雄舞刀弄劍之所，忽然翻作溫柔兒女之鄉，此意外之筆調，輕鬆幽默，調節了故事情節推進的節奏。

及至苗若蘭亮相，真是遮也遮不住其高貴脫俗的世外仙姝的氣質。一身黃衣，清秀之極，明珠美玉般的人品，讓人不能逼視。這是真正有深厚家學淵源的大小姐，柔而不弱，大氣得體，手無縛雞之力，卻有主見，有擔當。一上手就像春陽一般將人照暖照亮，讓人不由自主地跟著她轉，聽她的主張和安排，她根本不管場面是如何的緊張危急，只是按自己的大小姐脾氣行事，「別打架了，我最不愛人家動刀動槍的」。她已經習慣了一切以自己為中心，按自己的方式來處理問題，她去內堂拜見伯母，換衣裳，喝茶，用套著錦緞套子的白銅小火爐暖手，吩咐丫頭去點香，還要挑剔香用得不對，一切都是旁若無人，只是出於自然，絲毫無矯飾作態之處。她自作主張，但是卻出手大方，又機智又聰明伶俐，送給兩個小僮玉馬，使得小僮回嗔作喜，這才解決了局面的緊張和難堪。有這樣出色的女兒，又映襯了父親金面佛苗人鳳是何等世間少有的龍鳳般人物。

雪山上一幫自許豪傑的武林人物沒有擔當，敢於出頭露面的卻是不會武功的千金小姐苗若蘭。任他天大危急場面，苗若蘭只是鎮定自若，視若等閒，給人以信心和安寧。

苗若蘭和胡斐一照面，給人的感覺恍若是胡一刀夫婦再生，兩對之間竟有驚人的相似和暗合：胡斐是胡一刀的翻版，滿臉虬髯，根根如鐵，濃髮散亂，粗豪惡猛，只不過胡斐文武全才，更多一些書卷氣和灑脫瀟然的隨意。苗若蘭文秀清雅，弱態生嬌，嬌滴滴的一個美人，與胡一刀夫人唯一不相同的只是不會武功而已。胡斐一怔，別有一樣滋味在心頭。苗若蘭也想錯了，她本想憐惜悲憫這個身世漂零的苦孩子，不料這英武的大漢卻反能讓人信賴和依託。

苗若蘭還是依著自己那大小姐身分脾氣行事，哪怕胡斐一副凶神惡煞樣子。見了胡斐，先取酒菜出來，要與胡斐飲上幾杯。胡斐是飛狐，自然狡黠多智應是他的本色，和其父胡一刀又有不同。他並不一味相信人，並不賣弄盲目的坦蕩大方，他暗中相試苗若蘭會不會武功，又口中含有解毒藥丸，所以根本不在乎酒中是否有毒。血的教訓，教會了他防備和多疑。但他能坦言自己這樣「倒是我胸襟狹隘了」，是他的真處，他一點沒讓人覺得「狹隘」。

酒還不足以助興，還要雅琴相酬，苗若蘭把胡斐完全當成客人，先入之見的好感，已油然而生。這有些像《神鵰俠侶》中風陵夜話的那一段，先是心慕其人，及至相見，更是從此割捨不下，美人愛英雄，古今皆然。

詩酒對答，胡斐的豪俠中更多了風流和蘊藉。倏然而來，飄然而歸，真如神仙般人物。凝望著胡斐遠逝的背影，苗若蘭若有所失，芳心已跟隨斯人而去。

因為苗若蘭的本色機智和聰明伶俐，在十大可愛女上榜人物中，苗若蘭排名第七。

・排名第六

趙敏：愛情產生了驚人的改變

容貌：★★★★　武功：★★★★　智商：★★★★　情商：★★★

可愛指數：★★★★　攻擊力：★★★

趙敏在《倚天屠龍記》中的出場，已是在後半部書的事情，但卻使故事的重心向新的興奮點上轉移。

在趙敏與張無忌鬥智鬥勇的複雜糾結中，明教與蒙古統治者之間的大衝突也得以從側面反映，歷史背景虛化但不即不離。

腐敗沒落的元朝蒙古統治者中，趙敏無疑是有著清醒認識的明眼人，而且她還在盡其所能地想挽回這不可逆轉的局面，要想有所作為，建立奇功。趙敏這個人物很複雜，不太容易把握，性格和行事前後都有些矛盾之處，所以雖然她的戲份很重，在書中與張無忌對戲，是第一女主角，但她的形象卻並不清晰，並不能給人以刻骨銘心的印象。

趙敏首先是個政治人物，然後才是一個對愛情懷著朦朧的幻美渴望的思春的美女，而她的行事舉止，正是在這兩個方面動搖和轉換，兩個方面時強時弱，各有佔優勢的時候，一直到最後，她才痛下決心，拋棄了政治的一面，為追求和張無忌之間的情愛而甘願轉變政治立場，拋棄尊貴地位和背叛父兄。

也許從另一個角度來理解趙敏，趙敏的性格才更能夠統一一些。那就是趙敏的政治的一面，只不過是一個太有才氣的女孩子的青春的遊戲和消遣，其本心內在並沒有多少在乎，所以最後才能夠為了情愛而很容易地轉變立場和放棄。即使是才女的逍遣，趙敏在政治上的謀略和手段也是太厲害了，期望要達到的目標也太大了。趙敏竟要毀滅中原的名大門派，剿殺明教這股強捍的反叛力量，以此來維持和穩固蒙古的統治。

寫趙敏的美，也是不同於一般的美人，而是十分美麗中更帶三分英氣，三分豪俠，而且雍容華貴，高貴端嚴。也許這與《紅樓夢》中愛弄權術的王熙鳳有幾分相似，而張無忌對少女驚心動魄之美又最善於感受，所以不管趙敏是什麼樣的人，他照樣一般的為之心動，在趙敏面前時不時地臉紅和「心中一蕩」。

趙敏設計張無忌和明教眾高手，使他們在綠柳莊中不知不覺便身中劇毒。無忌回來搶解藥，對趙敏動手動腳施以刑求的一段，寫得十分特別，又帶有一點曖昧的情欲意味，真是讓人「心中起了異樣的感覺」。此處的施虐與受虐，值得注意。趙敏竟十分的受用，她似乎在受虐中更能達到快感，也就對張無忌更另眼相看。

趙敏繼續她的政治陰謀，充當著惡的勢力的發言人。她的陰謀詭計進行得很順利也很有效，她不僅讓少林受到重創，又派人假冒少林僧人「空相」，借著向武當派報凶之時，向張三丰突施偷襲，讓武當派的領袖遭受重傷，無力抵禦趙敏帶領的眾多高手的進襲。幸好張無忌和明教眾高手恰如其時地趕到，援救了武當派的困境，化解了一場大劫。

趙敏用毒藥制住諸派高手並將其囚禁起來，並逼迫他們與手下人餵招，自己得以偷學各門各派的精妙招數，想盡取諸家武功之所長，以招數的精妙來彌補內力的不足，俾成一代高手，再與天下英雄一較短長。趙敏機心很深，很投入，幹得有聲有色，確是中華武林的勁敵。

無忌的智力其實相當高，他只是在美貌的女人面前才變得有些遲鈍，以前在朱九真面前如此，現在在趙敏面前也如此。趙敏問他要是她殺了周芷若他會怎麼樣，這本來是個暗含著無窮情意的暗喻比方，他卻老老實實回答出許多空泛的大道理出來。他只想大家和和氣氣，親親愛愛的都做朋友，這種簡單的泛愛理想主義真是幼稚，虧他說得出口。世界上沒有無緣無故的愛，也沒有無緣無故的恨，對敵人的仁慈，也就是對朋友的傷害。階級的鬥爭是不可調和的。張無忌缺乏遠大的理想和積極的人生目標，而趙敏卻完全不同，她坦然向張無忌承認自己的政治野心，她希望自己要像男人那樣轟轟烈烈幹一番大事業，也就是說，她將是中華武林的敵人，是張無忌的敵人。接下去趙敏更直接主動地向張無忌示愛，更讓張無忌心中怦怦而動，意亂情迷，更加被動，更沒主意。

但是愛情使趙敏產生了驚人的改變，她從一個野心勃勃事業心極強的政治人物，完全轉變為愛情至上的癡心女子，為了追求那可疑的缺乏堅實基礎的與張無忌的愛，她已甘願拋棄尊貴的身分和榮華富貴，甘願背叛父兄冒天下之大韙，她選擇了人生中新的角色。

張無忌身邊的四位美女中，趙敏最主動，也是善於撩拔和挑逗起張無忌的肉體和精神雙重的渴欲，所以張無忌一時認為他最愛趙敏，也是合乎他的思維慣性的，但這並沒有深刻內在基礎。假若當年小昭、殷離也像趙敏這般主動投懷送抱，趙敏能否獨拔頭籌，真的難說。

在十大可愛女上榜人物中，趙敏排名第六。

·排名第五

阿朱：最能慧眼識豪傑

容貌：★★★★　武功：★★★　智商：★★★★　情商：★★★★

可愛指數：★★★★　攻擊力：★★★

阿朱的表現出手不凡。

「琴韻」小築中，看她一會兒扮八九十歲老頭，一會兒扮五十來歲管家，再一會兒扮老夫人，天真無邪，活潑爛漫，機智狡黠，聰明伶俐，真可謂我見猶憐。阿朱的易容，並非是要對付鳩摩智等人，更多的卻是為了好玩。

讀阿朱，頗覺有幾分紅拂女味道，有膽識有見地，有擔當，最能於風塵中慧眼識豪傑。

阿朱扮蕭峰救丐幫弟兄，身心已與蕭峰合了一回。少女對英雄由衷崇拜敬慕的情懷，遮也遮不住。阿朱扮蕭峰，愈是音容笑貌無不宛然，愈見蕭峰在阿朱心中已是刻骨銘心，暗中不知向蕭峰心神馳往過多少次。

阿朱為蕭峰霸道掌力誤傷，兩人的命運如彗星一樣在命運的天空中奇特地交會，發出最為絢麗奪目的光芒來。

蕭峰為阿朱解去胸衣治傷，寫得本色之極。此等情節，金大俠在其他書中也用過，如楊過給陸無雙療傷一段。兩相對看，盡見蕭峰胸中一片磊落情懷，光明胸襟，大丈夫當行則行，當止則止，那裡去在乎世俗行為規範。蕭峰實是金大俠書中第一人，楊過是不能比的。

患難之交，最見真情。蕭峰在內心最為困苦迷茫孤寂之際，忽有阿朱這樣善解人意，對他死心塌地崇拜的好姑娘作伴，略解心中煩憂。阿朱在生命垂危之時，更是小鳥依人，以蕭峰為自己所有的夢想和希望的達成。兩人之間的感情，並不是一般俗套的男女相悅，情欲成分占多，故此有好基礎最能長久。

蕭峰與阿朱患難之後重逢，喜極之際不覺相擁而抱，阿朱忽然嬌羞無限，蕭峰道：「咱倆是患難之交，同生共死過來，還能有什麼顧忌？」

好！大英雄的愛情，是如此的霽月風光，爽朗脫俗，絕不作卿卿我我兒女之態。此金大俠小說中第一等境界之愛情，之前從未有過此寫法。

阿朱和蕭峰，確是一對。

蕭峰傲氣，阿朱也傲氣；蕭峰視死如歸，阿朱也說得出做得到，說要跳崖就能跳崖；蕭峰真漢子不會扭捏作態，阿朱也極豪爽，心中有愛就說出；蕭峰幼失父母，阿朱也從小沒了爹媽；蕭峰要救阿朱性命，不管她是小姐還是丫頭，阿朱對蕭峰好，也不論他是漢人還是契丹人。真所謂不是一家人不進一家門，夫妻相似竟是天生的。

在困厄中英雄意志最堅定的時候，其實也就是內心最脆弱的時候，也就是最容易被柔情打動的時候。

阿朱對蕭峰感情的發展，是由敬慕到崇拜，到依戀，到非他莫屬的愛；蕭峰對阿朱感情的變化，是由憐惜到認同，到感激，到此情不渝的愛。看他們終於定情的一段，歡笑中盡是淚水，酸楚中又是甜蜜，讓人讀之，不知是喜，不知是悲，異樣滋味，別上心頭。

悲劇雖能給人大震撼，大啟迪，卻實是太傷讀者善良之心。讀者心中不忍，卻又捨不得不看，真為難讀者，真為難作者了。

千萬里，我追隨著你，有一個人敬重你，欽佩你，感激你，願意永遠永遠、生生世世陪在你身邊，和你一同抵受患難屈辱，艱險困苦。

生活中最殘酷和荒謬的遊戲與英雄神秘的宿命奇特地融合在一起了，傳達出事物陰影的背後那既使人厭惡又使人恐怖的魔鬼般冷漠的最本質的秘密。誤會構成悲劇，摧毀來自內部，過度力量的生命內在亢奮和病態的痛苦，忽然被戲劇性地揭露，它其實是嚴謹的理性自身的私生兒。

阿朱向蕭峰許諾的美景是多麼的誘人：

塞上牛羊，風吹草低，騎馬並弛，無憂無慮。幸福竟是這般的生動，這般的鮮活，這般的伸手可及，高於新綠的嫩葉，低於燦爛的雲彩。只要放下心中的執念，只要拋開外在的恩怨，一切就有了，一切就可近於完美。不要去報仇，不要去種下孽因，這就離開吧，讀者心中，忍不住要這樣向蕭峰絕望地訴求，不要失去阿朱！

驀地閃電，驀地霹靂，連鬼神也為之驚恐！

為化解這誤會中的世仇，阿朱易容扮作段正淳，贖罪和放棄地承受了蕭峰天地風雷般凜然生威的一掌，蕭峰親手毀滅了自己的真愛！

傷心無比，悔恨無窮，造化是如此嫉恨英雄，蕭峰這心頭的巨痛，怎生消受！

阿朱死去了，她卻在這一瞬間永生於蕭峰和讀者們的心中。她動人的美麗和善良將永遠不會因歲月流沙的蝕刻而褪色。她已在完美的悲劇中永保聖潔之青春，獲得天使般溫柔和浪漫的光芒，永遠照亮著我們這凡俗的世界中沉悶、猶豫和軟弱無力的陰影。

蕭峰再次堅強起來，還是仇恨，還是對真相飛蛾撲火般毀滅激情的執著。痛苦之後火焰繼續將他超人的意志百煉成鋼。他繼續踏上義無反顧的不歸路，繼續去完滿他英雄悲劇的史詩。

在十大可愛女上榜人物中，阿朱排名第五。

·排名第四

小昭：愛只是付出不圖回報和獨佔

容貌：★★★　武功：★★★　智商：★★★　情商：★★★

可愛指數：★★★★　攻擊力：★★★

無忌初識小昭，只是見小昭周身殘廢，便心下生出憐憫，出手相救和迴護。這最見本心，絲毫不摻雜其他半點功利因素的舉動，當然最是感人，難怪小昭從此便死心塌地跟了無忌。小昭說：「我的性命是你救的」，小昭在此時就已放棄了自己，一心一意地為無忌的存在而活著了。

小昭剛出場時五官扭曲，駝背跛腳，是個醜怪的殘廢，後來忽然一變，居然雪肌碧眼，修眉端鼻，是個秀美無倫的西洋美人，無忌是一驚一喜，讀者也是一驚一喜。

小昭問無忌，為何兩人素不相識，而且自己還是個「低三下四」的奴婢，無忌會這樣地對她好？無忌答不出來，這是無忌的最本色的好處。敬畏生命，對生命有一種樸素自然的新生和熱望，無論是誰，眾生平等，無忌都會這樣做，都會有這樣一種和善的心腸。

小昭有幾分像《鹿鼎記》中的雙兒，但小昭的身世際遇卻比雙兒複雜得多。雙兒是個極可愛的丫頭，小昭卻更讓人憐惜。小昭並不是真正的丫頭，她一開始在光明頂為楊不悔作丫頭，是另有秘密的目的，後來心甘情願給張無忌作丫頭，卻是為了親近張無忌。小昭對張無忌的那份情意，和雙兒對小寶一樣，都是清純可人，尤其是那種樸素熱烈的關切愛意，發自內心，自然而然，不作虛飾。小昭和雙兒一樣，那種愛只是付出，不圖回報和獨佔，把自己的位置擺得很後。小昭對主人的感情糾葛很清楚，「峨嵋派周姑娘，汝陽王府的郡主娘娘，將來不知還有多少」，不過不要緊，她的要求只是很少很少，只要能和張無忌在一起就行了。

小昭終於離張無忌而遠去的一段文字委婉傷感，纏綿動人。

來如流水兮逝如風，不知何處來兮何處終，令人扼腕嘆惜和悲涼蒼茫的意緒，浸透著一大篇文字，一種詩意般純粹銷魂的境界，帶著讀者的心靈在精神的空間沉靜和飛翔，清冷的光亮閃爍著醉意的幻美，接近於透明的神聖，敏銳的感覺被痛苦的離別一再地提醒。

最後張無忌激動著忘乎所以，衝破理智的枷鎖，做出與他平日舉動不太協調的狂熱舉動，將小昭摟在懷裡，吻了又吻，小昭的嘴唇上沾著淚水，又是甜蜜，又是苦澀。無忌捶胸頓足的痛悔，已是為時太晚，他此時的激情又有何益？只不過是徒然讓小昭增添日後刻骨銘心的不堪回首的記憶的痛苦罷了。

有花堪摘直須摘，莫待無花空折枝，張無忌錯待小昭，真讓人看不過去，真讓人為小昭不平和抱屈。小昭甚至還不如雙兒。

雙兒的癡情還有回報，還有韋小寶真正真心關切喜歡疼愛，張無忌卻連小寶都不如，對小昭空自相負。

在十大可愛女上榜人物中，小昭排名第四。

·排名第三

雙兒：對男人來說簡直沒有缺點

容貌：★★★　武功：★★★　智商：★★★　情商：★★★★★

可愛指數：★★★★★　攻擊力：★★

小寶神通廣大，豔福齊天。雙兒出場，大放光彩，不僅全書因有了雙兒這個人物而增色，而且連小寶也因此更變得可愛。

小寶的七個老婆中，無疑雙兒是最可愛的，而全書的女角中，也同樣是雙兒最讓人喜歡。雙兒漂亮溫柔，善解人意，對小寶是從頭到尾忠心耿耿，更兼有一身出色武功，經常為小寶解決困難。雙兒是個丫頭，又最守本份，只是死心塌地服伺小寶，絕不會對小寶的拈花惹草去爭風吃醋。小寶快樂，便是雙兒最大的快樂；小寶有難，雙兒一定與他共同承擔。對於一個男人來說，雙兒簡直就是沒有缺點，她是男性話語霸權中大男人們的一個夢想，靈魂和肉體，都毫無條件地服從於自己的男性主人。小寶實在是太有福氣了。

小寶的七個老婆，除雙兒外，都是靠死纏爛打、嬉皮笑臉、連蒙帶騙搞到手的，都在不同程度上給小寶出過難題，讓小寶大傷腦筋。雙兒卻不這樣，一開始就全身心地投入，不讓小寶費一點力氣，就百依百順，對小寶奉若神明。雙兒對小寶的感情，是以愛戴和感激為基礎的。小寶殺了鼇拜，是莊家的大恩人。雙兒崇拜小寶之餘，卻發現小寶是個這麼好玩，全無惡意、機靈聰明的少年。一上來小寶一派少年心性，與雙兒調笑，嘴甜如蜜，不因為雙兒是個丫頭而擺姿態，拿架子，這也是小寶最讓雙兒有好感的地方。小寶信奉眾生平等，是真誠地把雙兒當作人來尊重，以後貫穿全書，並不因雙兒是丫頭，影響雙兒在小寶七個老婆中的地位。建寧公主雖貴為公主，但在小寶眼裡，並不比雙兒高貴半分。以雙兒這種貨真價實的丫頭身分，此身能依託小寶這樣尊重她的男人，也不虧了。

莊家三少奶把雙兒當禮物送給小寶，小寶又驚又喜，見面禮便是一大串明珠，大高雙兒身價，既買雙兒的人，又買雙兒的心，並許諾：「你命很好」。小寶說出，後來也做到了。

雙兒對小寶沒鬧過意見，只是發現小寶居然是朝中大官，才慌了心神，紅了眼睛。小寶連忙連哄帶騙，告訴雙兒自己是天地會青木堂香主，又將康熙和順治之間的關係說得悲慘感人，這才讓雙兒放下心，死心塌地幫自己辦事。小寶又和雙兒調笑，唐僧肉豬八戒一番胡說一通，誓言「殺了我頭，也不放你走」，雙兒也發誓「殺了我頭，也不會走」，兩人情分由此完全確定。

雙兒最好，用不著時就在一旁找地方住下相候，用得著時就招之即來，忠心耿耿，絕無怨言，又識趣不會壞小寶的好事。

死心塌地的雙兒，沒有任何條件的雙兒，一次又一次救了小寶。小寶心中也知道雙兒才是對他最好的，他說出了要雙兒做老婆的話，已是他能想到的最能代表他心中真誠感激的言語了。

對於男人來說雙兒簡直就是沒有缺點，所以在十大可愛女上榜人物中，雙兒可以無愧地進入前三名。

．排名第二

任盈盈：高潔美好的情操和品德

容貌：★★★★ 武功：★★★★ 智商：★★★ 情商：★★★★

可愛指數：★★★★★ 攻擊力：★★★★

任盈盈是金大俠小說中數一數二的好姑娘，她的好處當然不會只是美貌，連念念不忘小師妹的令狐冲都不得不承認，任盈盈比小師妹美麗多了，但更主要的是她有著高潔美好的情操和品德。

任盈盈的出現，充滿了戲劇性，且又是合情合理，否則真的很難將她和令狐冲拴在一起。

任盈盈為什麼會對令狐冲如此愛慕著迷？當然不是令狐冲的英俊（林平之比令狐冲英俊多了），而是她被令狐冲的品德和情操打動了。

在綠竹巷之時，令狐冲誤以為她是一個年老德高的婆婆，就毫無保留地將自己的故事，特別是對小師妹那一段沒有結果的感情，向任盈盈傾吐。可以說，是因為任盈盈能理解，能體諒，能知道令狐冲，這才是任盈盈愛情的堅實基礎，這樣的愛情，是深思熟慮的，是理性和成熟的，所以無論令狐冲今後怎樣，任盈盈都尊重他的選擇，對他體貼細緻入微。

任盈盈對令狐冲的愛意傳出去了，因為她是魔教的「聖姑」，曾做過不少讓下屬們感恩戴德的好事善舉，所以才有那麼多江湖奇人趕來向令狐冲大獻殷勤，這些人當然不懂得女兒家的心事，如此大肆張揚，女兒家的自尊往哪裡放？所以五霸崗上眾人的聚會倏然又散了個乾淨。

令狐冲從溪水中看到了任盈盈少女美貌的面容，謎底至此才揭開。

不過與那個希臘神話相反的是，兩人並不是永不復見，而是從此比翼齊飛，相互憐惜，共赴人生艱難的旅途。

令狐冲本是個很重感情的人，心中有了小師妹，雖明知了無希望，也不會再去注意別的女孩子。但任盈盈的出現一層層的遞進，合情合理地推展，使他不知不覺間就陷了進去，當最後戲劇性地發現真相時，回想任盈盈的一片苦心癡心，怎能不讓令狐冲感動？

陰差陽錯，任盈盈終於如願以償，得到了令狐冲的感情，

令狐冲呢？他也擺脫了單戀的痛苦，找到了人生完美的歸宿。

盈盈被扣押在少林寺中，令狐冲猛然想起要去救盈盈。但想到要救盈盈的原因卻是「我何不趕在頭裡，求方證方丈將盈盈放出，將一場血光大災化於形？」

唉，我又要為盈盈不平，原來這麼好的姑娘，此時還沒有刻骨銘心地在令狐冲心中扎

下根。

盈盈最後出現，雖然她一身粗布衣衫，容色憔悴，卻依然掩不住其金子一般燦爛的真善美。令狐冲為之腦中一陣暈眩，他總算長了眼睛。和盈盈患難之後再次歡聚，令狐冲終於揮慧劍斬斷以前的孽情，要死心塌地相報盈盈知遇之情。

盈盈好聰明，看令狐冲只是念著相救之恩，不提相愛之情，直接叫破：

「你直到現下，心中還是在將我當作外人？」

精誠所至，金石為開，令狐冲海誓山盟，今後要真心對盈盈好，可心中不知不覺間，總還是有一絲鬼魅般的陰影。令狐冲才對盈盈全身心許諾，後來一見小師妹，又心神激蕩，不能自已了。他不顧一切衝出去殺了魔教眾徒為小師妹解圍。

盈盈的好處在於她和令狐冲一樣深情和專注。既然她已不悔地進行了選擇，她就有耐心、有信心，不急不燥，她寬容地給令狐冲以時間去癒合心中的傷口。誰笑到最後，誰才笑得最好，她必將會有最美的笑容。

盈盈永遠是令狐冲的福星，她不僅瞭解令狐冲受嵩山派指摘其妄交匪人之困窘，而且帶眾草莽一齊投入恒山派，大壯了令狐冲掌門的聲勢，又建了「恒山別院」，既約束了眾豪傑，又不損恒山女尼們的清修，一舉數得。這使得令狐冲也自在多了，否則，一雄領眾雌，確是有些不便。

盈盈來了，令狐冲驚喜交集，滿臉微笑。看來他確實並非薄情寡義之人，在令狐冲的內心之中，盈盈終於有了一些份量。盈盈飄緲有仙女之姿，一往情深的真摯怎能不使令狐冲熱血上湧，再無它想。

盈盈面頰被東方不敗刺傷時，令狐冲對盈盈說：「你占盡了天下的好處，未免為鬼神所妒，臉上小小破一點相，那便是後福無窮」。太過完滿，會遭天忌。此句話，大有深意。

盈盈最後對令狐冲道：「直到此刻我才相信，在你心中，你終於念著我多些，念著你小師妹少些。」

此可三歎！

一歎盈盈的愛是何等的委曲。

二歎令狐冲往日竟是用何種心腸對待盈盈。

三歎患難和驚怖中，愛情的果實終於由青澀轉為甜蜜！

不僅是美麗，更因為高潔美好的情操和品德，盈盈好姑娘，在十大可愛女上榜人物中，榮獲亞軍，排名第二。

·排名第一

黃蓉：最聰明伶俐又最可愛的女人

容貌：★★★★★　武功：★★★★★　智商：★★★★★　情商：★★★★★

可愛指數：★★★★★　攻擊力：★★★★★

在十大可愛女上榜人物中，黃蓉榮獲冠軍，排名第一。這不僅是因為她最聰明最伶俐又最可愛，還因為我們少年時的夢幻和懷舊。

金大俠的小說顯然是男性的敘述方式，女性往往只是配戲，戲份和男主角相比，要輕得多。但也許黃蓉是個例外，金大俠給了黃蓉很大的戲路，在黃蓉這個角色上花了最重的筆墨和心血，所以不能不讓我們對黃蓉有著最深刻的印象和好感。不僅是在《射鵰英雄傳》，甚至在《神鵰俠侶》中，黃蓉都有上佳出采的表演。僅從這一點來說，金大俠小說中的其他女性角色都難以與黃蓉相比。

《射鵰英雄傳》中，黃蓉打扮成小叫花子出場，派頭卻奇大，「四乾果，四鮮果，兩鹹酸，四蜜餞」一點出口，就知道此人出身非凡。

黃蓉以女兒本色相示郭靖之時，黃蓉長髮披肩，肌膚勝雪，荳蔻年華，嬌美無匹，容色絕麗，不可方物，郭靖看得呆了，讀者也看得呆了，郭靖恍在夢中，讀者也恍在夢中。

郭靖帶給黃蓉的點心壓得或扁或爛，黃蓉一句「我愛吃」「我慢慢的吃」，戀愛中小女兒神態如畫，傻郭靖竟不懂女兒情懷，真是傻人有傻福。此處用緩筆，寫到郭黃兩人心心相映，卿卿我我，則筆更緩，然而此處又不得不緩，不能不緩。

暮色四合，四周朦朧一片，黃蓉慢慢伸出手去握住郭靖的手掌……此處真慢，慢得真讓人癡狂，兒女情長，寫得如此絕妙，金大俠也真是妙人！

丘道長粗疏，江南七怪急躁，又要亂點鴛鴦譜，憨郭靖道：「我不能沒她，蓉兒也不能沒有我，我們兩人心裡都知道的。」這才像句人話。還是「小妖女」乾淨俐落，拉上郭靖一跑了之，懶得與六怪囉嗦，一對癡兒女，此時才初識愁滋味，愛的天國，雖燦爛但卻遙遠，美滿的幸福，當然必多磨難。

郭靖、黃蓉數日小別重逢一段，寫得恰到火候，思無邪，一言曰。小兒女相擁而睡，天人境界，令人羨煞。此中神仙滋味，當推金大俠小說中第一至樂仙境。

黃蓉讓郭靖撒尿在半片熟羊肉上，郭靖囁嚅道：「你在旁邊，我撒不出尿。」黃蓉笑得直打跌，寫得神妙！金大俠怎想得出來！大俗之處卻只見雅致，此等筆法，匪夷所思。

新盟舊約，舊愛新允，傻郭靖慘了，他能有什麼主意？郭靖的表現，實是差極，不能令人滿意。婚姻愛情，何等大事，男子漢早該拿出主意，一味得過且過，能拖就拖，優柔寡斷，全無定見，那是好男兒所為？明明已想通「尊長為我規定之事，未必定須遵行」「難道為旁人幾句話，就得和蓉兒生生分離麼？」忽然又是「心頭一凜」，想到「言而無信，何以為人？」又變了主意，傻郭靖境界不夠，絕非上上人物，於此處可明證。

蓉兒真乃好媳婦兒，任郭靖傻小子不中用，不爭氣，也還要死心塌地追隨，「跟他多耽一天，便多一天歡喜」，讀此處，令人不住淚下，傻郭靖何德何能，遇上如此仙緣？

黃蓉癡處，真極讓人憐惜；郭靖傻時，實在拿他沒法。

此亦是命，兩人個中甘苦，冷暖自知，我等何必為古人擔憂白操心。

鐵槍廟中，楊康惡貫滿盈，終有報應。黃蓉此時挺身而出，欲以一死來為其父辨明清白，讀此當為之淚下，黃藥師生得好女兒。

金大俠筆下，最聰明最伶俐又最可愛的女人，必是黃蓉姑娘當之無愧。

當然，黃蓉也不是完人，也有缺點，而正因為這樣，黃蓉的形象更真實和可愛。

黃蓉對郭靖的愛情，也不是沒有可挑剔之處。對華箏，黃蓉便表現出涼薄的一面來。

江南七怪說郭靖應娶華箏，江湖中人不應背信棄義，黃蓉則將他們罵得狗血噴頭，而且報以顏色，有機會就給他們大吃苦頭。丘處機希望郭靖能娶穆念慈，黃蓉便恨了他一輩子。而穆念慈如果真的愛郭靖，那黃蓉就不會客氣，很可能穆念慈會有殺身之禍。

愛情是自私的，看來這話一點不假。

在《射鵰英雄傳》的續篇《神鵰俠侶》中，黃姑娘依然是那樣聰明伶俐，只不過還是有些微的分別：黃姑娘成了郭大嫂，聰明處有些過頭。

《神鵰俠侶》中，黃蓉的偏激和護短已經有些變本加厲。

黃蓉的女兒郭芙斬斷了楊過的一條手臂，郭靖要罰郭芙，黃蓉使詐點倒郭靖救出了女兒；楊過和小龍女的愛情違反了禮教大防（而她的父親黃藥師是最討厭墨守成規的禮教的，包括她自己的愛情，在開始時也是受到無數的干擾的，只是作者金庸對她十分偏愛，讓她終於獲得幸福）。這時，她也以反對者的口氣出來說話。

《神鵰俠侶》書中黃蓉多處聰明過頭，對楊過百般猜疑，為眾多讀者論者不喜，卻不知此又有奈何！為人妻為人母者，細膩的心性，豈能和當初作女兒時相比？無盡的責任和愛，遮閉了天下多少賢妻良母清明的洞察。有多少的愛，其實就有多少的佔有和自私。

縱觀全書，可作例證之處何可勝數！

黃蓉不教楊過武功，只是教他誦讀之乎者也的經書一節，與趙志敬只授楊過口訣而不教其修煉的實在法門對看，竟亦異曲同工，可歎！難怪黃蓉沒有《射鵰英雄傳》裡惹人喜愛了。

黃蓉評價楊過道：「這孩子本性不好。」好蓉兒，你何時學會了這一套？歎世間以成功論英雄，即人中之極品郭靖黃蓉夫婦也在所不免。

當年郭靖曾私下提起對楊過許以女兒的婚事，黃蓉千推萬托，百般搪塞，顧左右而言它。等楊過出盡風頭，在英雄大會中風光無限，郭靖舊事重提之時，黃蓉即一口答應。

古人謂惡貧賤之心甚於惡死，言不虛也。

黃蓉也有聰明一世，糊塗一時。

既然她早已看出了楊過心懷二意，疑心楊過會對她和郭靖不利，就更應早一點告訴楊過真相才對，何苦這樣各人在心中打啞謎。講出楊過父親之死真相，取捨在於楊過，逃避真相，只有加深誤會。

郭芙怒而傷楊過，是郭芙不對。黃蓉與郭靖為了此事吵架，黃蓉怒道：「楊過若不把女兒還我，我連他的左臂也砍了下來。」

世間的恩怨情仇，總要看站在什麼立場，什麼角度，沒有無緣無故的愛，也沒有無緣無故的恨，沒有絕對的正確，也沒有絕對的錯誤。

在郭大俠的影響下，黃蓉也知道為國為民，而且也是身體力行，奉獻自己。不過，她卻沒有被「大俠人格」套住，她更為靈活，在情和理之間，她更直覺和本能，更接近生命的真實，對生命的感動有著更深刻的理解和體驗。

所以在金大俠小說中十大可愛女上榜人物中，黃蓉還是要榮獲冠軍，排名第一。

三、十大美少女排行

十大美少女上榜人物：木婉清、水笙、鍾靈、溫青青、沐劍屏、曾柔、楊不悔、蕭中慧、梅蘭竹菊、秦南琴。

・排名第十

秦南琴：值得紀念的人物

容貌：★★★★　武功：★★　智商：★★★

情商：★★　攻擊力：★★

秦南琴何許人也？遍翻金庸小說三十六冊，並無此女。要不是倪匡先生專門撰文介紹，我們真的是就此略過。

倪匡先生說金庸武俠小說三十六冊幾百個女子中最令他念念不忘的人物是秦南琴。

現在我們看到的金庸小說三十六冊，沒有秦南琴，原來秦南琴是金大俠在改寫《射鵰英雄傳》中時刪掉的人物。

捕蛇少女秦南琴的故事，在舊版《射鵰英雄傳》中有敘述。倪匡先生介紹說：

郭靖與黃蓉因事分手，路見不平，救了捕蛇老漢，與他女兒南琴相遇。但郭靖去後，老漢還是難逃毒手，而南琴亦被擄去獻與楊康，遭他污辱而懷孕。南琴誕下嬰兒不久即被毒蛇咬傷而死，臨終把嬰兒交給郭靖，取名「楊過」。

想起南琴，印象最深刻的一段是她初遇郭靖，深宵伴他到密林之中；捕捉專門吃毒蛇膽的血鳥。書中對南琴容貌描畫無多，只記得說她終年不見陽光，肌膚了無半點血色；加上輕盈沉靜，在月下林中的南琴，與南琴身世暗合。新版刪掉南琴，楊過改為穆念慈所生，大為遜色，且穆念慈剛毅婀健，與楊過無半點相似。這一改，雖然使全書佈局比較緊湊，卻是犧牲了感人的情節人物氣氛。

南琴無母，自幼與父親相依為命，郭靖是她平生所見第一個溫厚可敬男子。然而郭靖一心只牽著一個「蓉兒」，渾然不覺。在夜降血鳥的一段，黃蓉忽乘小紅馬至，雙臂因行功出了岔子而癱瘓，郭靖連忙扶她坐下助她打通血，兩人雙掌相抵，那時暴雨驟至，南琴持著雨傘遮蓋他倆，只見這黃蓉清麗絕俗，髮束金環，頸垂明珠，端坐含笑，恰如「晨露新聚，奇花初胎」，自己哪能相比？再見郭、黃時，南琴已遭楊康污辱，為目睹此事的穆念慈救出，兩人出家作了道姑，南琴心如死灰，只因郭靖關懷，便將經歷盡數，之後便返回故居產子，仍以捕蛇為活。第三次再見，是郭、黃過昔日血鳥出現的樹林、發現草叢中躺著一名嬰孩，手中捏著一條毒蛇，而南琴已被蛇咬將死。

南琴身遭百劫，卻始終漠然由他，彷彿與己無關，令讀者低迴不已，金庸若再改寫《射鵰》，定得讓南琴復活！

按倪匡先生這麼介紹，我們不能不在此書中記上這一筆。作為值得紀念的人物，在金大俠小說十大美少女排行榜中，我們給秦南琴一席之位，排名第十。

・排名第九

梅蘭竹菊：人美似玉，心無塵滓

容貌：★★★★　武功：★★★　智商：★★

情商：★★　攻擊力：★★

《天龍八部》中靈鷲宮梅蘭竹菊四姊妹，人美似玉，笑靨勝花，更兼一片冰心，心無塵滓，簡直是世外仙姝，讓人欣羨不已。金大俠小說十大美少女上榜人物中，她們完全應該佔有一席之地。

靈鷲宮梅蘭竹菊四姊妹，原來是大雪山下的貧家女兒，其母已生下七個兒女，再加上一胎四女，實在無力養育，生下後便棄在雪地之中。適逢童姥在雪山採藥，聽到啼哭，見是相貌相同的四個女嬰，覺得有趣，便攜回靈鷲宮撫養長大，授以武功。四姝從未下過縹緲峰一步，又怎懂得人情世故、大小輩份？她們生平只聽童姥一人吩咐。待虛竹接為靈鷲宮主人，她們也就死心塌地的侍奉。只是虛竹溫和謙遜，遠不如童姥御下有威，她們對之就不怎麼懼怕，只知對主人忠心耿耿，渾不知胡鬧妄為有什麼不該。

虛竹初次入主靈鷲宮，和段譽糊塗一醉，次日醒轉，發覺睡在一張溫軟的床上，蘭劍和菊劍，二人要來服侍虛竹換衣，那一段寫得極有趣，也最能體現梅蘭竹菊四姊妹的妙處。

虛竹大窘，滿臉通紅，突然見自身穿著一套乾乾淨淨的月白小衣，著體輕柔，也不知是綾羅還是綢緞，但總之是貴重衣衫。

菊劍笑著告訴虛竹，虛竹昨晚醉了，是她們四姊妹服侍虛竹洗澡更衣，而且是她們四姊妹替虛竹洗的。虛竹「啊」的一聲大叫，險些暈倒。

虛竹是個至誠君子，但靈鷲宮梅蘭竹菊四姊妹也是純粹本色，根本沒有俗世那些齷齪骯髒的污染。梅蘭竹菊的想法很是簡單，她們四姊妹是虛竹的女奴，便為主人粉身碎骨也所應當，虛竹不用她們服侍，梅蘭竹菊反而淚盈於眶，倒退著出去。虛竹心中奇怪，便做出解釋，指手劃腳，說得情急，其意甚誠，這才使蘭菊破涕為笑。靈鷲宮中向無男人居住，梅蘭竹菊更從來沒見過男子。「主人是天，奴婢們是地，哪裡有什麼男女之別？」一席話說得純潔之極，反倒顯出虛竹的迂腐和道學來。不久梅劍與竹劍也走了進來，一個替他梳頭，一個替他洗臉。虛竹嚇得不敢作聲，臉色慘白，心中亂跳，只好任由她四姊妹擺佈，再也不敢提一句不要她們服侍的話。

後來虛竹去少林，梅蘭竹菊四姊妹私自下山，前去暗中服侍和保護虛竹，緣根對虛竹無禮，四姊妹狠狠的打了他幾頓，緣根才知道好歹，虛竹還以為是緣根轉了性。鳩摩智偷襲虛竹，梅蘭菊竹四劍終於挺身而出，一片關愛和忠誠之心，溢於言表。虛竹這才恍然，緣根所以前倨後恭，原來是受她四姊妹的脅迫，她四人喬裝為僧，潛身寺中，已有多日。

少林寺中，梅蘭竹菊視他人如無物，眼中只有一個主人虛竹。菊劍道：「主人，你也別做什麼勞什子的和尚啦，大夥兒不如回縹緲峰去罷，在這兒青菜豆腐，沒半點油水，又得受人管束，有什麼好！」

竹劍指著玄慈道：「老和尚，你言語中對我們主人若有得罪，我四姊妹對你可也不客氣啦，你還是多加小心為妙。」

虛竹連連喝止，說道：「你們不得無禮，怎麼到寺裡胡鬧？唉，快快住嘴。」

四姊妹卻你一言我一語，咭咭呱呱的，竟將玄慈等高僧視若無物。少林群僧相顧駭然，眼見四姊妹相貌一模一樣，明媚秀美，嬌憨活潑，一派無法無天，實不知是什麼來頭。

在十大美少女上榜人物中，梅蘭竹菊排名第九。

・排名第八

蕭中慧：少女任性的心性

容貌：★★★★　武功：★★　智商：★★★

情商：★★　攻擊力：★★

蕭中慧是《鴛鴦刀》一書中的女主角。《鴛鴦刀》一書雖然篇幅不長，對人物的性格特色沒有能夠較好地展開，但「美貌少女」蕭中慧還是給我們留下了清晰的印象。

蕭中慧是威名遠震江湖的大俠蕭半和的義女（當然蕭中慧一開始並不知道，一直到最後才披露了這個謎底），蕭半和得到訊息，武林中失落有年的鴛鴦刀重現江湖，竟為川陝總督劉於義所得。這對刀和蕭半和大有淵源，他非奪到手中不可，心下計議，料想劉於義定會將寶刀送往京師，呈獻皇帝，與其到西安府重兵駐守之地搶奪，不如攔路搶劫。豈知那劉於義狡猾多智，一得到寶刀，便大布疑陣，假差官、假貢隊，派了一次又一次，使得覬覦這對寶刀的江湖豪士接連上當，反而折了不少人手。蕭半和想起自己五十生辰將屆，於是撒下英雄帖，廣邀秦晉冀魯四路好漢來喝一杯壽酒，但有些英雄帖中卻另有附言，囑託各人竭盡全力，務須將這對寶刀劫奪下來。

蕭中慧一聽父親說起這對寶刀，當即躍躍欲試。蕭半和派出徒兒四處撒英雄帖，她便也要去，蕭半和派人在陝西道上埋伏，她更加要去，但蕭半和不同意。蕭中慧便偷偷牽了一匹馬跑了出來，要自己去劫奪鴛鴦刀。

路上蕭中慧遇上了搞笑的太岳四俠。太岳四俠仰慕蕭半和的英名，要趁他五十誕辰前去拜壽。太岳四俠少了一份賀禮，上不得門，因此要搶蕭中慧的坐騎去送禮。太岳四俠和蕭中慧交上了手，少不得太岳四俠大出其醜。

蕭中慧表面上有幾分江湖兒女的豪氣，實際上不過只是少女任性的心性。這次一個人偷偷出來，忽然間天地一寬，不受拘束，居然一個人學起喝酒來。可是她只喝了一口，嘴裡便辣辣的又痲又痛，這酒實在並不好喝。她要喝，只是父親說女孩子不許喝酒，她非要反叛一下而已。

蕭中慧認識了書生形象的袁冠南，由相識到慢慢生出好感，彼此之間產生了那種少年男女朦朧愛慕的情愫。然而一個機緣使他們終於越靠越近，使他們明白了彼此的情感。

蕭中慧和袁冠南有了機會共同學習和演練「夫妻刀法」，只是初試乍練，就把大強敵卓天雄打跑了。

蕭中慧榮登第八的寶座。

排名第七

楊不悔：精神要求高於一般少女

容貌：★★★★　武功：★★　智商：★★

情商：★★★　攻擊力：★★

楊不悔是一個奇特的少女，她竟然愛上了年紀可以做自己父親的殷梨亭，而且殷梨亭還是楊不悔的母親紀曉芙昔日的戀人，實在是有些出人意外。

但事情的發生當然都有自己的邏輯和理由。楊不悔奇特的身世和遭遇，使她的行事和思考完全不同於一般少女。她受創的精神和心靈，在正常情況下也難以找到慰藉和解脫，因為她精神和感情的要求要比一般少女高得多。殷離亭的那種熾熱和豐富的內心，正是她所需要的。而恰逢殷梨亭受傷，她去照顧殷梨亭，這個奇特的機緣，正好起了催化和撮合的作用。

還有很重要的一點，那便是楊不悔為母親的補過。連紀曉芙自己都愧對殷梨亭，為自己的行為對他抱歉，楊不悔作為旁觀的評判，自然更對殷梨亭有一種特別的「欠」意。

當殷梨亭昏迷時拉著她的手叫「曉芙」，求她不要離開時，當殷梨亭醒來後的眼光仍是那麼熱切和淒苦時，楊不悔的心軟了，由憐生愛了。

倪匡先生說，殷梨亭的弱點，也是他吸引人之處。正是這樣，殷梨亭的軟弱稚氣和慘苦的生活，使他另有一種悲劇的幻美，使楊不悔深墜其中再也不能自拔了。

在十大美少女上榜人物中，楊不悔排名第七。

‧排名第六

曾柔：錯愛中另有一種宿命的幸福

容貌：★★★★　武功：★★　智商：★★

情商：★★　攻擊力：★★

小寶帶著二千官兵，浩浩蕩蕩先奔少林寺而去，並有雙兒改裝相伴，一路遊山玩水，吃酒賭錢，好不威風，好不快活。路上又一段好看有趣插曲，讓小寶贏得了美人曾柔的芳心。

這日小寶和眾侍衛正在賭錢賭得高興，不料王屋派司徒鶴帶著曾柔等二十人前來行刺，殺了帳外的侍衛，衝進來控制局面。眾侍衛都是草包，嚇得魂不附體，小寶無賴，卻見多了大場面，有膽識，在刀劍面前，並不因害怕而怯場，輸了面子。特別是看見刺客中的美人曾柔，更是豪氣大增，充好漢想博得美人青睞。危急之時，小寶在神龍島學得的六招保命絕技發揮了作用，這還是小寶第一次靠了正經的武功打敗敵人。小寶冒險發難，反過來制住了司徒鶴，讓眾侍衛重新控制了局勢。

小寶搞不清刺客的來路，怕他們與天地會有瓜葛，所以存心放了眾人，卻討好賣乖，把這個人情送給了曾柔。小寶與曾柔相賭，若是輸了便放了眾人。曾柔擲出極差的點子，眼看眾人沒有指望，王屋派的一名弟子元義方怕死出來投降，卻不料小寶有意擲出更差的點子，放走了曾柔眾人。這其中的關節，曾柔怎生不知？臨走之時向小寶討四枚骰子作紀念，一顆芳心已全在小寶身上了。

曾柔錯愛上了小寶的英雄和俠義，錯誤中卻有另一種宿命的美滿和幸福。

在十大美少女上榜人物中，曾柔排名第六。

·排名第五

沐劍屏：沒有心眼倒是最能分出好歹

容貌：★★★★　武功：★★　智商：★★

情商：★★★　攻擊力：★★

小寶的七個老婆中，小郡主沐劍屏是最先出現，年紀也是最小，天真無邪，沒有心眼，是個老實人，倒是最能分出好歹。一開始小寶胡言亂語，連哄帶騙，小郡主十分恨他，但後來發現小寶雖然愛惡作劇開開玩笑，卻並無惡意，反而是對人很好，小郡主便原諒了小寶，不再責怪小寶，還處處幫著小寶，迴護小寶。

小寶的頑童胡鬧，在和小郡主的對戲中表演最多。一開始他怨恨白寒楓捏痛他的手腕讓他出醜，便戲弄小郡主出氣，小郡主一哭，小寶就外強中乾，原形畢露，沒有了招。小寶命令小郡主不許哭，睜開眼睛看他，心中其實底氣不足，有些發虛，畢竟欺負小姑娘，他面子上放不下，理不直氣不壯。小郡主哭得更厲害，小寶拿她沒法，這才情急之下出其不意以用刀子劃小郡主的臉來威脅。其實小寶哪能真如此，小郡主老實，信以為真，上了小寶的大當，真的叫起小寶好哥哥來了。

小寶逗小郡主，叫她好妹子，小郡主不應，又叫她好姐姐，還是不應，最後則叫她好媽媽，惹得小郡主噗哧一笑，讀者於此也要噴飯，虧得小寶叫得出口，油腔滑調真有本事。其實，小寶叫好媽媽，是罵人婊子，因為小寶的母親是妓女，小寶是絕不吃虧的。小寶出身卑賤，但他心理卻極健康，並不以出身為恥，視做妓女和做官一樣是正當職業。他想「做婊子也沒什麼不好」「未必便賤過……沐王府中的郡主」。小寶沒有情結，眾生平等，大家一樣，不分彼此。

小郡主心地善良，人又老實，初遇小寶，哪見過小寶這般的花樣百出，三言二語下來，又給小寶騙了，讓小寶占了上風。小郡主很快對小寶大生好感，小郡主這種深閨豪室中養大的籠中金絲雀，生活枯燥平淡得很，見了小寶這般新鮮有趣，生動活潑，自然是大受吸引，所以小郡主對小寶最服氣，順著讓著小寶。

小郡主道：「你為什麼待我這麼好？」小寶惡作劇，心腸並不壞，他的玩笑也無傷大雅，少年人之間，最容易在調笑戲謔中互通心意，他把小郡主也像康熙那般小哥們對待，打鬧起來，扭住小郡主的手臂問她「投不投降」，小郡主卻不是小玄子，一輸就哭，讓小寶大覺無趣。

後來小寶救出了困在吳三桂地牢中的小郡主。小寶見了小郡主，大為親熱，動手動腳，此時的含義與當初在宮中已有不同。小寶是真要把沐劍屏當老婆，沐劍屏溫柔含羞，半推半就，不過她畢竟還小，擔當不起，又惱怒小寶「欺侮」她，不能立即順了小寶的意。不過小郡主心中已經喜歡了這個「好哥哥」。

在十大美少女上榜人物中，沐劍屏排名第五。

·排名第四

溫青青：多變、吃醋和小氣的少女

容貌：★★★★　武功：★★　智商：★★★★

情商：★★　攻擊力：★★

溫青青是一個有趣的女子，雖然不是很可愛的女子。她的有趣在於她的多變、吃醋和小氣；她的不可愛，在於她太自我中心、小姐脾氣，除了袁承志，真是沒人受得了。溫青青的初次出場，俊秀儒雅，正合於袁承志的書生情結。袁承志對書生李岩都那麼的傾慕，所以才能莫名其妙地忍受溫青青女扮男裝時的莫名其妙的脾氣。

倪匡先生說溫青青的形象是以紅樓夢中林黛玉那兒借來的，這多少也有幾分道理，但並不怎麼能說服人。溫青青像黛玉的地方，是她的多愁善感，猜疑善妒，愛哭，愛耍小性子，自卑自憐，說話刻薄，但黛玉卻絕沒有溫青青的主動性。沒有溫青青的自己能拿主意。

溫青青愛花惜花，和《紅樓夢》中黛玉葬花相彷彿，她在溫家的寄人籬下，淒苦身世，也和黛玉差不多，而且溫青青的脾氣也是從黛玉那兒借來的，愛耍小性子，愛吃醋和猜疑，幾句話言語不合，便嗚嗚咽咽流下淚來，讓袁承志摸不著頭腦，只有處處暗著小心。

溫青青女扮男裝，其實心計很高，不管她在本質上如何的柔弱、善感和易受傷害，她的多智卻是給人以深刻印象的。袁承志幾乎是給她指派得團團轉，成了她對付強敵的秘密武器。少年時聰明伶俐的袁承志，長成之後，卻是木訥呆板，雙兔傍地走，不辨雄雌。袁承志成了忠厚老實的梁山伯，眼巴巴趕到了石樑溫家，全然不知溫青青女兒家真實的身分。

袁承志是郭靖的過渡，而溫青青也是後來黃蓉的過渡。溫青青的身上，又能見出許多黃蓉的影子來。黃蓉愛郭靖的是善良忠厚，她裝扮成叫花時郭靖能對她好，她感覺這是真正可靠的好。溫青青也是這樣，她女扮男裝時，看到袁承志出手相幫，便心生感激進而鍾情，一心癡情依賴。溫青青看中袁承志的，也是袁承志的樸實本色。

溫青青愛吃醋，但她卻比黃蓉要幸運得多，不像黃蓉和郭靖中間有了一個華箏公主這樣一個複雜的大障礙。溫青青若與黃蓉易地而處，她可就會受不了那樣大的刺激。

溫青青雖然像黛玉小心眼愛吃醋，但感情上卻更為直率、坦白和濃烈，她的女兒脾氣更具有明顯的暗示性，大膽直露，簡直有幾分現代女子的英爽之氣。看她怪袁承志破五行陣用的是安小慧的玉簪而不是用她自己的，恨得咬牙切齒，將石頭在地上亂砸得火星直迸，又將自己的玉簪捽成兩段，其無理取鬧，正表現出她本色的可愛來。

作為向黃蓉的過渡形象，溫青青有幾分黃蓉的古怪刁蠻，但卻沒有黃蓉過人機智的心機。她拿袁承志的遲鈍沒有辦法之時，只有耍賴大哭的簡單幼稚的手段，使她更顯身世的淒苦和無助，這是溫青青樸素的方面，她更接近於一個普通的女子，像我們生活中所容易遇到的一個。

溫青青對袁承志抓得非常的緊，鐵板釘釘，決不留下一絲的鬆動，一定要逼著袁承志切實承諾，「永遠不會離開你」。溫青青的小性子，小心眼，動不動就吃醋，其實正是溫青青的聰明之處，並不是多餘。事實上溫青青如果抓的稍微不緊，袁承志真的會動別的心思。「既有金枝玉葉，何必要我尋常百姓？」溫青青非常的聰明，她清楚的知道阿九對她的愛情所構成的威脅，她的出走是以退為進，這是有效的一招，袁承志乖乖的被她牽著鼻子轉，再不敢心有旁騖。

在十大美少女上榜人物中，溫青青排名第四。

・排名第三

鍾靈：最可愛的好妹妹

容貌：★★★★★　武功：★★　智商：★★

情商：★★★　攻擊力：★★

鍾靈並不是全書中的重要人物，但出場的表現就已經可得不俗的高分，音容笑貌形象栩栩然，叫人再也無法將她忘記。

段譽一襲青衫，鍾靈也是一身青衣，好！那春天和原上離離綠草的嫩色，是多麼的動人、純潔、神聖和充滿了生命勃發的盎然生機，是多麼的恰如其分和讓人迷醉。

鍾靈笑靨如花，在無量劍派練武廳的屋樑上坐著，「雙腳一蕩一蕩，穿著一雙蔥綠色鞋兒，鞋邊繡著幾朵小小黃花，純然是小姑娘的打扮」，真好，真是異常的靈動。

左子穆意氣難平，急欲從鍾靈那裡探聽消息，鍾靈卻好整以暇，問左子穆一句「你吃瓜子不吃？」小女兒天真爛漫的可愛一展無遺。

但更妙的，是段譽立即順竿爬上：「你這是什麼瓜子？桂花？玫瑰？還是松子味的？」此皆是人物本色語。鍾靈的嬌生慣養、鄉間野性，段譽的書生呆氣、王室的養尊處優，都活脫如畫。

看鍾靈在屋樑上肆無忌憚地朝下亂吐瓜子殼，此場面真能引人入勝。

段譽和鍾靈之間青春挑逗調笑的遊戲，寫得清澈透明，全無半點人間煙火氣息。即是鍾靈要試探段譽武功一段，雖語涉輕薄，卻沒有半點情欲味道，只是純粹的幻美。鍾靈不是情人形象，更像是可愛的好妹妹。

鍾靈狂喜於段譽守信諾來救她，情不自禁撲上去摟住段譽脖子。鍾萬仇將段譽和木婉清關在石室中，沒想到最後段譽懷中抱著的衣衫不整的少女，不是木婉清，竟是鍾靈。

鍾靈最後獨自一人離家去尋找段譽，不能說她對段譽沒有一點心思，但當她知道段譽是她的哥哥之後，卻沒有木婉清那樣的反應，很快就將段譽放在了一邊，一心一意只想當段譽的好妹妹。

在十大美少女上榜人物中，鍾靈排名第三。

·排名第二·

水笙：何嘗不是可憐人

容貌：★★★★★　武功：★★★　智商：★★★★

情商：★★　手段：★★

鈴劍雙俠出場，真是讓人眼前一亮。如此俊秀爽朗的神仙般人物，在陰淡的背景中，突然來了鮮豔的亮點，看得人為之一振。

汪嘯風和水笙，少年英俊，少女標緻，少年一身黃衫，修長俊拔，騎一匹高頭長身遍身為金黃色毛髮的駿馬，少女微黑而俏麗，白衫飄飄，所騎白馬亦是身上無一根雜毛。人未至，先聽到一路悅耳的清脆鈴聲傳來，好一對神仙般的人物。然而正是這女神仙般的水笙，將狄雲誤認為是西藏的血刀惡僧。鈴劍雙俠大展神威，把狄雲打得斷腿，打得吐血，渾身上下都是傷。

天長日久，狄雲恢復了本色身分，諸般大節小事，終於使水笙醒悟過來，為狄雲的俠義心腸所感動。真情逐漸浮出水面，水笙心中已是清明如鏡，將孰善孰惡照得明明白白。她口中不言語，卻一針一線，將狄雲捕捉的禿鷹雪雁的羽毛，綴成了一件奇特的羽衣，送給了狄雲。這份感情之意和溫柔的憐憫，一切盡在不言中。

已習慣了人世間的惡意相向和冤屈的狄雲，因太久沒有感受到慰貼心靈的真情而變得粗糙和麻木。水笙的羽衣，再次勾起了狄雲的傷心事，再次深深觸及了狄雲生命秘密的隱痛，他狂笑著踢開了羽衣，眼中落淚，心頭滴血。

狄雲的這一狂態發作的舉動，其實也洩露了他內心的秘密。其實他已經被水笙真實地打動了，他只是不敢去把握，沒有自信，只想逃避，用這種表面上的粗糙和魯莽，來掩飾和偽裝內心那最為柔軟的部分。

還是水笙最後主動承認了錯誤：「狄大哥，你原諒我死了爹爹，孤苦伶仃的，想事不周，別再惱我了，好不好？」讀此，真是令人心碎欲哭。同是天涯淪落人，一般的苦水，一般的苦命，日後還一般的受冤，水笙何嘗不是可憐人！

終於熬到了冰散雪融的這一天，但等待著水笙的，卻是說不清道不明的不白之冤。

水笙終於做出了人生中最正確的選擇。狄雲回到了藏邊的雪谷，雪又開始下，有一個姑娘在癡癡地等他，那是水笙。

惡運，不幸，無盡的苦難，敵視他的那殘酷而醜惡的世界，這一切之後，是雪花一般純潔的精神，完美的真情，以及對宇宙和自然神性的敬畏，是善良的人們在光明中幸福地相聚，走向另一個更高的永恆世界。

在十大美少女上榜人物中，水笙排名第二。

‧排名第一

木婉清：水木清華，婉兮清揚

容貌：★★★★★　武功：★★★　智商：★★★
情商：★★　攻擊力：★★★

水木清華，婉兮清揚，好名姓。而又號以香藥叉，寫她有一種香氣，似蘭非蘭，似麝非麝，雖不甚濃，但幽幽沉沉，甜甜膩膩，聞之讓人心神激蕩。此是天上神仙人物，不同凡響。金大俠寫《天龍八部》，最初的想法是要以八種神道為象徵來寫八位奇特的人物。乍見木婉清出場，立即會聯想到八部天龍中的「乾達婆」。「乾達婆」不吃酒肉，只尋香氣為滋養，身上散發出濃烈的香氣。

木婉清的坐騎名黑玫瑰，她自己也像一朵黑玫瑰。黑色象徵著冷漠、神秘，木婉清一身黑衣，冷峻而不苟言笑，且還凶蠻霸道，確是神秘之極，冷豔懾人。

木婉清和段譽的初次見面，段譽一味地打腫臉充胖子，以一種唐吉訶德精神（不知道是不是還有一點阿Q精神），一廂情願地憐香惜玉；木婉清卻是霸王花，潑辣心狠，說得出做得到，軟硬不吃，更有幾分變態的施虐狂，絕不買賬。

最後柔能克剛，還是段譽贏出。段譽的勝因，是其天性純真之處，一喜一怒，或靈動或迂闊，處順境處逆境，都是非常的統一，掩飾不住其來自於血緣深處的高貴和尊嚴。

而木婉清之敗，卻是因為她的冷漠、凶狠、不講道理，只是表面的偽裝保護色。她愈是高傲，要將段譽踩在腳下，其實愈是明白透露了她內心的不自信，自慚形穢，對段譽的魅力之難以抵抗。木婉清的凶蠻刁橫，愈來愈見可憐了。

段譽絕不捨棄她獨自逃命，真情終於溶開了堅冰，打開了硬殼，顯露出女兒心中最柔軟細嫩的情懷來。木婉清終於承認了前面是「鬧著玩的」，「你逃得性命，有時能想念我一刻，也就是了。」

間不容髮的緊急關頭，木婉清忽然對段譽以身相許，憑著「若有那一個男子見到我臉，我如不殺他，便得嫁他。」這樣的一句古怪誓言，硬是讓段譽要接受非娶她不可的事實。

段譽真的愛木婉清嗎？你看段譽大吃一驚，口吃起來，就知道事實上並不完全如此了。段譽是情種，段譽就像賈寶玉那樣善良、溫柔、多情，只不過他們都是一樣對女人全是持一種過分尊敬的泛愛態度。他們似乎最有歐洲的浪漫騎士精神，對女性是一般的真心誠意的好，但卻不一定意味著男女之愛。

賈寶玉是多情種子，可真愛也只有一個林妹妹；段譽也是一樣，他的真命天子暫時還沒有出現。

木婉清就不同了。

木婉清哪裡像段譽那樣見過世面？她從小到大與母親幽居山野，甚至段譽才是第一個見過她面容的男子。一下子就遇上了段譽這樣一個高段位的情種，如此斯文和善又對人好，她哪裡還有什麼比較甄別，只有死心塌地立即繳械投降，愛情已經刻骨銘心地在她心中扎下了根。

不過，雖然是會錯意表錯情，但以段譽這樣女性至上主義者，卻不會去忍心狠心傷害一個真愛他的女人的，所以段譽拿了主意，「眼下只有順著她些，她說什麼，我便答應什麼」。

木婉清醒來重重打了段譽一個耳光，此已非關橫蠻了，實是愛已至極，痛入骨髓。

誰家弟子誰家院，木婉清再也沒有想到，這子弟是如此的尊嚴富貴，這院又是如此的氣派驚人。一路走來，木婉清是且驚且疑，且喜且懼。看朱丹臣等四大護衛派頭已是十足，又對段譽是畢恭畢敬，已料想段譽有些來頭。木婉清不禁心中有些怕了，心中的焦慮已是百迴千轉。

木婉清並不自信，她的凶蠻只是自我保護色。看她心中想得凶野，「他們倘若對我輕視無禮，那便如何？哼哼，我放毒箭將他全家一古腦兒都射死了，只留段郎一個。」此典型的色厲內荏，心中發虛。

越是心虛，越是要無禮。

連段譽見著母親刀白鳳，摟著媽媽的腰撒嬌，木婉清也看不順眼。刀白鳳再美，也不過是半老徐娘，木婉清也要大吃其醋，真是水準有所大失。

木婉清一驚再驚。刀白鳳是王妃，那書呆子段譽又是何人？

看大隊騎兵隨行保護的陣勢，看段正淳那肅然王者之相，看迎風飄揚的杏黃旗，看儀仗隊手持的朱漆虎頭牌，饒你木婉清再橫再野，也不能不心下肅然，直打小鼓。

終於知道了段譽是鎮南王王子，木婉清勒馬呆立，霎時間心中一片茫然，心中只覺說不出的孤寂，傻眼了！

木婉清實是一個胸無城府、沒見過世面，沒有良好教養的小可憐。

木婉清再次驚懼不已，忽上忽下顛簸於情感的風口浪尖。

倏然間發現刀白鳳是「師父」要她去殺的仇人，倏然間更發現癡愛的情郎段譽竟是自己的親哥哥，倏然間找到了道是無情卻有情的親生父母，如此重大的打擊，發生在她這樣一個不通世務，不知機變，不識人間複雜和險惡的單純女孩子身上，真是要多可怕就有多可怕。

還好，也許是她的那種剛強野性的氣質使她沒有在暈眩中被摧毀，她終究挺了過來。

因其神韻，在十大美少女上榜人物中，木婉清排名第一。

四、十大暗戀女排行

十大暗戀女：郭襄、阿紫、公孫綠萼、李文秀、程英、阿青、陸無雙、完顏萍、阿碧、李沅芷。

・排名第十

李沅芷：鍥而不捨終心想事成

容貌：★★★★　武功：★★　智商：★★　情商：★★★★

暗戀指數：★★★　攻擊力：★★

《書劍恩仇錄》中，李沅芷的淘氣、聰明、愛玩愛鬧，一再地發揮，給嚴肅的氣氛中注入輕鬆的活力。

這是李沅芷千金小姐的身分，是她的本色，像這樣一個無憂無慮不識愁滋味的官家小姐，又有了陸菲青這樣一個極出色的師父，她如何不感到幸福和驕傲，如何不會撒嬌和調皮，如何不會去膽大妄為。

李沅芷還沒到真正成熟的時候，當她真正品味到人生的複雜無奈之時，她才會整個地改變，沉下心來，靜下心來，變得勇於去承擔。

余魚同被李沅芷所救，在李府療傷，惹出了李沅芷的一份暗戀的癡情。

李沅芷竟然喜歡上了余魚同，少年時讀《書劍恩仇錄》，於此深有不平的感覺。其實，細想起來，這是合於情理的。

李沅芷是個千金小姐，她的眼界之高，她的家庭環境，使她當然不能和一般江湖女子一樣。余魚同少年書生，形象清秀，和紅花會群雄在一起當然尤顯其俊逸不同之處。李沅芷是一見鍾情，第一印象主導了一切，以至即使後來余魚同已毀容，李沅芷依然有一個美好的最初印象，可以克服掉心理上的障礙。

李沅芷一生可謂是要風得風，要雨得雨，享盡了榮華富貴，連陸菲青都給她纏得沒法收她作了徒弟。

但這次，李沅芷命中的剋星來了，李沅芷又是所愛非人，不過，李沅芷好福氣，她最後還是有辦法，終能如了她所願。

李沅芷冰雪聰明又有悟性，有靈性，因此和阿凡提最能投機。李沅芷對阿凡提主動親近，曲意奉承，又是打賭又是旁敲側擊地請教，終於從阿凡提那裡學到了一招專治倔脾氣笨驢的「胡蘿蔔與鞭子」的妙法，現炒現賣，馬上用在了對她不理不睬敬而遠之的余魚同身上，而且立即收了奇效。一方面是大鬍子叔叔的計謀高妙，另一方面也是李大小姐靈瓏剔透，一點即通，余魚同果然願者上鉤了。

李大小姐果然有一套，想要什麼，鍥而不捨終給她心想事成得到了。在十大暗戀女上榜人物中，李沅芷排名第十。

‧排名第九

阿碧：絕美的小婢

容貌：★★★★★　武功：★★　智商：★★　情商：★★★★

暗戀指數：★★★　攻擊力：★★

寫阿碧之美，並不在容貌上。嬌柔無邪，歡悅動心的歌喉，皓膚如玉，映射碧波的纖手，盡是溫柔，盡是秀氣。一個局部已寫出絕品出色的仙味來，回味無窮，遐想無限。再加上一口甜膩膩的吳儂軟語，改良蘇白，天真爛漫，嫣然笑容，不勝嬌羞的神情，婀娜多姿的體態，殷勤貼慰，委婉細緻，每一剎那中都浮現有千般萬種的風情，真讓人有不知此日何日，此地何地的無邊的暈眩。

阿碧出場，頓讓讀者心中煩鬱之意快然一掃。

對此良辰，對此美景，對此天仙一般畫中美女，可以開懷，可以寬心，可以陶然忘憂也。段譽向來癡，此時當然是更癡了，迴腸盪氣之時，真想終老於此溫柔鄉。

阿碧以殺人武器軟鞭和金算盤彈奏伴唱，以殘忍襯托出溫柔，更為出色。她所唱之曲甚合於其身分，「為誰歸去為誰來？主人恩重珠簾卷」。

「琴韻」小築中，阿碧以種種極精緻極風雅的排場來張勢。碧螺春茶，玫瑰松子糖，茯苓軟糕，翡翠甜餅，藕粉火腿餃，只是便宜了段公子，吃一件讚一件，大快平生。笑鳩摩智、崔百泉、過彥之各懷鬼胎，且驚且疑，做人有什麼樂趣。

阿碧阿朱帶著段譽逃脫鳩摩智之後，在船上阿碧偷偷向阿朱說想要解手一段，寫得也極靈動可喜，為不可多得妙筆，此等文筆，實堪稱之為大師級別，服了金大俠了。

如此美婢，阿碧她暗戀的是誰？《天龍八部》中雖然沒有明確點破，但誰又會看不出來呢？阿碧全心全意地暗戀的，正是她家的公子慕容復。阿碧沒有說出，她只是默默退在後場，默默地歎息。慕容復瘋了的時候，有誰在他的身旁服侍他和照顧他？不是別的人，正是暗自神傷，有苦說不出的阿碧！

在十大暗戀女上榜人物中，阿碧排名第九。

・排名第八

完顏萍：被命定的悲劇指引

容貌：★★★★　武功：★★　智商：★★　情商：★★

暗戀指數：★★★　攻擊力：★★

美是需要發現的，楊過有一雙奇特的眼睛。

完顏萍淒傷欲絕的神態，在楊過眼中看來居然又是一個小龍女。

和陸無雙一樣，完顏萍其實真的與小龍女不相干，只不過楊過對小龍女已是用情太深，魂牽夢繞，無處不是小龍女的影子，無處不能發現可以寄託苦思的移情對象。在國仇家恨這樣不堪重負的意識形態的陰影中，階級的理想永遠不可能去顧忌個人心靈的創傷。

完顏萍和耶律齊的孽緣，於他們個人何辜？

活著是為了什麼？生命的意義在何處得以發現？蒙昧的自我，在盲目的慣性中虛擲著非人的生活。這番道理，又有幾人堪破？

命定的悲劇指引著完顏萍，直到楊過挾來一股自由人性氣爽神清的不由分說的激情。

耶律燕說要完顏萍做她的嫂子，楊過竟無端地感到莫名的醋意。

楊過真的因完顏萍而吃醋嗎？

僅僅是神態略有相似於小龍女的完顏萍，楊過都能傾注如此激烈的關切之情，那麼真的是小龍女呢？熱情一定比現在還要高漲過千百倍！

所以以此來看，楊過對完顏萍的憐香惜玉，與前一回他對陸無雙的依戀大有不同。

如果說楊過對陸無雙尚有輕薄之意，而他對完顏萍，則完全不同，完全是癡愛小龍女而發生的自欺自慰，無助的孤寂、惆悵和述求。

對完顏萍，楊過可以執子之手，軟玉在握，可以摟抱著完顏萍狂吻，但此時俗的色彩卻在暗淡地蒼白下去，情的純粹熠熠閃爍著鑽石和翡翠般光芒。楊過大叫一聲，如癡如狂，熱情如沸，驀地神明通徹，靈犀一點，明白了情愛的真義，小龍女的深情。

情為何物？情需要在溫柔鄉中歷練和操演，需要在另一種幻美中去設想和求證。情的真諦永遠都不是唾手可得的一帆風順。

完顏萍當初見楊過容貌英俊，武功高強，本已有三分喜歡，何況在患難之際，得楊過誠心相助，後來聽了楊過訴說身世，更增了幾分憐惜！完顏萍手掌任由楊過握著，她少女情懷，怎能不芳心大動？完顏萍一隻手被楊過堅強粗厚的手掌握著，早已意亂情迷，及至楊過突然間大叫一聲，撲上去一把抱住完顏萍，猛往她眼皮上親去。完顏萍心中又驚又喜，楊過的錯愛，完顏萍怎生消受，怎生承擔？

完顏萍的暗戀，一開始就是不可能有結局的錯誤，她無辜得讓人太息，在十大暗戀女上榜人物中，完顏萍排名第八。

・排名第七

陸無雙：命運並不偏愛的少女

容貌：★★★★　武功：★★　智商：★★　情商：★★

暗戀指數：★★★　攻擊力：★★

金大俠寫楊過極用心用力，也寫得極苦。為襯紅花，不惜多描綠葉，陸無雙便是其中戲份較重的一位。

陸無雙的來歷，是承接此書一開頭的線索，當日嘉興南湖輕歌採蓮的幼女陸無雙，雖意外略跛了左足，但還是美貌初長成，出落得鮮花一般。

命運並不偏愛這個嬌美的少女。陸無雙自幼被李莫愁擄去，一直與仇人生活在一起，雖曲意奉迎，保住了性命，內心的傷痕卻永遠不能癒合了痛楚，所以陸無雙嬌橫、偏激，有時不近情理。

其實，童年的坎坷，陸無雙倒與楊過有幾分相似，兩人倒是相類的一對，這就是楊過和陸無雙在嬉鬧和惡作劇之中，彼此漸生出一種莫名的親情和依賴的內在基礎。

一開始楊過誤以為陸無雙是小龍女，發現錯了失望之餘，楊過另有收穫，竟潛意識中移情，發現陸無雙發起怒來很像小龍女的神態，所以不知不覺一直跟著陸無雙瞎跑。

其實陸無雙與小龍女並不相像。相似的只是她們的青春。

青春少女都是美麗的，青春是少女最寶貴的財富，青春是少女最出色的美容師。

不幸的陸無雙卻還是幸運的，她幸好遇到了楊過。

陸無雙好不容易才從仇人李莫愁那裡逃出來，一路被師父師姐追殺，偏偏禍不單行，惹上了全真道士，得罪了丐幫人物，若不是楊過在一旁裝瘋賣傻替她解圍，她小命不保了。

陸無雙和楊過之間的貧嘴，最是好看，「傻蛋」、「媳婦兒」叫得不倫不類，卻另有一種溫馨和親切。

物以類聚，人以群分，楊過在小龍女面前再油腔滑調也要十分收斂，只有在陸無雙這兒才能張揚本性，百無禁忌，無遮無攔。陸無雙一向苦大仇深，也只有遇到楊過，才全身心的放鬆。

楊過為陸無雙解衣接胸前的肋骨，「情竇初開，聞到她一陣陣處女體上的芳香，一顆心不自禁的怦怦而跳……解開她的肚兜，看到她乳酪一般的胸脯，怎麼也不敢用手觸摸」。是陸無雙作了楊過情欲上的啟蒙老師，是陸無雙讓楊過開竅了；見識了陸無雙，楊過才會懂幾分小龍女「姑姑」、「師父」作為女人的好處。

情為何物？情不是道德上的虛妄，情是芳香的肉體的真實。

陸無雙作了楊過情欲上的啟蒙老師，《神鵰俠侶》書中寫楊過和陸無雙之間調笑、佯嗔的細膩、微妙的情懷，多有可觀處。

楊過大占陸無雙的便宜，而且不僅僅是停留在口頭。這樣《神鵰俠侶》書一開始出現的「臉上賊忒嘻嘻，說話油腔滑調」的小楊過的本性就顯露了出來。

情是何物？愛美之心，人皆有之，柳下惠坐懷不亂，那是人間的特例。真實的人性，才是最純粹最本色最能讓我們感動。

正因為楊過有時候按捺不住的輕薄無賴，才能實證作為凡人的他與小龍女那一段可歌可泣癡情的愛的難能可貴。

楊過和陸無雙同床而眠，楊過聞到陸無雙少女的馨香而大樂，陸無雙聞到楊過身上濃重的男子氣息顛倒難以自持。第二天早晨，「朝陽初生」，已是少年楊過「正情欲最盛之時，想到接骨時她胸脯之美，更是按捺不住」。

楊過雖然不太老實，甚至對陸無雙有起色心的時間，但並不是真輕薄，真放肆，還是一個移情作用。楊過因驟然失去其至愛的小龍女，心中空虛了好大一塊，以至於不知不覺間把陸無雙視作小龍女的代替物了，所以才有種種非非想想的場面出現。

看最後楊過陡然想到了他對小龍女立過的誓言，全身冷汗直冒，重重打了自己兩個耳光。和完顏萍的暗戀一樣，陸無雙也不可能有好的結局，在十大暗戀女上榜人物中，陸無雙排名第七。

・排名第六

阿青：自愧不如

容貌：★★★　武功：★★★★★　智商：★★　情商：★★
暗戀指數：★★★★　攻擊力：★★★★★

《越女劍》是金庸以女性為主題的一部武俠小說，小說的主人公在本書中是武功最高的，這在金庸先生的武俠小說中是很少見的，而且是金庸武俠小說中最短的一篇。

《越女劍》寫得既不傷感也不細膩，因為全部小說只有一萬多字，只能是幅歷史的素描，就像是人物速寫那樣簡單、幹練、含蓄。

這部以寫越王勾踐矢志報仇的故事，在小說中只是作為一種歷史背景，小說以《越女劍》為題，本該特寫越女劍術很厲害，很霸道，沒想到只寫了越女阿青因得一隻神奇的白猿的青睞，在玩耍中學得精妙的劍術，後被越國大夫范蠡所發現，范蠡為了越國的興旺，求阿青為官兵傳授劍術，而越女阿青卻於不知不覺之間愛上了年尊輩長的范蠡。范蠡卻愛著遠在吳王宮中的西施，對於阿青的愛慕之情竟是絲毫也沒有察覺。

《越女劍》裡的阿青比之《白馬嘯西風》裡的李文秀更為不如，李文秀是自己主動迴避的，而阿青卻是見過西施後自愧不如只有黯然神傷而去的。所以也因為如此，阿青的暗戀，沒有李文秀來得更為堅決。

在十大暗戀女上榜人物中，阿青排名第六。

·排名第五

程英：女人中的君子

容貌：★★★★　武功：★★　智商：★★★★★　情商：★★★

暗戀指數：★★★★　攻擊力：★★

楊過何其有幸，能成為金大俠小說中最偏愛的男主角。金大俠忍心安排多少傷心女子，暗戀你，暗戀你，為卿瘋狂為卿癡。

程英再續陸無雙故事中未盡的餘韻。

與陸無雙相反相襯相對相補，程英實是陸無雙美麗的另一半。

一雙表姐妹，一靜一動，一柔一剛，一淡一濃，一溫一火，花開兩朵，竟綻嬌嬈。

承《神鵰俠侶》一書開頭的楔子，李莫愁毒殺陸家滿門之時，擄走陸無雙，程英則霎時被黃藥師所救，做了東邪關門小弟子。程英出手，用其所學，助了楊過、黃蓉脫離險境。「既見君子，云胡不喜？」聰明文靜的程英，同樣芳心暗裡鍾情於楊過。

楊過何幸？楊過君子乎？好像不太能沾上邊，楊過卻有點像放浪不拘、頑劣精怪的小壞蛋。其實正如俗語所云：「男人不壞，女人不愛」，世間有幾個女子真正能欣賞君子的好處？楊過不像君子，程英卻反而像女人中的君子。

看她溫文爾雅，知書識禮，容儀如玉，淡泊恬靜，她工女紅，善烹飪，習書法，精音律，其志在高山，其意在流水，最含蓄，最謙讓，最善解人意，最慰貼人心，行事有理、有利、有節、有止，從容沉著，泰山崩於前而不亂，黯然分離時而不怨。

好程英，有多少難得的美德，楊過何幸，如何能消受美人恩？楊過在這樣一個好姑娘面前，當然會有些不自在了，竟會「惴惴不安，生怕得罪了她」，讀者需知，這可不像是楊過跳脫的本性。高尚品德的潛移默化效果，果然非凡，以致於當著程英的面，楊過都不敢與陸無雙調笑叫她「媳婦兒」。

當年陸立鼎將其兄留下的與李莫愁舊情見證的錦帕，分成兩半，一半給了陸無雙，一半給了程英，為的是危急時拿出讓李莫愁顧念當日的香火之情，放過兩個無辜的少女。

現在，情的魔術師再現奇蹟，讓當年因義而分的兩半錦帕合二為一。

程英、陸無雙為了暗戀著的心上人，不約而同將各自那一半的錦帕都給了楊過。問世間情為何物？「就中更有癡兒女，直叫生死相許。」

因為程英的隱忍和含蓄，在十大暗戀女上榜人物中，程英排名第五。

·排名第四

李文秀：夢幻般的寂寞和孤單

容貌：★★★★　武功：★★　智商：★★　情商：★★

暗戀指數：★★★★　攻擊力：★★

李文秀和父母分離之時，只有八歲，當時只知道父親叫「白馬李三」，連母親的名字都不知道，只知道「媽媽」就是媽媽。被馬家駿救了之後，半夜中醒來，不見了父母，還大聲的啼哭不止。

假扮計老人的馬家駿被傷之後，對李文秀大加斥責，只有八歲的李文秀嚇得不敢說話，怔怔的坐在地下，抱著頭嗚嗚咽咽的哭泣，直至馬家駿面帶微笑，撫摸著她的頭髮時，李文秀才破泣為笑。從馬家駿身上，她又找到了一些父母的親情溫暖。

就這樣，李文秀住在計老人的家裡，幫他牧羊煮飯，兩個人就像親爺爺、親孫女一般。晚上，李文秀有時候從夢中醒來，聽著天鈴鳥的歌唱，又在天鈴鳥的歌聲中回到夢裡。她夢中有江南的楊柳和桃花，爸爸的懷抱，媽媽的笑臉……

過了秋天，過了冬天，李文秀平平靜靜地過著日子，她學會了哈薩克話，學會了草原上的許許多多事情。日子一天天的過去，在李文秀的夢裡，爸爸媽媽出現的次數漸漸稀了，她枕頭上的淚痕也漸漸少了。她臉上有了更多的笑靨，嘴裡有了更多的歌聲，而且還交了一個哈薩克的男孩作朋友。

沒有想到的是，男孩的父親由於痛恨漢人，不允許男孩和李文秀交往。善感的李文秀知道，從此之後，哈薩克男孩蘇普再也不會和她做朋友，再也不會來聽她唱歌聽她說故事了。傷心的李文秀小小年紀，竟然生了一場病，而且一病就是一個多月。

春去秋來，轉眼間那個只有八歲的小姑娘，帶著淡淡的憂傷已經長到了十八歲。十年後，當她再次見到仇人之時，隱藏在胸中的多年仇恨突然間迸發了出來，決定引他們到大戈壁裡，跟他們同歸於盡。

瓦耳拉齊要李文秀拜他為師學習武功，李文秀本不想學，只是為了瓦耳拉齊高興，李文秀才答應了下來，另外還有一個重要的原因，就是在李文秀的心目中，這個世界上本來只有計爺爺一個親人，現在多了一個瓦耳拉齊，便是多了一個親人，一個不會害她肯來理睬她的人了。

李文秀在瓦耳拉齊的教導之下，一天之中連殺五人，雖說是報父母之仇，又是抵禦強暴，心中總是甚感不安，怔怔的望著兩具屍體，忍不住便哭了出來。

因為心靈無所寄託，李文秀便一心一意的學起武功來，師父教得好，徒弟又聰明，所以進展很快。

即使李文秀和蘇普已經許多年沒有再見，可是當她聽到蘇普的聲音之後，她卻不可抑制的想再見到蘇普，想跟蘇普再說幾句話。於是李文秀假扮成一個哈薩克男子，坐到了蘇普的身邊。

蘇普和李文秀已經八九年沒見，李文秀從小姑娘變成了少女，又改了男裝，蘇普哪裡還認得出？

李文秀心中的念頭卻異常的雜亂，兒時的朋友便坐在自己身邊，他是真的認不出自己呢，還是認出了卻假裝不知道？他已把自己全然忘了，還是心中並沒有忘記，不過不願讓阿曼知道？

讓李文秀高興的是，蘇普終於問起了她，原來蘇普並沒有忘記她。蘇普已經不記得她的模樣了，只記得她的故事講得很好，歌也唱得很好聽。知道蘇普沒有忘了自己，李文秀已經很知足了。

李文秀幫蘇普從陳達海手中奪回蘇普的情人阿曼，將阿曼送回了蘇普的身邊。因為她知道蘇普喜歡阿曼，她是不會讓蘇普傷心的。

馬家駿和李文秀一起生活了十幾年，這時才知道李文秀的心事，因此他要李文秀一起跟他回中原去。

見到蘇普對阿曼深情款款的樣子，李文秀終於知道，就算蘇普小時候跟她做好朋友，他年紀大了之後，見到了阿曼，還是會愛上她的。可是得不到心愛的人，就將她殺死，李文秀做不到。所以李文秀終於答應了馬家駿，要和馬家駿一起回中原去。

白馬已經老了，只能慢慢的走，但終究是能回到中原的。可是在已經長大了的李文秀心中，中原雖然有楊柳、桃花，有燕子、金魚，漢人中有的是英俊勇武的少年，倜儻瀟灑的少年，「那都是很好很好的，可是我偏不喜歡」。

因為李文秀夢幻般的寂寞和傷情，在十大暗戀女上榜人物中，李文秀排名第四。

·排名第三

公孫綠萼：少女情懷總是單純

容貌：★★★★　武功：★★　智商：★★

暗戀指數：★★★★★　手段：★★　攻擊力：★★

繼陸無雙、完顏萍、程英之後，楊過的追星族又增一個。暗戀楊過的女子中，當以公孫綠萼遭遇最慘，最值可憐。在幽谷中遠隔紅塵，公孫綠萼少女的情懷單純得像一張白紙，碰上楊過這樣的寫意高手，她不入套才怪。

純情少女，那裡見識過楊過這番輕薄調謔的挑逗，芳心大亂，芳心所許，情理中事。然而這又能過多地責怪楊過嗎？楊過天性如此，正應黃蓉的那一句話「這孩子本性不好」。楊過確實遺傳了其父楊康的三分風流輕薄無賴。

性格即是命運，批評一個人的性格，並沒有多大的意義，但楊過對公孫綠萼，雖是無端輕薄招惹，憑良心說卻真的並無歹意。而且一上來，楊過就已經承認自己已有意中人了。公孫綠萼自己芳心暗許，也實在怨不得楊過。

公孫綠萼其情可憫，捨命相救楊過，此等美人恩，楊過如何消受？不過楊過畢竟是楊過，他的表現終於還是不負公孫綠萼姑娘這番刻骨銘心的苦戀之情。看到公孫綠萼就要遭其父公孫止的殺手，楊過挺身赴難，與子同死。公孫綠萼沒有看錯人。

楊過與公孫綠萼身陷絕境，先是跌入深井中的水潭，繼又有成群嗜血的巨鱷威脅其安全。公孫綠萼之容貌當然遠不及小龍女，但其青春的胴體，卻一樣的充滿誘惑和震撼力。她豐腴的身段，晶瑩潔白的肌膚，半裸之下，仍能讓楊過血脈賁張。

公孫綠萼單戀楊過，不惜捨命相救楊過，但她並不要求回報，並不因此怨恨楊過，一切的苦果，她都要勇敢地獨自咽下。

公孫綠萼是《神鵰俠侶》書中最值得同情和可憐的傷心女子。

公孫綠萼沒見過世面，自身又沒多大優勢，連她自己都知道，就是程英、陸無雙，「她們的品貌武功，過去和他的交情，又豈是我所能及的？」更別說是小龍女了。相思成空，萬念俱灰，且又有如此卑鄙的父親，如此古怪的母親，活著還有什麼生趣？悲劇不可避免了。

公孫綠萼悲劇前定，捨命於公孫止的黑劍之下。公孫綠萼死於楊過的一片真情關懷之中，也算略有所安慰了。

在十大暗戀女上榜人物中，公孫綠萼排名第三。

·排名第二

阿紫：諸般癡心終付諸流水

容貌：★★★★★ 武功：★★★★ 智商：★★★★ 情商：★

暗戀指數：★★★★★ 攻擊力：★★★★

朱為正色，紫為偏色。阿朱之外，還有一個阿紫，阿紫果然偏激非常，行事不出常理，詭異歹毒，心狠手辣，此才是真正第一妖女。

邪不勝正，唯蕭峰才能輕易震懾制服阿紫，阿紫諸般心智機巧，小兒詭計，在蕭峰堂堂正正大英雄氣慨面前卻難以施展開來，處處別手別腳，處處自討苦吃。

卻不知阿紫的變態怪癖中，既有施虐的暢意，更有受虐的快感。

阿紫對蕭峰，心中早已高舉白旗。看她天真無邪的面容中，隱藏著無窮凶殘的惡意，極精靈古怪，極刁蠻任性，簡直是孺子不可教，不可理喻也。不過，阿紫雖然行事不討喜，卻最能博得讀者的同情和憐憫。

小姑娘何辜？阿紫是父母不負責的風流留下的孽種，從小沒了爹媽，不如阿朱那麼好運遇上了姑蘇慕容家。她遇人不淑，錯識匪類，在那種殘酷和沒有愛心的環境下，她清白的心靈被污染了，樸素的本質被扭曲了，這是她的錯嗎？何況，即使這樣，她的邪惡中怎樣也掩蓋不住她內心的一派天真爛漫，還有一片孤苦無依的淒涼。

阿紫的狡黠和惡作劇，有時也是無傷大雅地可愛，她畢竟還是一個不能完全對自己行為負責的小姑娘啊！阿紫怎能不在心中崇拜、依戀和愛慕蕭峰這樣一個大英雄的姊夫？何況阿朱臨死前蕭峰已誓不言悔地答應要照顧阿紫。

既有姐妹同心，又有移情作用，阿紫嘴上不說，實已決心要取代阿朱姊姊的位置了。

看阿紫繞著彎、變著法和蕭峰鬥嘴、較勁，要讓蕭峰注意她，重視她，情景對話，讀之皆清新可喜。

蕭峰丟不開阿紫的死纏爛打，一切皆於「姊夫」兩個字，由此有一種血肉和親緣般的關係，將蕭峰和阿紫的命運緊緊聯繫在一起。

看阿紫畢竟和阿朱是同胞姊妹，身形一般，連說話的音調也十分相像。蕭峰傷感，寄託哀思，雖心中不喜阿紫的行事，卻也不能漠視她的存在。

阿紫誘使蕭峰重擊了自己一掌，她成功了，她內心在竊喜和得計，蕭峰終於不能不對她好一點了，她在自虐中卻得到另一種快感的撫慰。

阿紫每日有蕭峰這般悉心照料，真是求仁得仁得償所願。看她微笑說：「我寧可永遠動彈不得，你便天天這般陪著我。」宛如阿朱再生，一般的將心中的愛意不加以遮攔。難怪雖然阿紫在此處的表現多有給人口實處，但讀者總還是寧願原諒她，同情她。

阿紫和蕭峰在一起，也乖了好多，不再惡作劇。

如果真能以貼心的柔情和呵護去幫助她，她一定會變回成可愛純真的女孩。

歎只歎蕭峰曾經滄海難為水，除卻巫山不是雲，阿朱在他心中的份量太大了，再沒有人可以取代。

阿紫的諸般癡心，終是付諸流水，日後阿紫怎能不再次怨毒和殘忍！

阿朱之死，不僅是她自己的悲劇，也同時註定了阿紫的悲劇。是真英雄才最能使人傾服，阿紫終於不再嘴硬，道出柔情。蕭峰的真，蕭峰的大，蕭峰的視死如歸，慨然赴難的好男兒萬丈豪情，最值美人青睞。

阿紫忽遇奇禍，被丁春秋毒瞎雙眼，命運實是多舛。此亦是其自找，要是她跟了蕭峰後老老實實，不又去裝神弄鬼，哪裡會有此報應？阿紫見了蕭峰，第一句話便是責怪他沒有做好阿朱臨死前要他照顧阿紫的囑咐。

阿朱是蕭峰的命門，阿紫出手就制住蕭峰，讓蕭峰氣也不是，憐也不是。

阿紫愈來愈胡作非為，她是為那般？其實是為情所苦。她對蕭峰單戀的癡心，並不在於游坦之對她癡迷的強度之下。

阿紫心高氣傲，幼時教養不好，雖也數回明白表現了對蕭峰的愛意，但不知蕭峰是粗心還是裝聾作啞，總是漠然視之，這才是傷透了阿紫的心。阿紫的這許多偏激惡毒，自討苦吃，自作自受，都是傷心的一種自暴自棄，在自我毀滅的意識中去尋求虐待和受虐的快感。

游坦之苦求虛竹將自己的眼睛給了阿紫，讓阿紫重見光明。阿紫回到蕭峰身邊，再次親口向蕭峰表達癡愛。

心苦，又表錯了情，愛又有什麼錯？只能怪蕭峰是天人，非世上人物，這等柔情也無法將其打動。

蕭峰又勸阿紫回到游坦之身邊，接受其一片癡情。英雄有英雄的弱點，英雄總愛以自己的判斷加諸他人，蕭峰又何嘗理解了阿紫的一片苦情？

因為阿紫的一片苦情，在十大暗戀女上榜人物中，阿紫排名第二。

・排名第一・

郭襄：不了情無言的結局

容貌：★★★★★　武功：★★★★★　智商：★★★★★　情商：★★

暗戀指數：★★★★★　攻擊力：★★★★★

小郭襄在襁褓中竟奇異吃到母豹之奶，長大當然非尋常之人。當年的危城女嬰，女大十八變，出脫得水仙一般清雅秀麗，她是那種真正的明星，一出場就占盡了所有的光彩，看花了所有人的眼睛。

《神鵰俠侶》書中郭襄的戲並不算很多，但若要評選最佳女配角，卻非郭襄莫屬了。全書中若是少了郭襄這樣一個人物，精彩程度肯定要打大折扣。

郭襄的魅力在哪裡呢？金大俠沒有過分強調她的美貌，但她獨特的優秀氣質卻是美人中少見的。

郭襄有其母黃蓉的聰明伶俐，但卻不像黃蓉那樣刁鑽古怪；有其父郭靖的執著堅忍，但卻不像郭靖那樣渾沌憨直；有黃藥師的自由和不拘的天性，但卻不像黃藥師那樣頑固作派；有小龍女那樣的冰雪玉潔，但卻不像小龍女那樣不通世事；有楊過的疏狂和任性，但卻不像楊過那樣偏激和不馴；……郭襄真是真善美的化身，很少人不會真心誠意地喜愛她。

郭襄一出場亮相，就把郭芙比了下去。兩人唇槍舌戰，處處都是郭襄巧妙地於不知不覺間占了上風。其爽朗的胸襟，無邪的笑語，一喜一嗔，有著說不出的神俊和瀟灑。郭襄見到神鵰俠，竟能不以貌取人，不覺戴著人皮面具的楊過「怎麼醜陋」。英雄本來自有英雄的另一種非常人的神俊，郭襄別有一副超凡眼光，別有一副錦鏽心腸！

郭襄真是金大俠小說女子中上上人物，聽楊過稱讚小龍女之絕美，絲毫沒有半點庸俗婦人的嫉妒之意，反而大起敬慕之心，胸襟之爽朗澄明，不摻雜半點塵埃。

讀《神鵰俠侶》，最不忍心的便是郭襄不了情無言的結局。

郭襄何辜，未識人事便已為情所困，為註定的失落而黯然銷魂無怨無悔，所有的悲劇中，最讓人同情和心醉的，便是郭襄永遠沒有的也許。

「天下沒有不散的筵席」，茫茫大地，浩浩南北，千古同此傷心。

千金一諾，楊過感於郭襄一片冰心，送了郭襄三枚金針，許諾以此為信物，滿足郭襄的三個願望。這本是童話故事中常出現的結構模式，於此用來，正可印證和暗喻故事中的言外之意。

楊過，是郭襄眼中無所不能的神明；郭襄，是楊過眼中童話般純真的少女。

意願的達成可以帶來瞬間的快意和歡悅，但最終卻轉瞬成空，依然是曾經的一無所有。

楊過，你錯了，你並不是神明，你不可能帶給郭襄真正的幸福和滿足；郭襄，你也錯了，你並不是生活在童話中，夢醒之後，你何處去尋找歸宿？

郭襄毫不猶豫用去了二枚金針，正像童話中常有的那樣輕易，郭襄說出了兩個願望。

楊過心想：「小姑娘不知輕重，將我的許諾作玩意兒。」

楊過，你又錯了，何者為輕？何者為重？豈不知這呼吸般微弱之輕，已經是小郭襄生命之難以承擔之重！

郭襄見到了楊過的面容，更是芳心大亂，情懷一發而不可收拾；郭襄的第二個願望，是要讓那莫名的關係更進一步地深入發展，她要情懷更複雜，更糾纏。

郭靖黃蓉依然是一對教育失敗的父母。對郭芙太溺愛不妥，對郭襄、郭破虜反其道而行之，可這還是不行。郭襄賭氣兩天不吃飯，黃蓉便心痛不過，親自下廚煮精緻小菜哄得郭襄高興起來。「這麼一來，夫婦倆教訓女兒的一片心血，一番功夫，卻又付諸流水」，讀此，可為天下當父母的前車之鑒。

黃蓉還是精明，看出了郭襄的古怪，可是她再聰明，也猜不到小郭襄是為楊過、為情而苦惱。

郭靖黃蓉擺英雄大宴，郭襄在閨房裡擺英雄小宴，大有大的佳處，小有小的好看。郭襄的生日這天到了，這是她和楊過繼續合演著的童話節目。

楊過給郭襄的生日禮物終於送到，這是金大俠書中最為奇特的禮物了。楊過的禮物，公私兼顧，倒是樂壞了郭靖郭大俠。

楊過的三件禮物，又有說法。在郭襄，這樣的禮物好是好，可是太好了，卻大而不當，怎可能慰貼少女心痛的性子？

在楊過，則苦心積慮，既給足了郭襄面子，又不至侷限在兒女情長上，或能讓郭襄知難而退，體面收場。

正像童話中的模式，表面的願望可以達成，內在的矛盾卻未解決。

英雄的風采最是讓凡人們渴慕和神馳，凡人們瑣屑的生活渴望著呼吸英雄壯懷激烈的超越氣質。星月微茫的朦朧夜色中，楊過和黃藥師衣袂飄飄，凌空飛渡，恍如神仙人物，無限風光，真是絕妙。

郭襄意亂情迷，嬌羞無語，又欲說還休，最是那一剎那間的激蕩，將銘心刻骨，凝固成時間永恆的雕像。

楊過，你再一次錯了，你的生日禮物太富有道德的意義，你帶來的狂歡和熱烈，激動和鼓舞了太多的人，可這一切太崇高了，卻難平郭襄秘密的心痛。

不要這太多，不要這太好，郭襄要的只是那麼一點點、一點點的溫柔和憐憫。最熱鬧的生日，卻留下最深入的悸痛。

郭襄再也忍不住淚流，癡心已付出，從此不悔改。愛，再次帶來傷害！

黃蓉驚異於郭襄，「她小小年紀，怎地懂得這般多？」

孩子們成長起來了，一代代在進步，新的兒女們在超越，舊的經驗永遠也難以去求證。郭襄知道了一切的一切，她還是勇敢而灑脫地前行，直面生命中鐵一般殘酷和不可更改的痛苦，她繼續走向自己的不歸路。

唯大英雄，能作真本色；驚癡心兒女，能盡真性情。

郭襄視死如歸，對金輪法王說：「你要殺我，快動手好啦。」

好，乾脆，剎那道破生死玄機。

生既無歡，死亦何憾？高昂的精神，蔑視著世俗的法則，正義浩蕩，充盈天地。

沒有等來小龍女，楊過縱身躍入絕情谷殉情，此舉可歌可泣，驚天地泣鬼神。

然而，郭襄追隨楊過躍入絕情谷之舉，卻更動人心魄，更讓人內心顫動不已！楊過之一躍，可以找出無數的理由；而郭襄之一躍，卻如平地一聲春雷般令人驚詫不已。奇事，至性，激義，令人為之扼腕不已。

人生不如意事十八九，小郭襄太早看破了紅塵。失落在一開始就已註定，結局在一開始時已產生，此全是自己之事，楊過小龍女對她心生憐惜，但哪裡能幫上半點忙。日後郭襄遁入空門，已是理所當然之事。

因為郭襄癡心兒女的真性情，在十大暗戀女上榜人物中，郭襄排名第一。

五、十大失貞女排行

十大失貞女：刀白鳳、包惜弱、馬春花、蘇荃、康敏、方怡、南蘭、甘寶寶、田青文、阮星竹。

·排名第十

阮星竹：心地柔軟缺少主見

容貌：★★★★　武功：★★　智商：★★
情商：★★　攻擊力：★★

阮星竹在段正淳的情婦們中間，似乎是最缺少主見心地柔軟之人。她沒有甘寶寶的聰明知進退，也沒有秦紅棉怨毒於心的尖銳，更沒有王夫人（阿羅）的驕傲和霸道，康敏的變態瘋狂毀滅扭曲的愛，就不用說了。

阮星竹最沒有特色，但她卻最女性化，所以段正淳來中原訪查少林寺玄悲大師等人慘死真相之際，公私兼顧，三言二語就將她擺平，兩人重溫鴛夢，雙宿雙飛，一段日子過得好不快活，好沒心肝。

平凡一點的女人最能真正得到人間快樂，最能盡情享受上天恩賜。平凡的女人有福了。愈是平凡的父母，愈能生出特異的子女。

阮星竹的兩個女兒，阿朱和阿紫，都別有一種奇氣，此是另一種人生辯證法。

阮星竹果然胸無城府，隨波逐流。

秦紅棉來了之後，兩人竟化敵為友，嘰哩咕嚕大說起風月事來。

柔能克剛，阮星竹愈是沒有主見，愈能在被動中占主動，愈能對生活易於把握。

在十大失貞女上榜人物中，阮星竹排名第十。

．排名第九

田青文：她愛的只是自己

容貌：★★★★　武功：★★　智商：★★

情商：★★　攻擊力：★★

《雪山飛狐》開篇，一枝羽箭嗚嗚響劃過長空，白雪皚皚中駿馬飛馳，已是先聲奪人之極，寫得俊秀爽朗。接著又用明豔之筆寫出雪膚凝脂的田青文，更是讓讀者眼前一亮。鄭重之極的秘密任務和刀槍相見的追殺中，又夾入曹雲奇、陶子安、田青文之間三角戀情的兒女輕嗔薄怒的私語，使情節複雜豐富且又好看起來。

《雪山飛狐》中最讓人心驚肉跳的是田青文埋私生女一段，為醜惡的大曝光大展覽。讀者再也沒有想到，開篇出場的那個嬌豔無比，欲說還休，冰清玉潔的美人，竟會有如此不堪的隱私。田青文的戲並不多，但她腳踏兩隻船，一會兒向曹雲奇示愛，一會兒又向陶子安傳情的細節，前文已多次描寫，她並沒有把愛情當回事，其實她對曹雲奇和陶子安誰也不愛，她那麼自私，她愛的只是自己。

田青文向苗若蘭調笑：「妹子，你生得真美，連我也不禁動心呢。」此女真淫惡得不可理喻，其心術不正，小細節上也能明白看出。

在十大失貞女上榜人物中，田青文排名第九。

·排名第八

甘寶寶：想步入人間正常的情感生活

容貌：★★★★　武功：★★　智商：★★

情商：★★　攻擊力：★★

甘寶寶比秦紅棉要理智得多。

甘寶寶一樣地深愛段正淳，不能忘懷那一段他們共同有過的美好時光。但當段正淳離開她之後，她卻並沒有一味的自暴自棄，她還是退而求其次找到適當的歸宿。

甘寶寶甚至發了毒誓，不再去留戀那一段不倫之情，否則自己萬劫不得超生，所以她所住的地方也取名叫「萬劫谷」。

對於女兒鍾靈，她盡可能給予溫柔的母愛，關心女兒的一切；對於丈夫，她儘量地爭取與之和諧，她堅持別人叫她「鍾夫人」，正是表示對丈夫的尊重。儘管最後她還是忘不了放不下段正淳，但她卻真誠地努力過，想步入人間正常的情感生活。

段正淳的情婦中，甘寶寶是最通情理的一個。

甘寶寶人到中年「嬌羞之態卻不減妙齡少女」，讀之讓人心動。

在十大失貞女上榜人物中，甘寶寶排名第八。

・排名第七

南蘭：付出良心折磨的沉重代價

容貌：★★★★★　武功：★　智商：★★

情商：★　攻擊力：★★

《雪山飛狐》中阿蘭（南蘭）的故事寫得極晦澀含糊，留出了許多的空白給讀者回味和深思。這段不倫的愛情，金大俠後來在《飛狐外傳》中多有演繹，不過講得太清楚明白了，反失去了《雪山飛狐》中雋永濃縮的原汁原味。阿蘭是苗人鳳的妻子，但卻失足投入了田歸農的懷抱，這其中有多少秘密的隱情？阿蘭身子給了田歸農，但心卻沒有完全交給他，而最後，阿蘭對田歸農徹底失望了，看穿了田歸農自私和貪婪的本質。阿蘭的痛悔，在她的遺言中驚人而可悲地自白，她叫田歸農在她死後將屍體火化，把骨灰撒在大路上，讓千人踩萬人踏。阿蘭想贖罪，但已經晚了，最後她用計將寶藏的地圖交回苗人鳳手中，總算是讓她在冥冥中略有所安慰和交代。

《飛狐外傳》開篇南蘭出場，與馬春花相對映，膚光勝雪，眉目如畫，不知要比馬春花絕美多少倍，但南蘭卻總讓人覺得空洞蒼白，遙遠而陌生。南蘭美則美矣，但像一尊蠟像或一幅素描，她的致命弱點在於缺少了一種震撼人心靈的青春健康的活力。南蘭是病態的，她的心理也不健全。南蘭和田歸農這等人物走在一起，正應了人以類聚，物與群分的老話。

南蘭的故事以極端的衝突觸目驚心地撞擊讀者的視聽。貪欲難填，謀財害命，忘恩負義，背信棄義，情欲通姦，一系列人世中醜惡的現象都集中在這裡展覽和圍觀。人性有時是如此的不可靠，如此瘋狂地將罪惡的欲望無限地擴張，變得危險和不可理喻，打破了生命中的平衡和安靜，衝出了我們日常生活一般經驗所能把握的尺度。

也許，我們也不能深責南蘭。南蘭與苗人鳳的結合，一開始也許就是命運的錯誤。南蘭的父親因為有一把寶刀，慢藏誨盜，引來了一場無妄的殺身之禍。苗人鳳打抱不平，挺身相救南蘭，以一敵五，在驚心動魄的惡戰中險勝，但自己也身中敵人的毒針而情形堪危。南蘭為苗人鳳吸毒，因感謝而對苗人鳳以身相許，兩人就此結為夫婦，而且有了一個美麗的女兒。

故事到此，本應該是一個完美的結局，但悲劇卻在一開始已經釀成。南蘭對苗人鳳有的是感恩，而不是愛情，兩人之間並沒有感情上的基礎。相反，兩人的差別太大了，大到了婚後已無法補救和彌合的地步。苗人鳳是英雄，是豪傑，是出身富家的粗人，而南蘭卻是穿金戴銀的官家千金小姐，一個粗糙，一個細膩；一個不懂女人的心，一個對愛卻有著過高的幻想和要求。

悲劇的發生其實不關田歸農之事，沒有田歸農，總會有另一個張歸農李歸農。南蘭早已心動，田歸農又心懷鬼胎，一拍即合。情欲的高漲終於崩潰了南蘭的理智，她邁出了最關鍵的一步，此後她就什麼也能看開了，就是現在苗人鳳抱著女兒來找她，想用母女天性之情來打動她，也不能夠了。情欲的力量有時竟會如此的可怕，讀此真讓人有惘然悵然的忽忽不樂的感覺。

胡斐直斥南蘭「你好沒良心」，這是致命的一擊，是道德上的宣判，南蘭不得不為之付出良心折磨的沉重代價。她追求生命本能的歡樂，她也將同時得到生命中更為本能的痛苦的放逐。

南蘭最後也後悔了。愛是什麼？情是什麼？欲是什麼？狠下心追求虛幻的幸福，到頭來卻發現生命的意義完全不是這樣，她想追悔，但錯誤又怎可能挽回？南蘭最後幫助胡斐脫困，這是贖罪。但罪能夠贖嗎？南蘭這樣做，只是想減輕良心上的重負。

在十大失貞女上榜人物中，南蘭排名第七。

．排名第六

方怡：性格心思有些隱晦複雜

容貌：★★★★　武功：★★★　智商：★★★★

情商：★★★　攻擊力：★★

沐王府中的好漢，假扮吳三桂手下到宮中行刺，想嫁禍給吳三桂。沐王府的刺客中，有小郡主的師姊方怡，這是小寶七個老婆中的又一個。方怡受傷，卻心高氣傲，不要小寶救，小郡主在一旁著急，連叫數聲好哥哥，偏要小寶救。方怡愈是要強，小寶連「拿她做老婆」的惡作劇惡謔的鬥嘴招數都用上了，這更讓方怡又氣又急。

小寶的老婆中，方怡的性格心思有些隱晦複雜，不像小郡主那樣好把握得多。一開始，方怡可能根本沒把比她小得多的小寶當回事，沒將小寶看在眼裡，確是以「小毛猴」看待小寶，看到小郡主那般軟語溫存求小寶，方怡是心中不服氣。

不過，小寶窮追猛打，不依不饒與方怡較上了勁，時間一長，特別是後來小寶救劉一舟等人的表現，真讓方怡對這個小滑頭小無賴別眼相看，及至知道小寶的身分，不是太監，是天地會香主，心中可能就有些活動了。但這中間又有幾次反覆，方怡後來還以美人計騙過小寶上當。兩人總之是不打不相識，一對冤家，終於讓小寶最後成其好事。男人不壞，女人不愛，是不是這樣？小寶與方怡之間的鬥嘴，十分精彩好看，看了不笑不行。

方怡與小寶作對，真是找錯了冤家。小寶不依不饒，處處不放過佔便宜報復的機會，他的惡作劇此時到了極致，以救劉一舟為條件要脅方怡，要方怡親口答應「你一輩子做我老婆」之事。小寶開玩笑不知輕重，方怡的心理就複雜難解多了。闖皇宮行刺，方怡必是已抱有必死相報沐王府之心，及至小寶救了她，她算是再世為人，自然多有心灰意懶之處，又知道心上人被擒，又是必死無疑，所以此時若能救得心上人，她真是什麼條件也能答應，再世為人，她對生活的期望，理想的要求，已降低了許多，變得更為現實，而且，小寶高深莫測的本事和手段，讓方怡真有幾分相信小寶能救劉一舟，所以方怡終於當了真發了誓。

小寶去救劉一舟、吳立身、敖彪，自然不費什麼事，而且順手將太后派來抓他的四名太監殺了，救人做得更是像模像樣。救出了劉一舟，方怡歡喜到了心坎，小寶心中歎息，答應不久送方怡去和劉一舟相會，小寶的惡作劇，自己並沒有當真。

方怡開始對小寶有好感，竟捨不得與小寶分手，患難之中，最可貴的真情，已在悄悄萌動。

寫莊家靈堂的鬼氣，當真陰森森駭人之極，小寶人小鬼大，畢竟還是少年人，怕起鬼來，讀來又是好笑。這古怪精靈，高深莫測的韋香主，原來有如此幼稚可笑害怕無助的時候，方怡看得是心中直樂，又不禁柔情暗生，這才像個乖孩子的樣子。方怡忍不住伸出軟綿綿的手拉住小寶，要小寶別怕，這是真情流露，這是方怡發現了小寶的可愛之處。

小寶回到北京，方怡卻自己找上了門。美人投懷送抱，小寶樂得心花怒放，又開始大耍貧嘴。他做夢也沒有想到，一向對他若即若離，道是無情卻有情的方怡，這次轉了性，對他甜言蜜語起來。最難消受美人恩，方怡妙目一轉，宜嗔宜喜，小寶骨頭也輕了幾兩，身子要融化掉一半。此時小寶情欲逐漸啟蒙，對方怡動了真情，眼中再不見其他，只是想著方怡的美色。情濃之處，摟腰相吻，方怡亦不甚拒，真不知方怡心中作何想。

方怡就這麼帶著小寶，以美色相誘，一路走下去，遠離了北京，最後來到海邊，坐船出海。小寶被方怡迷得暈暈糊糊，諸般大事盡拋諸腦後，只是沉浸在醉酒般迷情的快樂中，後來隱隱覺得不妥，不過不相信方怡會起害他之心，也不去深想。

方怡的美人計，小寶終於明白過來了，心中全不是滋味。

方怡心中究竟在作何打算，真是讓人摸不透。後來她第二次施展美人計，使小寶上當受騙，落入神龍教教主和夫人的手中，幾乎又是絕路。仔細想來，此時方怡對小寶的感情一定非常複雜，愛和恨都奇特地交匯和難分。遇上了小寶，方怡的人生之路徹底為之改變，她的面前展現出全新和奇妙的世界來，那是劉一舟所不可能帶給她的。這樣的新人生，更有新鮮感和充滿刺激，但又完全不讓人安寧。小寶改變了方怡的生活方式，方怡真不知道是喜歡好，還是怨恨好。她一定在想，既已如此，那就徹底地和小寶的命運聯繫在一起吧！她失陷在神龍教中，沒有自主和自由，那就也讓小寶一起來分擔吧！一起生也好，一起死也好，反正不要再分開。也許這就是方怡兩次用美人計騙小寶入局的複雜心理。何況，她已感覺到小寶絕非常人，花樣百出，也許小寶還有辦法，能夠自救也能夠救出她們。方怡對小寶的心性脾氣也摸透了，就算她行事再不合情理，小寶也不會深責她的，也會原諒她的。事實上確實是如此。二次上當，小寶雖很生氣，但看到方怡的柔媚和嬌豔，天大的氣也丟了。

在十大失貞女上榜人物中，方怡排名第六。

‧排名第五

康敏：冷是其偽裝，熱是其本質

容貌：★★★★★　武功：★　智商：★★★★★

情商：★★　攻擊力：★★

段正淳的情婦中，康敏（馬夫人）是最變態和出色的一個，其心機之深，算計之高尤出於眾人之上。

在杏子林叛亂一場戲中，她竟是個不可低估的角色。

看她全身縞素，嬌怯怯、俏生生，小巧玲瓏一副俏寡婦的模樣，一對眸子亮如寶石，在黑夜中閃閃發光（如貓如豹），竟能讓蕭峰這樣天不怕地不怕的大英雄看得心中一凜，康敏的形色飛揚跳脫起來。她言辭極善工巧，處處不著痕跡，沒有一個字在攻擊蕭峰，只是以言外之意步步緊逼，軟刀子雪亮，讓蕭峰手忙腳亂，卻無從接招，終使蕭峰慨然引去。

馬夫人絕對是精神分析學中一極具特色值得分析的個案，心理上有大病態和障礙。

杏子林中寡婦伸冤的馬夫人，冷若冰霜，有凜然不可犯之色，馬家閨房中寡婦賣俏的馬夫人，又豔若桃李，說不出的淫蕩甜膩，直可蝕骨銷魂。

冷是其偽裝，熱是其本質，愈能作冷漠和嚴肅的女子，往往是愈能有熾熱情欲，最著意性感。

童年的情結，決定了一個人一生的性格和命運。這是精神分析學說教給我們的，看馬夫人怪癖的病理過程，確像如此。

小時候康敏得不到新衣裳，就去將鄰家女孩子的新衣裳剪碎。自己得不到的，別人也休想得到。別人得不到之時，自己心中有說不出的快意。此種變態發展到現在，便是自己得不到段正淳，別的情婦也休想如意，馬夫人竟要殺了段正淳，使之永遠為自己一人所有。

美人面容，蛇蠍心腸。快意的謀殺還要在柔情蜜意和情欲的快感衝鋒中進行，要使生之極樂與死之迷醉，邪惡和變態地交織在一起。

精神分析學說中所說死亡衝動，即是如此。

情欲邏輯上的終極就是毀滅，生命邏輯上的終極就是死亡。

情欲的高潮和死亡的高潮，在最內在的本質上是一致的，內在的激情都是相同地推向危險的深淵。

看馬夫人是如何精細地品味和享受著她盛大的人肉晚宴。她瘋狂地擴張自己變態的熱情，使神秘的快感迷醉向罪惡的虛空飛翔，她在危險和深淵的邊緣才能感受到恐高的安寧和平靜，在隱晦和朦朧的罪過中才能將生命的毫無意義看得更清。

在十大失貞女上榜人物中，康敏排名第五。

排名第四

蘇荃：順應了內心快樂原則

容貌：★★★★★　武功：★★★★★　智商：★★★★

情商：★★★★　攻擊力：★★★★

小寶七個老婆中年紀最大，也是本事最大的蘇荃出場之時，蘇荃的身分是神龍教主夫人，年紀二十三四，正是美貌少婦，豔麗無匹。倒底有多漂亮，反正比方怡還要迷人，小寶一看之下，就已在心中垂涎了三尺。

看到美貌女人，小寶第一個念頭是拿來做老婆倒也不錯，小寶的流氓習氣真是肆無忌憚，真實得動物般地本能。

小寶乖巧，在神龍教中初遇洪教主和蘇荃，讚頌教主之時，兼帶夫人，倒不是違心之論，而且，討好了夫人，自然就討好了教主，這是小寶人情練達的訣竅。

洪夫人蘇荃見了小寶，笑吟吟地在他臉上捏了一把，寫得隱晦含蓄。這是二人日後夫妻情緣的基礎所在，洪夫人先在內心對小寶這滑頭有了親近感，就像大姐姐看待頑皮的小弟弟。在洪安通那老頭子身上，洪夫人可得不到這種輕鬆快樂的感覺的。

蘇荃終於跟了小寶，那是她順應了內心追求快樂原則的呼喚。

在十大失貞女上榜人物中，蘇荃排名第四。

．排名第三

馬春花：貧婦如野花，亦向春風老

容貌：★★★★ 武功：★ 智商：★★

情商：★★ 攻擊力：★★

馬春花是《飛狐外傳》一書中給人深刻印象的配角，戲路雖然並不多，但其形象的鮮活，卻大出風頭。

《飛狐外傳》開篇寫馬春花，著眼在青春二字上。青春就是最本色的審美，看她一張圓圓的鴨蛋臉，眼珠漆黑，兩頰暈紅，她說不上絕美，甚至還是很普通，很平凡，但她真實，更貼近於生活的土壤，更有許多普通人的缺點，更讓人覺其可信，因此而更可愛可親。

馬春花對於福公子，何嘗又能談什麼愛情？只是生命本能的情欲衝動，只是情欲的那種罪惡的美感，她就心醉神迷了，心甘情願作了福公子的情婦，而且還是在她父親將她終身許配給她師哥的第二天。馬春花和福公子幽會的一段，寫得極出色傳神。身處下層社會的少女對浪漫情欲的幻想和渴望，在這裡有了變為現實的可能。福公子天上神仙人物一般，又溫柔又高貴，又俊雅又美秀，與馬春花的師哥相比真是天上地下，少女的無知和幻想，哪裡見識過這種場面？況且還有纏綿婉轉的簫聲，還有令人想入非非的玫瑰花香，一切都不需要言語，一種幻夢般的浪漫氣氛就成了情欲最好的催化劑。不倫和敗德的情欲，也可以有一種眩目和耀眼的錯誤的美麗。

貧婦如野花，亦向春風老。馬春花雖然還是容色秀麗，但江湖中的風霜憔悴，卻遮也遮不住。她這是跟了徐錚，如果她跟了福康安做少奶奶，還會這樣嗎？這個問題，馬春花自己一定是經常在暗中自己問自己的。所以一當她知道福安康派人來找她之時，她就臉上一陣紅一陣白，又想哭又想笑了。這是一種深刻的人性揭示，我們也不忍深責她許多，她只是一個平凡普通但是善良的小女人，她可以有她自己的幻想，有她自己對幸福的虛妄的追求。

禍福相倚，馬春花的悲劇上演了最後一幕。這個平凡的女子，思維真是簡單之極，她以為從此找到了幸福所在，歡喜得睡著都要笑醒，卻不知這非份的福澤，並不是一個普通人所能正常擁有的。相府中尊貴的帷幕中，不知有多少不能告人的淫亂和殺戮，馬春花那裡知道這溫柔之鄉中處處都是陷阱，都是風霜刀劍。

馬春花是無辜的，從她那小家碧玉的立場上哪裡能理解這許多。她也知道是自己不好，「總是前世的孽緣」，錯誤的環境中遇到了錯誤的人，發生了錯誤的事，這一個錯誤，她卻沒有意識到要有多大的代價才能補償。徐錚和商寶震已經因此送命了，噩夢最後也要降臨到她的身上。

馬春花的孽緣也就此了結，他臨死前，胡斐懇求陳家洛裝扮成福康安去看望她，她終於見到了她的「心上人」，幸福地死在了她的「心上人」的懷中。

在十大失貞女上榜人物中，馬春花排名第三。

·排名第二

包惜弱：水性楊花，你的名字叫女人

容貌：★★★　武功：☆　智商：★

情商：★　攻擊力：☆

「這些雞鴨從小養大，說什麼也狠不下心來殺了。」一句話點了包惜弱性格上的死穴，性格即是命運，包惜弱日後的結局已被叫破。

包惜弱救完顏洪烈後連做幾個噩夢，寫得細緻真切，暗合心理分析釋夢學說。包惜弱終於陷落完顏洪烈卑鄙無恥的陰謀，此為自作孽，不可活。包惜弱聽完顏洪烈誇獎自己的容貌而內心竊喜，這事又不全怪她，正應了莎翁的一句名言：「水性楊花，你的名字叫女人！」

楊鐵心與包惜弱重逢相認的一場戲。「犁頭損啦，明兒叫東村的張木兒加一斤半鐵，打一打」，十八年的事，倏然位回，風雪驚變的往事，恍如隔夜，如此緊急之中，包惜弱還是坐下來和楊康細說從前：「你爹爹不是你的親爹……」

包惜弱撞牆並無大礙，與楊鐵心夫妻相見真是恍若隔世，但舊日時光已不可再尋，逝去的幸福也難再圓，完顏洪烈的兵馬已追殺過來了，十八年前的悲劇還要再次重演。

楊鐵心、包惜弱最後時辰已到，不能不死。死，此時反而是他們的解脫，是他們的完美歸宿，再沒有人能將他們分開，死，已經是最緊密地把他們聯結在一起了。

在十大失貞女上榜人物中，包惜弱排名第二。

‧排名第一

刀白鳳：最幼稚愚蠢的報復

容貌：★★★★　武功：★★★　智商：★★★★

情商：★★　攻擊力：★★

刀白鳳行事之奇，幾近於馬夫人康敏了，是另一種典型案例。

無疑，刀白鳳是極愛段正淳的，但這是一個極具自尊，到了極點的異族女子，她覺得段正淳背叛了他們之間神聖的愛情盟誓，欺騙了菩薩，不把她當一回事，欺負了她，所以她也就要去報復，也要不把段正淳當人。

刀白鳳所選擇的報復方式，又是幼稚愚蠢之極的，她竟作賤自己，去找一個天下最醜陋，最污穢，最卑賤的叫化睡覺。這個叫化就是段延慶，而段譽則是段延慶的骨肉。

段正淳情婦們的報復中，刀白鳳選擇的是最軟弱也最可怕的方式。

刀白鳳的行為肯定有心理上的病態，類似於歇斯底里的癔症，作賤和自虐自己，是想引起別人的注意，是一種無力的訴求和求助。如果別人真的不愛你，那你的這種自虐也不會挽回心意，反而是自己輸得愈多，損失愈大，甚至愈能使別人有不尊重你的理由或藉口。

刀白鳳做了這件事，當時衝動，後來卻一定後悔，因為她並不敢張揚，並不敢公開自己的大膽行徑，最多她也只能得到阿Q式的自我安慰。

然而，小說的神奇卻在於，刀白鳳當時做的這件傻事，現在卻救了段譽的命。

段延慶忽然間心性大變了，因為他也有了兒子，而且是個極出色的兒子，段延慶真的歡喜得頭腦發昏，竟在不知不覺中著了慕容復的迷藥之毒。

一報還一報，真是天理循環不爽。

段譽的難題卻解決了，王語嫣、木婉清、鍾靈，只是他的堂妹，按照他們大理的規矩，這些好姑娘他都可以照單全收。

在十大失貞女上榜人物中，刀白鳳因其行事之奇，排名第一。

六、十大賢妻排行

十大賢妻上榜人物：閔柔、李萍、駱冰、殷素素、胡一刀夫人、武三娘、史婆婆、安小慧、寧中則、上官虹。

‧排名第十

上官虹：至死不逾的恩愛

容貌：★★★★　武功：★★　智商：★★　情商：★★

賢慧指數：★★★　攻擊力：★★

俠盜李三是一個俠盜，而妻子上官虹和史仲俊原是同門師兄妹，兩人自幼一起學藝。史仲俊心中一直愛著這個嬌小溫柔的小師妹，師父也有意從中撮合，因此同門的師兄弟們早把他們當作是一對未婚夫婦。豈知上官虹無意中和白馬李三相遇，竟爾一見鍾情，家中不許他倆的婚事，上官虹便跟著李三跑了。史仲俊傷心之餘，大病了一場，性情也從此變了。他對師妹始終餘情不斷，也一直沒娶親。

沒想到十年後，李三夫婦和史仲俊竟在甘涼道上重逢，史仲俊為了爭奪李三夫婦身上的一張藏寶圖，妒恨交迸，糾集了他們六十多人圍攻李三夫婦，從甘涼直追逐到了回疆。史仲俊出手尤狠，李三終於被史仲俊暗箭所傷。

知道丈夫已死，上官虹失去了生的力量，於是她停止了逃走的腳步，站在了史仲俊的面前。史仲俊大喜，上官虹也一反常態，張開雙臂，撲進了史仲俊的懷中。史仲俊開心之極，伸開手將上官虹緊緊的摟住了。史仲俊鼻中只聞到一陣淡淡的幽香，心裡迷迷糊糊的，又感到上官虹的雙手也還抱著自己，真不相信這是真的。

突然之間，史仲俊感到小腹上一陣劇痛，原來上官虹將自己的匕首插進了史仲俊的小腹之中，為丈夫報了仇。

白馬李三和上官虹這一對，和《雪山飛狐》中的胡一刀夫妻頗有幾分相似的地方。和胡一刀一樣，白馬李三也是一個癡情種子，對待妻子極其尊重，妻子上官虹對丈夫也是從來沒有違背過。

胡一刀夫人跟隨胡一刀而去，是因為她相信苗人鳳也是一個頂天立地的男子漢，一定會讓自己的兒子生活得幸福。

而上官虹遠遠聽得丈夫的一聲怒吼，便什麼也不顧了。想到丈夫已經死了，自己就什麼也不想，從懷中取出一塊羊毛織成的手帕，塞在女兒懷裡，要女兒好好照料自己，然後讓只有八歲的女兒自己去逃生。

還不懂事的李文秀在馬上大聲的哭喊叫「媽媽，媽媽」，都沒有讓上官虹回頭，她看著白馬馱著女孩兒如風疾馳，心中略感安慰，覺得白馬腳力天下無雙，女兒身體又輕，仇人們是絕對不會追上的。

在這危急的時刻，做母親的此時已經無法去多想只有八歲的女兒，今後會怎麼樣生活？只是在心中默默禱祝，要老天保佑女兒像自己一樣，嫁著個好丈夫，雖然一生顛沛流離，卻是一生快活！

雖然深情無比，對八歲的女兒卻太不公平，上官虹雖是情深義重的賢妻，卻算不得良母，因此十大賢妻上榜人物中，位居末位。

·排名第九

寧中則：本性純良所遇非人

容貌：★★★　武功：★★★★　智商：★★　情商：★★

賢慧指數：★★★　攻擊力：★★★

無意的誤會和有意的曲解折磨和撕裂令狐冲傷痕累累的痛心，但是令狐冲想到，「師妹雖然對我起疑，師母仍然待我極好」，令狐冲為此略有慰藉。

倪匡先生說：「寧中則最令人欣賞之處是她對令狐冲的慈愛及瞭解。」此言極當。若不是寧中則對令狐冲的慈愛在其中緩衝作用，令狐冲真的就沒有那麼多的好運，遇難呈祥了。

岳不群最可怕的地方，是連自己的老婆都要欺騙，連女兒都可以利用，他還有什麼樣卑鄙之事做不出來呢？

寧中則本性純良，但久處假中不覺其假，所以她雖然一方面憐惜慈愛令狐冲，相信令狐冲不會吞沒辟邪劍譜，一方面又還要不滿令狐冲「胡鬧任性，輕浮好酒」。

寧中則無疑應該進入十大賢妻上榜人物，如果不是因為她所遇非人，她的名次應該更好一些。

十大賢妻上榜人物中，寧中則排名第九。

・排名第八

安小慧：質樸賢慧心思單純

容貌：★★★　武功：★★　智商：★★　情商：★★★

賢慧指數：★★★　攻擊力：★★

安小慧是袁承志童年時青梅竹馬兩小無猜的玩伴，但後來袁承志長大了之後，和安小慧之間並沒有多少戲。

袁承志再次見到安小慧之時，安小慧已經有了自己的目標，那就是崔希敏。

但是，安小慧的出現，也還是給溫青青和袁承志的關係中多生出了一些有趣風波。不過，幸好其中的糾葛並不複雜，書中馬上點明了安小慧和崔希敏的關係。

溫青青愛吃醋，但她卻確實比黃蓉要幸運得多，不像黃蓉和郭靖中間有了一個華箏公主這樣一個複雜的大障礙。溫青青若與黃蓉易地而處，她可就會受不了那樣大的刺激。

袁承志藝高人膽大，僅用了安小慧頭髮上戴的一枚普普通通的玉簪，便不費多少力氣，破解了溫家五老的五行陣外加一個輔佐的八卦陣。溫青青怪袁承志破五行陣用的是安小慧的玉簪而不是用她自己的，恨得咬牙切齒，將石頭在地上亂砸得火星直迸，又將自己的玉簪摔成兩段，其無理取鬧，正表現出她本色的可愛來。

安小慧和袁承志之間朦朧情感糾葛，最終徹底了結。

安小慧的丈夫崔希敏粗魯急躁，有點缺心眼，但他本色耿直可愛，與同樣是質樸賢慧心思單純的安小慧相配正是適宜，這樣一來，人物關係理順，簡單明瞭，省去許多麻煩筆墨官司。

在十大賢妻上榜人物中，安小慧因其質樸賢慧，排名第八。

排名第七

史婆婆：火爆性格卻有情有義

容貌：★★ 武功：★★★★ 智商：★★★★ 情商：★★

賢慧指數：★★★ 攻擊力：★★★

史婆婆有一個極溫馨柔婉的閨名，叫「小翠」。這個閨名，與史婆婆性烈如火、脾氣極大、剛烈暴躁的性子有些不那麼相稱。不過，史婆婆面惡心善，絕不討厭，這個老太婆只是自以為是，自高自大了一點，但因此而性格鮮明，形象鮮活。

史婆婆原來就是雪山派掌門白自在老先生的妻子，阿繡即是白自在的孫女。

史婆婆離開雪山派靈霄城出走，對自大為王的丈夫白自在滿肚子意見，因此對雪山派的武功也看不上眼。最有趣的，是她還專門創造出一門金烏刀法作為雪山派劍法的剋星，並且要石破天拜她為師，學這門古怪神奇另有一種門道的武功。

史婆婆的性格脾氣火爆，不能容忍丈夫白自在的自大狂和猜疑，所以才憤而離家出走。但她火爆性格的另一面，是她對雪山派這個大家庭深深的記掛和關愛，她其實是很重感情有情有義的，而且，不管怎樣對丈夫不滿，還是骨子裡死心塌地地忠誠。

她誓死不踏上那丁不四的碧螺島上一步，很大的一個原因是她還是在乎丈夫的感受，他知道這是丈夫多疑放不下的心病，所以她也不忍為此並不是什麼了不起的大事的這一小節而刺激丈夫。

回到凌霄城，史婆婆這才發現，好好的一個雪山派，給丈夫的自大狂鬧成這樣一般亂糟糟不可收拾的樣子，她真是又傷心又生氣，其實真切流露了她對雪山派休戚相關的極其深厚的關心記掛。

情況雖然不妙，但她卻毫不氣餒灰心，還是很有主見，勇敢去擔當，主持大局，教訓門人，訓斥兒子，開解丈夫，做得有聲有色，終於挽回了局面，實在是辛苦不容易。

史婆婆和白自在兩人老夫妻的結，也因白自在的悔悟而解開，而史婆婆冷靜下來，先就派了自己的不是，在自己身上找原因，對白自在是憐惜有加。

史婆婆性格脾氣火爆，本來是難登十大賢妻排行榜，但她的可貴之處是內心深處很重感情有情有義，最後還是靠她挽回大局，所以十大賢妻排行榜中，史婆婆排名第七。

・排名第六

武三娘：一切自己獨自承擔

容貌：★★★　武功：★★　智商：★★　情商：★★★

賢慧指數：★★★★　攻擊力：★★

武三娘最是讓人同情。

丈夫武三通如此丟臉不爭氣，他竟然暗戀上了自己收養的義女而陷入萬劫不復的魔障！

丈夫喪心病狂，做妻子的並沒有太多的抱怨，也沒有棄之不顧，一切的壓力和恥辱都是自己獨自承擔，這真的是很不容易，試問俗世紅塵中，有幾個女人能做得到？

武三娘真的不容易，心中許多的委屈，從不去絮絮叨叨囉嗦。她做的一切，不是要向誰表功，只是真心對丈夫的關愛。

天幸武三通終於有了覺悟的時候，武三通喊一聲「娘子」，武三娘就立時感動，覺得所做的一切都能有所值，似乎數十年的犧牲和委曲全都煙消雲散，「近十年從未見丈夫對自己這般關懷，心中甚喜」，武三娘任勞任怨，是賢妻良母典範，卻也是可憐復可歎。

十大賢妻排行榜中，武三娘排名第六。

・排名第五

胡一刀夫人：死心塌地敬愛丈夫

容貌：★★★★★　武功：★　智商：★★★　情商：★★★

賢慧指數：★★★★　攻擊力：★

胡一刀有唐人傳奇中那種古拙豪傑的風範，讓人想起風塵三俠中的虬髯客。看他一張黑漆面皮，滿腮濃髯，頭髮蓬鬆，雙目如電，讓人不能逼視。胡一刀的夫人，卻是嬌美非常，美得讓人也是心驚肉跳。寶樹形容胡一刀夫婦，是「貂蟬嫁給了張飛」，此亦可說是傳神。絕世的英雄，配以絕世的美人，這正是英雄美人最原始的古意，這種對比強烈，反差鮮明的美感，最具悲劇的崇高感，是寶樹這等俗人所不能明白的。

胡一刀在群雄虎視之下，旁若無人，逗弄孩子，蘸酒給孩子吮一滴，自己仰面喝一碗，此等豪氣，真是動盪讀者胸懷。胡一刀的天神般大氣，與喬峰有幾分相似。

大俠亦有英雄氣短兒女情長的時候，胡一刀在背後與夫人計議，拿不準苗人鳳會對夫人孩子怎樣，此處寫得真實，絕不因其像寶樹所謂「心裡害怕」而減半分光彩。胡一刀和夫人在客店中輪流抱孩子疼愛，讀之心酸不忍。唯大英雄能顯真本色，其吞天吐地的大胸襟中，仍有輕憐蜜愛的細膩柔情，寫得好，連寶樹都不能不佩服他「真是個奇人」。胡一刀夫人，對丈夫全心全意地深愛和支持，死心塌地敬愛丈夫，寶樹想不通，也正見出胡一刀夫人的可敬可愛。

第五日，胡一刀夫人瞧出苗人鳳背後的破綻，使苗人鳳束手待斃，但胡一刀卻說有夫人相助，贏了不算，兩人再次比過。接下來兩人互換刀劍，使兩人之間的比武，超越了家庭恩怨的侷限，兩人各以對手的兵器和武功切磋，最初的性命相搏，已完全成了單純武功上的切磋。比武之中，兩人還坦誠相互指點，明言對方的不足之處，毫不藏私。

但最後莫名的悲劇卻發生了，胡一刀夫人已看出苗人鳳武功中的致命破綻，但胡一刀在關鍵時刻卻惺惺相惜，下不了手，不忍傷害苗人鳳，因此反而輸招而身亡。苗人鳳誤傷胡一刀，雖是輕輕一刀，劃了個口子，卻讓胡一刀中了劇毒而死。胡一刀臨死前驚詫質問苗人鳳：「我不是跟你說得明明白白了麼？你不相信？」

胡一刀夫人雖然只是個弱女子，但見識和擔當卻是非凡，胡一刀夫人將孩子託付給苗人鳳，平靜地殉情而死。

十大賢妻排行榜中，胡一刀夫人排名第五。

·排名第四

殷素素：死於丈夫認同的道德譴責

容貌：★★★★　武功：★★　智商：★★★★　情商：★★

賢慧指數：★★★★　攻擊力：★★★★

殷素素的美讓人眩目，氣質的高貴和清麗之中，更因其言辭的雅致增添了《洛神賦》般出俗超塵的神韻。這種形象，正是正牌古典書生最為難解的情結，不能不讓張翠山失魂落魄，「登覺自慚」，居然不敢逼視，回頭拔足奔逃。張翠山雖是名門大俠，但書生的迂腐和癡氣，更見本色，他對人生和社會，生命和愛情，實在還是淺嘗輒止，還缺乏深刻的洞見和認識，他真的還幼稚得可愛。

終於有了俞岱岩作為理由，張翠山找到藉口，與殷素素進行交流，得親美人芳澤。殷素素種種非常行事，大出世俗常理之外，張翠山的內心再次七上八下，情與理劇烈衝突。看他一時氣往上沖，盛怒發作，卻拿殷素素一點辦法沒有，總是找理由自我解脫，在殷素素面前，完全是個不更事的純情少年的樣子，動不動就心頭亂跳，臉上發燒，滿面通紅，理智告訴他這個不可方物的麗人是妖女，情感上卻無法割捨而去。

此段最精彩之處，是殷素素一言不合，即下重手自虐，讓張翠山目瞪口呆，只好聽任其擺佈。張翠山處處要講一個理字，要想以理服人，殷素素卻偏偏不講理，只是任性唯心，看你有什麼法想。在這一場愛情的對戲中，殷素素明顯境界要高許多，無疑她對生命和世界有著更為尖銳深入的痛苦體驗，她的自虐中暗喻了更多驚人而直截了當的力量，那是張翠山在書本上所不可能學到的。

這是一場特異的說法和點化，張翠山在一種奇異角度中接受到殷素素傳遞給他言語所不能勝任的超容量生命資訊，不需要講理，兩個人的內心卻神奇地貼近了，相容了。張翠山為殷素素的療毒過程，即是兩人從死至生對生命神奇的共同體驗過程，即是兩人新生的過程。

這樣的轉變，不可能一蹴而就，還需要在慣性的推動中反覆和提升。張翠山心情穩定下來，又想到「善惡不明」而開始自責，臉色又開始難看，不過這不要緊，到了殷素素溫膩軟滑的手握了過來，張翠山便會忘形而飄然。

對人生的認識殷素素無疑要深刻得多，她直截了當地質問張翠山，如果不是這生死患難的奇緣，不是這與世相絕的孤獨，張翠山會這樣爽快和無所顧忌地接受她的愛情嗎？張翠山要反省和深思，讀者也要反省和深思，在塵俗的世界中，他曾經是活得那樣的虛假，那樣自討苦吃地累。

張三丰的百歲壽辰中，忽生慘烈奇變。面對眾多名門大派，武林高手前來，興師問罪，張三丰像母雞保護小雞一樣，依然毫不猶豫地迴護著張翠山殷素素。但想不開想不通的卻是張翠山自己。殷素素將秘密言明之後，情和理，道與義的衝突，將張翠山逼上了絕境，他那書生的癡氣再次不可抑止地發作，一種虛妄的自我迷幻的道德力量上升到不可調和的矛盾。張三丰沒有來得及阻止這一悲劇的發生，如果事先知道事件的前因後果，可以肯定張三丰會自有擔當，絕不會讓張翠山如此輕率逞血氣之勇的。

相比之下，殷素素的自殺更具有感人的力量。哀莫大於心死，殷素素最大的絕望是丈夫沒有理解自己，支持自己。殷素素有勇氣面對生活中一切的危險和邪惡，但她卻實在沒有勇氣面對愛人的譴責。她的自殺更入於情理，更讓人憐惜。她本來是一個任性所為的「妖女」，為了追求愛情，她付出了真誠的努力，真誠地要改變自己，以使自己能和所愛之人處於同一認識境界之中，使所愛之人更能愛她。但她的努力最終還是付諸流水，美好的幸福終於成了一場過眼雲煙，她只有陪伴丈夫死於丈夫所認同的那種道德的譴責之中。

十大賢妻排行榜中，殷素素排名第四。

·排名第三

駱冰：對丈夫山高水深的情義

容貌：★★★★　武功：★★★　智商：★★★　情商：★★★

賢慧指數：★★★★★　攻擊力：★★★

文泰來和駱冰一對，最讓人豔羨。

一個是絕頂英雄氣勢不凡豪邁的大哥，另一個是千嬌百媚笑靨迎人冰清玉潔的小妹，兩人之間有巨大的反差，但卻正好是調和互補，最能恩愛體貼，天長地久。

余魚同是看走眼了，他以為美女最好配年少書生，卻不知英雄美人，才最是天設地造一對。

類似文泰來、駱冰一對，還有一個例子，便是《雪山飛狐》中的胡一刀夫婦。

英雄氣短，兒女情長。文泰來英雄失路一段，豪情難抑，但終還是顧念嬌妻的一片苦心，委曲求全，躲在地窖中避禍。此處最見患難夫妻的真情。

章進和駱冰、文泰來之間的深厚情誼，也很感人。

文泰來被擒之後，駱冰一見到模樣醜怪的章進，如見親人，忍不住熱淚湧出，真是淒苦委曲和無助到了極點。

黃河邊上，紅花會群雄一齊殺到，終於救出了文泰來。

駱冰見到文泰來，哭著說不出活來。兩人在車中忘了一切，只沉浸在劫後重逢的巨大快樂中，讀之讓人怦然心動。如此美滿夫妻，余魚同要插上腳，實是太不應該了。

同在囚車中，余魚同聽見駱冰的聲音，大喜過望，駱冰卻除了丈夫的聲音外別的都不放在心上，此一鮮明對比，真可以羞殺余魚同了。

文泰來和駱冰那種山高水深的情義，真是有可觀之處。駱冰只是為了不讓自己的丈夫悶著，為一句玩笑話，就孤身犯險盜回玉瓶以博丈夫一笑，讀之真是感人之極。

十大賢妻排行榜中，駱冰排名第三。

·排名第二

李萍：粗手大腳勞苦本色

容貌：★★　武功：☆　智商：★★★　情商：★★★

賢慧指數：★★★★★　攻擊力：☆

李萍粗手大腳，習於勞苦，此乃中國民族勞動人民的本色，故能忍辱負重，求生於亂世和絕境，此是真正的賢妻良母。

郭靖在雪野夜半、患難流離之際誕生，此番絕大的苦楚，正合於天將降大任於斯人的說法。有李萍這樣偉大的母親，自然有郭靖這樣優秀的兒子。

李萍道：「人生百年，轉眼即過，生死又有什麼大不了？只要一生行事無愧於心，也就不枉在這人世走一遭。」

李萍最後求仁得仁，為國捐軀，展現母性偉大崇高本質。

李萍此話，也是《射鵰英雄傳》全書題眼，全書總括，全書大意，讀者不可不細察。《射鵰英雄傳》一部大書，洋洋灑灑百萬言，全賴此為精神，為骨骼，為氣韻，為血肉。郭靖一生蓋棺定論，亦不過當得此話。

李萍戲雖然不多，但境界如此絕高，十大賢妻排行榜中，她排名第二，並不為過。

・排名第一

閔柔：可憐天下父母心

容貌：★★★　武功：★★★　智商：★★★　情商：★★★

賢慧指數：★★★★★　攻擊力：★★★

玄素莊黑白雙劍石清閔柔出場，是灰暗沉鬱的背景中最耀眼的亮色，使人看得精神一振。石清騎一匹「烏雲蓋雪」的黑馬，一身黑衫，腰間黑色的長劍；閔柔則是騎一匹「墨蹄玉兔」的白馬，一身白衣，帶一柄白鞘長劍，鬢邊戴一朵紅花，腰繫紅飄帶，視覺上給人以深刻的瀟灑印象，確是令人難忘。

黑白雙劍一男一女，一黑一白，男的丰神俊朗，女的文秀清雅；石清沉著大氣，閔柔溫柔順從，好一對恩愛夫妻，神仙眷屬。

兩人出場，幾筆寫下來，形象性格都已經栩栩如生。石清事事要與妻子軟語相商，閔柔也事事順著丈夫，溫柔體貼。

同樣是為著玄鐵令而來，周牧只見其小人的張狂和委瑣，安奉日則見其圓滑和世故，雪山派耿萬鍾、王萬仞、花萬紫等人則見其急功近利，唯石清閔柔二人其情可憫，讓讀者暗生好感，站到他們的立場上。

閔柔見了小丐，心生憐意，送小丐一錠銀子，其善良的素心和本色，已表現得明明白白。

仁義待人，是石清行事的立身立命之處，安奉日由此對石清夫婦心服口服，而反射雪山派的自高自大，目中無人，雖然是名門大派，卻讓人不能佩服。

石清仁義待人，明明武功比耿萬鐘等雪山派弟子高出許多，卻因心中有愧，還是將自己夫婦的成名兵器黑白雙劍雙手奉上，作為扣押之質。

閔柔一派女人的柔弱心腸，正如書中所說「見到她這等嬌怯怯的模樣，真難相信她便是威震江湖的『冰霜神劍』」。

看她一聽到對方提到兒子的名字，便是眼圈一紅，及至聽到兒子闖下的滔天大禍，又是臉色慘白，暈了過去，最後更是淚水涔涔而下，上馬都上不去。並不是閔柔沒有擔當，而是其牽腸掛肚，魂牽夢繞的慈母情懷，對兒子之事太關心太放不下。

石清、閔柔夫婦兩人神仙眷屬，英姿颯爽，尤其是其對兒子的一片天下父母與共的愛心，更讓人感歎不已。

閔柔一見了石破天，以為就是石中玉，一雙眼光就沒有離開過石破天的身上，眼中淚水滾來滾去，恨不得立時擁抱著兒子來疼愛，「他便是有天大的過犯，在慈母心中早就一切都原諒了」，而石清身為嚴父，恨得暗暗切齒，只是一時不便發作。

兩相對映，極讓人感歎。

嚴父慈母的教育子女方法，看來實在是有問題，願天下讀者於此細察。

石中玉後來給張三李四抓了出來。此人與石破天相貌一模一樣，但性格上卻處處形成了強烈反差和對照。

石清、閔柔知道了石破天並不是石中玉，但還是忍不住稱石破天為「孩兒」，石破天也還是順口答應「媽」、「爹」，想著不對又改曰：「石……，石……石莊主」，此真讓人讀之不忍。

他們三人數日來相處，都是真情投入，而石破天的憨厚不通世務，更是讓他們由憐惜而加倍歡喜。現實卻粉碎了這個完美的夢幻，讓他們一時無法接受，而讀者也是同樣無法接受。

閔柔對石中玉的狡獪懦怯，好生失望，但畢竟是血肉的親情，石中玉的油嘴滑舌，討人喜歡，送玉鐲給母親，小巧功夫到家，很快就讓閔柔在苦澀和無奈的笑中回味到甜蜜，對石中玉的恨意漸減。

石破天以仁厚和善心待人，明明知道不妥有詐，但事關石清閔柔的安危，他就什麼都不懷疑，一切按叮叮噹噹安排的調包計，頂替了押送去雪山派凌霄城去的壞蛋石中玉。

兒子不肖，再不成材，父母還是一般關切其喜怒哀樂。看到兒子生了病，閔柔依然是慌了手腳，驚惶不已，石清心下也發慌。

石破天設身處地，自憐身世，「石中玉雖然做了許多壞事，你們還是十分愛他，可就沒一人愛我」，石破天淒苦心酸。此後，石破天為了裝得像，不露破綻，喉腫消去後依然啞啞的說不出話，只是惹得閔柔平白添了許多煩惱，掉了許多眼淚，也使石破天自己更多了幾分感傷。

母親就是這樣，不論生子的賢與不肖，在她本能的關愛中，都是一樣。

閔柔有著無窮的母愛，對丈夫也同樣柔順體貼，只聽從丈夫的主張，她是金大俠小說中最出色的賢妻良母的女俠形象。

金大俠小說十大賢妻排行榜中，閔柔排名第一，自是無可爭議。

七、十大惡女排行

十大惡女上榜人物：李莫愁、葉二娘、何紅藥、童姥、王夫人、朱九真、毛東珠、梅超風、商老太、嚴媽媽。

．排名第十

嚴媽媽：邪惡且狡詐的打手和幫兇

容貌：★ 武功：★★★ 智商：★ 情商：★

凶惡指數：★★★ 攻擊力：★★★

《天龍八部》中寫了一個地獄使者般可怕的惡婦嚴媽媽。曼陀山莊中，嚴媽媽助紂為瘧，充當王夫人的打手和幫兇。王夫人殘忍無比，將人活生生的宰了，當作茶花的肥料，而具體實施和幹活的就是嚴媽媽。

段譽和王語嫣去救阿朱和阿碧，看到阿朱和阿碧二人被綁在兩根鐵柱子上，口中塞上東西，只見一個弓腰曲背的老婆子手中拿著一柄雪亮的長刀，身旁一鍋沸水，煮得直冒水氣。

嚴媽媽轉過頭來，段譽眼見她容貌醜陋，目光中滿是煞氣，兩根尖尖的犬齒露了出來，便似要咬人一口，登覺說不出的噁心難受。

嚴媽媽自己坦白，她最不愛看的就是美貌姑娘。她覺得要將阿朱和阿碧砍斷一隻手，那才好看。而且這還不夠，她還要想去跟王夫人說說，近來花肥不夠，該把阿朱和阿碧兩隻手都斬了才好。

嚴媽媽作惡多端，不知已殺了多少人。她不僅邪惡，而且狡詐和詭計多端。她看出段譽和王語嫣有救阿朱和阿碧的意思，居然敢把王語嫣先制住，實在是膽大妄為。段譽見事情緊急，抓住嚴媽媽手腕，死也不放，其時段譽和嚴媽媽醜陋的臉孔相對，其間相距不過數寸。段譽他背心給鐵柱頂住了，腦袋無法後仰，眼見她既黃且髒的利齒似乎便要來咬自己咽喉，段譽又是害怕，又想作嘔，但知此刻千鈞一髮，要是放脫了她，王語嫣固受重責，自己與朱碧二女更將性命不保，只有閉上眼睛不去瞧她。

幸好段譽有北冥神功相助，只片刻之功，吸盡嚴媽媽的內功，嚴媽媽神情委頓，半分力氣也沒有，再不能為惡。

金大俠小說十大惡女排行榜中，嚴媽媽排名第十。

·排名第九

商老太：巫婆一般古怪和不近人情

容貌：★ 武功：★★★ 智商：★★★ 情商：★

凶惡指數：★★★ 攻擊力：★★★

《飛狐外傳》中開篇，商老太打敗了閻基，見不出其武功多高明，只更顯其行事的詭異和不光明正大。

怨毒和仇恨扭曲了商老太的人性，她因此變得像一個巫婆一般古怪和不近人情。

商老太還遷怒於馬行空，要以更卑鄙惡毒的手段來對付馬行空父女，以洩其已釀造變質的怨恨。甚至商老太對付還是小孩子的胡斐，也照樣使用陰險和詭計，而且最後還有對胡斐毒打拷問的惡劣行徑，此種行為已不是一個正常人之所為。

商老太的變態最後只能害了自己，自取其咎。

商老太已近魔道，已與《神鵰俠侶》中裘千尺有幾分相似。商老太設計要害眾人以發洩其莫名之怨毒，最後作繭自縛，在鐵廳中被烈火燒死的還是她自己。

此種人，不說也罷。

十大惡女排行榜中，嚴媽媽排名第九。

‧排名第八

梅超風：難讓人徹徹底底厭恨

容貌：★★★　武功：★★★★　智商：★★★　情商：★★

凶惡指數：★★★　攻擊力：★★★★

少年時讀《射鵰英雄傳》，讀到黑白雙煞，銅屍鐵屍，真是驚心動魄，一棵心懸在九天雲外。梅超風最後其實並不招人厭恨，但她給人的最初大惡人印象，卻已是根深蒂固，難以改變。

梅超風出場之夜，江南七怪在荒山上等候郭靖，「但見西方天邊黑雲重重疊疊的堆積」，此一句話萬不能錯過，金大俠胸中排兵佈陣，一切早已作好了安排。月光之下，忽見骷髏頭骨，且頭骨頂上有剛可容納五指的洞孔，再加上柯鎮惡「生死關頭」的驚呼，寫得真是詭異之極，令人不寒而慄。

柯鎮惡平日心高氣傲，連長春子丘處機這樣高明的武功，也不怎麼放在眼裡，此時卻對銅屍、鐵屍如此忌憚，一揚一抑，一對比一映襯，金大俠如此高明筆法，真所謂龍跳虎臥之才。

十年之後，駭人之極的梅超風又出現了，她眼雖瞎，居然武功更高，九陰白骨爪已是出神入化，四丈銀鞭更是所向披靡。江南六怪又要倒楣了！所幸這次有馬鈺來相助，但不是動手，而是動口。全靠馬真人見識過人，以柔克剛，化解柯瞎子六怪的戾氣，說服六怪和自己一起演了一場好戲，眾人在懸崖之頂，冒了全真七子之名，讓梅超風知難而退。

讀此段，梅超風的風頭真是出盡，正應了「道高一尺，魔高一丈」這句話，看她藝高膽大，全不懼怕名動天下的全真七子，倏來倏去，如鬼如魅，雖已遠逝，兀自餘威懾人。江南六怪這次有自知之明，未吃苦頭，倒是幸甚。

郭靖被梁子翁追趕跌入洞穴，相違已久的梅超風卻在這裡出現，梅超風的武功依然驚鬼泣神，不可思議，但她幸好走火入魔，雙腿癱瘓，不能隨心所欲。

讀此段，梅超風雖是絕頂魔頭，卻難讓人徹徹底底去厭恨，梅超風形象鮮活跳脫，遠勝前面出現的種種高手，且梅超風盜也有道，也是至情至性，真有一種地獄中花朵一般怪異莫名的美麗。此段梅超風意識流的回憶，忽從第三人稱轉為第一人稱，作者帶讀者走進女魔頭的內心情感世界，至此處，下地獄的女魔頭已可以超生，梅師姐風光已夠足，賊漢子，賊婆娘，情人之間此等彼此稱呼，實是天下一絕，金大俠是怎生想出來的？

黃蓉見到梅超風，好不風光，占盡便宜，此段讀得過癮，梅超風一聽到黃藥師的名字，猛虎立成病貓，黃藥師何等神仙人物也？

十大惡女排行榜中，梅超風排名第八。

排名第七

毛東珠：陰險而心狠手辣

容貌：★★★　武功：★★★　智商：★★★★　情商：★★

凶惡指數：★★★★　攻擊力：★★★★

《鹿鼎記》裡的皇太后，戲份不少，和韋小寶在皇宮的冒險經歷大有干係，讓人絕難忘記。一開始韋小寶初見皇太后，並沒有覺得她有什麼特殊之處，不過是個「三十歲左右的貴婦人」。但很快情節就翻新出奇，韋小寶嚇了一大跳，讀者也是嚇了一大跳，原來這位太后的來頭真不簡單，暗中在和海大富較勁。

陰陽怪氣，詭秘冷酷的海大富，身上負有主子順治交代給他的重大使命。順治因董鄂妃逝世，傷情難以自持，看破紅塵，去了五台山當了和尚。順治雖然當了和尚，但並未就此諸事全了，他還記掛著愛妃不明不白的死，吩咐了海大富暗中查訪，並授權給海大富，要他見機行來，殺了元兇，代順治報仇。

宮中端敬皇后、孝康皇后、貞妃、榮壽王四人都是死於非命，而下毒手的是同一個人，這人武功極高，身具化骨綿掌的陰毒功夫，誰是宮中神秘的殺手？這需要偵探和推理。心思縝密的海大富，暗中留心，終於從韋小寶與康熙之間的戲耍打鬥中找到了蛛絲馬跡，找出了真凶，原來是太后！

海大富後來死了，小寶雖鬆了口氣，但那心狠手辣陰險的太后，卻是他新的大剋星，太后放心不下，終要來殺小寶滅口。小寶再次靠著機靈和福氣脫險。

小寶後來也不怕太后了，這是小寶最得意和一塊石頭落地之事。見到小寶身上的五龍令，太后大驚失色，對小寶肅然起敬，原來太后竟是神龍教中人物。太后親手奉上一碗參湯，小寶真是心中大樂，真如再世為人。

太后居然是個冒牌貨，這讓人真大吃一驚。故事逞險逞奇，讀者無論如何也是沒有意料到的。原來這假太后是神龍教派來尋找《四十二章經》的臥底，真太后則被幽閉在寐宮裡的大櫃中。假太后在九難逼迫之下現形，康熙在韋小寶告密之下前往查究，正與情夫相聚的毛東珠逼得逃出皇宮，真太后終於逃出生天。

假太后真名叫毛東珠，她之所以沒殺真太后，是為了要從真太后口中套出關於那《四十二章經》的秘密來，九難廢了假太后的武功，小寶從此再也不用怕這假太后了。

最後，毛東珠又和情夫重返皇宮，企圖逼真太后說出《四十二章經》的秘密，小寶又立奇功，陰差陽錯指使歸辛樹夫婦殺了毛東珠和其情夫，做了康熙的替死鬼。

十大惡女排行榜中，毛東珠排名第七。

‧排名第六

朱九真：美人其表蛇蠍其裡

容貌：★★★★★　武功：★★　智商：★★★　情商：★

凶惡指數：★★★★★　攻擊力：★★

女色之美，是一種並不摻雜善惡道德因素和價值判斷的審美，與其人品無關，與其學識素養無關，純粹之美竟是那樣的不由分說和不可抗拒，可以催眠，可以迷魂，而至情至性之人，最易於發現這種純粹之美，像曠野中突然劃過的閃電一般被準確而輕鬆地擊中。

張無忌見到容貌嬌媚、肌色白膩的朱九真，確是像這樣五雷轟頂地被擊中了。耳鳴、心慌、驚悸、忽冷忽熱，這是一種真實的疾病，無忌雖已是良醫，卻對自己的病症束手無策，感受到美貌女子驚心動魄的魔力。「這時朱九真便叫他跳入火坑之中，他也會毫不猶豫的縱身跳下。」寫得真是絕了！

金玉其外，敗絮其內，美人其表，蛇蠍其裡，朱九真在十大惡女排行榜中有出色表演。朱九真受父親朱長齡的指使，對張無忌假以顏色，虛與委蛇，其實是另有奸詐陰險的圖謀。他們想誘騙張無忌吐露出謝遜及屠龍刀的下落。然而同時朱九真根本看不上窮小子張無忌，對於自己和張無忌之間的虛情假意她又是極不耐煩和心懷不滿，她覺得自己向張無忌表示了親熱是她的奇恥大辱，吃了大虧，她居然打算在事成後要殺張無忌洩憤。朱九真狠毒無情，完全沒有道德良心上的障礙，她的邪惡是本色和不加掩飾的。

朱九真其實是盲目的驕傲和愚蠢無知，她一點眼光也沒有。朱九真千挑萬選，愛上的英俊的表哥卻只是一個草包。

美是抽象的，但道德和良心的判斷卻是具體的。美如果不能益善，不能進德，不能給生命帶來鮮活的生機和燦爛的光明，美又有何用？鏡花水月，畫餅不能充饑，那邪惡之美只能是生命的否定，只能將真誠推進毀滅的深淵。張無忌終於醒悟，從致命的疾痛中掙扎出來，他因此也獲得了可貴的免疫力，他對人生的認識也因此而無比深刻。

後來張無忌再世為人，再遇朱九真，張無忌已有了強大的免疫力，再不會為那眩目的幻美而迷魂了。

朱九真終於被殷離所殺，這樣的惡女肯定沒有好下場。

十大惡女排行榜中，朱九真排名第六。

·排名第五

王夫人：一貫作風是遷怒旁人

容貌：★★★★★　武功：★★★　智商：★★★★　情商：★★

凶惡指數：★★★★　攻擊力：★★★

段正淳的情婦中，王夫人是最凶惡和霸道的一個。只要看看她的手下嚴媽媽，就知道有其僕必有其主。

因愛情的挫傷，轉而遷怒旁人，濫殺其他的負心男子，逼負心男子殺正妻而娶情婦。王夫人此等手段，雖是凶惡和霸道，卻最沒頭腦。胡亂拿他人出氣，自己的心苦卻絲毫不能緩解，損人而不利己，只表明她智力不夠，拿段正淳沒辦法。

王夫人的一貫作風是遷怒旁人，她甚至要親自出手，向段正淳尋仇。她氣勢洶洶地擺起陣勢，要對付段正淳。不過，雖然她一副強悍的樣子，卻怎麼也掩飾不住其色厲內荏，心中為情所苦，煎熬之極，正所謂會叫的狗不咬人，王夫人比之馬夫人（康敏）差多了，其實還是心軟，不能親自下手。

王夫人計誘段正淳，卻是段譽一行人來擋債。

王夫人在段譽此來路上各處客店、山莊中懸掛雅致書畫，留下缺字缺筆，本是要誘段正淳步步深入，不料段譽熟讀詩書，更是家學淵源，將缺字缺筆一一正確補填上去，誤使王夫人以為是段正淳來了，派人沿途在酒飯中摻入藥物，引來醉人蜂毒倒段譽一行人。

王夫人也善用野蜂，不過，比《神鵰俠侶》中小龍女的玉蜂，不知差了多少。

王夫人是無崖子和李秋水所生，氣派場面自然極大，想來當日所嫁的丈夫也應是非同一般的人物。

王夫人丈夫是何等人物，書中沒有交待，想來娶了王夫人這種老婆，早就氣也給氣死了。

王夫人千怨萬恨，見了段正淳，卻盡柔情化水，再也怨不出來，恨不起來。一時間親眼看到了她的四位情敵：白刀鳳、甘寶寶、秦紅棉、阮星竹，個個千嬌百媚，豔麗無比，王夫人有些傻眼了，她一貫紙上談兵，到了真刀真槍，又下不得手。

王夫人凶惡和霸道終於不能一以貫之，十大惡女排行榜中，只能排名第五。

．排名第四

童姥：這個教師太霸道

容貌：★★★　武功：★★★★★　智商：★★★★★　情商：★★

凶惡指數：★★★★　攻擊力：★★★★★

三十六洞洞主，七十二島島主在荒山月下秘密聚會，是要對付童姥。為了眾人都能死心塌地，不留後路，先要給「小姑娘」（其實就是童姥）一刀，以示與靈鷲宮誓不兩立。

虛竹聽到要殺人，想也不想就衝上去先救了再說。

女童忽然成了童姥，虛竹真是犯傻到家，自己入套。

童姥遇上了虛竹是童姥的福氣，否則給人殺了，她後來就威風不起來了。

虛竹遇上了童姥，又是虛竹的福氣，否則他無法更為深入地認識人生和生命歡樂和悲哀的本質，不能成就一番大事業了。

童姥凶殘，此處讀之卻並不覺其有太多過份。或者是虛竹的純良仁心感動了她，童姥已完全不是以前的童姥。反之，童姥在虛竹身上的美德反襯了自己，既看出了虛竹的迂腐之處，也看出了自己的過份之處。

童姥感虛竹的救命之恩，就此自告奮勇要當虛竹的人生教師。不過，這個教師卻太霸道，太不由人分說，手段也太離奇，行事也太出格。

虛竹無意間吃肉，無意間殺人，後來還有無意間失童男之處，他在被動中掙扎，但又怎生敵得過真實的人性。

童姥返老還童的武功，聞所未聞，幾近於神話故事，這在金大俠小說中是極端的例子。武俠小說的遊戲規則，人物還是人，不是神，寫的是人性。童姥的那種功夫，再發展下去就是《封神榜》、《西遊記》了，可一不可二。

金大俠後來封筆，是否也有已將武俠小說寫到不能再發展的極限原因？

十大惡女排行榜中，童姥排名第四。

・排名第三

何紅藥：壓抑使其瘋狂

容貌：★★　武功：★★★　智商：★★　情商：★

凶惡指數：★★★★★　攻擊力：★★★

老乞婆何紅藥，名字的美豔與其容貌的恐怖醜陋，成一強烈的對比。此人出場，詭異狠毒，不可理喻，尤其是聽到金蛇郎君的名字之後，情緒波動，語帶哭音，狀若狂虎，擺明了與金蛇郎君之間有極奇怪的淵源。

何紅藥和金蛇郎君之間的糾葛原由，是一個浪漫而香豔、曲折而離奇的故事。誰也想不到，何紅藥年輕時候，也是一個漂亮的美女，而且是五毒教教主之妹。金蛇郎君當年為了向溫家復仇，到五毒教來偷取毒液，不小心卻被毒蛇咬傷，中毒後命在垂危，恰逢此時，何紅藥偶然路過，救了金蛇郎君，而且對金蛇郎君一見鍾情。報仇心切的金蛇郎君利用了情竇初開的何紅藥，讓何紅藥對他死心塌地，願意為他去冒險，甚至獻出生命。何紅藥偷了其兄的權杖，帶金蛇郎君去毒龍洞偷寶，在何紅藥的幫助下，金蛇郎君拿到了三寶之一的金蛇劍，進而又把二十四枚金蛇錐和那張藏寶圖也拿走了。此外，金蛇郎君得了物還得了人，因為進毒龍洞之人必須脫去衣服，相互在身上塗藥，兩個少年男女，身上沒有衣服，自然而然就發生了關係。

金蛇郎君利用了何紅藥之後，一去而不復返，何紅藥卻獨自承擔了可怕的後果，被罰被萬蛇噬咬，這才使她一個美麗的少女，變成現在這樣可怕醜陋的容貌。

何紅藥的悲劇也得到了結，她脅迫溫青青到華山之巔去尋找金蛇郎君，最後卻發現金蛇郎君早已化為白骨，而且金蛇郎君至死不忘的愛人還是溫青青的母親溫儀。

何紅藥在複雜的心態中進行著痛苦、哀慟、悔恨、傷感、懷舊和激情焚燒的衝刺，壓抑太久的憤怒、怨恨和不平，使她變得瘋狂起來，她在金蛇郎君埋骨的洞中放火要燒毀一切，不料心機太深的金蛇郎君早有預謀，他在自己的骨骸中藏下劇毒，山洞中埋下炸藥，最後何紅藥葬身洞中，她和金蛇郎君、溫儀三人再也分不開了，繼往的恩怨一起化為灰燼和塵埃。

十大惡女排行榜中，何紅藥榮登三甲，排名第三。

排名第二 葉二娘：最讓人噁心作嘔和痛恨

容貌：★★★　武功：★★★★　智商：★★★　情商：★

凶惡指數：★★★★★　攻擊力：★★★★

四大惡人中，葉二娘和雲中鶴最讓人噁心作嘔，最讓人痛恨。葉二娘後來雖然另出一段奇戲，但仍是不可原諒和不可饒恕。

葉二娘外號「無惡不作」，在四大惡人中名列第二，在我看來，她卻是金大俠武俠小說中的第一惡人。看她搶別人的孩子來玩，玩後再弄死，「便似常人在菜市購買雞鴨魚羊、揀精揀肥一般」，讀之不寒而慄。人性中之醜惡，惡到如此地步，惡到這般水準，真是駭人聽聞。

葉二娘出場時，木婉清以為這「無惡不作」葉二娘排名在「兇神惡煞」南海鱷神之上，肯定是一個厲害的角色，可是一見之下，覺得葉二娘頗有姿色，心中對她大有好感。多看了幾眼之後，看到葉二娘左右臉頰上各有三道血痕，又覺得葉二娘雖然在笑，但她的笑容之中似乎隱藏著無窮愁苦、無限傷心，讓人心中對她充滿了同情。此說明葉二娘的邪惡，實在是複雜得很，晦澀難解，是一頗具價值的精神分析個案。

葉二娘後來的奇戲，是葉二娘無意中發現了虛竹身上的二十七個香疤，終於母子相認。仁慈無比，善良無比、俠義無比的大好人虛竹，居然是葉二娘的親生兒子！待蕭遠山說出真相，虛竹是葉二娘和少林高僧玄慈的兒子之時，玄慈圓寂，葉二娘跟隨而去，才覺得她還有那麼一點點人性。

與虛竹和玄慈無關，十大惡女排行榜中，葉二娘排名第二，並不冤枉她。

・排名第一

李莫愁：「情」字釀成變質毒藥

容貌：★★★★　武功：★★★★　智商：★★★★　情商：★

凶惡指數：★★★★★　攻擊力：★★★★★

《神鵰俠侶》一大部情書，以情為主旨，開篇寫來卻是全書中最不懂「情是何物」，卻偏偏問個不休的最為無情的「赤練仙子」李莫愁。

幻動的情字，令我們怦然心醉的相思和惆悵的苦意，竟輕易而優美地從李莫愁這殺人不眨眼的女魔頭口中說出，作者有何種深刻的洞察和寓意！

一個情字是何等的聖潔、美好和隱現著神聖的光環，與之對看，開篇卻是先寫了一個女魔頭，一個男瘋子（武三通）。

情之變幻複雜、隱晦難測，難道不是作者在隱喻？在開宗明義？

李莫愁因失戀而激憤，將一個「情」字釀成變質的毒藥。因愛成仇，李莫愁竟要殺死她不能得到的往日戀人的全家。數十年如一日，她已心如蛇蠍，在毒藥中瘋狂地沉醉和無邊地自棄。

讀李莫愁「斗然間被楊過牢牢抱住，但覺一股男子熱氣從背脊傳到心裡，蕩心動魂，不由得全身酸軟」、「心魂俱醉，快美難言，竟然不忍掙扎」，真高手文字。

情為何物？有時候欲卻是情最好的註腳。

問世間情為何物？就中更有癡兒女，直叫生死相許。

然而，最是無情的李莫愁又怎能懂得這情的真諦，面對兩塊錦帕，非旦未能喚醒李莫愁泯滅的人性，反而更刺激了她的怨毒和嫉恨。

「往事已矣，夫復何言？」錦帕碎如梨花，舊情早已幻滅，拂塵揮處，就要殺人。

危城女嬰一段故事，寫李莫愁和楊過暫時和平共處，為嬰兒郭襄找奶一段，楊過要李莫愁給嬰兒奶吃，李莫愁誤會得滿臉通紅，此亦有隱意。

李莫愁自稱是「守身如玉」，可老處女，多變態，最在這些著意的敏感之處，看出她的口誤。

太在乎，太強調「守身」之潔，其實正是渴欲的不潔的另一種表現形式。

李莫愁為情所苦，卻最無情。

李莫愁不配談情，談愛，她愛的只是她自己。

李莫愁為《神鵰俠侶》書中第一情魔，最後死於情花之毒，不亦宜乎？

「問世間，情為何物？」此情之真諦，李莫愁永遠不可能問明白了。

以李莫愁的情魔隱喻，十大惡女排行榜中，李莫愁排名第一，當仁不讓。

八、十大怨婦排行

十大怨婦上榜人物：裘千尺、瑛姑、梅芳姑、李秋水、班淑嫻、秦紅棉、溫儀、戚芳、林朝英、徐潮生。

・排名第十

徐潮生：女性的身不由己和無望相思

容貌：★★★　武功：☆　智商：★★★　情商：★★

怨婦指數：★★★　攻擊力：☆

徐潮生即是《書劍恩仇錄》一書中陳家洛的母親徐氏。

徐潮生與「紅花會」前總舵主于萬亭的愛情故事及悲劇，《書劍恩仇錄》書中並未正面寫到，只是側面隱約敘述。我們知道了徐潮生和于萬亭之間，有一段淒然傷感而且高尚動人的愛情故事。

徐潮生愛的是于萬亭，而聽從父母之命，媒妁之言嫁給了別人（陳閣老），作為女性，她是身不由己的。她無法選擇，也無法抗爭，她和于萬亭一樣，都忍受了現實慘澹的結局，認了宿命。

于萬亭做出的犧牲，更是讓人感動。他不僅忍受了愛人嫁給了別人的痛苦，還勇於作出奉獻，居然易容喬裝打扮隱藏起自己的真實身分，在陳家做起了長工，而且一做就是多年。于萬亭這樣做，一方面是可以暗中保護自己心中的愛人，另一方面也是為了慰藉自己對愛人的相思之苦，能離愛人近一點，能多看她一點，總是好的，總是聊勝於無的事情。

最後陳家洛的母親徐氏將其最鍾愛的兒子委託給于萬亭，讓陳家洛繼承著于萬亭的反清大業，以寄託她的一份無望的相思。

十大怨婦上榜人物，陳家洛的母親徐氏徐潮生，排名第十。

·排名第九

林朝英：纏綿相思盡數寄託武學之中

容貌：★★★★　武功：★★★★★　智商：★★★★★　情商：★★

怨婦指數：★★★　攻擊力：★★★★★

《神鵰俠侶》中講述，玉女心經是由當年古墓派祖師林朝英，獨居古墓時而創下。林朝英撰述玉女心經，雖是要克制全真派武功，但因其對王重陽始終情意不滅，所以寫到最後一章之時，林朝英幻想終有一日能與意中人並肩擊敵，因之這一章的武術特別的有轉喻之意。這一章的武功是雙人劍法，一個使玉女心經，一個使全真功夫，相互應援，分進合擊。

林朝英當日柔腸百轉，深情無限，纏綿相思，盡數寄託於這章武經之中。雙劍縱橫是賓，攜手克敵才是主旨所在，然而在所遺石刻之中卻不便註明這番心事。

其實林朝英與王重陽都是當時天下一等一的高手，單只一人已無旁人能與之對敵，這套聯手抗敵的功夫實在並無用處，只是林朝英自肆想像、以托芳心而已。她創此劍法時武功已達巔峰，招式勁急，綿密無間，不能有毫髮之差，楊過與小龍女初學時不明其中含意，自難得心應手。

王重陽與林朝英均是武學奇才，原是一對天造地設的佳偶。二人之間，既無或男或女的第三者引起情海波瀾，亦無親友師弟間的仇怨糾葛。王重陽先前尚因專心起義抗金大事，無暇顧及兒女私情，但義師毀敗、枯居古墓，林朝英前來相慰，柔情高義，感人實深，其時已無好事不諧之理，卻仍是落得情天長恨，一個出家做了黃冠，一個在石墓中鬱鬱以終。

林朝英無疑是一個在愛情上失敗的哀怨和悲劇的人物，她的行事總是令人歎惋，她的心跡也處處太明白地表明。

十大怨婦上榜人物，林朝英排名第九。

・排名第八

戚芳：泥土般質樸本色的美

容貌：★★★★　武功：★★　智商：★★　情商：★★

怨婦指數：★★★　攻擊力：★★

戚芳是金大俠小說俠女中最為特殊和邊緣的一個，她和狄雲的形象相對，兩人頗像伊甸園中的亞當夏娃，是天設地造的一對。戚芳的美也同樣是泥土般質樸本色的美，她的青春像田野中吹起的早晨輕風，清新動人，天然不加修飾，但絕不能離開土地的依託，正像鄉間的野花，一旦移栽放在城裡富貴人家的案頭賞玩，那種美就會變味變質。看她和狄雲之間過招演練劍法，兩小無猜，嬌羞任性，調皮遊戲，薄怒輕嗔，活靈活現，讓人看得豔羡和眼熱。

戚芳沒有能堅信狄雲的清白，這不能太怪她。她只是個少不更事簡單單純的鄉下少女，她對這個世界還完全不能把握和肯定。她雖然想到她的師哥一定不是那樣的人，但在人證物證面前，在父親突然失蹤心神已亂的刺激面前，完全沒有擔當，沒有主意，也許她可以相信狄雲沒有偷錢，但在那個妖妖嬈嬈的女子面前，鄉下少女的自卑使她完全沒有自信了。

狄雲和萬圭拚鬥同時暈了過去，他們兩人的命運，都交給了戚芳，讓戚芳作出選擇。一邊是丈夫，一邊是可憐的舊日情人，這成了良心的審判和抉擇，戚芳人性中真實的善惡，就全在此時見出分曉。

戚芳沒有傷害狄雲，為他包紮好傷口，把他送上了船，讀者鬆了口氣，因此也原諒了戚芳。戚芳只是一個普通的善良女人，我們怎能對她要求更多？

我們不能深責戚芳，她只是一個真實的善良和軟弱的女人。她的三個心願，最明白地表現了她內心的矛盾和猶疑。她疼愛已經與她血肉相連割捨不開的丈夫，她記掛渺無音信的老父，她還忘不了少年的意中人，暗中祝願他萬事如意，她有太多的溫柔，太多的愛，她不知道應該怎樣合理去分配、去平衡。她無力對抗命運的安排，她只是被動地去接納和承擔。

寫戚芳得知真相後，在傷心和淒涼之中，卻忽然感到了一種苦澀的甜蜜，寫得生動、準確，逼真之極。戚芳當日最氣苦的，不是別的，而是狄雲對她在愛情上的背叛，是狄雲的薄倖，是她自己一片癡心的失落，現在，她放心了，狄雲沒有欺騙她，而是一直都是真心待她。她對狄雲的深愛，是值得的，她的萬般柔情，並非是付諸流水。

弱者，你的名字是女人。知道了這一切，戚芳卻在見到了萬惡之源的萬圭之後又心軟了，數年的夫妻恩愛，使他們的靈魂已靠得很近，他們從內在到外在都已融為了一體，她甚至想到，萬圭這些陷害狄雲的陰險毒辣手段，「終究是為了愛我」，她因此又原諒了萬圭。一日夫妻百日恩，這一句老話，真是有著太深刻的洞見和道理。人性是如此的複雜，絕不單單是善惡兩端能清清楚楚地分明。

一邊心疼丈夫，一邊又思念情郎，這個結，已經糾纏得太久，再也難以解開。面對著狄雲留給她的《唐詩選輯》而傷心落淚，淚水卻披露了眾人夢寐以求的「連城訣」的秘密。

戚芳對萬圭一片恩愛夫妻血濃於水的真情，卻被萬圭當作驢肝肺，不識好歹，把鑽石看成沙礫，視黃金作了糞土。

戚芳這次也嘗到了被人冤枉是何等難以忍受的滋味，她對吳坎虛與委蛇，勉強應酬，本是要為萬圭奪回解藥為之治傷，但萬圭卻以齷齪骯髒的心腸來看待她，還在背後和萬震密謀如何以歹毒手段對付她。這一次，戚芳設身處地想到狄雲，狄雲能堅持下來，還饒恕了仇人，是多麼的不容易。

戚芳撲在狄雲的懷裡，狄雲恍若夢境，終於和師妹誤會冰釋，得以團聚，狄雲在無垠的喜悅中心中隱隱地不安。狄雲的擔心是對的，蒼天無情，造化弄人，命運並沒有因他無盡的苦難而真的給他機會，戚芳還是永遠離開他了。

戚芳死了，死在自己的善心和軟弱之下，她忍心不下，去救自己的丈夫，萬圭卻反而恩將仇報，刺了她致命的一刀。

十大怨婦上榜人物，戚芳排名第八。

·排名第七

溫儀：天使般純潔和溫良

容貌：★★★　武功：★　智商：★★★　情商：★★★

怨婦指數：★★★　攻擊力：★★

金蛇郎君與溫儀的故事，與《倚天屠龍記》中楊逍和紀曉芙的故事有相似之處，但前者的關係卻更純潔和感人，更缺少一種情欲的曖昧性，同樣是男性暴力對女性的侵犯，金蛇郎君的態度更接近我們常規道德所能接納的程度，也就是更為人性和合理。

金蛇郎君的邪惡和仇恨，遇到了如天使般純潔溫良的溫儀之時，他內心中善的一面被本能地激發出來，他深深埋藏起來的溫柔和愛的天性再也不能人為用強地阻擋。他突然表現出來的對溫儀的柔性和極大的耐心，非常的感人。他唱小曲給溫儀聽，用木頭削成小玩具給溫儀玩，拿出他媽媽繡花的紅肚兜給溫儀看，給溫儀講小時候父母、哥哥姐姐的事，表現出他極為人性的一面，極為細膩的感情，接近於詩人的善感氣質。他沒有用強，只是耐心等待著溫儀接受自己。他和溫儀的愛情，比之楊逍和紀曉芙有著更多明白合理的解釋和理由，與楊逍相比，他實是內心對女人有著更多的本能的尊重。

金蛇郎君這樣奇異的才智之士，身上有著一種邪惡的魅力，讓人迷惑和憐惜，連袁承志都先入為主地在內心深處佩服他，不自覺地對他生出親近的好感，也許正是這種奇異的魅力，使得本來是受害者的溫儀，最終卻死心塌地站在了仇人的那一邊，原諒和接受了暴力侵犯的仇人。

溫儀後來向女兒溫青青講述了事情的真相：「那是我自己願意的。到而今我也一點不後悔。人家說他強迫我，不是的。他始終尊重我，從來沒強迫過我。」

最後溫儀被自己的哥哥殺死，了結金蛇郎君一段孽緣。溫儀臨死前得知金蛇郎君對她的珍愛和無盡牽掛思念，含笑而死，總算是心中有所慰藉。

十大怨婦上榜人物，溫儀排名第七。

．排名第六

秦紅棉：愛情是這樣的容易扭曲和變形

容貌：★★★★　武功：★★★　智商：★★★　情商：★★

怨婦指數：★★★★　攻擊力：★★★

以整個的人生作賭注押在此情不渝的愛情上，是難得和可貴的，然而往往也是可怕的。秦紅棉是一個例子，她對段正淳刻骨銘心用情極深的愛情，不僅毀了她自己，也差一點毀了她的女兒。

愛情是這樣的容易扭曲和變形，不可不慎乎？

秦紅棉癡戀段正淳，在絕望之後，隱居中幽谷。那傷心的淚水被怨毒和仇恨醞釀和發酵，變成了可怕的毒藥。她甚至遷怒於自己的女兒，那本該是她懷舊和慰藉的愛情的見證和結晶。她變得毫不通人情，不把木婉清當作親生女兒來疼愛，不告訴女兒事件的真相，虐待女兒，教育女兒以偏激和仇恨。這樣的女人，何嘗懂得真愛。

段正淳的情婦中，秦紅棉是最不值得憐惜的一個。

十大怨婦上榜人物，秦紅棉排名第六。

‧排名第五

班淑嫻：行事不分青紅皂白

容貌：★★ 武功：★★★ 智商：★★★ 情商：★

怨婦指數：★★★★ 攻擊力：★★★

班淑嫻身材高大，出場時已是半老女子，頭髮花白，雙目含威，眉心間聚有煞氣。何太沖共有妻妾五人，元配夫人班淑嫻本是何太沖的師姊，班淑嫻嫉妒丈夫最寵愛的第五小妾五姑，暗中向五姑下毒，五姑是個美女，一病之下，一張臉腫得猶如豬八戒一般，雙眼深陷肉裡，幾乎睜不開來，變成醜陋無比。

班淑嫻是崑崙派中的傑出人物，年紀比何太沖大了兩歲，入門較他早，武功修為亦不在他手下。何太沖年輕時英俊瀟灑，深得這位師姊歡心。

何太沖懼內而好色，色厲內荏，外強中乾，卑俗委瑣。他與其結髮之妻班淑嫻的關係，也和公孫止與裘千尺的關係相似，都是老婆有恩於丈夫，丈夫對老婆由敬到畏，最後便是怕之如虎了。所不同之處，只在程度上，何太沖和班淑嫻的矛盾，還沒有惡化到極端的地步。

班淑嫻之凶惡，也與裘千尺有一比。張無忌為五姑解毒之時，班淑嫻惡狠狠地衝進房來，行事這等不分青紅皂白，滿滿斟了一杯毒酒，逼著何太沖分派給人喝。班淑嫻只是比裘千尺運氣好幾分，其實長此以往下去，以何太沖卑劣的人格，肯定保不住有哪天，會做出和公孫止一樣的勾當來。

十大怨婦上榜人物，班淑嫻排名第五。

‧排名第四 李秋水：愛情上吃錯醋的輸家

容貌：★★★　武功：★★★★★　智商：★★★　情商：★★

怨婦指數：★★★★　攻擊力：★★★★★

李秋水似乎讓人想到了《神鵰俠侶》中的李莫愁，一般為情所困，為情所苦，終於扭曲了人性，凶殘異常，不可理喻。但李秋水的行事方式，卻與李莫愁有很大的不同。

風流瀟灑的無崖子，同時博得了其師姐童姥和師妹李秋水的芳心。李秋水趁童姥練功入靜時在其背後大吼一聲，使童姥走火入魔，從此一輩子都是長不高的「矮美人」。李秋水終於得償心願，和師哥無崖子共浴愛河，在無量山石洞中隱居，參研天下武功絕學。童姥當然不甘心，轉而報仇毀了李秋水之容，兩人自此成不共戴天的冤家死敵。

李秋水自無崖子變心後，找了無數的美男子來刺激無崖子，見無崖子無動於衷，便又搖身一變，成了西夏的后妃。

虛竹初時對李秋水大生好感，待得虛竹知道是李秋水作惡在先，虛竹才覺得李秋水是一個比童姥惡許多倍的人。

故事到最後，沒想到無崖子愛的既不是童姥，也不是李秋水，而是李秋水的「小妹子」。無崖子雕的玉像，畫的畫像，心目中所想的，原來是「小妹子」，所以最後無崖子每日只是對著玉像發癡，而把李秋水拋在了一邊，終至不歡而散。

這一個秘密，是童姥和李秋水臨死前才發現的。童姥臨死前大笑「不是她，不是她」，李秋水臨死前苦笑「是她，是她」，正所謂「同一笑，到頭萬事俱空」。兩人爭風吃醋了一輩子，原來卻都是愛情上的輸家，此一意外的結局極具諷刺意味。

十大怨婦上榜人物，李秋水排名第四。

·排名第三

梅芳姑：至死都沒有想通愛情是什麼

容貌：★★★★　武功：★★★★　智商：★★★★　情商：★

怨婦指數：★★★★★　攻擊力：★★★★

《俠客行》的最後，從丁不四和史小翠的情孽中，引出了丁不四昔年情人梅文馨的故事。從梅文馨身上，又引出梅芳姑與石清之間的情孽來。

梅芳姑搶去石中堅之後，在仇恨和怪癖中把石中堅養大，而且還給他取了一個狗雜種的名字。

梅芳姑的孽情最為可歎，石清坦然承認，梅芳姑比之閔柔，不管是論相貌，論武功，論文字一途，論針線之巧，烹飪之精，無一不是要高明得多，所以梅芳姑無論如何也想不通，石清在她和閔柔之間，為何要選遠不及她的閔柔。

愛情是什麼？梅芳姑確是至死都沒有想通過來。

愛情有時的確是不可以理喻的，絕不像做算術題那樣簡單可以用公式求得。

梅芳姑樣樣都好，事事都出色，但這並不代表她就可以完美交上答卷。

現實世界的愛情，情投意合比任何附加的條件都要重要。

石清最後將答案告訴了她，梅芳姑什麼都強，不但比閔柔強，而且比石清也強，石清和她在一起，自慚形穢。

石清的回答果然就是答案的全部嗎？當然不會是。

那只是一個方面。

最為關鍵的是，愛情的基礎還有相互的尊重。

像梅芳姑這樣樣樣出色的女子，心高氣傲，不把別人放在眼裡，缺乏溫柔、憐憫、寬容和體貼，她的缺點，其實已遠遠蓋過了她的優勢之處，所以她在愛情上才是個失敗者。

多才多藝的女子就沒有好的愛情歸宿嗎？

男方不如女方的婚姻就不可能嗎？

當然不是。

比如黃蓉，她和郭靖定情時，真是不論才智武功相貌，哪裡不比郭靖強？

梅芳姑不會自省，她的不可愛，在於她把自己的位置擺得太高，天下事都非要如自己的願不可，得不到愛情就要殺別人的兒子出氣，這樣的女子無論有多麼才貌出色，都沒有人去愛的。

梅芳姑想不通這些道理，氣得自殺了，留下了石破天身世之謎：「你爹爹到底是誰，天下便只我一人知道。」

答案沒有完全揭曉。不過，事情卻是光頭上的蚤子——明擺著。石破天，正是石清、閔柔的另一個兒子，即是石中堅。

十大怨婦上榜人物，梅芳姑排名第三。

·排名第二

瑛姑：詭異乖戾令人煩

容貌：★★★★ 武功：★★★★ 智商：★★★★ 情商：★★

怨婦指數：★★★★★ 攻擊力：★★★★

神算子，其神算之稱不知如何得來？抑或是自封？看其神算本事，尚不及黃藥師百分之一，黃蓉十分之一，至多只與已死的歐陽克差不多（歐陽克學了桃花島五行佈局一招，可以傲世了）。

瑛姑詭異乖戾，與周伯通全無機心，成一絕對。周伯通困於桃花島悶練武功十五年，自創絕世武學「雙手互搏術」，瑛姑隱居黑沼十餘年，無意悟出上乘武功妙諦，自創「泥鰍功」，又是一絕對。

黃蓉道「我見了這女子厭煩得緊」，我也不喜歡此女人，難怪周大哥要逃之夭夭。不是冤家不聚頭。敵船之上，黃蓉、郭靖、裘千仞、瑛姑又湊在了一起，裘千仞終於真相暴露，正是瑛姑刻骨銘心恨之入骨要追殺的仇人。瑛姑怒極恨極時的瘋狂之狀，寫得駭人之極，令人肉跳心驚。

十大怨婦上榜人物，瑛姑排名第二。

·排名第一

裘千尺：醋海興波手段不簡單

容貌：★　武功：★★★　智商：★★★★　情商：★

怨婦指數：★★★★★　攻擊力：★★★★

裘千尺的故事，可怖可歎，不忍多讀。讀此段，如見不潔之物，只想急急避開。

裘千尺與楊過大談鐵掌幫的舊事，《神鵰俠侶》與《射鵰英雄傳》接龍斗榫，絲絲入扣起來。

楊過心想：「老太婆的嘮叨是耳邊風，美人的柔情卻是心上事。」此等妙法，天下談戀愛的少男們需應牢牢記得，保證管用。

裘千尺雖有裘千尺的可憐，卻也有其自己的不是。

她自恃其兄鐵掌幫的威風，對丈夫呵五呼六，隨意辱罵，處處防範，有如此一個驕橫強悍的妻子，做丈夫的還有多少人生的樂趣？

柔兒既不是很美，也不是很聰明，更不是才華過人，柔兒的好處唯在於公孫止在她面前，才能感覺到自己像個男人。柔兒溫柔，柔兒聽話，柔兒真心把公孫止當大英雄。

但是柔兒何辜？裘千尺醋海興波，手段也極不簡單；公孫止殺了柔兒，救了自己，憤恨深藏在心底。

裘千尺的淒慘遭遇，細想起來，不值同情，而且立時有了報應。十大怨婦上榜人物，裘千尺排名第一。

九、十大魯莽女排行

十大魯莽女：郭芙、建寧公主、王難姑、任飛燕、關明梅、譚婆、周綺、蘇菲亞、韋春芳、老不死。

‧排名第十

老不死：「葷謎」令人會心一笑

容貌：★★★　武功：★　智商：★★　情商：★★

魯莽指數：★★★　攻擊力：★★

老不死雖然在《笑傲江湖》中只是曇花一現的人物，但是她有趣的名字卻很容易就被人記住。

金大俠會取名字，《笑傲江湖》中，祖宗祖千秋的名字妙，老爺老頭子的名字更妙，但最妙的卻是老頭子的女兒，名字叫老不死。

少女老不死得有怪病，老頭子苦心配製了「續命八丸」來要救自己女兒的命，不料「續命八九」這藥卻給祖千秋偷去了騙得令狐冲喝了下去，老頭子一開始不知道令狐冲的來歷，抓住令狐冲，要殺令狐冲，取其心頭熱血給女兒當藥。

令狐冲捨命救老不死姑娘一段，文字跳脫可喜，讀來令人會心一笑。

此段文字借用傳統「葷謎」的手法，字字句句看上去煞有介事像在寫男女之間的那種事，實則大不然。

真相謎底揭露後，不能不讓「黃河老祖」二人感激涕零，死心塌地服了令狐冲。

少女老不死在《笑傲江湖》中唯一的表現便是和令狐冲之間的那一段「葷謎」的對話，少女老不死說得不清不楚的半截話，引起一場誤會，少女老不死夠魯莽的了。

因此在十大魯莽女排行人物，少女老不死得占一席之地，排名第十。

‧排名第九

韋春芳：生活得簡單快樂

容貌：★★★　武功：☆　智商：★★　情商：★★

魯莽指數：★★★　攻擊力：☆

韋春芳是個過氣妓女，年老色衰，門前冷落，但她卻依然是健康積極樂觀地生活著。對於自己職業的卑賤，韋春芳並不在乎，並沒有自輕自賤，反而有一種內在的道德感、責任感。

兒子可以賭博，耍小聰明作弊贏錢，但不能偷嫖客的錢，這是她道德感的一例；關心兒子生怕兒子學壞走上歪路，這是她責任感的一例；見到兒子抱著哭得嗚嗚咽咽，要兒子不要再走，又偷了客人一碟火腿片給兒子吃，這是她的情義的一例。韋春芳活得卑微，但有良心原則。

生活是不容易的，活下去是人生的第一要義。韋春芳生活得簡單地快樂，她不太多地操心，做什麼事都不太多投入和認真，小寶說她「做婊子也不用心」，小調也不肯多學幾支。小寶失蹤之後，她求神拜佛，許願磕頭，但最後還是只能維持日常生活，努力活下去等待奇蹟發生。韋春芳的身上，真能見到小寶的許多影子。

韋春芳只是個快樂簡單的女人，小寶不敢把太多的好事告訴她嚇著了她，給了她五萬兩銀子，還露了一手擲骰子的好本事給她看，她才信服小寶是真的發了。

韋春芳的魯莽在於她的快樂簡單甚至是缺心眼，十大魯莽女人物排行榜中，韋春芳排名第九。

·排名第八

蘇菲亞：性欲發達頭腦簡單

容貌：★★★★　武功：★　智商：★★　情商：★★

魯莽指數：★★★　攻擊力：★★

蘇菲亞是小寶七個老婆之外的編外老婆，兩人做了一場露水夫妻。小寶大長見識之餘，吃了葡萄還說葡萄是酸的，並不對胃口，認為比雙兒可差得太多了。蘇菲亞的性格熱情似火，性欲旺盛，是漫畫西洋美人的形象。雖然皮色雪白，容貌美麗，但卻汗毛濃重，像個半人半獸的尤物。

蘇菲亞和小寶之間，最談不上愛情二字，只是本能野性的彼此需要，異色新鮮和有趣的刺激，完事之後一拍兩散，互不相欠，只算是曾經擁有，多了一段奇異的經驗和回憶。

以小寶這樣倫理道德觀念極不嚴肅之人，和蘇菲亞最是能合拍，無所顧忌，沒有良心的犯罪感和自我譴責的情結。小寶亦可算是至人無我，他對雙兒絕不會這樣，也絕不敢這樣，對蘇菲亞則是無所謂了。

羅剎人的弱智和思維簡單，被誇張到好笑的地步。小寶這樣一個只是胸中有幾部評書的底子的不學無術的流氓無賴，居然出謀劃策，給蘇菲亞作軍師當參謀，建立奇功，改寫其民族歷史，小寶的官場厚黑學這一漢文化的國粹可放之四海而皆準。

蘇菲亞性欲發達頭腦簡單，魯莽在於無所禁忌，十大魯莽女人物排行榜中，蘇菲亞排名第八。

·排名第七

周綺：「俏李逵」當真有趣

容貌：★★★★ 武功：★★★ 智商：★★★ 情商：★★★

魯莽指數：★★★ 攻擊力：★★★

周綺的外號為「俏李逵」，當真有趣。

李逵有其魯莽之處，但更大的優點卻在其真。

周綺也是這樣，她行事大大咧咧，脾氣火爆，但其實心地善良，心口如一，想什麼說什麼，絕不去藏假。

她去路上見了駱冰昏迷，便救了駱冰回來，但駱冰誤解她時，她也毫不含糊還以顏色。

陳家洛出場，以一套百花錯拳打敗周仲英。周綺情急之下喊道：「你……你全都打錯了！」令人一笑，是一則新武俠笑林笑記。

陳家洛分拔六路人馬，前去營救文泰來，最好看處，是周綺與徐天宏的對戲。

正所謂不是冤家不聚頭，周綺誰不去找，偏偏要去找徐天宏的麻煩。

周綺心地單純，一望見底，徐天宏有武諸葛之稱，足智多謀，心思細密，兩人是相反的一對，相反正好能互補，是有著先天有利的良好合作基礎。

不過，好事多磨，要調合互補，先要有一番磨合，免不了要磕磕絆絆，針尖對麥芒，撞擊出火花。

周綺心直口快，最好笑之處，是駱冰開開玩笑問幾時喝她的喜酒那一段，周綺按捺不住，說你們想把我嫁給那個陳家洛，我才不希罕。

此處將周大小姐的天真直爽胸無城府表現得最為淋漓盡致。她全無機心，不知臉紅害羞，直以為天下事都像是一加一那麼簡單，沒什麼可以難倒她的。

患難相共的機緣，終於使周綺和徐天宏他們的心不知不覺緊緊靠在了一起。

周綺表面上要強，其實她和所有的女子都一樣，最希望有一個堅強的男人作為依靠。

徐天宏受傷昏迷過去，周綺孤零零在荒林中坐著束手無策，悲從中來，抱頭大哭，真覺得她此時是最真實最可愛。淚水滴在徐天宏臉上，使徐天宏醒過來，周綺又不好意思，裝出了要強的樣子，開始和徐天宏鬥嘴。

其實，愈是要強的女孩，其內心愈是不那麼自信。她賭氣說自己是笨丫頭，她原來對這一點很在乎呢！

周綺的魯莽在於單純可愛，十大魯莽女人物排行榜中，周綺排名第七。

·排名第六

譚婆：最上水準的三角戀愛

容貌：★★★　武功：★★★★　智商：★★★★　情商：★★

魯莽指數：★★★★　攻擊力：★★★★

譚公、譚婆、趙錢孫本是師兄妹，年輕時不免出現二男愛一女的三角戀愛局面。那時譚婆婆究竟喜歡誰，也說不清，總之是譚婆那時少女愛耍小性子，譚公呢？曲意奉承，打不還手，罵不還口，這樣譚婆就嫁了譚公；趙錢孫失戀痛苦得連姓名都不要了。幾十年過去了，三個人還是這樣糾纏不清，而且更上水準。

譚公、譚婆、趙錢孫三人的調笑節目，如漫畫一般，折射俗世中一些男女情愛道理，讀之可作會心一笑。

倪匡先生由此引申出妙論來：

「同樣道理，妻子愛花錢買這買那，做丈夫的努力賺錢即可，不要太多干預批評。」看來，挨打不還手的法寶，男性同胞們還要努力學習研究一番才是。

譚婆的魯莽在於不通世事，十大魯莽女人物排行榜中，譚婆排名第六。

·排名第五

關明梅：魯莽在於性格太不夠細膩

容貌：★★★　武功：★★★★　智商：★★★★　情商：★★

魯莽指數：★★★★　攻擊力：★★★★

袁士霄與關明梅可謂青梅竹馬，但袁士霄性格怪僻，最後關明梅嫁給了陳正德，避往回疆，而袁士霄又追隨其後，使得袁士霄更加怪僻，關明梅更加暴躁，陳正德則醋性如女，他們三人情孽的糾葛，更體現人性的複雜難解之處來。

天山雙鷹關明梅和陳正德一對活寶，是世外高人，因此行事不近情理，不在乎他人的意見和感受。六和塔上天山雙鷹關明梅和陳正德莽撞前來搗亂一番，上來不分青紅皂白亂打一氣，雖然很快就發現是個誤會，但面子上掛不住，還是不管場合和時機，一意孤行。

三個世處高人，各人的性格脾氣，形象造形，各有各的特點。袁士霄武功最高，為人正直，但性格古怪高傲；關明梅脾氣急躁，性烈如火，但善良忠誠，也有溫柔和細膩的一面；陳正德有點小氣會吃醋，但比較講道理，特別是對關明梅能忍讓，所以關明梅才嫁給了他。

香香公主單純和天真無邪的魄力，這次把天山雙鷹也給征服了。看到陳家洛和香香公主之間令人豔羨的溫柔場面，天山雙鷹也心動了。他們補上了人生中愛情的一課，對感情之事又明白了幾分道理，兩人就此得以彼此諒解，和好如初。

袁士霄、關明梅、陳正德三人之間最後還算有了較好的結局。陳正德轉了性，不僅不猜忌吃醋，反而還對袁士霄曲意奉承，以此來討關明梅的喜歡。關明梅也想通了，「一個人天天在享福，卻不知道這就是福氣」，她理解了丈夫的愛，珍惜這份愛，不再去更多奢望。袁士霄也看開了，「咱們今日還能見面，我也已心滿意足」，三個怪癖的高人，最後一齊覺悟，不再意氣用事，要好好把握眼前日子，這是一樁美事。

陳正德臨死前對關明梅說：「我對不住你，……你回到回部之後，和袁……袁大哥去成為夫妻……我在九泉，也心安了。」三個世外高人之間的情感糾葛，在此點燃感人的真情火花。關明梅自刎以明其志，情深義重，讀之讓人不忍。

關明梅的魯莽在於性格太不夠細膩，十大魯莽女人物排行榜中，關明梅排名第五。

‧排名第四

任飛燕：離得見不得，離了又捨不得

容貌：★★★　武功：★★　智商：★★　情商：★★

魯莽指數：★★★★　攻擊力：★★

《鴛鴦刀》一書中，另有一對搞笑的活寶夫妻，林玉龍和任飛燕。林任這對「打不離手，罵不離口」的夫妻，是一對離得見不得，離了又捨不得的歡喜冤家。

林任夫婦新婚不久，便大吵大鬧，恰好遇到一位高僧，他瞧不過眼，傳了他夫婦倆一套刀法。這套刀法傳給林玉龍的和傳給任飛燕的全然不同，要兩人練得純熟，共同應敵，兩人的刀法陰陽開闔，配合得天衣無縫，一個進，另一個便退，一個攻，另一個便守。

那位高僧道：「以此刀法並肩行走江湖，任他敵人武功多強，都奈何不了你夫婦。但若單獨一人使此刀法，卻是半點也無用處。」他怕這對夫婦反目，終於分手，因此要他二人練這套奇門刀法，令他夫婦長相廝守，誰也不能離得了誰。

夫妻刀法原是古代一對恩愛夫婦所創，兩人形影不離，心心相印，雙刀施展之時，也是互相迴護。那知林任兩人性情暴躁，雖都學會了自己的刀法，但要相輔相成，配成一體，始終是格格不入，只練得三四招，別說互相迴護，夫妻倆自己就砍砍殺殺的鬥了起來。

林任夫婦、蕭中慧和袁冠南，遇上了大強敵卓天雄，沒有辦法，林任夫婦自己練不成「夫妻刀法」，便分別將刀法傳給蕭中慧和袁冠南，蕭中慧和袁冠南靠這神奇的刀法終於收到奇功卻敵。

任飛燕的魯莽在於太較勁太認真，十大魯莽女人物排行榜中，任飛燕排名第四。

・排名第三

王難姑：太要強得不可思議

容貌：★★★　武功：★★　智商：★★★★　情商：★★

魯莽指數：★★★★★　攻擊力：★★

胡青牛和王難姑是奇妙而古怪的一對冤家，亦是情場中另一種奇觀，讀之令人莞爾發笑。

胡青牛和王難姑本是同門師兄妹。當二人在師門習藝之時，除了修習武功，胡青牛專攻醫道，王難姑學的卻是毒術。

王難姑認為一人所以學武，乃是為了殺人，毒術也用於殺人，武術和毒術相輔相成。只要精通毒術，武功便強了一倍也還不止。但醫道卻用來治病救人，和武術背道而馳。

二人所學雖然不同，情感卻好，師父給他們二人作主，結成夫婦，後來漸漸的在江湖上各自闖出了名頭。胡青牛是醫仙，王難姑是毒仙，一個賣矛，一個售盾，職業上的衝突，還要帶回家裡和床上，鬧個不亦樂乎。

有幾次王難姑向人下了慢性毒藥，中毒的人向胡青牛求醫，胡青牛糊裡糊塗的治好了中毒的人。王難姑逞強好勝，竟然以為是胡青牛向自己示威和作對。

胡青牛和王難姑雖然奇怪地鬧著矛盾，但兩人之間的感情卻是沒有因此而破裂，反而是彼此對對方更在乎，更在意。

胡青牛儘量讓著王難姑，立下重誓，凡是王難姑下了毒之人，他決計不再逞技醫治。日積月累，胡青牛那「見死不救」的外號便傳了開來。

然而有一次胡青牛遇上了一件十分古怪的中毒病案。胡青牛也知道除了王難姑之外，無人能下此毒，所以決意袖手不理。

胡青牛性格雖然怪癖，卻對自己的專業有著藝術家般可貴而真誠的熱忱，見到那人的病情實在奇特，又忍不住手癢，要以自己的本事去操練一番。忍耐了幾天，胡青牛終於失了自制力，將那人治好了。這便又惹上了王難姑，王難姑也是實在太要強得不可思議，此後數年之中，她潛心鑽研毒術，在旁人身上下了毒，讓胡青牛來治。兩人不斷比劃較量，終於有了一天鬧得翻了臉，王難姑竟甩手離開了胡青牛。

最不可理喻的是，王難姑最後將胡青牛綁縛起來，自己取出幾味劇毒的藥物服了，說什麼要是胡青牛再救得活她，她才真的服氣。王難姑要強賭氣，居然拿性命開玩笑，實在是太過份。

王難姑和胡青牛是漫畫似的寓言人物，其實俗世間並非沒有這種例子，夫妻之間彼此爭強要勝，只程度不同罷了。

不過，總算王難姑和胡青牛最後兩人覺悟過來，生死患難一番之後，感情反是更好，終於琴瑟調和起來了。

王難姑的魯莽在於太爭強要勝，十大魯莽女人物排行榜中，王難姑排名第三。

·排名第二 建寧公主：可憐的然而又是幸福的

容貌：★★★★　武功：★★　智商：★★　情商：★★

魯莽指數：★★★★★　攻擊力：★★

建寧公主一上場先飛起給了小寶兩腳，打得小寶敢怒不敢言，將自己的行事特點毫不遮掩暴露出來。小寶的七個老婆中，建寧公主是最特別的，給人留下的印象最深。金枝玉葉，養成建寧公主刁蠻橫行無法無天的脾氣，但令人更是瞠目結舌的，是她那虐待癖背後變態的受虐癖，這尊貴的公主，其實內心在想方設法地作賤。從一個極端到另一個極端，生活在別處，是有這樣的說法，當皇帝的想當將軍，歷史上有過這種實例，所以，建寧公主想和小寶換換角色，她要做奴隸，服伺主子，不是憑空瞎編的。

建寧公主是可憐的，然而又是幸福的。她生命的存在本來只是一個悲劇的誤會，她並沒有皇室的血統，她是一個無根之人。但真相卻被善意和無奈所遮掩，或是不忍，或是不能，沒有人將殘酷的事實告訴她，她依然由著性子在耍公主的威風和脾氣，虛假的角色主宰了她的人生，她在那種幻影中繼續著甜蜜的美夢。她其實也是一個寓言，我們的生活中，有多少人是這樣在後天賦予的人生幻象中如魚得水，沒有人想到，如果這一切被告知為虛妄，我們還有什麼安身立命的支點可以自信。

建寧公主的魯莽在於金枝玉葉養成的刁蠻橫行，十大魯莽女人物排行榜中，建寧公主排名第二。

·排名第一

郭芙：除了盲目的驕傲還懂得什麼

容貌：★★★★ 武功：★★ 智商：★★ 情商：★★

魯莽指數：★★★★★ 攻擊力：★★★

郭芙是金大俠小說中其實很獨特，絕不與其他雷同的一個角色。老子是英雄好漢，郭芙有郭靖黃蓉這麼一對人中龍鳳的極品人物的父母，卻沒有及上父母的十分之一。這奇怪嗎？不，金大俠寫得合情合理。

先說遺傳，雖然容貌上郭芙取了黃蓉的優點，頭腦卻繼承了其父郭靖的渾鈍愚魯。郭靖雖然木訥，但還有堅忍向上的種種優良素質，因緣聚會造就了郭靖仁厚勇毅的大俠風範。

郭芙呢？卻不僅糊塗，纏雜不清，還因其太好的門第環境養成了嬌橫任性的最大缺點。除了盲目的驕傲，她能對這個世界懂得什麼？教育的失敗，這是郭靖夫婦最大的過失。最要命的，郭芙已是如此不更事，還有兩個更昏頭昏腦、資質平庸的武氏兄弟趁熱鬧瞎攪和，越忙越忙，愈添愈亂。

魯莽憨直的郭芙，從不會為別人去考慮，從不會變換思考的角度，為他人設身處地設想。從小到大，她都是以自我為中心慣了，只知道自己的世界才是真實的世界，他人永遠都只是她人生舞台上的配角。這樣的脾氣，無論是誰，這一輩子都不可能太平無事，不闖兩個禍出來擺起，她是絕不會死心的。

郭芙大小姐脾氣那麼大，偏是耶律齊就服她。情是何物？一物降一物，當真是說不清楚了。

郭芙的魯莽在於盲目的驕傲，十大魯莽女人物排行榜中，郭大姑娘排名第一。

十、十大偏激女排行

十大偏激女：周芷若、叮叮噹噹、殷離、藍鳳凰、何鐵手、丁敏君、洪凌波、孫仲君、曲非煙、高三娘子。

排名第十

高三娘子：性烈如火背後溫柔體貼

容貌：★★★ 武功：★★ 智商：★★ 情商：★★★

偏激指數：★★★ 攻擊力：★★

關東四大門派掌門中，以飛蝗刀高三娘子留給人的印象最深。

高三娘子豪爽大氣，確有北國巾幗英雄之特質，她性烈如火的背後，是善良和氣，溫柔體貼，細心周到，像一個風波見慣穩重的大姊姊模樣。

高三娘子對叮叮噹噹的一片奉承之詞，雖然擺明了是討好，但絲毫不著痕跡，盡見一片真誠。

知恩必報，最識好人，是高三娘子的行事特色。

十大偏激女人物排行榜中，性烈如火的高三娘子，排在第十位，其實有湊數之嫌。

・排名第九

曲非煙：刁鑽古怪之處比過黃蓉

容貌：★★★★　武功：★★　智商：★★★★　情商：★★★

偏激指數：★★★　攻擊力：★★

曲非煙的聰明才智，算來只有黃蓉好比，但刁鑽古怪之處，卻又遠比過黃蓉，幸好她只是個女童，要長到女大十八變時還是如此，真是乖乖不得了。

刁鑽古怪的曲非煙，純是小妖女的路數，在十大偏激女人物排行榜中，完全可以佔有一席之地，排在第九位。

・排名第八

孫仲君：心比天高，命係輕賤

容貌：★★★★　武功：★★★　智商：★★★　情商：★★

偏激指數：★★★　攻擊力：★★★

《碧血劍》一書「雙姝拚巨賭」一段，有幾分邪異妖氣的溫青青和孫仲君給人留下以較深的印象。特別是孫仲君，心高氣傲，急躁易怒，心比天高，命係輕賤，反讓人生出幾許同情和憐惜的感覺。

孫仲君有個不大雅致的外號，叫作「飛天魔女」。

在和金龍幫的談判中，孫仲君根本不允許別人分辯，就突然出手，砍掉了金龍神羅立如的一條胳膊。

孫仲君的偏激行止，甚至連同樣是妖女出身的何惕守都看不過去。別人不過是看上了她的美貌，她就「以怨報德，找上他家裡去，殺了他一家五口」。

孫仲君的手段確實是辣了點兒，而且孫仲君殺人是濫殺無辜，上至七十歲老婦，下至小孩子，確實是不應該。

要強、愛美，以自我為中心，這在一個有點才氣的美貌女子身上，其實是很自然的事。孫仲君行事雖不近情理，有些荒唐，但她的敢說敢想敢幹，喜怒立形於色，卻另有一種本色之處。

孫仲君心高氣傲，急躁易怒，在十大偏激女人物排行榜中，排在第八位。

‧排名第七

洪凌波：本性不壞，不讓人覺得討厭

容貌：★★★★　武功：★★★　智商：★★★　情商：★★

偏激指數：★★★　攻擊力：★★★

洪凌波出場，是個妙齡道姑，膚色白潤，雙頰暈紅，兩眼水汪汪，身穿杏黃道袍，腳步輕盈，背插雙劍，劍柄上血紅絲襟在風中獵獵作響，形象甚是生動。

洪凌波的道行和見識顯然是不夠，和楊過相比，她那裡鬥得過楊過的古怪精靈。洪凌波以為楊過真的是個「傻蛋」，要楊過帶她去古墓，楊過順勢就裝瘋賣傻，跌跌撞撞，左腳高，右腳低，遠遠跟在洪凌波後面。洪凌波不耐煩起來，見楊過氣息粗重，像是累得厲害，便將楊過攬在臂彎拖著走。

楊過背心感到的是她身上溫軟，鼻中聞到的是她女兒香氣，索性不使半點力氣，任她帶著上山，暗自使壞。

洪凌波雖然美貌，但楊過卻是曾經滄海難為水，知道洪凌波「也算得美了，只是還不及桃花島郭伯母，更加不及我姑姑」。

楊過使壞，還要拿洪凌波尋開心，說洪凌波不大白。洪凌波向來自負膚色白膩，肌理晶瑩，聽楊過這麼說，不禁勃然而怒，心中轉過一個念頭，就想將楊過所說的膚色比自己更白的女人殺了。洪凌波的偏激和妖女路數，由此可見一斑。

楊過的本性其實實在是慣於風流，他一路上給洪凌波攬著之時，但覺她吹氣如蘭，挨近她身子很是舒暢，後來有機會更是乘機使詐，吃洪凌波的豆腐。楊過將腦袋湊近洪凌波臉邊，牽著她手，只覺溫膩軟滑，不自禁手上用勁，捏了幾捏。

若是武林中有人對洪凌波這般無禮，她早已拔劍殺卻，但她只道楊過是個傻瓜，此時又有求於他，再者見他俊美，心中也有幾分喜歡，竟未動怒，還暗自高興。

洪凌波的結局堪憐，最後竟然是為自己的師父李莫愁所殺害。李莫愁把洪凌波當作墊腳石，摔在情花叢中，借力躍出情花叢外。看到這一變故淒慘可怖，人人都是驚心動魄，眼睜睜的瞧著，說不出話來。陸無雙感念師姊平素相待之情，傷痛難禁，放聲大哭。楊過想起當日戲弄洪凌波的情景，也不禁黯然神傷。

洪凌波在十大偏激女人物排行榜中，排在第七位。

‧排名第六

丁敏君：尖酸伶俐愛耍陰謀詭計

容貌：★★★ 武功：★★ 智商：★★★★ 情商：★★

偏激指數：★★★★ 攻擊力：★★

長舌利如槍，這就是對於丁敏君最好的寫照。

丁敏君雖非美女，卻也頗有姿容，面目俊俏，頗有楚楚之致，但顴骨微高，闊嘴皮黃，長挑身材，外貌給人更多的感覺便是尖酸伶俐，奸險陰鷙，最愛耍陰謀詭計。

峨嵋派中，掌門滅絕師太對紀曉芙甚是喜愛，頗有相授衣缽之意，丁敏君心懷嫉妒，抓到了紀曉芙的把柄，便存心要紀曉芙當眾出醜。

紀曉芙本是武當七俠中六俠殷梨亭的未婚妻子，忽然這時從丁敏君的口中說出一個大秘密大隱私來，當真讓人且驚且疑，曖昧難明。

丁敏君顴骨確是微高，嘴非櫻桃小口，皮色不夠白皙，又生就一副長挑身材，這一些微嫌美中不足之處，她自己確常感不快，可是旁人若非細看，本是不易發覺。豈知彭和尚目光銳敏，非但看了出來，更加油添醋、誇大其辭的胡說一通，甚是好玩，也代紀曉芙出了一口惡氣。

丁敏君對紀曉芙不仁，紀曉芙卻沒有對丁敏君不義，紀曉芙還是饒了丁敏君的性命。

丁敏君在十大偏激女人物排行榜中，排在第六位。

·排名第五

何鐵手：妖媚邪氣活色生香

容貌：★★★★★ 武功：★★★ 智商：★★★ 情商：★★★

偏激指數：★★★★ 攻擊力：★★★

五毒教教主何鐵手，給讀者留下了極為深刻的印象，她一出現，甚至連溫青青都給比了下去。

何鐵手是苗家女子，見她鳳眼含春，長眉若鬢，嘴角眉梢都是笑，膚色白膩，脂光如玉，最為讓人心跳的是她套著黃金圓環的赤腳。

何鐵手恰似觀音下凡，但又嬌媚入骨，更如天魔女降世，然而這個嬌滴滴的大姑娘，雖然動不動就臉紅，輕顰淺笑，神態靦腆，羞羞答答，說出的話做出的事，卻是狠毒之極，猝然出手，卻要致人於死地。最詭異之處，在於何鐵手的鐵手，她右手白膩如脂，蔥指柔荑，而左手卻手掌割去，裝上一支黑沉沉的淬毒鐵鉤，對比的強烈，極具視覺效果。

何鐵手獨特的魅力和氣質，多次有淋漓盡致的發揮。她呢喃燕語，軟語溫存，說出的話像香風和美酒一樣讓人心醉，她使用調虎離山之計，使袁承志遠離溫青青與她纏鬥。何鐵手的妖媚邪氣，寫的真是活色生香。

神韻獨特聰明機智的何鐵手，讓人沒有想到的是鬧了一個不辨雄雌的大笑話，她竟然愛上了女扮男裝的溫青青，錯以為溫青青是個英俊小生，何鐵手其實非常的純樸和本色，從錯愛這件事上就可看出她的冰清玉潔，對男子其實沒有一點經驗。為了這一場錯愛，她甚至叛教，倒戈相向，她真是單純的可愛。得知真相後，她愧悔交加，無地自容，便鬧著要自殺。當袁承志相救之時，哭了一場，忽然又笑，用計逼著袁承志收她為徒，輕鬆的解決了難題和自己的尷尬處境。何鐵手的這一系列舉止，可謂是天真無邪，心無塵滓，毫無突兀之處，依然讓人覺得她非常可愛。熱愛人生，渴望生活，何鐵手的青春才剛剛開始。

袁承志收何鐵手為徒，為其改名為「惕守」，改得不好，完全是袁承志自己的那種迂腐的道學之氣。

何鐵手在十大偏激女人物排行榜中，排在第五位。

·排名第四

藍鳳凰：上佳風韻最傳神在其聲音

容貌：★★★★　武功：★★★　智商：★★　情商：★★★

偏激指數：★★★★　攻擊力：★★★

之勢。

《笑傲江湖》中，「注血」一段文字，風光綺麗，明豔可人。任盈盈出場之前，先寫五毒教主，美麗和有異族風情的苗家女子。好！此為先聲奪人之勢。

寫藍鳳凰上佳風韻，上佳本事，正是要為寫任盈盈出力。試想配角都是如此佳品了，主角又該是何等樣天仙化人呢？

岳不群和藍鳳凰一上來的言語應對，加上桃谷六仙在一旁敲邊鼓，別有一番好看之處。愈見藍鳳凰的嬌媚本色，愈見岳不群的假模假樣，愈見桃谷六仙的相聲天才。

寫藍鳳凰的妖媚最傳神傳在其聲音：甜膩、嬌美、溫柔之極，聽得人迴腸盪氣、面紅耳赤；讀此段，真有親聞其聲的舒暢之感。

以水蛭吸了苗女之血再輸給令狐冲，此並非完全小說家虛言，金大俠格物細緻，寫得有科學道理。

令狐冲叫藍鳳凰「好妹子，乖妹子」，難得有這麼幾次。須知此處令狐冲不像楊過那樣愛輕薄占人便宜，此處也並非岳不群夫婦心中以為的「胡言調笑」，此處只是見令狐冲心中磊磊落落、爽爽朗朗的大丈夫了無罣礙的大心胸。

藍鳳凰在十大偏激女人物排行榜中，排在第四位。

‧排名第三

殷離：幻影之愛

容貌：★★★ 武功：★★★ 智商：★★ 情商：★★

偏激指數：★★★★★ 攻擊力：★★★

殷離出場，是朱九真的一種反襯。殷離極醜，但無忌卻能接受她，因為殷離的內在，另有一種深刻的樸素之美。

前面在蝴蝶谷中無忌已與殷離見過一面，那時金花婆婆帶著殷離來找胡青牛的晦氣，無忌狠狠咬過殷離一口，奇特的事情發生了，正是從此殷離念念不忘無忌這個「狠心短命的小鬼」，並進而魂牽夢繞，一見鍾情，害上了相思。

殷離的身上有一種奇異古怪的野性倔強抑鬱悲涼的氣質，這可能與她的身世有關。她本是無忌的表妹，是殷素素哥哥殷野王的女兒，因為氣憤於父親拋棄母親另娶，竟不惜修煉歹毒的「千蛛絕戶手」，造成自己的毀容。她的性格中可以看到有很偏狹的一面，思維方式大與常人不同，所以才會表現出種種淒苦癡心之態，讓人嘆惜。

無忌受的苦難最多，心地又最寬厚，所以對殷離特別多加憐惜。此時兩人並不知道彼此身分，無忌自稱「曾阿牛」，殷離也改名「蛛兒」，兩人之間的投機和契合，同病相憐的成分很多，而且，殷離笑起來的時候，無忌覺得很像自己的媽媽。

在奇特的環境中，性情古怪，言語刻薄的蛛兒，和幻想移情，心存憐惜的無忌親密了起來，而且產生了相依為命的親切感。殷離被敵人追逼走投無路之際，問無忌是否真的喜歡她一段，讀之感人，又覺心酸。殷離其實是多麼渴望愛和安慰，多麼孤苦無依，無忌也同樣有獻身的激情，有因為喪失父母而更多的感情需求。

殷離對張無忌的愛是一種奇特的有精神障礙的幻影之愛。與其說她愛的只是幼時心中那個「狠心短命小鬼」張無忌，不如說她愛的只是自己內心的那種浪漫感傷的情緒。她需要看精神醫生。她的離去，張無忌心中「三分傷感，三分留戀，又有三分寬慰」，真讓張無忌顯出境界不夠。張無忌少了一個紅粉知己，是遺憾，但也少了一個「爭夫」的麻煩，是寬慰。殷離走了也好，張無忌並不值得她所愛。

殷離在十大偏激女人物排行榜中，排在第三位。

·排名第二

叮叮噹噹：近善得善近惡得惡

容貌：★★★　武功：★★★　智商：★★★　情商：★★

偏激指數：★★★★★　攻擊力：★★★

叮叮噹噹的出現，將《俠客行》中石破天的誤會推向了最高潮，喜劇效果發揮至十分。

叮叮噹噹居然把自己的情郎都認錯了，這次是錯得到家了。

讀此書，叮叮噹噹這個人物，無論誰都不會忘掉，這不僅是因為她的名字好玩、好記，而且是她聰明活潑，性格靈動，單純幼稚，愛慕虛榮，給人留下以極深的印象。

叮叮噹噹是個可愛的小飛妹的樣子，有幾分潑辣，清麗俏皮，與石破天的沉悶成了極好的對比。

從性格上來看，叮叮噹噹確與石破天不適合，而與那個浮滑無行的石中玉頗是一對，所以後來叮叮噹噹見了石中玉之後，就又死心塌地投入了石中玉的懷抱去了

叮叮噹噹與石破天的表演，使人覺得像走了樣的黃蓉和郭靖之間的關係。

還是那一套，一個是小妖女，一個是傻小子；一個伶俐機靈，花樣極多，一個憨厚老實，心地善良。傻小子像是木偶，操縱之線完全在小妖女的手中握著，小妖女動點子出主意，傻小子只是被動地跟著轉圈。

叮叮噹噹喜歡的是石中玉那種人，不需要他是大好人，甚至他好色姦淫都不要緊，只要他油腔滑調，聰明靈俐，能使乖賣巧討女人的歡心就行了。

沒有道德的規範和要求的叮叮噹噹，自然會做出不道德的事來，自然不會適合石破天，自然與那個真的「天哥」一個鼻孔出氣。

叮叮噹噹和石中玉設下圈套讓石破天去鑽，還要說得煞費苦心天花亂墜，讓他受騙上當還心甘情願絕不怨人，這才是真正貨真價實的「妖女」。叮叮噹噹為了幫石中玉，把真情關心石破天的善良的侍劍給殺了，將現場偽裝成逼姦不遂而殺人的場面，真是看得讓人髮指。

叮叮噹噹竟有如此醜惡的一面，她的形象頓時在讀者心中一落千丈。近善得善，近惡得

惡，和石破天在一起之時，叮叮噹噹還有個人樣，和石中玉在一起時，她已成為邪魔。叮叮噹噹在十大偏激女人物排行榜中，排在第二位。

·排名第一

周芷若：從柔順純情女到詭異復仇女神

容貌：★★★★　武功：★★★★　智商：★★★★　情商：★★

偏激指數：★★★★★　攻擊力：★★★★

周芷若和張無忌，童年時的舊識，少年再重逢，多了許多細膩複雜的曖昧情愫。兩人言語未及相通，但眉目相遞，意味更是深長。

無忌在崑崙、華山派四人的正反兩儀劍陣中受到鉗制，一時未得破陣之法，周芷若看著身同己受，急切關心。周芷若假意大聲和師父討論正反兩儀劍招的易理，實是要旁觀者清，為無忌指點迷津。周芷若的用心太明顯了，路人可知，張無忌又怎可能看不出來，心中因感激而不免對周芷若生出莫名的親切之意。

滅絕師太輸了之後，喝令周芷若將無忌殺了，而周芷若便這麼糊裡糊塗給了無忌一劍，重創無忌。周芷若的這一舉動，充分表現了她內心的柔弱和順從的一面，被她那霸道橫蠻、意志如鋼的師父調教得成了她人格中的主要部分。周芷若本來溫柔善良的樸素本色，被滅絕師太徹底重塑和改寫，以至於後來周芷若迷失了本性，漸漸變得邪惡和陰毒起來。

滅絕師太已抱了必死之心，將峨嵋派掌門之位傳給周芷若，並讓周芷若發下了刻毒無比的重誓。偏執狂的精神力量是可怕的，但偏執狂卻無論如何不會承認自己的偏執，反而是義正辭嚴，大義凜然，被自己心中的那些莊嚴肅穆的情緒自我感動。最可悲的是，像周芷若這樣習慣了柔弱地順從的人，不知不覺也就接受了這些偏執的觀念，將陰鷙狠毒的仇恨埋藏在心，生根發芽。滅絕師太要周芷若以美色誘惑張無忌然後伺機殺害他，這和當初她要紀曉芙對付楊逍一樣。

滅絕師太這強大的意志施加於周芷若的靈魂，周芷若掙扎著想逃避，但終於還是不能。本來是天性溫良柔和，溫婉馴良，卻要強迫著以奇特的際遇來改變人生之路，周芷若實是承擔不起，所以她神智大亂進而急得暈了過去。周芷若流淚答應了師太的要求，在內心巨大的震撼和矛盾中，終於無法抗拒地把自己的靈魂交給了魔鬼，使本性變質和腐蝕。這是性格過於和順軟弱的人的悲劇，她沒有意志，便接受了外在強加的邪惡意志。

柔順溫和，冰雪其質的周芷若，後來像換了一個人似的，忽然處處表現出許多不協調來，真是叫人又驚又怕，真不敢相信一個人的轉變可以是這樣的徹底和堅決。滅絕師太以自己的強大意志逼使周芷若放棄自我進入那個她為周芷若設置好的毀滅的角色，如果說一開始周芷若是心驚肉跳，不能適應，後來她已是自動和自覺地全身心投入去扮演那個邪惡的角色了。

周芷若不愧是滅絕師太的好徒弟，她也學會了教別人發毒誓。她計賺張無忌，要張無忌立誓殺了趙敏為殷離報仇，這一段我們已看到了滅絕師太的影子。不過，周芷若比之滅絕師太，卻是青出於藍而勝於藍，周芷若更為陰險和有彈性，更會調節原則的尺度和界限，不那麼僵化和生硬。看周芷若一片柔情對待張無忌，真分不清哪處是真，哪裡是假。

周芷若最高明的地方是事先為自己留好後路。她以美色引誘無忌，讓無忌情思困困，在情欲的幻美中飄蕩飛揚之時，再立誓言不論如何都會放過她。張無忌在此時還稱讚周芷若「忠厚賢慧」，真不知該從何處說起，讓人看著不是滋味。周芷若從疾跑衝刺的速度快速轉變，她果決地和謝遜一起殺掉蒙古官兵滅口以免洩露行蹤，和謝遜這樣在地獄中走過來的魔頭一般殺人如麻，真是讓張無忌倒抽了口涼氣。周芷若已經學會了對生命不知敬畏和尊重，日後她還有什麼事做不出來？

周芷若忽然紅袖中伸出纖纖素手，對趙敏痛下殺手，恍惚又見梅超風那詭異恐怖的九陰白骨爪的身影，真是叫人大為咋舌，此後碎裂珠冠，撕破繡花的大紅長袍騰空而去，更是換了一個人，猙獰畢現。倪匡先生稱之為像《畫皮》中妖魔現身，確是讓人不寒而慄。

從柔順和善的純情美女，到陰險詭異的復仇女神，這個轉變太令人吃驚。周芷若選擇了自己新的人生角色，而且很投入，很出色。人性的脆弱和易變再次被生動地證明，善惡從來不會是天生的。

周芷若再次如厲鬼般詭異地偷襲趙敏和張無忌，顯露陰毒的武功陰毒的手段，讓人不寒而慄，連張無忌這等絕世的高手，都為之咋舌，為之心驚肉跳，周芷若真的將自己出賣給魔鬼，真的已與魔鬼有約了？讀此，我也不能不為之咋舌。

周芷若出場清麗絕俗，雍容沉靜，正要與後文猙獰畢露形如厲鬼成的強烈反差對比。水激寒冰，風動碎玉，一個冷字道出了她在此時的神韻風采。趙敏一時竟完全被比將下去了，雖然此時也極力寫出趙敏的智計百出，機謀過人，但與周芷若相比，還像是小菜一碟，模樣見小。邪惡的美感，周芷若在此登峰造極。

周芷若詭異陰毒也只是異彩一放，太快地消滅了光芒，如流星一般劃過，未能讓人讚歎一聲便已恍如隔世雲煙。「她是鬼，不是人」，這一剎那的魔幻之美，使人聯想起陰風陣陣讓人寒慄的梅超風，還有非人非妖尖銳偏執的東方不敗，那種罪惡之花就要飽滿燦爛地蓬勃怒放，那種乖戾暴虐就要完成一種極致。

周芷若的陰毒已到了讓人難以容忍的地步，她的價值觀念實際上已是完全地混亂，把她譬之為魔頭已不恰當，她只是一個思維失錯的精神病患者。

但周芷若陰險狠毒的嘴臉最後也太輕易就被揭破，周芷若的陰毒奸惡最終也近於兒戲，沒有搞出什麼名堂出來。最後周芷若的可憐處便表現了出來，她要為惡還差得遠，道行真是太淺。周芷若被玄冥二老打昏了過去，還是無忌援手相救。

《倚天屠龍記》全書中，本來周芷若還有望成為精彩的惡之明星，但這朵惡之奇花也太早凋謝了。

周芷若從鬼又做回了人，她又像小鳥依人，開始深悔，孤苦和尋找幫助，她伏在張無忌懷中哭訴，向張無忌承認錯誤，傾吐內心的淒苦和委曲。張無忌本來就沒有深恨過她，且內心還有不忍的負疚之意，自然一拍即合，整個地就被似水的柔情所融化，對周芷若大是憐惜，再加上握著她軟滑柔膩的手掌，嗅到她身上的陣陣幽香，又一次心中迷惘起來。

張無忌與四女愛情的遊戲中，趙敏是最後的勝利者，但這勝利似乎並不可靠，因為趙敏和周芷若已經明暗易位。周芷若因為暫時的游離反而因距離而獲得一種新的優勢，此書最後寫周芷若一張俏臉似笑非笑出現在燭光之下：「無忌哥哥，你也答允了我做一件事啊。」收局確實高妙，當真餘音繞樑三日不絕。

周芷若在十大偏激女人物排行榜中，排在第一位。

十一、十大悲情女排行

十大悲情女上榜人物：程靈素、穆念慈、岳靈珊、華箏、凌霜華、紀曉芙、韓小瑩、陶紅英、孫婆婆、侍劍。

・排名第十

侍劍：性的意味有合理的解釋

容貌：★★★　武功：★★　智商：★★　情商：★★

悲情指數：★★★　攻擊力：★★

石破天醒來與侍劍的一段戲，讀來最輕鬆可喜，令人忍俊不住。石破天一片真心，處處驚疑不定，侍劍卻懷疑他在裝模作樣，輕薄調笑，玩弄詭計。

這是一則小小的寓言和暗喻，現實的世界中，假作真時真亦假，醜惡的事情最讓人不會懷疑，而真善美之處卻往往沒有人去相信。

侍劍夢見大批裸身男屍一段，寫得含蓄有趣，又有深意。

侍劍極恨原來的真幫主石中玉的輕薄無行，卑鄙作惡，但忽見了石破天變得老實可愛，一時心中難以接受，愛與恨在潛意識中激烈交戰，內心情懷已轉移，但表面態度的轉變卻一時跟不上。

石中玉當初的惡劣淫行潛在地啟蒙了侍劍的性意識，而在石破天溫良柔和的態度中，這種壓抑已久的性意味已適宜於合理地解釋。

侍劍的結局不好，讓人為之惋惜和不平，她本來應該還有機會做上佳表現。叮叮噹噹為了幫石中玉，把真情關心石破天的善良侍劍給殺了，將現場偽裝成逼姦不遂而殺人的場面，真是看得讓人髮指。

侍劍在十大悲情女上榜人物中，排名第十。

・排名第九

孫婆婆：奇醜中讀出仁慈溫柔

容貌：★　武功：★★★　智商：★★★　情商：★★

悲情指數：★★★　攻擊力：★★★

楊過受趙志敬等欺辱，逃到古墓小龍女住所，孫婆婆救了楊過。

孫婆婆奇醜，但楊過卻在這奇醜中讀出仁慈溫柔之意，感受到親情和關愛。

問世間何者是美？何者是醜？

李莫愁貌若天仙，心若蛇蠍，美耶醜耶？

小郭芙珠圓玉潤，卻刁蠻霸道，此美對楊過何用？

黃蓉美女中極品人物，對楊過卻心懷猜疑，美得又是那樣的遙遠不可及。美麗若不能為善，與邪惡即無分別。

好婆婆！好過兒！一個老，一個小，一個極醜，一個俊秀；奇特的際會卻使他們的命運緊緊相依相持在一起。

孫婆婆是萬千慈愛無從著落，小楊過是滿腔愁苦無從傾吐，兩人相依相憐，竟一時就情逾骨肉。

此博大的悲憫，是人間的真愛。

小楊過剛烈，孫婆婆更剛烈。

苦命的孩子，苦命的婆婆。

孫婆婆臨終相托小龍女照料楊過一生一世，好婆婆，大有見地，大有深意，積大功德，作大好事。

在十大悲情女上榜人物中，孫婆婆排名第九。

·排名第八

陶紅英：懷舊中體味著傷感和無奈

容貌：★★★　武功：★★★　智商：★★　情商：★★

悲情指數：★★★　攻擊力：★★★

小寶的聰明伶俐，善解人意，和半真半假的義氣，一再討人喜歡，陶宮蛾也入小寶的局中，和小寶姑侄相稱，歡喜得流淚。

陶宮蛾真名叫陶紅英，是明朝長平公主的丫頭，明亡之後，依然對故主忠心耿耿，多年潛伏宮中，伺機為主人報仇。

《四十二章經》的秘密，此時得以披露，其中藏著有關清朝氣數龍脈和大寶藏的秘密。神龍教教主的神通廣大，也給陶紅英一再渲染。「天下最最凶險之事，莫過於和神龍教教下之人動手」，此一大伏筆，日後另有無數好戲。

陶紅英沒想到的是，八部《四十二章經》，小寶自己已得了五部。遇到真人也只說七分真話，小寶夠厲害。

陶紅英的忠誠，幾十年如一日，也最難得。見到九難，雖然歲月和滄桑已將她變成了另一個人，陶紅英還是把她當作自己永遠的長公主，陶紅英一言一行，每處細節，還是和當日一般，在懷舊中體味著傷感和無奈。

在十大悲情女上榜人物中，陶紅英排名第八。

排名第七

韓小瑩：歎當初何不抓住機會

容貌：★★★ 武功：★★★ 智商：★★★ 情商：★★★

悲情指數：★★★★ 攻擊力：★★★

為救郭靖，韓小瑩捨身拚上，卻哪是陳玄風的對手，直如送死。張阿生對韓小瑩情急關心，拚險出手，數招之下即受重傷，江南七怪和郭靖此時已全無生理。

轉眼間江南七怪三人重傷，一敗塗地，忽然老天幫忙，黑雲籠罩，大雨傾盆，讓七怪苟延殘喘。人算不如天算，電光霹靂和莫名其妙之中，郭靖竟拔出匕首插入陳玄風的練門——肚臍中，殺死強敵。

饒是陳玄風已死，韓寶駒、韓小瑩、全金發三人仍不是瞎了眼的梅超風的對手，終於還是讓梅超風搶走陳玄風的屍體遁去。

一場惡戰終於結束，張阿生臨死前，韓小瑩哭道：「五哥，我嫁給你做老婆罷。」此至情至性的傷心語，讀來可以一哭。早知如此，歎當初何不抓住機會。

在十大悲情女上榜人物中，韓小瑩排名第七。

排名第六

紀曉芙：非倫和敗德的孽緣

容貌：★★★★★　武功：★★★　智商：★★★　情商：★★

悲情指數：★★★★　攻擊力：★★★

紀曉芙的故事，同樣是一個奇特和晦澀難明的故事。明明是楊逍在紀曉芙不情願的情況下，用暴力和脅逼強姦了紀曉芙，而最後紀曉芙卻明言不悔，還給女兒取了不悔之名。是處子對男人的性臣服，還是紀曉芙真的在被姦的過程中動了真情愛上了楊逍？這兩種情況都不是我們的日常經驗中所能想像的。即使是武俠小說，金大俠也寫得如此驚人和深刻，令人有回味無窮的思考。

這是一段非倫和敗德的孽緣，但紀曉芙以生命的寶貴再次證明了她的真知和純潔的幻美。只有在殷梨亭的面前，她才有一種相負的歉意，她才想到愛情並不是私人的事，愛情還與社會和公眾在某種程度上發生關係。愛情的實現，有時免不了要傷害他人。

在十大悲情女上榜人物中，紀曉芙排名第六。

・排名第五

凌霜華：人淡如菊清秀絕俗

容貌：★★★★★　武功：☆　智商：★★★　情商：★★★

悲情指數：★★★★　攻擊力：☆

丁典和凌霜華之間的愛情故事，最為動人，也是此書中一個突出的真善美的閃光點，在此書諸般人性的極度醜惡演練中，尤顯其可貴和奪目之處。在菊花漫爛開放，清雅高潔的浪漫氣氛中，兩人因菊花而生出此生不悔的情緣，一見鍾情，兩情相悅，從此海枯石爛，此心不渝。

最為理想的愛情中，卻有一個最大的反角在其中橫刀奪愛，百般難詰，而這個反角竟是凌霜華的父親凌退思。凌退思的蛇蠍心腸，寫來真是讓人心驚肉跳。虎毒不食子，但凌退思因貪欲的惡性膨脹而生出的狠毒，竟能將女兒作為無辜的犧牲品。假意將女兒許配給丁典，凌退思卻暗中布下陷阱毒計，將丁典毒倒擒獲下獄。凌霜華為明其對丁典的真情，自毀容貌，以絕了其父相逼之念。丁典心中痛惜，他有高明武功，本可以輕易越獄得到自由，但卻依然甘願在牢中關著，只為了每天要看凌霜華窗口放的花。

丁典是粗豪的江湖豪傑，凌霜華是個「人淡如菊」清秀絕俗的才女，英雄美人，悲劇感人。丁典對狄雲道：「兄弟，你為女子所負，以致對於天下女子都不相信。」人性還有真情在，丁典給狄雲上了一課，使只會認死理的狄雲，也能理解了這世界的豐富和複雜，恢復了他內心中純良樸素的一面。

凌霜花的悲情之旅卻已走到了盡頭。薔薇花瓣飄零，凌霜華香消玉殞，丁典也再次中了凌退思布下的「金波旬花」之毒。

在十大悲情女上榜人物中，凌霜華排名第五。

・排名第四

華箏：無辜癡愛終成淚水

容貌：★★★　武功：★★　智商：★★★　情商：★★

悲情指數：★★★★　攻擊力：★★

華箏和郭靖青梅竹馬，兩小無猜，此時的情形，也有幾分尷尬。一段大漠中黑鵰白鵰之戰故事，引出郭靖彎弓射鵰，一箭雙鵰，英姿煥發，得到鐵木真金刀的賞賜。華箏癡女心事，傻郭靖似懂非懂。馬鈺攀懸崖捉一對白鵰送給郭靖、華箏，交待了日後「射鵰英雄」的來龍去脈。

憨小子郭靖由於立功極偉，不僅被封為千夫長，而且做了成吉思汗的乘龍快婿「金刀駙馬」。華箏夢想成真，得償心願，傻哥哥郭靖卻木頭木腦不開竅，這一番亂點鴛鴦譜，早已預示了結局的不幸。

華箏無辜，癡愛終成淚水，化為雲煙。此段情緣，如何可解？《射鵰英雄傳》全書中第一可憐女子，捨華箏其誰？

在十大悲情女上榜人物中，華箏排名第四。

·排名第三

岳靈珊：生活在遠方，陌生帶來幻美

容貌：★★★★　武功：★★★　智商：★★★　情商：★★

悲情指數：★★★★★　攻擊力：★★★

令狐冲對岳靈珊的情意，是柔腸百轉的男人對女人的愛慕憐惜之情，但在於岳靈珊呢？情況就複雜了許多。

乍一看來，岳靈珊對令狐冲是有愛情的。

你看她見了令狐冲喜極而泣，令狐冲在玉女峰上面壁受罰，她每天都掛著令狐冲，一聲柔情無限的「大師哥」，更似有說不出的女兒心事欲說還休的嬌羞，但曾幾何時，倏然間她轉變了心意，開始有意無意地冷淡令狐冲了，她的心轉向了新來的小師弟林平之身上。

看到這裡，許多金迷的讀者，都為令狐冲打抱不平，氣憤岳靈珊的水性楊花，移情別戀。

其實，仔細想來，又那裡能一味地怪岳靈珊呢？少年不識愁滋味，年輕時他們不懂得愛情。岳靈珊對令狐冲的情意，並沒有足夠的證據可以表示她那是一種男女之愛的愛情。

青梅竹馬，兩小無猜，實際上你看這世間上真正因青梅竹馬而男歡女愛而結合白頭偕老之事，除了書本上很多，現實生活卻並不那麼多。愛情，很多時候都需要一種距離感和陌生感，太熟悉的人彼此間反而會缺少吸引力和新鮮感，反而會常常出現「你愛我，我不愛你」之類的難以溝通的悲劇。

岳靈珊和令狐冲要好，更多的是親情，孺慕之情，還有對大師哥的敬意。岳靈珊社交的圈子太狹窄了，她沒有挑選的餘地。當她少女情竇初開之時，有一陣子，她自己也迷失了，把這種友愛和愛情有些分不清。

岳靈珊的迷惘，正是令狐冲的心神意亂。這時林平之的出現恰逢其時。

林平之沒有令狐冲的少年英雄，沒有令狐冲的高明武功，也沒有令狐冲大師哥的受人尊敬。但這些與愛情無關。林平之少年英俊，聰明伶俐，最主要的是善解人意，溫柔細緻，而且對岳靈珊言聽計從。

生活在遠方，陌生帶來幻美。

遇到林平之，岳靈珊這才真正動搖了少女的春心，真正有了一種本能情欲的女為悅己者容的心情。

林平之殺害了岳靈珊，最讓人讀之不忍的卻是岳靈珊臨死前對林平之毫無怨言，還懇求令狐冲今後照顧林平之。

也許岳靈珊已經深刻認識了其父的萬劫不復、不可饒恕的種種人間最卑鄙的罪惡，她無法選擇，只好用生命獻祭的方式，代其父贖罪。

從根本上說，其實岳靈珊和令狐冲倒是同病相憐惜同一類型的人。兩人都是如此的用情之深、之苦，兩人都同樣是單戀的失敗者，愛情上都有缺憾。但他們兩人都有其幸運的一面，他們各自都有一個永遠寬容和執著的仰慕者。岳靈珊有令狐冲這樣一個深情的師哥，她終於能安詳赴死。

在十大悲情女上榜人物中，岳靈珊排名第三。

·排名第二

穆念慈：真情終是一場空

容貌：★★★　武功：★★★　智商：★★　情商：★★

悲情指數：★★★★★　攻擊力：★★★

穆念慈行事當真不可理喻，其實楊康本性早已流露得清清楚楚，明明白白，她卻一會兒如癡如醉如中邪，一會兒又大義凜然，尋死覓活。

穆念慈癡戀楊康，全無道理，真情最後終是一場空，可歎可憐。

此書中穆念慈當是第一不可理喻之女子，莫名其妙死追楊康，不惜獻身，最後又恨自己糊塗，把持不定，詛咒楊康日後沒好下場，如此種種行徑前後矛盾，似乎智力上有些問題。

在十大悲情女上榜人物中，穆念慈排名第二。

‧排名第一

程靈素：傷情最讓人難忘和憐惜

容貌：★★★　武功：★★★　智商：★★★★★　情商：★★★

悲情指數：★★★★★　攻擊力：★★★

《飛狐外傳》中寫得最成功的女主角非程靈素莫屬，她最讓人難忘，最讓人憐惜，最讓人同情，也最讓人為之感到不平。

《飛狐外傳》在金大俠的小說中排名絕對要在前六名之後，但程靈素這個人物卻很有份量，能與金大俠那些重要的大部頭作品中的女主角同列一席，得到超過其所在小說排名更好的名次。

程靈素讓人最難忘的特點，在於她並不漂亮，這在金大俠小說的女主角中，是難得的一例。胡斐初次見到程靈素，印象是容貌平平，肌膚枯黃，臉有菜色，頭髮也是又黃又稀，雙肩如削，身材瘦小。唯一可取之處是其眼睛明亮之極，眼珠黑如點漆。女人最大的悲劇便是沒有美貌。程靈素不漂亮，所以這就是她致命的悲劇。儘管她聰明、能幹、溫柔、體貼、善解人意，但在終身大事的愛情天平上，砝碼卻不會向她傾斜。程靈素愛上了胡斐，但胡斐並不來電。胡斐還是忘不了那個古怪，愛耍性子，捉摸不透但是美貌的袁紫衣。

為了尋找毒手藥王救苗人鳳的眼睛，胡斐遇上了程靈素。胡斐天性中的仁厚俠義，打動了程靈素，幾次特殊的考驗之後，程靈素終於把胡斐當自己人了，而胡斐的風趣和乖巧，更是贏得了程靈素的芳心。胡斐雖然對程靈素也有好感，能體會到她別有的一種「嫵媚的風致」，但一聽程靈素講起毒藥花經，恍然大悟後馬上「對這位姑娘大起敬畏之心」，一個男人對一個女人有了敬畏之心，這愛情二字就提也甭提了。

程靈素還有三個師兄，慕容景岳、姜鐵山和薛鵲，此三人學毒學得太久，心靈也變得毒了，三人各有各的古怪，各有各的陰險，程靈素能制服他們，也真是不容易。這樣的一個年紀輕輕的小姑娘，要承受這麼許多的壓力，心理素質已是一流，所以後來愛情上失意的打擊，她也能承受得住。

少女最善鍾情，最善懷春。胡斐說把程靈素當作好朋友，因此才讓她感覺他的好處，這是胡斐的宅心仁厚，並非有別種念頭，要討姑娘的好。程靈素卻想得太多了，你看她提問的方式：「胡大哥，你為什麼一直待我這樣好？」分明就是要證實，要引入胡斐就範。這種少女的小小計謀，往往自以為聰明，其實是誤導自己和他人。

胡斐這一邊，我們也不忍深責他。他畢竟沒有什麼主動的暗示（像袁紫衣送玉鳳凰的那種），他只是太優秀了，太容易讓別的少女動心。他隨便的言談，都有一種可貴的仁俠風範，自然讓程靈素一再心喜，芳心暗動。胡斐的仁厚，在他以為程靈素要以七星海棠之毒殺死她師哥師姊之時，不管程靈素的師哥師姊們是如何胡鬧，但聽到殺人，則生出惻隱之心，就一心要阻止，這是胡斐仁俠的最好證明。胡斐雖是誤解了程靈素，程靈素卻因沒有看錯人而更加心喜。

程靈素問胡斐：「幸虧這藍花好看，倘若不美，你便把它拋了，是不是？」這是聰明的試探，是有悟性的一問。胡斐沒有答出來，他顧左右而言它。胡斐是誠實的，他實在沒有肯定或否定回答的信心。

這是一個小小的寓言和暗示。程靈素不算美，雖然她和那藍花一樣有著許多可貴和可愛的品質，但胡斐會接受她的情意嗎？胡斐的回答已給出了答案。他只是一個正常的男人，他有著男人的弱點，他寧願喜歡美貌的女子，即使這女子的才德並不值得稱讚。

程靈素識大體，不奢求不過分，雖然心中愛慕胡斐，但一當其知道不可為之時，亦不去強求，只是黯然神傷而已。愛情是不能勉強的，這是程靈素的高明之處。得不到之時也不因愛生仇，這是她境界不俗的覺悟之處。她只是盡一份心意，忠實於內心這一份珍貴的感覺，細心地呵護，就是死也無怨。這樣的女子，其實是最知冷知熱，最懂得愛的真諦的人。胡斐沒有看中她，是胡斐自己沒有福氣。

為了救中了石萬嗔毒的胡斐，程靈素獻出了自己的生命。程靈素真是體貼和理解人之極，她知道胡斐對她並沒有愛情，他們都是所愛非人，愛錯了人，其實他們都是同病相憐之人。

正像胡斐想到的那樣，程靈素正像一支蠟燭，蠟炬成灰淚始乾，燃燒自己點亮他人。胡斐這時才後悔，才想要待她好，才想她活著時沒能好好待她！可是，一切已追悔莫及，此情只待成追憶。

在十大悲情女上榜人物中，程靈素排名第一。

十二、十大尼姑排行

十大尼姑上榜人物：儀琳、九難、袁紫衣、滅絕師太、定閑、定靜、定逸、啞婆婆、儀和、鄭蕚。

・排名第十

鄭蕚：能說會道討人喜歡

容貌：★★★★ 武功：★★ 智商：★★★
情商：★★★★ 攻擊力：★★

鄭蕚雖然是恒山派門下，卻是恒山派的俗家弟子，只能算半個尼姑。

令狐冲帶著眾尼姑去龍泉鑄劍谷，路上銀兩不夠，又是鄭蕚這樣一個嬌滴滴的小姑娘在市上賣馬。果然聰明伶俐，能說會道，果然不負重望，不久便賣了馬，拿了錢來付帳。等到賣馬的錢又要用完之時，鄭蕚到底是小孩子心性，居然興高采烈起來，想到街上再去賣馬。

鄭萼一張圓圓的臉蛋常常帶著笑容，能說會道，很討人喜歡。一路上凡有與人打交道的事，總是由她出馬，免得旁人一見尼姑便拒絕。

十大尼姑上榜人物中，鄭萼排名第十。

‧排名第九

儀和：真見識和分寸

容貌：★★★　武功：★★　智商：★★★★

情商：★★　攻擊力：★★

儀和初次出現時，性情粗暴，一點也不見溫和。等到令狐冲救了她們，小尼秦娟說令狐冲是誤打正著救了她們，儀和就很清楚的知道，令狐冲武功其實十分高超，只是假裝使得亂七八糟，將本身的武功掩飾了起來。

儀和在恒山派中雖然只不過是一個小角色，但她怒斥岳不群為見死不救、臨難苟免的「偽君子」，卻顯出了她的真見識。

儀和見華山派眾人對令狐冲無禮，對恒山派又袖手旁觀，因此見到岳靈珊時便讓岳靈珊吃了些苦頭。可是知道令狐冲對岳靈珊有情，只是輕輕劃了岳靈珊的手臂，可見儀和的分寸。

十大尼姑上榜人物中，儀和排名第九。

・排名第八

啞婆婆：最喜嫉妒的醋罈子

容貌：★★★　武功：★★★★　智商：★★★
情商：★★　攻擊力：★★★★

不戒大師和啞婆婆之間老調重彈，看不戒大師與田伯光被啞婆婆暗中作手腳，並貼上「天下第一負心薄倖、好色無厭之徒」與「天下第一大膽妄為、辦事不力之人」的標籤，調侃之極。

啞婆婆有此妙論，確與不戒為一絕配。

啞婆婆醜陋之極，想來應該是易容術的效果。她年輕時一定是風華絕代的美人，否則不戒大師又如何會如此一生癡情。

或者說情人眼裡出西施，非關相貌問題。但看不戒和她生的女兒儀琳的美貌，年輕時啞婆婆的絕色應是毫無疑問的了。

啞婆婆是至情至性之人。

看不戒大師能感動她，她必是懂感情溫柔貼慰之人。

看她為不戒大師多看了別的女人幾眼就憤而離家出走一去不歸十幾年，她必是用情極專最為敏感之人。

看她為了女兒的心事行事不擇手段，她又必是極仁慈愛心之人。

不戒是此書中最怕老婆的男人，啞婆婆是此書最喜嫉妒的醋罈子，讀之可發一笑。

啞婆婆制住令狐冲給令狐冲剃了頭，要令狐冲做和尚，好娶儀琳，虧她能想出這種餿主意，好笑之極。

此處可看出，啞婆婆其實是十分放不下不戒大師的。

和尚娶尼姑，本是不戒大師的荒唐發明，啞婆婆已經全盤接受，而且樂此不疲了。

啞婆婆沒能解決女兒儀琳的難題，卻找到了自己和不戒大師一段奇特愛情的謎底和答案，也算是一件幸事。

令狐冲以其人之道還治其人之身，也將啞婆婆吊了起來，而且貼上「天下第一醋罈子」的標籤，實是相宜。

啞婆婆這種人，必須讓其受挫折教育，吃點苦頭，才會回頭是岸，轉變些許乖戾之氣。

不戒和尚為了向令狐冲要治服老婆的秘訣，心急火燒，抓耳撓腮，不惜要叫令狐冲祖宗、師父，可發一笑。

令狐冲猜想不戒大師夫妻重逢會說些什麼話，我也想知道。

十大尼姑上榜人物中，啞婆婆排名第八。

·排名第七
定逸師太：橫蠻倒亦可愛

容貌：★★★　武功：★★★★　智商：★★★★
情商：★★　攻擊力：★★★★

定逸老尼在茶館前一站，高呼令狐冲出來，情節一轉，出一奇峰，不覺讓讀者精神一振，急急要看下去。

俠義道中出類拔萃的少年英雄人物令狐冲，忽然蒙上擄走恒山派小尼姑，且還和採花大盜田伯光同飲花酒的罪名，確令人吃了一驚。

定逸師太亦是妙人，明明不滿儀琳「令狐大哥」的稱謂，卻反賭氣嗆住青城觀主余滄海，其一片護短之心，顯出其魯莽中天性純良的善意。

定逸師太對余滄海道：「恒山定逸橫蠻了幾十年啦，你今才知？」此般橫蠻，倒亦可愛。後來儀琳倒是明白了幾分，說話有了分寸，「令狐大哥是好人，就是……就是說話太過粗俗無禮」，不敢多說，反是定逸情急，要刨根問底，不准儀琳有所忌諱，定逸老尼確是有趣。

恒山三定，在本書中出場不多，但性格形象卻有上佳表現。

本書中最早出場的是定逸師太，她是儀琳的師父，身形高大，性情剛烈，脾氣有那麼一點不好，行事風格也很霸道，但她內心的仁慈和溫情，卻最能動人。

儀琳在劉正風家中大廳講敘令狐冲相救一段故事，最能表現定逸師太的風格：對敵人像秋風掃落葉般無情，對弟子卻像春天的陽光般溫暖。

十大尼姑上榜人物中，定逸師太排名第七。

‧排名第六

定靜：老成穩重護犢情深

容貌：★★★　武功：★★　智商：★★★★★

情商：★★★　攻擊力：★★★★

恒山三定，老二定靜，在《笑傲江湖》中出場一回，著墨不多，但其老成穩重，護犢情深，捨命迴護眾弟子之勇者形象，已呼之欲出。

《笑傲江湖》書中寫眾尼，亦是緲緲數筆，已栩然如畫。

秦娟聰明伶俐，鄭萼能說會道，儀和性急，儀清機智，各色人等，絕不混淆。

定靜是有道之大覺悟者，有膽識，有擔當。對死亡之威脅，全然不放在心上，唯一放心不下的，是眾弟子的安危；看她默禱於救苦救難的觀世音菩薩，要以「一人身當此災，諸般殺業報應，只由弟子一人承當」，真有佛家「我不入地獄，誰入地獄」之大無畏精神。

嵩山派乘人之危，要脅定靜答應五派合一之事，並極盡挑撥離間能事，此處點過五派合一之事，與後文一場大戲遙遙呼應，引以作先聲。

定靜終於力戰不敵，傷重而亡，臨死前她將眾弟子託付給令狐冲，此處再見其智慧、策略和眼光。

十大尼姑上榜人物中，定靜師太排名第六。

排名第五 定閑：大慈大悲的真性情

容貌：★★★ 武功：★★★★ 智商：★★★★

情商：★★★ 攻擊力：★★★★

恒山三定最後出場的是恒山派掌門定閑師太，從定靜對師妹由衷推崇和敬佩，就看出此尼必有過人之處。

一出場，身當大難，定閑師太卻儀態沉靜，面目慈祥，神定氣閑，一代佛學宗師的境界，竟把少林方丈也比了下去。

令狐冲解定閑、定逸師太之危，看定閑師太強敵忽去，心中一寬之後，竟熱淚滾滾，直捽下去，此寫出其大慈大悲的真性情。

強敵虎視之時，定閑身為掌門，努力打點精神，那是為了帶給眾人以信心和希望；強敵忽去之後，悲手足折斷之情，再也忍不住酸楚，此心理的轉換寫得是如此的準確。

定閑師太畢竟不是神，而是人，而且是女人，此真實得最為可愛。

十大尼姑上榜人物中，定閑師太排名第五。

‧排名第四

滅絕師太：無情的由來曖昧難明

容貌：★★★★　武功：★★★★　智商：★★★★
情商：★★　攻擊力：★★★★

滅絕師太的名頭就怕人，長得也古怪。她其實並不太老，才四十四五的年紀，而且容顏還算得上甚美，只是兩條眉毛斜斜下垂而破相，與她的名字一樣詭異甚至有些吊死鬼的味道，這樣的人物，相信沒人會有好感。

美和滅絕相對照，其不協調處是強烈的，又是曖昧和有深意的。滅絕師太武功極高，舉止森然而陰冷，確有一派宗師的高格之處，但她給人最深的印象是鐵石心腸，毫不動情。紀曉芙本是她的愛徒，但她竟可以痛下殺手，一掌擊碎紀曉芙的頂門，這不是常人可以做到的事。

滅絕師太的無情，其成形的由來是曖昧難明和可疑的。更可能的是，她有著深重的精神情結，潛意識中有不可告人的隱秘，她的禁欲，她的無情，更可能是欲和情的另一種遊戲。讀她對紀曉芙下殺手一段，我總要想到，她「容貌算得上甚美」。紀曉芙失身於楊逍，迴護彭和尚，得罪丁敏君，瞞騙師父私養孩子這一切，滅絕師太本可以全不計較，只要她再去用色相騙楊逍，再伺機殺掉楊逍。

滅絕師太心高氣傲，以魔教人物為不共戴天之敵，出場還是那麼冷峻肅厲，但她卻確有領袖人物一派宗師風度，決不諱言自己動手時不如青翼蝠王。危難之際，她以自己的鎮定穩住人心，坦然交待後事，計議門戶傳人。

滅絕師太自詡為正義的化身，但正如倪匡先生指出。滅絕師太所理解的正義是太狹隘了。

滅絕師太要周芷若以美色誘惑張無忌然後伺機殺害他，這又和當初她要紀曉芙對付楊逍一樣。滅絕師太自己無情，但卻懂得可以用「情」來殺人。滅絕師太信奉正義原則，但命弟子卻可以用極卑鄙的手段來對付敵人，她真的是讓人難以理解，有太多的自相矛盾。

滅絕師太的死也是慘烈無比。對毀滅的熱望和渴求，使她毫不猶豫地挺身赴難，她的自殺決絕之極，她追求毀滅，她終於得到了。

十大尼姑上榜人物中，滅絕師太排名第四。

·排名第三 袁紫衣：藏頭露尾沒有擔當

容貌：★★★★★　武功：★★★　智商：★★★

情商：★★　攻擊力：★★★

袁紫衣這個人物，金大俠寫得雖不能說不賣力，但不甚討好，形象、性格、來龍去脈都不太清楚，直如水中望月，鏡中看花。袁紫衣來歷不明，但很漂亮，總之一出場後，胡斐就有些把持不住了，在其成熟的大俠性格中，流露出楊過之類的輕鬆滑頭的那種性格出來。

袁紫衣是個尼姑，但她的行事舉止怎麼也不像個出家人，倒像個愛耍小性子的千金小姐。怎樣才算像個出家人呢？比如《笑傲江湖》中的儀琳，就是榜樣，天真純淨，就是心中愛上令狐冲也不要緊，重要的是她時刻有一種出家人最可貴的自我批判的道德精神。

袁紫衣一出場風頭倒是十足，先是連敗韋陀門三弟子，繼而打敗其師叔，搶得韋陀門掌門人之位；隨後又打敗廣西梧州八仙劍掌門人之位。其中各種打鬥，均是有驚無險，讓眾人大跌眼鏡，大感詫異莫名，想不通這美女小小年紀如何能有如此本事。

袁紫衣對胡斐還沒有見面就不服氣，見了面更是鬥嘴不已，想來理由只有一個，就是袁紫衣太高傲，而趙半山又老在背後誇胡斐。一上來胡斐有心相讓，袁紫衣卻毫不客氣差點打掉胡斐滿嘴牙齒，這姑娘太手狠了，實在不討人喜歡。

當袁紫衣不小心著了別人的道，胡斐好心來幫她，她不僅不領情，又趁胡斐不注意時把胡斐推進臭泥塘裡，弄得胡斐哭笑不得。

少男少女，如此這麼一遭遇，自然而然會有些好戲。胡斐畢竟好男不與女鬥，雖然有些吃虧，但見到袁紫衣笑顏如花，心中有了甜蜜之意可作補償。袁紫衣這邊呢？自己折騰一陣，反而自己又放不下了：「芳心可可，竟是盡記著這個渾身臭泥的小泥鰍胡斐。」

所不同的是，袁紫衣是出家人，當她有異樣的情意感覺時，她心中就這麼坦然嗎？儀琳就不同了，儀琳心中愛慕令狐冲，她會接受道德良心的批判，她會犧牲和自制。

袁紫衣不辭而別，留下的包裹中不僅有她已代胡斐洗得乾乾淨淨的衣褲鞋襪，還多出了一樣東西，一隻三寸來長的碧玉鳳凰。袁紫衣送胡斐玉鳳凰是何意？不僅胡斐此時困惑，我也困惑，袁紫衣日後怎麼對此事作交待？

袁紫衣後來行事更是莫名其妙，全不照顧自己是出家人的身分，她早就偷偷跟著胡斐、程靈素二人，而且還密切關注二人動向，偷聽二人談話，顯然袁紫衣是有些吃醋了。但她又不爽快明言，只是聲東擊西，騷擾一下就遁去。「挑燈夜談，美得緊哪！」這不像出家人的本份語言，袁紫衣沒有擔當，要愛就愛，要恨就恨，要思凡就思凡，要吃醋就吃醋，如此神秘兮兮，藏頭露尾，真是少見。幸好有程靈素知趣識趣，不以為意，早已拿定主意，不作勉強之事，否則胡斐就要更頭大了。

袁紫衣數次阻攔胡斐要殺鳳天南，原來她就是鳳天南的親生女兒，她的母親銀姑是被鳳天南強迫著玷污了才有了她的出生。雖然她與鳳天南有此父女關係，其實她也是要找鳳天南報仇，只不過遵其師父吩咐先要救鳳天南三次性命，以了此父女之情，此後彼此再不相干。

袁紫衣不成熟的地方再次明白表現，前後的行為又開始矛盾，她做的決定也太快了，仍然不用多思考，牙齒一咬就有了主意。她沒有考慮過，以前她的種種舉止，打情罵俏，爭風吃醋，為的是哪般？總不成是把感情當兒戲？她也沒有考慮過，胡斐心中倒底有什麼感覺？胡斐真愛的到底是誰？就算她退出，胡斐和程靈素之間又會有結果嗎？

袁紫衣最後道：「終不能兩隻鳳凰都給了他？」這話又是有些莫名其妙，她真是該想的沒想，不該想的事卻想得太多。她一會兒又粗糙，一會兒又精細，一會兒柔情款款，細話衷腸，一會兒招呼也不打，驀地纖手一揚，搧滅燭火，穿窗而出，越房而去，真是處處透出古怪，透出矛盾。胡斐遇人不淑，沒有郭靖、楊過、令狐冲的那種運氣，所幸在後來的《雪山飛狐》中，胡斐又有了一個苗若蘭，總算讓他真正嘗到好女人的滋味，程靈素雖也是好女人，但她太軟弱，太退讓，太不進取了，她自己不去勇敢爭取，也怪不得他人。

袁紫衣最後終於把本來面目顯露了給我們看。只見她緇衣芒鞋，手執雲帚，頭上已無一根青絲，腦門處並有戒印。她是出家人！是小尼姑圓性！

袁紫衣的行事確是有些隨心所欲，缺乏邏輯。以前，她動了凡心，有些胡鬧，此時終於想通了，覺悟了，慧劍斬斷塵緣和情思，歸了自己的本份。

胡斐要袁紫衣一同奮力去找逃走的湯沛報仇，袁紫衣心中想：「我是出家人，現下身分已顯，豈能再長時跟你在一起。」此話又不合邏輯，難道她是出家人只要身分未顯就可以長時跟胡斐在一起嗎？當胡斐見袁紫衣哭成淚人兒，勸她報仇後不用再作尼姑，袁紫衣此時卻說「千萬別說這樣褻瀆我佛的話」，真不知她從前種種行事說話是怎麼考慮的。袁紫衣走了，而且始終沒有轉頭回顧，只苦了胡斐，永遠也忘不了這一段殘缺不全不堪回首的初戀。

十大尼姑上榜人物中，袁紫衣排名第三。

·排名第二

九難：心其實是熱血和最多情

容貌：★★★★★ 武功：★★★★★ 智商：★★★★★

情商：★★ 攻擊力：★★★★★

《碧血劍》中九難以阿九的形象出場之時，讓人眼前一亮。十五、六歲的阿九容色清麗，氣度高雅，如明珠美玉一般，俊極無儔。

袁承志對阿九，是什麼樣的觀感，沒有正面寫出，但溫青青在阿九面前忽然自慚形穢，而且「忍不住向袁承志斜瞥一眼」，寫得意味深長，含蓄之極。

阿九是金枝玉葉的大明公主，袁承志沒有想到，他更沒有想到阿九對他也是一見傾心，刻骨銘心的愛慕和思念著他。袁承志想不到的事情還很多，他甚至想不到，阿九其實在他心中，有著同樣揮之不去的影子。他內心真正所愛的人，其實不是溫青青，而是阿九。這最內在的念頭，袁承志拚命在迴避，只不過先有了一個溫青青。

袁承志夜探禁宮，誤闖公主寢殿，於是既知道了阿九的真實身分，又得悉了阿九的少女情懷，繼而為躲避太監曹化淳的追蹤，與阿九同床共被而臥，阿九如癡如迷，袁承志同樣也心神蕩漾，把持不定。

在人生事業上袁承志沒有主見，在愛情上他同樣是膽怯和懦弱，和阿九的這一段對戲中，袁承志的表現其實很令人失望。他處處以理自持，處處暗暗自警。對溫青青愛情上的承諾，使他不敢越雷霆一步。袁承志算得上是志誠君子，一諾千金，答應了就要承擔，即使以一生的幸福作為代價也在所不惜。

袁承志不是去考慮內心真實的感情，不去回答他是不是真正愛慕和迷戀阿九的這一個關鍵問題，他只是想：「青弟對你如此情意，怎可別有邪念？」

愛情怎麼可能這樣簡單，一個女人對他好，他就必須毫無條件的去回應她和愛上她嗎？

阿九悲劇的歸宿，也讓人扼腕歎息，城破之日，崇禎皇帝揮劍要殺阿九，斬斷了阿九的一條手臂，最後阿九遁入空門，削髮為尼，由何鐵手護送她上華山來。看她全身裹在一襲白狐裘之中，雖然仍是眉目如畫，清麗絕倫，氣度高貴雍容，但容色憔悴，讓人看著不忍。

在《鹿鼎記》中，阿九已經變成了出家人九難。

九難行刺康熙不成，卻將小寶抓走。小寶繼續面面俱到，處處討好。康熙、陳近南、洪安通，現在又是九難，諸路高人，盡入小寶局中。

九難和陶紅英相會一段，這才略見九難的真性情。看她平日高貴氣象，鎮定從容，但在皇宮中聽到要和陶紅英相見，就急不可待了，關切之意溢於言表。及至兩人相見，陶紅英心情激蕩，語不成聲，而九難也淚水涔涔，想到天翻地覆的變化，兩人都是感慨萬千。

冷峻的九難，只是外表，她的心其實是熱血和最多情的。太多的磨難艱辛，將她已經傷害得內心千瘡百孔，所以她才戴上面具來保護自己，但在皇宮中，睹物思人，內心最深處的敏感神經被挑動，她不能不泣不成聲。

殺龜大會眾人熱血澎湃要反清復明，最是名正言順休戚相關的前明公主九難，卻在一邊冷眼旁觀當局外人，此是鮮明有趣對照。

九難最後心中也有所悔悟，她那樣對阿珂，確是過分和不公的。時間是泯滅恩仇和治療心靈創傷最高明的魔術師，時過境遷，九難連李自成也放過，沒下殺手，實已心灰意懶，萬念俱灰了。

十大尼姑上榜人物中，九難排名第二。

·排名第一

儀琳：癡戀最聖潔又最可憐最感人

容貌：★★★★★　武功：★★★　智商：★★★★

情商：★★　攻擊力：★★★

儀琳清秀絕俗，一身寬大的緇衣反更襯出其身段的婀娜多姿，不作態處，卻又有萬種風韻不可言說。她肌膚如雪，白得像是透明一般，她的心地也是透明的，絕無塵埃。

從其冰雪之姿來說，儀琳有些像小龍女，但儀琳比小龍女的好處，在於小龍女自稱禁欲的主觀意識太強，而儀琳還純粹是小女兒，一派天真爛漫，全不見半點假處。

儀琳講述前委，其人其言，誠懇動人，全無機心，連上不得堂的「瘋話」，也照單全收，原聲錄放，可愛之極，好笑之極。

儀琳以為令狐冲已死，抱著他的身體，恍恍惚惚亂走，心中卻平靜安定，只盼一輩子這樣走下去。大悲之時，心中一片虛空，反卻平靜，此等體驗，是人性何等滄海桑田的深刻，金大俠如何寫得出來？他有過多少世事的洞明，人情的練達？

儀琳的好處在天性純良，愈是無機心，愈是單純，愈是老實入套，就愈顯出其可愛，愈顯出其神韻。

當她傷心於令狐冲之死時，意亂神迷，心痛入骨髓，她真的願意以自己所有的一切：生命、貞潔、柔情……獻祭出來以換回有血有肉的活生生的令狐冲，但當她真的看到令狐冲活轉了過來時，雖歡喜無限，卻又有些傻眼，她真的邁得出那一步嗎？

儀琳一片純真，心中善惡分明，惡即是惡，善即是善，這是她看待世界的方法論，但現在為了令狐冲，她開始學習，開始改變，開始有一點明白原來善與惡之間，其實並沒有人們以為的那樣涇渭分明，為了令狐大哥，她可以犯戒為令狐冲去取西瓜，可以陪令狐冲說笑，可以給令狐冲講百喻經的故事，但她卻還是難以掙破道德良心上太嚴太緊不近人情的束縛，她只不過找到了良心上的藉口，「便為他墮入地獄，永受輪迴之苦，卻又如何？」

儀琳的道德和宗教精神太強烈了，這是她命運的悲劇所在。

不戒和尚妙人，一心要將自己的女兒嫁給令狐冲，更是異想天開。

不過，其對女兒一片掏心掏肺的摯愛關懷之情，卻大為令人感動。

「我這個姑娘如嫁不成令狐冲，早晚便死，定然活不長！」

不戒大師知女莫若父，竟為之落淚。

好可憐的儀琳，令狐冲日後何以為報？讀者不能不為古人擔憂。儀琳的癡戀最聖潔又最可憐最感人。

她本是心中塵埃不染的世外仙女，她的悲劇又在於其冷的外表下有著最熱情的心；她對令狐冲的感情，是循序漸進，合情合理地發生的。由敬佩到感激，到心生憐惜，到抑止不住的愛，這雖違背了她所受到的宗教教育的規則，但她卻不是有意這樣要出格，所以她一方面真誠地發展著對令狐冲的癡愛，一方面又真誠地自責「菩薩是要責怪的」，她是此書中第一的真人。

聽儀琳在背地裡輕聲叫道：「令狐大哥，令狐大哥」，讀之真迴腸盪氣，心意難平。此中的深情，如此驚心動魄，刻骨銘心。愛情成了儀琳心中另種可以得到寄託的宗教。苦海無邊，儀琳默默地念著「南無救苦救難觀世音菩薩」，她的愛情實已與宗教合一，上升到宗教情感的高度。她相信，觀世音菩薩會諒解她的，菩薩會幫助她解決一切的難題。

十大尼姑上榜人物中，儀琳排名第一。

第二部

男人篇

一、十大英雄排行

十大英雄上榜人物：蕭峰、郭靖、令狐冲、楊過、陳近南、胡一刀、胡斐、張無忌、袁承志、苗人鳳。

・排名第十

苗人鳳：大俠的心胸已經偏移

武功：★★★★★ 智商：★★★ 情商：★★

英雄指數：★★★ 攻擊力：★★★★★

《雪山飛狐》主要寫胡斐與苗人鳳和胡一刀夫婦的江湖恩仇。但這「真正的主角」胡一刀，其實在書中並沒上場。書中的主要人物苗人鳳、胡一刀夫婦的性格特點、故事等，都是間接寫出。而直寫明寫的胡斐，不過是為了襯出內在隱伏的故事而設置。

胡一刀有唐人傳奇中那種古拙豪傑的風範，讓人想起風塵三俠中的虬髯客。苗人鳳極高極瘦，被寶樹形容成一根竹篙，他的尊容，和胡一刀倒是傳奇的一對，也是那種世間所無的奇骨異像。苗人鳳面皮蠟黃，臉露病容，手掌大如蒲扇，根根見骨，讓人想起水滸中的好漢病關索楊雄。李卓吾評楊雄獨具隻眼慧眼識人，苗人鳳也是這樣。

苗人鳳和胡一刀滄州一戰，令風雲變色，驚天地泣鬼神。兩人之間，明明是仇敵不共戴天，卻處處盡見相惜相敬的傾慕之情。苗人鳳坐下就與胡一刀舉碗共飲，毫不作小人防範之態，他相信胡一刀「是鐵錚錚的漢子」，「行事光明磊落」，不會暗算他，他才是胡一刀真正的知音。田相公范幫主在一旁作陪襯，真是見小，無地自容。

苗人鳳中了暗算，危急時刻，胡斐飛將軍一般從天而降，天神一般奮勇卻敵，救了苗人鳳的性命。苗人鳳看到了與胡斐同被而臥的苗若蘭，誤會了胡斐行為不軌，大怒之下，反過來找胡斐算帳。

苗人鳳誤會胡斐之後為何火氣特別大，是因為他的那一段不堪回首的傷心事，對苗若蘭的事特別敏感。他最怕的是自己心愛的女兒遭遇和他自己一樣的悲慘事。

苗人鳳心中難解的情結再次發作，雖然是胡斐救了他，但他卻還是不原諒胡斐，亡妻失節之事，給他的刺激太深了，大俠的心胸，已經偏移，已經有了可怕而可悲的盲點。

一切都來不及解釋，苗人鳳便逼著胡斐以性命相搏。及至胡斐最後的那一刀是否劈下之時，苗人鳳都還不知道胡斐便是故人胡一刀夫婦的兒子，而胡斐也拿不定主意……

《飛狐外傳》中，苗人鳳回憶往事，觸景傷情，心中萬般淒苦無人可訴。南蘭與苗人鳳的結合，一開始也許就是命運的錯誤。

南蘭對苗人鳳有的是感恩，而不是愛情，兩人之間並沒有感情上的基礎。相反，兩人的差別太大了，大到了婚後已無法補救和彌合的地步。苗人鳳是英雄，是豪傑，是出身富家的粗人，而南蘭卻是穿金戴銀的官家千金小姐，一個粗糙，一個細膩；一個不懂女人的心，一個對愛卻有著過高的幻想和要求。

苗人鳳英雄，卻與金大俠小說中其他的英雄人物不同。苗人鳳更像是一隻孤獨受傷的病虎，他的處境不佳，日子也過得不順，這次還中了奸計被弄瞎了眼睛。但只要他一出面，一出來，一出聲，真應了虎病雄風在這句話，那種震駭人的威勢卻一點也不減弱。

英雄的悲劇在於他們的境界和視點太高，他們所看到的所想到的是雲中和絕頂之處的本質，他們不能適應於日常瑣屑和平庸的生活，而日常的世界也會以種種不同的方式來拒絕他們。

苗人鳳之弱女問苗人鳳：「老狼真的沒吃了小白羊嗎？」此極好的反照和對比，以此兒女柔情，以此慈父仁心，來刻畫苗人鳳的大英雄本色，真可謂力透紙背，入木三分。這樣的英雄，因其有常人的苦惱，有常人的弱點，尤顯出其可貴，可敬，可親，可信。

屋中著火之時，苗人鳳目不能視物，心中卻是清明，他甚至在此時節還能去回想八年之前相似的一幕，他的心中真有不知多少的說不出的苦水，他是英雄，他有誰可訴委曲和衷腸？苗人鳳這樣的英雄，是最讓人同情的真正悲劇的英雄。

胡斐帶著程靈素趕回要為苗人鳳治被毒瞎的眼睛，正遇上田歸農帶了一幫人想趁苗人鳳眼瞎之時結果了他的危急關頭。正所謂滄海橫流方顯英雄本色。苗人鳳愈是在處境不利之時，愈能激發出英雄豪傑的慷慨意緒，激發身體中的潛能，愈使其形象高大出色，熠熠生輝。英雄最無奈的是平凡的日子書空咄咄無所依託，空有一腔熱血無法進行激情的焚燒。英雄對於艱難和困厄的渴求正如雄獅的渴血一般的強烈和充滿野性的張力，苗人鳳此時與平日的沉默寡言有了完全不同的表現，他似乎找到了適宜的舞台，可以盡情盡性地一展身手，變木訥為妙語連珠，飛揚意氣，指點乾坤。

英雄和英雄之間，往往那種激越的氣概可以相互傳染和激射。胡斐正是這樣，他也因此而意氣風發，武功隨之覺悟而提高了境界。苗人鳳身臨其境指點了其家傳秘學胡家刀法，胡斐有如從他父親胡一刀那兒親自學到了關鍵和要訣，他的成長在此時有了重大意義的突飛猛進。正因為有此種不平凡的經歷，他才真正在境界上被提拔飛升，最終得以能與苗人鳳這樣頂世大俠並肩而論了。

十大英雄上榜人物中，苗人鳳位居其末，排名第十。

・排名第九

袁承志：老實模樣有幾分道學氣

武功：★★★★　智商：★★★★　情商：★★★

英雄指數：★★★　攻擊力：★★★★

《碧血劍》故事的一開始便是袁承志的苦兒歷險記。

袁承志的情況有一點像張無忌，少年失恃，內心困苦，成長後反而消失了許多的鋒芒。郭靖還有母親和江南七怪的看護，楊過自己乾脆自生自滅在社會上討生活反練出一種狠勁，這與袁承志和張無忌不相同。

苦難有時候反而會使孩子過早地表現出成人的堅強一面，但那並不是他真的提前成熟，那更多是一種速成的缺乏根基的假像，更能表現出孩子的驚怯和困惑。

袁承志拚著命發蠻發狠與胡老三纏鬥一段，為的是要救安小慧，安大娘心裡稱讚他「小小年紀，居然如此俠義心腸」。此正是少年英雄袁承志的傳神寫照，不過在他少年的俠義中，我們不要忘了其背後的辛酸血淚。

少年的袁承志確是資質不錯，聰明伶俐，他一見到穆人清便知道恭恭敬敬地磕頭叫師父，讓這個安大娘所言的「脾氣很古怪，你不聽話，他固然不喜歡，太聽話了，他又嫌你太笨，沒骨氣」的捉摸不透的老頭，對他一見即喜，幾乎是毫不猶豫，毫不費周折地便收了袁承志為徒。

袁承志到處討人歡喜，安大娘喜歡他不說，崔秋山誇他聰明，連那個啞巴也極喜歡他。看啞巴知道穆人清同意收袁承志為徒，喜得把他拋在空中再接住，接連四五次，其內心的真摯情感流露無遺。

在華山學藝袁承志所到之處盡是一片掌聲和歡笑聲。這個聰明活潑的孩童，給大家都帶來了歡樂，而他自己也終於有了歸宿，也找到了人生的幸福。袁承志學得聰明，又用功勤奮，武功進境極快。接下來他又遇上木桑道長，又是一個造化良機，他得到了許多的受益。

袁承志如何討人歡喜，僅從木桑道長一見面便送了他極為貴重的護體寶衣一件事便可知，而木桑道長也沒有看錯人，此後袁承志陪木桑道長學棋下棋，讓木桑道長過足了棋癮，他值回本錢。

《碧血劍》是《書劍恩仇錄》到《射鵰英雄傳》中的過渡，袁承志這個人物也是陳家洛到郭靖中間的一個過渡。袁承志制伏兩頭猩猩，為之取名「大威」、「小乖」，已有了《射鵰英雄傳》中一對白鵰妙用的影子。

少年聰明伶俐的袁承志在成熟，但這種成熟中卻有了一種青澀的不太協調的意味。武功只是外在，他幸運地在學到穆人清、木桑道人的高妙武功之後，又境界高地通貫了金蛇秘笈的奇異武學，他甚至在三種不同的武功之中，更有領悟和通達的超越。但他內在的轉變卻沒有那麼相當地提高，精神的形而上卻是他正需要修練的秘密課程。

這種由蠶蛹到化蝶的過程，最是艱難和不易，最容易生出許多力不從心的作態和生硬，看袁承志與李岩紅娘相識之後，傾慕李岩書生謀士的儒雅風度，自己也買了一套書生衣巾，學作書生打扮，此處最能剖明袁承志變化的心路歷程。如果說袁承志是陳家洛到郭靖之間的過渡，此時他熱衷於掉文，更與陳家洛相近。

袁承志和溫青青認識之初彼此之間是一種輕喜劇的誤會。當溫青青的女兒身分未揭露之前，兩人之間的關係讓人看著尷尬，袁承志對溫青青的處處容讓，寫得有些生硬和牽強，甚至有一點同性戀的曖昧氣氛。長大後的袁承志，似乎確是遲鈍迂腐得多了，缺乏了少年時的靈氣。

溫青青終於恢復了俏麗女兒的本色，袁承志是大跌眼鏡，書中說他「以前許多疑慮之處，豁然頓解」，其實也未必，女兒家忽嗔忽喜一悲一笑的心事，他還有些日子要慢慢去琢磨呢。

與小時候的聰明機靈相反，正所謂小時了了，大未必佳，袁承志對於溫青青已經是反覆多次簡直是明白得不能再明白的示愛，還是不可思議的木訥和無動於衷，不無呆氣地經常愕然不解。郭靖雖也是老實愚魯，但對黃蓉的反應卻是心有靈犀，一點即通，執著而熱烈。袁承志相比之下確是遜色不少，他的老實模樣多了幾分道學氣，總覺不夠本色。正如溫青青心中對袁承志的不滿：「他確是個志誠君子，只是也未免太古板了些。」

所以溫青青帶著袁承志在秦淮河的槳聲燈影裡虛凰假鳳地吟風弄月一般，袁承志最是尷尬，也最能再現兩人之間的曖昧情愫，在這一場遊戲一場夢中，溫青青反倒成了袁承志情欲的啟蒙教師，扮演誘惑者的身分，袁承志終於在朦朧中體味到了男女之情中的纏綿和綢繆，悄然心動。

溫青青怒殺馬公子，是其「妖女」的任性和不受世俗禮法所拘之處，她的行事只聽從內心的良心原則，這在袁承志是難以接受的。

袁承志的性格總是內抑和收斂，不能有自內而充分的發揮，他似乎沒有找到自己準確安身立命的切入點，表現的行動舉止缺乏震撼人心的深度。看已是少年老成的袁承志，竭力在摹仿前輩高人的瀟灑風範，他甚至學起大師兄黃真的滑稽行止起來，表面化地想揮灑自如，一手舉酒杯，一手拿筷子夾雞腿，模樣實在有些不倫不類，怪模怪樣。從內在的氣質上看，他實在與金蛇郎君或是黃真有本質的差別，他不能像郭靖那樣樸素的本質，這正是他人物形象上不能達到較高的境界之處。

袁承志雖然拜穆人清為師，師出名門正派，但他武功中正派的一路卻遠不如從金蛇郎君那裡偷學的邪派的一路好看實用和有效。

袁承志的造反，以及與李自成農民起義軍的聯盟，其最內在的基礎，更多的在於家恨，而不是在於國仇。這就決定了袁承志在政治上的缺乏遠大志向，對政治問題不夠敏感。

袁承志是個英雄，但更多的是個人主義的英雄，在那個風雲聚會的大變遷大動亂的時代，他的作為不可能太大，他的侷限性非常的明顯。

袁承志被眾人推舉為盟主，是被動和為形勢所迫的，這一點上他更像《倚天屠龍記》裡的張無忌，沒有野心，不是一個政治人物，他身不由己的被歷史的潮流挾裹著向前隨波逐流，他的建功立業，沒有明確的目標，只是即興和隨機的，時事造就的。與《射鵰英雄傳》中的郭靖相比，袁承志缺乏更為深入的道德和正義的力量。

在這一點上，袁承志也有自知之明，他感歎自己是除了武功之外，什麼都不如自己的父親。袁承志缺乏的實際上也就是他父親那種文化底蘊深厚的偉大人格力量。

袁承志和張無忌一樣，雖然被推舉為群豪的領袖，但他們的才情和見識，並不足以在複雜的江湖關係和權力鬥爭中左右逢源。

袁承志的身世決定了他的情感取向，決定了在亂世危邦中，他與李自成的農民起義軍戰到了同一陣線上。

此書最後袁承志打敗武功高強的玉真子，為木桑道長的鐵劍門清理門戶，雖然勝利並不容易，但也沒有多少值得誇耀和讓人興奮的，江湖中善惡難明，正邪難辨，看得只是讓人灰心喪氣，就算是穆人清所主持的名門正派的華山派，也良莠不齊，不明道理，不分輕重緩急，不識大局，清者自清，濁者自濁，憑袁承志一己之獨善，也難有作為。

傷心之地，難以久留，袁承志最後帶著溫青青及門下眾人離開了大陸，來海外去做化外之民，尋找自己理想的樂園。「萬里霜煙回綠鬢，十年兵甲誤蒼生。」一個誤字，為全書的主題劃出了一個驚歎的休止符。

十大英雄上榜人物中，袁承志排名第九。

‧排名第八

張無忌：仁慈和寬恕隨波逐流

武功：★★★★★ 智商：★★★★ 情商：★★★

英雄指數：★★★ 攻擊力：★★★★★

《倚天屠龍記》第一主角張無忌，是個與郭靖、楊過完全不同的人物。張無忌和其父張翠山一樣，缺少一種大俠的氣慨與大英雄力挽狂瀾的風度，其性格軟弱和處事優柔寡斷，他們在愛情上的不知所措必然導致事業上的失敗。

張無忌自出世就充滿坎坷，歷遭磨難。

在童年、少年顛沛流離的生涯中，遇到很多武林高手，無意中學得一身絕世武功，張無忌後來陰差陽錯地被推舉為「明教」教主，一統武林天下，並統率各路英雄抗擊蒙古大軍，以期光復中原。然而大仁大勇的張無忌，最後卻敵不過自己手下的大將朱元璋，只好眼巴巴把教主之位拱手相讓給了朱元璋，讓朱元璋一統天下江山成為皇帝，而他自己卻退出江湖，隱居一隅，天天為心愛的女人趙敏畫眉吟詩……

張無忌在至善中生長和醺陶，是幸運而又極為危險的事情。日後他胸無主見，不堪任事的優柔性格的培養長成，正是此處的底氣功和根源。張無忌已深入骨髓先入為主地太多看到人性正面的東西，日後他的心中就是有再大的仇恨也已不能聚成氣候。

謝遜是張無忌精神上的父親和偶像。偶像的力量太強烈了，太陽剛和雄健了，從心理學的角度來說，張無忌形成與謝遜完全相反的性情，是最合乎邏輯的了。

向善的謝遜將他強烈而奇特的愛全部傾注在無忌身上，這愛執著而深入，甚至充滿了獻身的激情。最難得是小小的無忌竟能理解和接受謝遜的這一片苦心。在偶像的光芒的徹底照耀之下，無忌毫無保留地放棄了自己，完完全全地接納和順從，將精神和肉體都交給敬愛的親人去塑造。這是無忌的幸運，亦是無忌的不幸。無忌由此獲得了一種非凡的厚重堅實汪洋恣肆的大底氣，但無忌卻又缺乏個性，總是被動的隨波逐流。

窮髮十載泛歸航，再世為人，再次去迎接塵世生活中真實風浪的沖洗。張翠山和殷素素帶著無忌回到人間，亦就是回到煉獄。致命和考驗和陰謀和糾纏，已命定地拉開他們悲劇的序幕。

迷亂和困惑重擊了幼小的無忌。這個似乎從仙鄉極善之地，從世外桃源下凡來到人世的孩子，怎麼可能搞得懂人世有這麼許多的機詐和罪惡。震撼在他內心悄無聲息地掀動著狂風暴雨，在交戰和流血，在撕裂和分離他既定的認知和觀念，使他變得更為懷疑和無所適從。他必須進行修正和改變。一個內心仁義，外剛內柔，爭強好勝，情感細膩的少年英俠形象，開始浮現出來。

無忌明知自己性命不保，卻關心著俞岱岩的殘疾，從小他就更多地想著別人，少想自己。與周芷若分手時，無忌眼淚奪眶而出，從小他就善感多愁，割捨不下感情之事。與太師父相別，無忌更是淚如泉湧，孺慕之情溢於言表，他的孤苦更讓人憐惜。和常遇春同行，無忌心下傷感，卻不敢流淚，怕惹常遇春不高興，無忌從小就會忍讓和接受委曲。

無忌年紀雖小，說話行事卻有一種大氣象，這是本色和自然的事，這是稟承義父謝遜和其父張翠山的底氣。

無忌居然誤打誤撞，摸摸索索學上了醫，而且醫術漸次高明，連常遇春的掌傷也給他治好了。無忌心思細密，為人沉靜，正是學醫的大好料子，且他還有一種鍥而不捨的頑強求知精神和熱望，甚至不能不讓古怪的胡青牛也為之所動，將招數教了無忌。

胡青牛要先醫無忌而後殺之，無忌聽了只是感歎：「世人似乎只盼別人都死光了，他才快活，大家學武功，不都是為了打死別人麼？」這赤子之心，純良的善意，是無忌安身立命之處。他從小在遠隔人世的荒島上生活，學會的只有真善美，後來即使到了塵俗社會中，即使遭受了罪惡不公的慘酷命運，但他的初衷卻未嘗改變。你看他明明知道父母慘死之事的來由，但他卻並沒有將報仇掛在口頭放在心上，他並沒有因此而變得偏激和對人世喪失了信心。

生死之間的差別其實並沒有人們想像的那樣大。無忌讀《莊子》而再感悟，並且以之為行事處世準則，道家的知雄守雌精神，與他的靜思性格更好地結合了在一起。在這個世界上，他更傾向於旁觀而不是介入，隨勢而不是干涉。

無忌少年時苦難的流浪歷險，可取名為「苦兒流浪記」。一個少年，尚不能有自我保護的完全能力，僅憑別人臨終相托的一句話，便要萬里迢迢，帶著更不能自理的小孩去尋父，真是讓人難以想像。無忌的天性純厚，執著，是他行動內在的本色之處。看無忌一件件一樁樁大仁大勇的英俠舉止，均要從此本色著眼。

傳奇仍然和歷史的場景相交融通貫，個體的創傷與階級的理想相對照映襯，那些奇幻的情節便生動有力起來，更顯豐富和色彩的斑斕。

少年無忌武功不足防身，但醫道藥道，卻繼續大長進，而且成了他一次次轉化危機，化險為夷的實用法寶。他終於有了機緣，將楊不悔送去崑崙山尋找父親。一路上無忌少年老成，為楊不悔當保姆，哄著楊不悔去找媽媽，真是太難為無忌了。無忌的性格，至此已經大體成形，他已習慣了磨難，習慣了誤解，習慣了命運中種種不公和悲慘的遭遇。

好人天佑。奸詐的陰謀不僅沒有傷害到無忌，反給無忌帶來了奇緣奇遇。為逃避朱長齡的毒手，無忌從一個狹窄的隧道鑽過，竟來到一處世外桃源的洞天福地，而且在這兒找到了失傳已久的《九陽真經》，練成一身蓋世神功。

張無忌的純良品質，菩薩心腸，慢慢地盡情發揮和定型完滿。

《射鵰》三部曲中，郭靖憨厚老實但善惡分明嫉惡如仇，楊過瀟脫不拘但自有明確的是非標準，張無忌與他們都不同，他沒有什麼明確的善惡標準，沒有道德上教條的過多束縛，也沒有明確的政治理想和野心。他比較被動，他更多的像旁觀者和局外人，他不喜歡介入和干涉，他的氣質中有更多道家無為避世的成分。他的和善、中立和寬容並不是基於觀念之上，而只是本著樸素的對生命的敬畏、愛和感動。魔教也好，武當、峨嵋等名門正派也好，只要是殺人，他便會在內心本能地反對。

六派圍剿魔教，有許多細緻慘烈的描寫。張無忌只是心中充滿矛盾地旁觀，只是看得很不忍，只是歎氣。他內心的和善也帶來他行事的軟弱，不到萬不得已，不到實在看不過去，他是缺乏勇氣主動去干涉和介入的。直到靜玄奉滅絕師太之令誅斬魔教的俘虜之時，他才再也忍耐不住，挺身而出，大聲責問。

邁出了第一步，接下去張無忌就自然得多了，他心中已壓抑了太久的話此時珠玉一般滾出，絕不有絲毫的含糊和停頓。對於靜玄的歪理，他口齒伶俐地一一駁斥，這並非他有急智，而是這些道理已不知在他心中反覆思量過多久。就是救死扶傷之際，我們還能深究到張無忌的優柔和迂闊之處。他一廂情願要滅絕師太和魔教「兩下罷鬥」，這種性格，又使人想到《天龍八部》中的虛竹。在金大俠的小說中，也許無忌與虛竹的脾性要最為相近。兩人都一般的沒有主見，胸無城府。

無忌對滅絕師太道：「每個人都有父母妻兒，你殺死了他們，他們家中孩兒便要伶仃孤苦，受人欺辱。」這是多麼簡單和樸素的道理，多麼感人，但滅絕師太心如鐵石，全不為所動，真是可怕。無忌挺身而出接滅絕師太三掌以救銳金旗眾人，這才是真正佛像的大慈大悲精神。

無忌求殷野王放過殷離，其言辭的說理也是樸素動人：「她是你的親女兒啊，她小的時候你抱過她，親過她，你饒了她罷。」無忌的內心，有一種最為平民的東西，這正是他日後的大障礙。

六派圍剿明教，跳樑小丑，乘人之危，陰險歹毒，最讓人不齒。無忌旁觀，心存畏懼多時，直到他外公殷天正實在處境堪危了，他才不暇多想挺身而出，最難得的，是無忌處處能以大局為重，私怨為輕，克制憤怒，決意要化解眼前這一場殺劫。

無忌重傷之後，身無半點力氣，幾致虛脫。殷梨亭還要找楊逍報仇不依不饒之時，無忌噴出一口鮮血，心情激蕩地吐露了自己的真實身分：「殷六叔，你殺了我罷！」每次重讀此書至此，我亦心情激蕩，熱淚盈眶，無忌已支撐得太久，太難為他了，太委曲他了！

無忌成了明教興亡的大恩人，明教上上下下保得性命，全是無忌捨身相救，至此無忌自然而然在明教中擁有一呼百應的號召力，而明教其時又正是處於群龍無首，選取不出領袖人物的狀態，所以適逢其會，無忌被眾人擁戴為新教主，無忌的生活中，迎來了一個全新的充滿刺激和挑戰的際遇。

無忌任明教教主之後，與眾人約法三章，是他的施政宣言和綱要，亦最能見出他的本色。無忌的約法三章，其實內容很空泛，沒有什麼新意，不外乎簡單的與人為善，化解仇怨。無忌像個理想主義者，他希望在這個世界上人人都忘記仇恨，人人都是朋友，人人都過著幸福快樂的日子，他更像個詩人，而不是政治家。

張無忌做大事沒有主意，小節上也一樣無可無不可，在愛情這一問題上，他也是多方留情，難以抉擇。趙敏、周芷若、張無忌三人的糾葛正面表現出來之時，趙敏看得出周芷若在張無忌心目中的重要，周芷若也敏銳地覺察到趙敏對張無忌顯然十分鍾情，只有張無忌自己朦朦朧朧，說不清道不明，自欺欺人。

同船逃難，張無忌一男對四女，豔福不淺，他那隨和和仁愛的性格，使他極受女孩子的歡迎，成了女孩子的追逐對象。不過，這一下來，卻是他自找麻煩，情思困困，剪不斷，理還亂，哪一個他都覺得好，哪一個他都捨不得放棄，實在是難以作出選擇。張無忌在理智中迴避矛盾，而夢中卻把潛意識的秘密暴露無遺，他做夢娶媳婦，而且是四個都照單全收了。

張無忌四處留情，倒不是他「花心」，不是他見異思遷，喜新厭舊，他隨和被動，容易受感動，容易受擺佈，容易將心比心，以愛還愛。同船四個女孩，殷離雖醜（但背影看上去還是絕色美人），但那種淒苦卻讓他憐惜，他不忍讓殷離失望，他真誠地想帶給她幸福和快樂，對她以前的苦日子作出補償；小昭是個異色的西洋美人胚子不說，小昭那樣死心塌地地對他，他是發自內心的真捨不得她；周芷若對他有恩，小時候他生病受傷時，周芷若細心照顧過他，而現在她長成清雅秀麗，有若曉露水仙般的大姑娘，對他又是含情脈脈，眉目傳情，他怎麼割捨得下；趙敏更不用說了，他當面向趙敏承認，趙敏比周芷若還要美，而且趙敏又大膽主動示愛，撩拔他的心弦，愛他也如生命一般，他自然更是刻骨銘心了。四女同舟何所望，張無忌只敢做做美夢，在現實中，他沒有擔當，實在不知如何處置才好。

張無忌太缺乏知人任事之明，太有愧於紅顏知己美人傾慕之恩。他曾懷疑小昭，後來又錯怪趙敏。無忌對自己不自信，導致了他也不能信任他人。

在丐幫聚會之時，趙敏為張無忌出頭，眼看要在宋青書手下吃大虧，張無忌這才現身救了趙敏，是愛是恨？

張無忌和趙敏在皮鼓中藏身，兩人摟在一起，肌膚相親，理智讓張無忌生出仇恨，情欲的力量又使他迷惘，所以張無忌一時間竟表現出完全相反的態度，忽然胸口一熱想往趙敏櫻唇上吻去，忽然又下辣手折磨趙敏，張無忌的表現確是太不成熟了。

張無忌雖然種種表現並不及格，但愛他的女人們卻全不在乎，只是記住他的好處，也是難得。張無忌這樣待趙敏，趙敏全不在意，反而在其受虐中生出許多柔情蜜情，似嗔似怒，如怨如慕，只是要讓張無忌回心轉意。

張無忌和趙敏之間愛恨交錯，一陣風一陣雨，確實有點像兒戲，拿不起又放不下，不能不讓人看了搖頭。聯想到《射鵰》中也有郭靖對黃蓉誤會，郭靖變臉，黃蓉委曲相類似的情節，郭黃二人的行止就自然許多，境界不可同日而語。

張無忌的矛盾之處，在他和趙敏似乎都更成人化，情欲的成分更多地無意左右了理性的成分。郭靖黃蓉是純情，兩情相悅即是最濃稠之處，也是不涉風情，樸素乾淨，絕對的金童玉女。而趙敏的美色，更多見於情欲的挑逗，趙敏無疑作為一個女人的成熟之處太多，張無忌也同樣正處於少男初識情欲之美難以自抑的微妙人生階段之時，對情欲的呼喚有著更為敏感的響應和觸動。《倚天屠龍記》書中反覆描寫到，儘管張無忌理智上恨極趙敏，甚至是悲憤難抑，到了要把趙敏扼死的地步，但他卻一而再再而三肉體上的心動，發癡發呆，渴欲著與趙敏一吻。張無忌許多的不忍、憐惜、遲疑、動心、綺念、心軟、慚愧，其實我們都可以在其背後清楚地看到情欲二字。

張無忌這個人物最大的特色是心地善良，純粹世俗意義上的好人，他對於人生世界的觀念認識是一種樸素簡單的理想主義。他的善良的另一面則是幼稚，他的境界只能停留在一般的水準，他對世界缺乏更為深刻和透入執著的認識，所以在《射鵰》三部曲中，他比之郭靖、楊過人格的力量確是薄弱了太多。

張無忌這種人的好處還在於，他不自以為是，他也知道自己的軟弱和無能，他不能作決斷，也就聽之任之，隨波逐流，讓事件按照其固有的內在邏輯自己進行下去，這樣一來，他卻可以避免了執著和一廂情願鑄出的難以挽回的人生悲劇。張無忌給了趙敏機會，也就是給了他自己機會。

張無忌迴避著矛盾，他是幸運的，許多懸疑的事件卻自行水落石出真相大白。蒙冤不白之時，他幸好聽了趙敏的喝止，沒有糊裡糊塗揮劍抹脖子，他一味的猶豫沒主意也有他的收益，不必太多費心，事情也會解決的。

張無忌最會得過且過，趙敏不在身邊，思念不那麼強烈，有周芷若偎紅倚翠在身邊，他便把趙敏放過一邊，和周芷若柔情密意，輕憐低憐起來。一句話，張無忌真是耳根子太軟，趙敏不在身邊，他完全又接受了周芷若的擺佈，對周芷若的話聽得句句入耳，全然忘記了當日向趙敏許諾再謀良晤的話了。

周芷若心計極深，而趙敏也同樣是個厲害角色，兩個情敵針鋒相對，各出妙招，各顯神通，鬥智鬥力，場面熱鬧好看。

這一場三角戀愛對戲，依然是情欲的力量常常成了秘密的主導。這一邊張無忌和周芷若「偎倚良久，直至中宵」，相摟相吻，把持不定，那一邊趙敏也找機會和張無忌深深一吻，意亂情迷下將張無忌上唇咬得出血，讓張無忌出醜，在周芷若面前不好交待。張無忌夾在中間，真是苦極忙極，又是樂在其中迷惘之極，又捨不得趙敏，又要哄著周芷若高興，肉麻時枕頭話也不惜一再說出。

周芷若和趙敏對張無忌的愛，都是佔有和獨霸的成分居多。周芷若以死相挾要張無忌不可三心二意，趙敏更要在張無忌身上先打下自己的烙印做出標識，其用意都是五十步與一百步之差。不到最關鍵的時候，不到推託不過非表態的時候，張無忌是不會拿出決斷的。便是必須拿主意之時，張無忌也是慌慌張張，不假思索，跟著感覺走。張無忌與周芷若大婚之日，趙敏闖來攪局，張無忌又是糊裡糊塗，站到趙敏那一邊去，而且給自己找到了藉口，那是為了謝遜。

張無忌終於信任了趙敏，但這種信任卻並不是出自自我深入觀察分析和對人對事的認知把握的推斷之上，而只是因為聽趙敏說得斬釘截鐵，他不由得不信。一個人沒有主見渾渾噩噩到了這種地步，也實在足夠累了。看張無忌處處無計，心中煩惱，讀者真替他著急。

張無忌最善於被人感動，他是一個極感性的人。與他本是毫不相干的易三娘叫了他一聲「乖孩子」，他便能傷感起來，推己及人，將心比心，想到易三娘失子之痛，想到自己父母的早逝和自己的孤苦伶仃，他便能假戲真做，叫一聲「媽」叫出感情來。

直至此時，張無忌依然對周芷若沒起疑心，將趙敏溫香在抱之時，還能想到愧待周芷若，還癡心作夢，盼日後一雙兩好，左擁右抱，大享齊人之福。張無忌真的是個平凡的好人，連他的夢想都是平凡地直截了當，不加以虛飾。

郭靖憨直，智力並不高，但基於良心原則的道德力量卻非常的執著強大，他終成為頂天立地的俠之大者。楊過聰明靈動，悟性的高妙讓他超越於道德規範之上，堪為俠之風流的典範。唯有張無忌，他實在有太多的缺點和自我矛盾，正如金大俠自己所言，他更像一個普通人，在這個複雜的社會中拖泥帶水，隨波逐流，沒能找到自我的安身立命之處。

十大英雄上榜人物中，張無忌惜其寡斷優柔，空負一身傲世絕學，排名無法更高，位列第八。

・排名第七

胡斐：將生命的意義奉獻給正義之劍

武功：★★★★★　智商：★★★★　情商：★★★

英雄指數：★★★★　攻擊力：★★★★★

《飛狐外傳》中，小胡斐一出場便精彩紛呈，文中的凝重和壓抑漸漸撥雲見日，生命的勇氣和活力開始不可遏止。

胡斐還是小孩的時候，急中生智一泡急尿讓壞人陳禹手忙腳亂，趁機救過了呂小妹。胡斐當時的動作舉止，好笑之極。胡斐的性情與郭靖、張無忌等不同，略近於楊過、令狐冲，有急智，有時又有幾分滑頭和放肆。

英雄年少，唯年少更顯其英雄的出色和可貴。小胡斐燃燒著勇敢和正義的熊熊火焰，一往直前，絕不回頭，他已做好了俠義的遠航的準備，他已張揚非凡，要去乘風破浪，把世事的艱辛和危險踩在腳下，在生命的冒險中奏響命運的英雄之歌，將向上的激情子彈射向人世間的不平和罪惡。

《飛狐外傳》開篇有一段寫胡斐提了黃金，高聲唱著山歌，大踏步而行，意氣風發，大有梁山英雄慷慨豪情，可喜之極！

少年英雄終於成熟了，胡斐孤獨而快樂地過著他行俠仗義，快意恩仇的生活。他已經超越了世人日常生活訴煩憂，站在了英雄們都必將孤獨地生存的哲學高度，勇敢地面對危機四伏的深淵，將生命的意義奉獻給正義之劍。

胡斐說話風趣，討巧賣乖，占美女小便宜，是楊過、令狐冲的路數，但較起真來九頭牛拉不回來認死理，又是郭靖郭大哥的脾氣。

胡斐和袁紫衣兩人正到好處，甜甜蜜蜜，古廟中卻巧遇上鳳天南父子，胡斐這一下怒從心頭起，憋了許久的濁氣，正好要發作，立時就要大開殺戒，為鍾阿四一家報仇。

就在此時，袁紫衣忽然插上一腳，橫說豎說要阻止胡斐殺鳳天南父子，最後為此事還真的與胡斐動上了手，真刀真槍，毫不含糊，掩護鳳天南逃走，最後自己也走了。胡斐又驚又疑，柔腸百轉，不明所以，困惑和失望中又想起袁紫衣的許多好處來。牽腸掛肚，若有所憾，這應該是胡斐的初戀，初戀的滋味，甜蜜中總會伴有焦慮和酸楚。

英雄和英雄之間，往往那種激越的氣慨可以相互傳染和激射。苗人鳳身臨其境指點了其家傳秘學胡家刀法，胡斐有如從他父親胡一刀那兒親自學到了關鍵和要訣，他的成長在此時有了重大意義的突飛猛進。正因為有此種不平凡的經歷，他才真正在境界上被提拔飛升，最終得以與苗人鳳這樣頂世大俠並肩而論了。

真相揭露後，胡斐仍然對苗人鳳下不了手，這是情理中事。這世界上沒有絕對的好人，也沒有絕對的壞人，沒有人可以充當全能的審判者，為善為惡，只在一念之間，有時確是難以分辨。苗人鳳愈是坦然而對，愈是內疚，愈是束手等斃，引頸就戮，愈是顯出其心底無私天地寬，胡斐也就愈是進退兩難，大叫一聲，轉身便走，這是胡斐對命運和造化弄人的無奈。

胡斐對程靈素的矛盾心態最是讓人看得不順眼，他感到「這位靈姑娘聰明才智勝我十倍」，「心底只隱隱覺得不妥」，他對程靈素的敬畏之心真是愈來愈烈。情關一事，胡斐在金大俠小說中的主角中，是最不開竅者之一。當初黃蓉聰明才智勝過郭靖何止十倍，小龍女武功又勝過楊過何止十倍，他們卻並沒有覺著有什麼「隱隱的不妥」。

程靈素是真正的好姑娘，真要讓人為她婉惜和不平半天。胡斐的軟弱和拿不定主意，真是害人害己，錯過了人生中真正的幸福，到頭來竹籃打水一場空，袁紫衣那邊，也同樣沒有了指望。胡斐在此書中的性格和形象，確是有些單薄和不夠豐滿，行為舉止比之楊過令狐冲要差一大截。

與程靈素的大氣相對照的是，胡斐卻像毛頭小夥子一樣，行事格局見小了，他當然已經太清楚地看出程靈素一喜一嗔一哭一笑中隱含的一片深情癡意了，他也感到心中過意不去，他也憐惜，也呆呆發怔，也悵惘徘徊，別有一番滋味在心頭。他也知道和靈姑娘在一起，頗不寂寞，快樂逍遙，但他還是狠下心來急急忙忙把程靈素拒於千里之外，讓其死了這條心。他突如其來提出要與程靈素結拜為異姓兄妹，其用意真是司馬昭之心，路人皆知，難怪程靈素心中傷感，現出幾分狂態來。胡斐這小子做事也太做得出來，太絕了。胡斐不喜歡程靈素什麼呢？是她的相貌平平？還是她的本事太大？還是有袁紫衣在那裡他無法安排呢？這只有胡斐自己知道了。最讓人覺著不應該的是，胡斐拒絕程靈素的時機也十分的不好，程靈素正在為自己的相貌問題傷心，胡斐就立即提議結拜兄妹，這樣做也太露痕跡了。

程靈素甘心同胡斐赴死，胡斐坦然受之，真不知胡斐把程靈素放在什麼樣的位置。

此書中胡斐最為光彩四溢的地方，正是切入平凡的現實，關注百姓的疾苦，這樣的大俠才為難得，最具有啟蒙的覺悟。純粹的江湖，其實是沒有的，江湖的恩怨不可能剝離於現實社會的土壤。傳奇中再頂天立地的豪傑，在百姓眼裡，也不如能切切實實為人民做出有意義的事來得更高明。胡斐這樣一個關注現實的大俠，是武俠小說中一次有益的嘗試。

程靈素為胡斐易容，裝上一部更添數分威武的大鬍子，後來《雪山飛狐》中，胡斐果然留了這麼一部美髯。那麼後來胡斐是否沒有忘記程靈素，是不是有些反悔？想到了程姑娘的種種好處，留鬍子是為了紀念她？

胡斐易容是為了去掌門人大會中搗亂一番，程靈素勸他不要去會中涉險，但胡斐卻一定要去趕熱鬧。這一段，也有許多潛台詞，並不是像他們表面所說的那樣。胡斐要去，心中藏私當然還有一個目的，那就是因為袁紫衣也會去。程靈素呢？雖然她知趣而有容人之量，但私心下還是想著最好胡斐不見到袁紫衣為好。

當年胡斐還是小孩子被商老太擒住拷打，馬春花不住出言求情，這件事在馬春花只是小事一件，只是她純良善心的一次自然流露。胡斐卻由此感恩於馬春花，數次拚死相救，這是馬春花的善報。現在馬春花中毒之深，只是牽掛著兩個孩子，放不下心，胡斐再次要為她闖龍潭虎穴，救出孩子。

程靈素一切看在眼裡，用言語慎重其事擠兌胡斐，不讓他去犯險。程靈素是真心關心胡斐，把胡斐的一切都身同己任，一顆心全在胡斐身上，更了不起的是，程靈素真是有過人的聰明，如胡斐所言，程靈素才智確是相當的高，程靈素還是猜到胡斐一定要去救人，決不會顧忌自己的安危。程靈素真的可以稱得上是胡斐的知己，她已經深刻地瞭解了胡斐，理解了胡斐的性格、脾氣、思維方式和行事方法。與她相比，袁紫衣對胡斐又能瞭解多少呢？袁紫衣只會耍小心眼，只會猜忌，其實袁紫衣並不適合胡斐，胡斐被初戀沖昏了頭，沒有明白這些道理。

胡斐犯險救人，百算之中還有一疏，眼看無法順利脫身，這時幸有早已安排停當的程靈素來相助。胡斐這次真的有些感動了，他也知道「天下只有一位姑娘，才知道我會這般蠻幹胡來，也只有她，才能在緊急關頭救我性命」。紅顏知己，但又有什麼用呢？胡斐還是要喜歡「那個多情多義的袁姑娘」。

程靈素並不真正怪胡斐不聽她的話，她只是關切胡斐的安危。程靈素知道男人有男人的行事原則，如果男人事事都要女人來耳提而命，這樣的男人當然沒有出息，也不值得好女人為他擔心牽掛了。

程靈素問胡斐：「她還沒來？」胡斐明知故問：「誰沒來？」兩人都一般的放不下，看不開。尤其是胡斐，心事遮遮掩掩，不爽快。楊過在別的女孩子面前，絕不會遮掩自己對小龍女的思念，胡斐卻扭扭捏捏，差多了。

袁紫衣慧劍斬斷塵緣和情思，歸了自己的本份。但這對胡斐是太不公平了，給胡斐的打擊是太大了。袁紫衣緇衣芒鞋出現，胡斐當場差點暈過去，毫不躲閃地中了鳳天南射來的無影銀針。胡斐怔了半天，能說什麼？還好，他的心理素質不錯，只是最後「終於輕輕歎了口氣」，終於還是挺住了，承受了這惡作劇般愚弄人的打擊。

還是程靈素最好，她知道胡斐一心想和袁紫衣紅花會人物攪散這個掌門人大會，早就準備好了，在玉龍杯上布了毒，使大智禪師七人拿杯時一齊失落在地跌了個粉碎，挫敗了福康安的這一精心策劃的陰謀。胡斐向程靈素微微點頭，心中實是又佩服又欣然。

程靈素為胡斐犧牲了性命之後，袁紫衣又來了，但她來幹什麼？要在胡斐心靈的傷口上再撒把鹽？她也放不下胡斐，但她的理由太蒼白了，她不能終生陪伴胡斐一起浪跡天涯，難道只是像她所說，是掙不開當年「在師父跟前立下重誓」嗎？袁紫衣若有情若無情，此時她又像是有情，但當胡斐要她下決心時，她又不言語了。

胡斐最後借寶刀之威力打敗田歸農眾人，這並不重要。重要的是他贏了又有何用？生命又有什麼值得歡樂之事？

胡斐能找到真正的幸福嗎？這要請讀者去看《雪山飛狐》。

《雪山飛狐》中，經過再三的鋪墊，再三的烘托，雪山飛狐終於雲龍一現，閃亮登場了。未見其面，先聞其聲，半山腰傳來的一聲長笑，震得山谷間轟鳴相應，好一派豪情！胡斐的悲歌慷慨的狂態，比之於其父胡一刀，又增添了數分瀟灑和不羈。

胡斐與苗若蘭之間含羞蘊藉的情意，胡斐的一見鍾情，這是合理的。大英雄自幼失去了父母，母親的形象是他潛意識中擇偶的標準。而苗若蘭，我們前面已經說過，正和胡一刀夫人一般嬌美聰慧，一般的有主見有擔當，這是極不容易的事。下得雪山來，胡斐再也不能忘記苗若蘭的倩影，那一顰一笑，一言一行，那詩酒彈唱，使大英雄孤寂落寞的內心，生出許多溫柔細膩的情愫。情絲難斷，胡斐再上雪山之巔，去尋找苗若蘭。

胡斐無意中發現了御前侍衛要誘捕苗人鳳的陰謀，胡斐危急中的藏身之所，卻是被點穴道只穿內衣的苗若蘭的被窩。

巧中巧，奇中奇，天意和緣分，使兩人的情感有了一個最佳的交流契機。這是香豔的一段，卻絲毫沒有粗俗和褻瀆之處，正在那男女授授不親的極尷尬中，表現出抑止不住的純情的幻美。

同被而臥，芳澤時聞，胡斐和苗若蘭兩人都是大羞。苗若蘭的羞澀是可以理解的，胡斐的含羞，在這粗獷的大漢身上，卻有著說不出的俊雅和可愛。帳外是陰險狠毒的奸謀，帳內卻是別有天地，春光無限。苗若蘭對於胡斐的魯莽，不怒反喜，這又是多麼微妙的心理。

苗若蘭芳心早已許向胡斐，這也是有道理的。知道了胡一刀夫婦的悲劇，知道了胡斐淒慘的身世，苗若蘭在同情之中，還有內心不安，因為這一切畢竟是因為自己的父親親手造成的，苗若蘭潛意識中，想為父親的過錯贖罪，想給可憐的胡斐以溫柔憐憫的補償，這在前文已有明確交代。而正是這種心理作基礎，又加上胡斐是這麼一個文武全才可值依託的大英雄，這種愛情的發生就可以順理成章了。胡斐再也忍不住在苗若蘭的臉上輕吻了一下，這愛情的明確資訊，真叫苗若蘭又喜又羞，省去了多少言語無力的交流。

苗人鳳中了暗算，危急時刻，胡斐飛將軍一般從天而降，天神一般奮勇卻敵，救了苗人鳳的性命。苗人鳳看到了與胡斐同被而臥的苗若蘭，誤會了胡斐行為不軌，大怒之下，反過來找胡斐算帳。巧合和誤會，繼續將故事向全書的最高峰推進。

尷尬情形中，胡斐抱著苗若蘭先行遁走避開。兩人獨處山洞之中，終於彼此敞開了心扉，隻言片語，傳以傾心之意，琴瑟諧好，共結同心之帶。

一切都來不及解釋，苗人鳳便逼著胡斐以性命相搏。當年在滄州之戰犯下的錯誤，苗人鳳完全沒有接受教訓好好反省，還是這般粗糙和性急。

胡斐這一刀到底劈下還是不劈，千古懸念讓讀者永遠都不能放下心來。

十大英雄上榜人物中，胡斐切入平凡的現實，關注百姓的疾苦，有著強烈的正義感，排名第七。

·排名第六 胡一刀：唐人傳奇中古拙豪傑的風範

武功：★★★★★　智商：★★★　情商：★★★
英雄指數：★★★★　攻擊力：★★★★★

《雪山飛狐》中胡斐的故事，卻遠不如他父親胡一刀的故事精彩和讓人難忘。二十七年前滄州之戰，才是此書中最引人入勝光彩奪目的閃光點。胡一刀、苗人鳳，還有胡一刀的夫人之間的英雄氣慨，仁義俠腸，堅貞愛情，讓人有無窮的回味。

胡一刀有唐人傳奇中那種古拙豪傑的風範，讓人想起風塵三俠中的虬髯客。看他一張黑漆面皮，滿腮濃髯，頭髮蓬鬆，雙目如電，讓人不能逼視。胡一刀的夫人，卻是嬌美非常，美得讓人也是心驚肉跳。寶樹形容胡一刀夫婦，是「貂蟬嫁給了張飛」，此亦可說是傳神。絕世的英雄，配以絕世的美人，這正是英雄美人最原始的古意，這種對比強烈，反差鮮明的美感，最具悲劇的崇高感，是寶樹這等俗人所不能明白的。

胡一刀在群雄虎視之下，旁若無人，逗弄孩子，蘸酒給孩子吮一滴，自己仰面喝一碗，此等豪氣，真是動盪讀者胸懷。胡一刀的天神般大氣，與喬峰有幾分相似。

大俠亦有英雄氣短兒女情長的時候，胡一刀在背後與夫人計議，拿不準苗人鳳會對夫人孩子怎樣，此處寫得真實，絕不因其像寶樹所謂「心裡害怕」而減半分光彩。胡一刀和夫人在客店中輪流抱孩子疼愛，讀之心酸不忍。唯大英雄能顯真本色，其吞天吐地的大胸襟中，仍有輕憐蜜愛的細膩柔情，寫得好，連寶樹都不能不佩服他「真是個奇人」。胡一刀夫人，對丈夫全心全意地深愛和支持，死心塌地敬愛丈夫，寶樹想不通，也正見出胡一刀夫人的可敬可愛。

滄州一戰，令風雲變色，驚天地泣鬼神。兩人之間，明明是仇敵不共戴天，卻處處盡見相惜相敬的傾慕之情。苗人鳳坐下就與胡一刀舉碗共飲，毫不作小人防範之態，他相信胡一刀「是鐵錚錚的漢子」，「行事光明磊落」，不會暗算他，他才是胡一刀真正的知音。田相公范幫主在一旁作陪襯，真是見小，無地自容。

決戰之前，兩人推心置腹，相互托以身後之事，讀之感人。每一日兩人決戰了一日，不分勝負，彼此更是相互欽佩，胡一刀夜奔三百里，為苗人鳳殺了仇人商劍鳴。第二日胡一刀苗人鳳又惡戰一日結束之時，胡一刀才拿出商劍鳴首級來說明，大方磊落，毫無居功賣好之意，真是膽色情懷，非常人可望其項背。

最後莫名的悲劇卻發生了，苗人鳳誤傷胡一刀，卻讓胡一刀中了劇毒而死。

胡一刀要閻基去向苗人鳳說三件事。如果閻基把這三件事說了，自然就可避免性命相搏的悲劇發生。閻基卻以小人怨毒心腸做出了極陰險毒辣之事，不僅沒有轉述真相，而且還將胡一刀、苗人鳳兩人的兵器上都塗了劇毒，造成最後不可挽回的悲劇。

十大英雄上榜人物中，胡一刀以其古拙的豪俠風範，最能動人，因此排名第六。

‧排名第五‧陳近南：心底無私天地寬

武功：★★★★★　智商：★★★★★　情商：★★★

英雄指數：★★★★　攻擊力：★★★★★

陳近南在《鹿鼎記》中，其實是個悲劇人物，而且他的愚忠，也容易讓人不大佩服，但陳近南的大義凜然，一身正氣，還是寫得轟轟烈烈，讓人神往。他是諸葛亮那種人，鞠躬盡瘁，死而後已，明知不可為而為之，只求盡力，心安而已，陳近南的身上有一種悲劇的崇高美感。

陳近南明言，並不喜歡小寶的油腔滑調，狡猾多詐，但一切只以天下大事為重，冒險而行。

陳近南道：「就算明知是火坑，也只好跳下去。」這是他為人處世安身立命之本色，是他諸般行事言辭內在關鍵本質所在。立小寶為青木堂香主，實是有說不出的苦衷，不得已而為之。但雖是如此，陳近南還是盼著小寶成材，教他武功，教他為人的道理，教他處世的艱辛，又為小寶解去海大富所下之毒，真是苦口婆心，語重心長。

功高震主，本是政治鬥爭中的大忌。陳近南一世英雄，精明忠誠，卻沒有想通此一關節。鄭克爽道：「天地會只知有陳近南，哪裡還知道台灣鄭家？」一語道破天機。鄭氏權力鬥爭的內幕，此時公然開張揭露，利益要求被重新分配，鄭克爽與其兄弟爭位，陳近南成了無辜的犧牲品。

馮錫範突然發難，天地會眼看又要遭滅頂之災。小寶受命運垂青，讓他又在天地會中立了奇功，靠著他撒石灰的下三濫手段，這才救了陳近南和天地會中兄弟的性命。

看到陳近南兩鬢斑白，神色憔悴，為反清復明事業操碎了心，悲涼失路，小寶動了真情，將《四十二章經》中的藏寶圖拿出來給陳近南，給鬱悶憂愁的陳近南打了一劑強心針，精神頓時大振。「師父是不要銀子的」，陳近南在此書中，是多麼難得的一點亮色。看此書中哪一件事不要銀子？有幾人不在銀子面前敗下陣來？

施琅和陳近南等打水戰，打到神龍島上，陳近南大義凜然，曉之以情，動之以理，說得施琅面有愧色，正關鍵之時，鄭克爽卻在背後突施暗算，刺了陳近南致命一劍。

陳近南英明一世，卻落得如此結局，實在讓人寒心，臨死之前還要小寶答應要饒了鄭克爽性命，這是陳近南一生的死穴所在，愚忠，毀滅了這個大英雄。

陳近南最後道：「我一生為國為民，無愧於天地。」

讀此，真是驚心動魄，大英雄胸襟坦蕩，心底無私天地寬，但卻終不能見容於天地之間，天忌英雄也？造物弄人乎？

十大英雄上榜人物中，陳近南以其心底無私天地寬悲劇的崇高美感，讓人嘆服和感懷，因此排名第五。

·排名第四

楊過：俠之風流

武功：★★★★★　智商：★★★★★　情商：★★★★★

英雄指數：★★★★★　攻擊力：★★★★★

郭靖為正，楊過為奇；郭靖中流砥柱，楊過劍走偏鋒；郭靖是俠之大者，楊過是俠之風流。

從《神鵰俠侶》一書開始，楊過便是郭靖這個成功人物的一種反動，一種矯正，一種補充。

千里之風，始於青萍之末。少年的楊過，就有了這許多的奇特，許多的不同。沒爹沒娘的楊過，天不收地不管，他不僅沒能享受正常少年的父母之愛，天倫之樂，甚至於連生存和苟活都要靠自己的血淚去爭取，他有太多的委曲，太多的怨意，他怎能不偏激，怎能不刁頑，怎能不在塵土一般的卑微中生出那種不可理喻的驕傲。

郭芙無辜，武氏兄弟無辜，孩子們本能中惡的一面無辜。在錦衣玉食，輕裘美餚中浸泡得要滴出蜜來的郭芙和武氏兄弟，他們和少年楊過不是同類，只能群分。差距和層面註定了油與水的不相融，冰與火的不同爐。所以郭芙和武氏兄弟欺辱楊過，我們又何忍深責！

一種不平之氣和渴慕青雲的種子，在楊過的心中扎根，在醞釀著卓異的精神。楊過日後的離經叛道，特立獨行，於斯已見，良有以也。

金庸的小說中，總有一種流淚的對人世博大的慈悲和憐憫，讀少年楊過在桃花島逃遁一段：「他獨立山崖，望著茫茫大海，孤寂之心更甚」，讀此，真有一種巨大的悲驚意緒。

少年楊過在全真教學藝，膽敢辱罵師尊，此為大俠楊過人格形成的內在關鍵，日後楊過一意孤行，突破世間眾法名教的道德行為規範，此處即為因，即為種。

楊過逃出古墓之後，洪凌波正好是楊過發洩和移情的對象。楊過輕佻跳達、油腔滑調的本色再次有了排演的機會。楊過總是不會放過這些機會。

楊過道：「誰待我好，我也待她好」。此一句話是楊過一生行事的大綱要。

楊過沒有郭靖的那麼多正義感、道義感，他只是渴慕自由自在的人性，渴慕人世間的真心換真心。

所以大惡人歐陽鋒對他好，他也就對歐陽鋒好；奇醜的孫婆婆對他好，他也就對孫婆婆好；郭芙說他手髒，他便「對她一家都生了厭憎之心」。

楊過他像是自由之子，完全憑感情用事。

情為何物？即使是楊過小龍女這樣轟轟烈烈的偉大愛情，其實剖開了看，也並不是所有的一切都盡如人意。

楊過是金大俠小說中的一個異數。他的英雄是如此的真實，以致他性格中的弱點也如此栩栩如生。

小龍女被尹志平迷姦，誤以為這是楊過少年的魯莽；楊過卻蒙在鼓裡，不知隱情，自然惹得小龍女傷心自艾而悄然離去。楊過自此踏上追尋愛人蹤跡的旅途，其間穿插了許多喜劇、悲劇和鬧劇。

程英、楊過、耶律齊、完顏萍去救陸無雙，四人大戰李莫愁，險象環生，幸而郭芙、武氏兄弟巧遇過來援助，趕走李莫愁。

故人相見，非但沒能執手言歡，楊過反而落荒寂寂而行。這是楊過內心偏激和怨毒的一面又占了上風。

悲憫身世，顧影自憐，郭芙的高貴和不可方物的嬌豔再次刺痛了楊過的內心，楊過在自卑中愈是激出非常的孤傲，愈珍惜親人、愛人的小龍女的柔情和真心。

洪七公無意的一句喝罵，引出楊過英雄氣短兒女情長的滾滾淚水，寫得恰如其分。

讀楊過一生，都需以此痛哭流涕的生命真實隱痛來著眼，楊過實是內心痛哭和泣血的孤傲大俠。

奇特的境遇鑄造楊過卓異的心靈。生與死，愛與恨，情與仇，恩與義，超級濃縮的排演速成地教育著楊過，他的境界飛速拔高，「只覺世事如浮雲」，玩世起來。

楊過畢竟是少年心性，騎醜馬裝腔作勢以潦倒的扮相要去戲探郭靖夫婦，以其見小的真實，反襯郭靖大器的真實。

楊過道「原來郭伯母竟是這般美貌，小時候我卻不覺得」，楊過此時果真是長大了。

黃蓉傳丐幫幫主之位與魯有腳，慶典上老丐提到「忠義」二字，楊過「自幼失教，不知『忠義』兩字有何等重大干係」，此時有悔有悟。

看在「自幼失教」四字上，我們更應體諒楊過許多偏激。

楊過、小龍女別後相逢，激動萬分。「大廳之上千人擁集，他二人卻是旁若無人，自行敘話」。

情為何物？我眼中只有你，你眼中只有我，有你的世界才是最真實的世界，沒有你的世界只如四大皆空！

英雄大宴上激戰正酣，楊過和小龍女卻恍然不聞，執手言歡，情意纏綿。在楊過是「自幼失教」，天不怕地不怕，在小龍女是不諳世事，於世俗禮法半點不知。

好！倘若世俗禮法不能給人以人性的自由，生命的歡娛，不懂也好，不理也罷！

小龍女與楊過方才重逢，旋又分離，情的煎熬和揪心裂肝的戲劇衝突，呼嘯著向前。

分離永遠是愛情的發酵和催化劑，分離永遠使幻覺在距離的美感中完成一種甜蜜的自欺和完滿。

楊過一開始懵然如夢，絲毫不解那種知冷知熱、一會兒是海水一會兒是火焰的情和欲的迷醉和美感。

正是分離使他變幻了聚焦和視點，使他因失落和焦渴和期盼脫胎換骨，破繭化蛹，對幻愛的倩影有了更為巨大的期待和迫切，所以雖小龍女不明世事，他卻明知不妥而不再猶豫，有了一種空前的百無禁忌和勇敢。

本來心性易於偏激的楊過，從傻姑的片言隻語中誤會了真相，將郭靖黃蓉當作了他的殺父仇人，由此一誤再誤。

怨毒於人，真可以扭曲最高貴的人性。

然而，故事正要從誤會中去生長，愈是誤會，愈是讓讀者懸疑，愈是讓讀者丟不開，放不下，替人擔擾驚嚇。

道德、正義、社會規範之類的東西，於楊過實在是淡薄。楊過心中的良心原則只不過是「誰待我好，我就待他好」，誰待我不好，我也待他不好。此外的一切，都不在話下，所以對楊過來說，沒有永遠的敵人，也沒有永遠的朋友。所以楊過在誤會和憎恨郭靖黃蓉之餘，竟與曾是性命相搏的生死對頭金輪法王達成一致，相約「我助你取武林盟主，你卻須助我報仇」。

這是真實的楊過，這是有缺點的非完人的楊過，這是永恆的個體的命運與集團利益衝擊的悲劇。

金大俠為何偏愛楊過？許多讀者也為何偏愛楊過？唯其真實，唯其情可悲可憫，才能動人。

困厄於自己武功遠輸於郭靖，楊過想自創武功，嘔心瀝血要在武學上有所獨創，楊過「七日之中，接連昏迷了五次」。

此實是真正做學問的境界，也唯有真正做學問之人，才知其中甘苦。

最後楊過猛然頓悟，諸般武學皆可我用，不必強求合一，當用則用，唯求自然，此番武學境界，高明了許多。

此番武學境界，實也是諸般學問做到至深至極時的境界。

《神鵰俠侶》是一部大的情書，點題、破題、立意、總喻，全在於情花一物之明喻。花以情為名，情以花作譬，情之為物，本是如此，入口甘甜，回味苦澀，而且遍身是刺，就算你小心萬分，也不免為其所傷。

情花何等美麗，果實卻醜陋難看，或苦，或辣，或酸，或臭氣難聞，或中人欲嘔，十個果子有九個苦，卻只親口嘗過才知究裡。

問世間情為何物？謎底和答案，已在這裡張榜公告。

楊過小龍女相認後，再次因分離的距離而放大著內心的歡悅激情。喜極而泣之後，楊過又按捺不住天性開始胡說八道：「我肚子裡血多得很」。信乎？果然，金大俠小說中，當推楊過為第一熱血青年。

情之為物，既甜且毒。看楊過身中千百情花之刺，劇痛難捱；情的隱喻，情的警世，寫得驚心動魄。

情為何物？情為生命中最深刻的苦難和無邊的暈眩和放棄；情為美麗的苦行和自虐中對終極意義的求證和假設。

楊過道：「我的生辰八字必是極為古怪，否則何以待我好的如此之好，對我惡的又如此之惡？」

過兒錯了！境由心造，物以己悲。非是這個世界太過顛倒太過無奈，其實激情的衝刺和放任早已將遊戲的規則更改。

楊過身中情藥之毒，只有三十六天好活。裘千尺恩將仇報，給了楊過半粒解藥，毒勢反而加快一倍，只有十八天可活了。這十八天中，只有殺了郭靖黃蓉，楊過才能從裘千尺手中得到另外半顆解藥，而楊過誤會郭靖黃蓉是其殺父仇人，所以正中下懷，楊過答應了裘千尺的要求去殺郭靖黃蓉。

情與義，個人的恩仇和民族的大義，此時發生了尖銳的令人不快的衝突。

當此時正是蒙古大舉進攻南宋襄陽之時，郭靖黃蓉捨身而出，挽危瀾於既倒，作中流之砥柱，實是「俠之大者，為國為民」。楊過竟在此時去殺郭靖，他已經艱難地陷於了不義的一面。

階級的理想，個體的創傷，這是本書中反覆出現的深刻對立的矛盾體。《神鵰俠侶》一書的境界，正可從這些地方看到。

金大俠不是簡單地判定誰對誰錯，誰是誰非，不是圖解，不是概念化，金大俠只是要寫出人性中最深刻和隱喻難解的一面來。

冒天下之大不韙，楊過再疏狂跳脫，也不能不在心裡暗自掂量掂量，不能不畏難，不能不猶豫和退縮。

從絕情谷中出來，楊過摟著小龍女，第一次品味到情和欲美麗的芬芳，第一次把小龍女真正當成女人來對待。

郭靖欲回城而被金輪法王射箭相阻出現危機之時，讀者怦然心驚，屏息斂氣。楊過心中念頭千轉，殺他還是不殺，救他還是不救，看得讀者心中亂如麻絮。好過兒，終於拉著繩索飛撲下去救起了郭靖，「城上城下兵將數萬無不瞧得張大了口合不攏來」，讀者此時，也張大了口合不攏來。

武氏兄弟二人為郭芙爭風吃醋，賭氣去闖敵營被擒，郭靖帶著楊過去赴鴻門宴，這次郭靖的表現真的讓楊過心服口服，死心塌地了。情和義的衝突，畢竟人間的正義勝過一己的私情。

將心比心，以心換心，郭靖的大俠人格深刻地震撼了楊過。

至此之時，楊過才忽如在人生的茫茫迷霧中拔雲見日，理解了生命和人生的真諦，楊過這才真的成熟了！

往者不可諫，來者猶可追。在蒙古大軍的重圍中，楊過拚死迴護郭靖，直至脫力昏迷。情為何物？沒有義的支撐，情將只能是蒼白無物的鏡花水月。

楊過的人生大課還在繼續。情愛要緊，還是國事要緊？一己之恩義要緊，還是民族的利益要緊？楊過的境界迅速撥高：舊日之我是何等見小，何等自私，何等卑鄙？今日之我要作俠之大者，捨身取義！「時至今日，我心意方堅，永遠不會反覆了！」

好楊過，知錯就改，善莫大焉！

愛情，還是要以生與死激烈的衝突來作襯托，才能更顯其堅貞和偉大。

「甚麼師徒名分，甚麼名節清白，咱們通統當是放屁」，金大俠已憋了許久的話，這時終於借楊過之口說了。

好！好，這句話，實是全書數百萬字總括的立意，也是楊過自由英雄形象樹立的基礎。楊過儘管有這樣那樣的缺點，就衝著這句話，也能猛然在讀者眼裡燃燒出璀燦的亮光。為什麼有眾多的讀者傾心於楊過這樣一個並不完美的人物，這裡就是答案。

「人生在世不稱意，明朝散髮弄扁舟」，這是文化主流中的別一種傳統，是自由的呼喊，是人性的解放，是壓抑的釋放。

在死神面前，一切外在的規範都已黯然失色，不再重要。重要的只是此時，此地，這一剎那間生命的歡娛和真實。

楊過本性中疏狂的一面在此時急速地膨脹，補償和報復般地席捲和橫掃過來，他竟就要和小龍女在重陽宮神聖的祖師堂前結拜天地，全然不把一干愚昧低劣固執自大的臭道士放在眼裡。

小龍女聽黃蓉的一席話而有所悟，她要以渺茫的希望給楊過，激發起楊過的求生意志，服下斷腸草以解除情花之毒。（「情」之毒須用「斷腸」來解，寫得真是恰如其分。）

「十六年後，在此重會，夫妻情深，勿失信約」。

儘管是渺茫得不能再渺茫的希望，也總算是希望。

此後數年，楊過與神鵰為伴，寄相思於武學的精研之中，終於更上一層樓，棄重劍不用，登入用木劍的神境，與當年那獨孤求敗劍魔之無劍之意境，相去不遠了。

一代大俠，號以「神鵰」，自此悄然出現在江湖之中。

情的教育，義的歷練，楊過徹底脫胎換骨了。

當初的輕揚跳脫，化而為現在的沉穩深博。

當初的偏激怨毒，化而為現在的正大慈悲。

成熟在痛苦和眼淚中釀造出醇冽的美酒，暢飲生命最深的感動。

十六年來，苦候小龍女生死之約，漫遊四方，行俠仗義，楊過成了神鵰俠，實踐著和豐滿著俠的精神和涵義。

十六年已到，十六年渺茫的希望，忽然間如泡影般幻滅，誰可以承受如此非人的打擊！

楊過終於從黃藥師那裡知道，「南海神尼」只是神話中一場善意的騙局。

看他白日醉酒，月夜長嘯，書空咄咄，此種絕大的悲痛，形成殘忍的美學。

離奇和巧合，天意和機緣，本是傳統小說必具的法寶。但在金大俠這裡，卻超越了普通陳舊俗套的路子。

還是情義，還是性格，還是栩栩如生的鮮活人物，使離奇變為可信，使巧合變為天然。

正如金大俠此書的後記中所說：楊過和小龍女「兩人若非鍾情如此之深，決不會一躍入谷中，……」

沒有等來小龍女，楊過縱身躍入絕情谷殉情，此舉可歌可泣，驚天地泣鬼神。

情為何物？楊過和小龍女用生命的賭博去揭破這無字天書的謎底和答案。

十大英雄上榜人物中，楊過以其深情，排名第四。

・排名第三

令狐冲：和普通人一樣有著許多失敗隱痛

武功：★★★★★　智商：★★★★★　情商：★★★★★

英雄指數：★★★★★　攻擊力：★★★★★

令狐冲人未見面，卻先有許多人物來為其描繪金身，此造勢之先聲奪人筆法，愈不見其人，愈讓人想見其音容笑貌。

六猴兒講令狐冲懂酒好酒的故事，已見出令狐冲非常人處的高明。

計賺叫化兒半葫蘆猴兒酒，此令狐冲之機智；作東請叫化兒暢飲一場，此令狐冲之放達；好酒而又有胸懷，有灑脫，此上上人物之境界也。

「狗熊野豬，青城四獸」，令狐冲一聽這等人的名字，就嫌汙了耳朵，影響了喝酒的心情，將其連踢七八個筋頭，好暢快。

令狐冲何許人也？當然絕不是郭靖，他不知比郭大哥悟性高出多少；也不是張無忌，令狐冲拿得起放得下，絕不會如此柔弱猶豫。

令狐冲在生性跳達灑脫上有幾分像楊過，但絕不像楊過有許多偏激和輕佻。在金大俠的小說中，令狐冲的形象受到了許多讀者的喜愛，論者的好評。

令狐冲更接近於自然的人性，不虛矯，不假飾，沒有豪言壯語，沒有豐功偉績，但只是隨遇而安，聽任良心自由的呼喚，該出手時就出手。

雖然令狐冲是出於救人的無奈，但說出的話確太不中聽，直視儀琳如無物。「這小尼姑瘦得小雞似的，提起來沒三兩重」，試想儀琳聽來心中是何等滋味？

令狐冲愈是這樣說，其實儀琳心中就愈想找機會證明給他看看，這是人之常情。這樣一來，令狐冲之於儀琳的意義，就不單單是相救之恩了，日後儀琳動了凡心，這裡也是一種因素。

坐鬥一段，令狐冲智計百出，先是對田伯光言語相激，繼又拚酒，最後終於想出坐鬥的妙法，讓田伯光上了當。令狐冲拚著一死，可以讓儀琳趁機逃脫。

令狐冲此一計，其實是當年黃蓉與歐陽克賭畫圈賭鬥一文的翻版，不過，此處更為精彩，更見人物的本色性情來。

令狐冲在愛的煎熬中終於明白了幾分，不能不承認他內心不可抑止的對林平之的嫉妒之意。

和岳靈珊試劍過招，他竟失手把小師妹心愛的碧水寶劍彈下了深谷。如果做一次佛洛伊德的心理分析，此一失誤，其實就是強迫的不能控制。

令狐冲喜酒好酒，田伯光從長安挑一百斤美酒上華山絕頂請令狐冲暢飲，真讓人想不到，妙絕！

令狐冲胸襟坦蕩，落落大方和田伯光言筆宴宴地喝了三大碗，讚不絕口，忽然又哈哈一笑，將兩罈美酒踢下山谷，讓人想不到，又妙絕！

田伯光此來，獻上厚禮，卑詞巧色，竟是為了請令狐冲下山去見小尼姑儀琳，更是讓人想不到，更妙絕！

一筆三折，處處讓人又驚又喜，金大俠寫得真妙絕！

令狐冲說：「就算是正人君子，倘若想要殺我，我也不能甘心就戮，到了不得已的時候，卑鄙無恥的手段，也只好用上這麼一點半點了。」此句話深得風清揚歡心，難怪風清揚將獨孤九劍劍法盡數傳授令狐冲。

令狐冲的回答令風清揚大悅，也是令狐冲內心真正的吐露，也正因為令狐冲是這樣的任性而為，才使得日後令狐冲和魔教諸人的相處有了可能性。

令狐冲的可愛之處和真實可信，其實正在這句話當中。這句話正是其安身立命之所在。這種大覺悟的話，旁的英雄人物是說不出來的，也不敢輕易贊同的。大概只有韋小寶才會雙手贊成。

令狐冲的武學境界飛速拔高，從活學活用，各招渾成，到無招勝有招，從世界觀到方法論，他都在脫胎換骨，重新做人，令狐冲看到了一個以前他做夢都沒有想過的全新天地。

不過，境界愈高，卻與其師父岳不群的隔離疏遠就愈大，他們已不可能是同類了，他們其實本來就不是同類，決裂和真相揭露的日子不遠了。

岳靈珊為令狐冲盜取岳不群的《紫霞秘笈》，想讓令狐冲修練治傷，此是真情，但此真情乃是兄妹同門之情，非關男女之愛。

這一點令狐冲看得明白，想得透徹，所以寧死不要，表面上的理由是他要「寧死不違師命」，其實又何嘗不是和岳靈珊賭氣？

「堂堂丈夫，豈受人憐？」說得好！令狐冲越想越通，只是心中酸楚，更又可向誰人說？此情可悲可憫，單戀最傷人心。

金大俠的小說中，第一主角在愛情上竟如此失敗，此絕無僅有。

《笑傲江湖》全書所有的恩怨仇殺，無不是圍繞著這似是而非的辟邪劍譜展開的。焦點凸現到岳不群身上了，眾多高手的來襲，自不是偶然之事，伏筆曲筆，已經布下。

岳不群受制，岳夫人受辱，重傷之下全無內力的令狐冲勉為其難上前對敵。獨孤九劍初試鋒芒，竟然亮起驚豔駭世的光芒，異彩大放！

令狐冲拚死戰鬥卻見岳靈珊和林平之握手相倚，不由胸口一酸，讀此，境同親造，我亦胸口一酸。

洛陽金刀無敵王元霸家中，處處熱鬧，處處排場，處處闊氣，處處風光，反襯令狐冲處處冷寂，處處孤苦，處處心酸，處處丟臉。

第一天就在大宴上醉得一塌糊塗，吐了一桌；接下來又把劍當了銀子買酒喝，賭錢輸了鬧事，讓小混混一頓臭打，如此各種狼狽，心灰之極，苦趣之極，作賤之極，著力寫出英雄失意，黃金棄於糞土。

辟邪劍譜的事還沒完，眾人的疑點到了令狐冲的身上，王氏兄弟一番折辱，搶走令狐冲身上的《笑傲江湖》曲譜，由此情節一轉，引出任盈盈的故事來，過渡之處極巧妙，不著斧斫痕跡。

由曲譜之緣，令狐冲結交了老蔑匠綠竹翁。

看令狐冲，在王家之中是何等孤傲，白眼看人，對老蔑匠，又是何等執禮甚恭，此一時也，彼一時也，性情輩中人，唯求心安而已，那有許多世俗的規則。

令狐冲終於將曲洋、劉正風及曲譜的秘密告訴了「前輩婆婆」，他自言是聽了婆婆的雅奏之後，心中傾慕其風範，更無猜疑。

如此說來，令狐冲也有許多藝術細胞，能聽懂音樂曲外之意。婆婆自可以引令狐冲為知音了。

令狐冲福至心靈，竟向婆婆學起琴來，而且還向綠竹翁學起品酒來，真可以樂而忘憂了。婆婆聽了令狐冲絮絮叨叨講了自己苦戀小師妹的許多痛苦之後，道：「你今日雖然失意，他日未始不能另有佳偶。」好笑，他日之另有佳偶，就是這「婆婆」了，令狐少君想得到嗎？

令狐冲望黃河濁流滾滾東去，只覺人生悲苦無限，心中大痛。逝者如斯，想來天下英雄，都有同此一哭。

岳靈珊不知令狐冲心中的孤苦，怕送來的酒中有毒，勸令狐冲別喝，令狐冲卻照飲不誤，反而暗盼酒中有毒，一死百了。

此作極慘苦語，不忍多讀。小師妹，何嘗知道大師哥心苦為那般？自棄、自虐，輕賤生命，其實是對生命的另一種方式的訴求，誰不熱愛生命，誰不留戀紅塵，但當生命已沒有支撐點時，舉杯消愁，但願長醉不願醒，自古皆然也。

大丈夫須自立於天地，一空依傍，令狐冲好氣派，好胸襟。

這是金大俠對俠之風流，人性的自由的讚歌，青春熱血，陽光般燦爛地閃爍最明亮的光彩，永遠感動著人們瀰漫在心中的那些不可言說的秘密情愫。

令狐冲不算是個大英雄，在生活中他甚至和普通人一樣有著許多失敗的隱痛，但他卻為更多的讀者所喜愛，所接受，正是因為他弱於外在，強於內心。

不管境遇有多麼的困厄，但他永遠有一顆高揚和向上的驕傲心靈。

令狐冲拒絕了少林方丈要傳經給他療傷的好意，心中滿是蒼涼悲憤的不平，視死如歸。人性的尊嚴，往往比苟活的生命更為重要。

福兮，禍之所倚；禍兮，福之所伏。災難和幸運之間神奇的轉化，雖有其偶然性，但內在的統一和連貫，卻往往容易忽略。

這就是金大俠小說經常反覆揭示的正義原則：為善即善，為惡即惡。

令狐冲的失敗人生，表面上是愈來愈糟糕，但苦其筋骨，勞其心志，大才終於漸次鑄成。一個人在忽如其來的絕望打擊之下，心灰意懶，恐懼失態，是情理之中事。

超人即使是有，也只能在神話的環境下生存。令狐冲在金大俠小說中是特例，他不是超人，他和我們一樣有血有肉，有七情六欲。

我們看到他忽遭巨變，心神俱亂，急得噴血，甚至淚流滿面，一點也不像有著鋼鐵意志的大俠，但我們卻絲毫沒有鄙視他的感覺，反而對他充滿敬意，反而因為他真實和軟弱的人性，使我們更覺可親可信。

在困苦和絕對的孤寂中，往事便會像電影般清晰地一幕幕映上心頭，相信對人生有過深刻體驗的讀者，是會在這裡有所感觸和呼應的。

看令狐沖在獄中無助之極，柔腸百轉，輾轉反側，一會兒想到人心的難測，一會兒想到向問天的去向，一會兒想到盈盈的恩愛溫情，一會兒又想到自己傷情的單戀，一會兒又想到小尼姑儀琳的種種純真，一會兒又想到桃谷六仙纏七夾八的滑稽，一會兒怨，一會兒疑，一會兒醉，一會兒苦，一會兒甜，一會兒樂，種種心思，寫得體貼入微，細緻逼真。

令狐沖習得吸星大法之後，種種懸疑和難題就迎刃而解了。身兼絕世劍法和蓋世神功，何事不可為？終於沒費什麼勁，就逃出了樊籠，讀者心中一口濁氣於此可以長長吐出了。得到自由，天地一寬之時，令狐沖卻「自覺一生武功從未如此刻之高，卻從未如此這般寂寞淒涼」。

此是令狐沖境界的最高明處，富貴功名，了如浮雲，如果東方不敗、岳不群、林平之能有如此覺悟，就絕不會「欲練神功，揮刀自宮」了。

令狐沖假扮「將軍」，嬉嬉哈哈，裝瘋賣傻，暗中相助恒山派一干女尼，若干情節，與《神鵰俠侶》中楊過假扮「傻蛋」一段，依稀彷彿相似，但又各見妙處，並無雷同，讀之如飲甘泉，痛快淋漓，浸人心脾。

此段文字，宜飲慢酒讀之，會心處停杯微笑。令狐沖跳脫爽朗、爛漫童心之性情，此處著力刻畫。

他假扮「吳將軍」，目的在避人耳目倒在其次，主要的是「有趣」。看他擠出草汁搽在臉上，挖些爛泥抹在臉上，再黏一臉的絡腮鬍子，活脫脫小頑童模樣。還是儀琳最好，天性純良，「這人喝醉了，怪可憐的」，令狐冲心中微微一震，思前想後，真愧對這好女兒一番癡情。

楊過裝傻蛋，時不時要占女孩子便宜；令狐冲扮憨將軍，純是取笑和自我解嘲，此等地方，令狐大哥可比過兒境界要高。

不過，令狐冲憐香惜玉之處，也不輸於楊過。

看他心中忽起柔情，「我便自己性命不在，也要保護好平安周全」，此處儀琳的相思可值回票。

聽到岳靈珊的聲音，令狐冲就熱血上湧，他還沒有死心。

這樣也好，讓他心中苦情之痛推向極致之後，再無罣礙，才能更投入和全身心地去感受任盈盈那美好的真實和純粹的愛情。

愈是得不到，愈是無指望，愈是體會到愛慕之深。讀此處，我為任盈盈鳴不平。令狐大哥，該醒醒了！

令狐冲帶眾恒山派女尼去救定閑、定逸師太，讀來依稀彷彿與虛竹在靈鷲宮時情景又有幾分相似，但虛竹只是一味沒有主見，卻全沒有令狐冲大哥嬉笑怒罵皆成文章這般瀟灑好玩。

令狐冲有一種與生俱來的感染力，恒山女尼向來戒律精嚴，卻也跟著令狐冲瀟灑走一回，搶軍馬，劫富財，興奮了半天。

莫大先生的一番指點，才驚醒了令狐冲。令狐冲這時才知道盈盈是為了救他性命才捨身去少林寺中受處治，此時令狐冲流下的熱淚，是追悔，是憐惜。

令狐冲道：「這條性命，是任小姐救的，將這條命還報了她，又有何足惜。」令狐冲終於有所醒悟，這種天下至情，要珍惜啊！

恒山定閑、定逸師太忽遭無明之災而死，讓人吃驚中再吃一驚。但最後讓人吃驚的卻是定閑掌門臨死前傳令狐冲為恒山派掌門人，此等好戲，實是讓人匪夷所思。

在《聞訊》一回中，儀和曾說可惜令狐冲是一男子，不能加入恒山派，這一回不但讓令狐冲加入了恒山派，而且還是恒山派的掌門人。

這般情節金大俠在《天龍八部》、《射鵰英雄傳》中都曾經使用過；《天龍八部》中虛竹相救童姥，童姥臨危之際也是令一男子執掌靈鷲宮，此時虛竹武功也是小有所成，和令狐冲的境地極為相似；《射鵰英雄傳》中，洪七公為歐陽鋒所害，功力全失，將丐幫幫主之位傳給了嬌柔美貌的黃蓉，於此有異曲同工之處。

以上明明情節上依稀彷彿相近，讀來又全無雷同感覺，照樣覺得都是妙絕文字，都一樣好看。

《三戰》一段，此時岳不群偽君子真面目尚未完全暴露，令狐冲對師父敬愛有加，這可就難了。

但還是盈盈的情意占了上風，令狐冲終於想到「盈盈甘心為我而死，我竟可捨之不顧」嗎？

一瞬間的神志清明，使他衝破了岳不群巨奸大滑的卑鄙手段，使他從「冲靈劍法」的幻覺中醒轉過來。

令狐冲是勝了，但再次身負重傷，被師父踢得昏了過去。

此書中令狐冲總是在緊要關頭昏了過去，綜觀全書，從治傷開始，到最後令狐冲昏了過去不下十回。昏了過去，倒可暫時避免麻煩。

令狐冲道：「晚輩決計不入日月神教。」一自由和飛揚的內心，只聽從內在良心的召喚，以此一招，他反而贏得了眾人甚至是任我行的尊敬。

最不政治，最任性和追求自由人性的令狐冲，卻不得不介入政治鬥爭，是一絕妙諷刺。不過，這是善的一面的政治，將權勢從大奸大惡之徒手中奪回來，使之造福民眾，無論如何，卻是好事，都是佛法中的善果和無量功德。

儀琳單刀直入，問令狐冲對盈盈和小師妹兩人，誰是他最愛？怎生取捨？

令狐冲壓抑於內心的秘密傷情，再一次被痛揭。

情是何物？原來很難用道理說得清，但愈是遙不可及的東西，愈會讓人難以自拔，難以割捨。

令狐冲知道小師妹的婚事，心中難過，去無人處痛哭一場，當晚自斟自飲，又一場大醉。傷心處，不作矯情作假，也許這正是能吸引任盈盈的地方。

盈盈也許是對的，一個感情專注的男人，最能知冷知熱，知道對真情的憐惜。

往日的情義，苦戀的自虐，自棄的暈眩，潛意識的不可抗拒，令狐冲再次向岳靈珊的幻美表象低頭，他再次失去自持，成為渺茫絕望的奴役。

比劍奪帥的提議，得到眾人一致的贊同，盈盈、恒山弟子、方證等這邊代表善的一面，滿心以為令狐冲會有大作為，在這關鍵的時刻力挽狂瀾，擊敗左冷禪，讓權杖之柄回到正義的這方。

令狐冲再次讓人們失望了。令狐冲不是一個正面意義的「俠之大者」，他有著普通人的弱點，他的境遇更讓我們扼腕而歎。

此時他心中想的並不單純是「正義」，他縈懷於他傷情的情結，他一心想著的是怎麼樣以行動來討好師父、師娘，當然更有小師妹了。

無限的追悔中，絕望推進到極致，令狐冲有意撲上前去，重傷在岳靈珊的劍下。

終觀全書，令狐冲有著許多缺點，算不上是個很成功的人。

令狐冲不如陳家洛以民族大計為己任，不如袁承志少年老成，不如郭靖是俠之大者，不如楊過風流討喜，不如張無忌學得神功天下第一，比之喬峰天人一般氣魄，就更不要說了。

但令狐冲的好處，正如倪匡所評，令狐冲的「純真的感情比表面上大眾無私的行為高貴百倍」。

坦率真誠，不虛矯，不假飾，聽從人性中最本質的良心的召喚，即使他有再多的缺點，也為讀者所喜愛。

「生命誠可貴，愛情價更高，若為自由故，二者皆可拋」。

這一首已經很陳舊的詩，在令狐冲這裡卻異常準確生動地給予了最佳的注釋。

為了自由，令狐冲確是寧可放棄生命和愛情。

自由在感傷晦暗的孤獨日子中依舊不屈不撓地閃爍著神聖的光芒。令狐冲擊桌而歌，自斟自飲，他深刻地體驗著事物最為內在的秘密。

一切的驚險、激蕩、迷失和痛苦都已過去，結局已經水晶般透明和清澈，已不再需要猶豫和傍徨得要去尋尋覓覓，生命的意義在一曲和諧的樂奏中被證實和揭示。

細節的鬧劇已經變得不再重要了，江湖中的戰鬥和紛爭也已經消隱在寓言的背後了，政治已退場，意識形態的衝突已被消解，一切都只因為時間，只因為生命和宇宙中形而上的裁決而徐徐落幕。

令狐冲和盈盈大團圓的結局，這是必要的，合於情理的，是博大的憐憫和仁慈的。如果你經受了最悲慘的人間痛苦的考驗，更高境界的幸福便會在最後慰藉你心。就像暴風驟雨之後的天空，才會變得最為燦爛和瑰麗一樣，生命之樂曲只有在人世間最深刻的痛苦中浸潤和洗禮才會變得最為動聽。

在一曲《笑傲江湖》的諧奏中，令狐冲和任盈盈超越了命運的高度，達到一種更完滿的幸福境界，從此二人退隱江湖，比翼雙飛，過著適性和自由的真正人性的生活，他們遠離了人世間嘈雜的聲音，遠離了紅塵滾滾中罪惡燃燒的火焰，遠離了虛妄和作繭自縛的社會規範，他們就這樣幽遠而快樂地在理想的高度上逍遙著，接近一種神聖的寧靜。他們不再與世俗有關，他們只實現著遼闊的完美。

十大英雄上榜人物中，令狐冲以其不虛矯，不假飾，坦率真誠，自由無拘，境界超越，因此榮登三甲，排名第三。

·排名第二

郭靖：英雄使自己成為英雄

武功：★★★★★　智商：★★★　情商：★★★★

英雄指數：★★★★★　攻擊力：★★★★★

郭靖在雪野夜半、患難流離之際誕生，此番絕大的苦楚，正合於天將降大任於斯人的說法。

童年即是命運，這是精神分析學說的說法。郭靖一生射鵰英雄的歷險之路，在他童年時就已被命定。童年的郭靖憨憨的模樣，筋骨強壯，其實一生也未改變其本色。

郭靖相助哲別一段，俠骨柔腸的本色已經出現。見哲別受傷而相救，這是郭靖的仁；不接受哲別相贈的黃金鐲子，這是郭靖的義；不會說謊，張大嘴不答，這是郭靖的真；打定主意只是不說，這是郭靖的信；受朮赤的鞭打拷問，痛的要哭，卻拚命忍住眼淚，這是郭靖的勇。正所謂英雄使自己成為英雄，懦夫使自己成為懦夫，童年的郭靖，已正確選擇了他的人生道路。

寫鐵木真、王罕、桑昆之間的恩怨糾結，借此機會又寫郭靖骨子裡的俠義本色，使郭靖的形象漸漸成形豐滿。郭靖在惡豹行兇的瞬間，著地滾去，拚死去救華箏，正是自古英雄出少年。

江南六怪正式開始教郭靖習武。寫郭靖學藝一段，卻另有一種精彩之處，六怪只是著急，郭靖卻只有傻笑，十招學不到一招，如此師父，如此徒弟，七個活寶。

大筆一拖，十年過去，一晃郭靖已是十六歲的粗壯少年，雖敦實如駱駝，武藝卻沒什麼長進。

韓小瑩暗道：「十年來我們傾心竭力的教這個孩子，只是他天資不高」此等話，要與後來郭靖學成降龍十八掌厲害武功，第三十三回柯鎮惡誤會黃藥師，呵斥郭靖道：「江南七怪這點微末道行，哪配做你郭大爺的師父？」一句話對看，才可見其絕妙之處。後來的師父們，要怪徒兒天資不高之時，須於此處仔細思量一番。

接下來馬鈺教郭靖高明內功一段，一吐讀者心中鬱結多時的委曲。馬鈺的境界，比江南七怪不知高明多少，一句「你這孩子很有志氣」，一語中的，孺子可教也！半年之後，郭靖身輕足健，武功大進，「江南七怪只道他年紀大了，勤練之後，終於豁然開竅，個個心中大樂」，讀到此，我亦心中大樂。

郭靖憨人有憨福，老實到家，然而老實自有老實的好處，他和黃蓉兩人，一個古靈精怪，聰明伶俐，一個是全無機心，古道熱腸，一拍即合，看似偶然，實近情理。見面之初，請酒、贈衣、送馬，一個是處處刁難，一個是有求必應，大拙勝巧，黃蓉果然沒有了招，竟被一個傻郭靖感動得嗚嗚咽咽地哭了起來。此處寫得真是妙絕，這一哭，黃蓉小女兒的心思就全放在了傻哥哥郭靖身上，郭靖全然不知，他已中了大彩。

郭靖與楊康的第一場較量，其實大不討好，只是仗著身粗力壯和一個「蠻」字，「打不過，加把勁」，這六字真言，實是成功者的秘訣。傻郭靖要強出頭了，這是他的傻，也是他的福，沒有這傻，日後怎能成就如此一番大俠人生？

江南七怪早先死去一張阿生，後又橫死五怪，獨剩柯鎮惡，此實出意外，郭靖忽遭巨變，其反應、其憨直、其傷心、其矛盾，種種表現，寫得精細入微，合情合理；黃蓉無辜而受牽連，絕望愁苦，又心有不甘，寫得同樣真切逼真，雕刻細緻。此二人同一現場，卻各有肚腸，你恨你的，我悲我的，各說各話，無間的親愛忽出現不可逾越的鴻溝，令讀者揪心不已。

沉穩厚重，氣度儼然，傷心的悔恨和痛苦的催迫使郭靖成熟起來，郭靖百煉成鋼，已初具大宗師的風範和胸懷。

可笑歐陽鋒，還抱殘守闕，不識時務，還以「傻小子」三字看待郭靖，和郭靖定約之提議，還敢輕視和托大。好郭靖，針鋒相對，於仁慈寬厚的博大中咄咄逼人，反其意而用之，另定一奇約，要饒歐陽鋒三次不死。此時正義乃是郭靖堅不可摧的後盾，實力又是他心平氣穩的本錢，歐陽鋒已輸在氣勢上，所以必輸無疑。

郭靖仍是渾厚樸納，但卻已是心明智清，其逼迫魯有腳必須明日找到黃蓉否則軍法處治一段，大好！有此心智，已不能再以「傻」字呼之。郭靖道「蓉兒，我給你磕一百個響頭賠罪」，向如此美女磕頭，頂禮膜拜，宜哉！郭靖實是至情至性之人。

此書最後一段寫黃蓉相助郭靖，出妙計建奇功，雖是極宏觀場面，著墨卻以一個「虛」字來寫。著實力的，卻是郭靖「為國為民，俠之大者」的形象，郭靖熱血沸騰出口要成吉思汗饒了敵方十萬百姓性命一段，直看得讀者也熱血沸騰，胸懷激烈。

此書最後，郭靖未找到黃蓉時心神恍惚，正是破繭化蛹美麗的陣痛，既往者不可諫，知來者之可追，這世界極端的不合理和無意義，生命的價值何處去支撐，丘機處的見識，畢竟輸了追求至善的郭靖一籌，愛情又豈是靠心機才智書本教育所能達成？

郭靖意亂情迷之處，必得黃蓉「靖哥哥」三字靈丹妙藥治之，藥到病除，頓覺心中舒暢甜美，絕妙。

郭靖一生的成功和幸運，正在於其性格之真、之憨、之癡、之執處，看他熱血上湧，大踏步向崖下赴死，此無上境界，生而知之。饒是黃蓉萬般聰明，萬般伶俐，練門之處卻被郭靖拿住，物物相降，此生彼長，又是絕妙。非郭靖治不住黃蓉，非黃蓉治不住周伯通，好看之極。

《神鵰俠侶》中，郭靖的大俠形象，繼續豐滿和拔高。

郭靖帶著楊過大鬧終南山一段，最是好看，最是熱鬧。

看郭靖天人一般的風采，獨戰百數名重陽宮道士，如湯澆雪，如風卷雲，如潮湧流水，如雨打落花，舉重若輕，又勝似閒庭散步，看得小楊過耳熱心跳，目瞪口呆，五體投地，看得讀者也五體投地。

為了郭大俠的光輝形象，讓臭道士們受點委曲，出點洋相，也就應該，誰叫那些道士太不可理喻，糊塗到家了呢？

想當年王重陽是何等威風八面，怎麼盡收了些如此草包窩囊的徒子徒孫？難怪不少讀者論者於此處大呼不近情理。

但需知小說家言，不可太當認真，而且馬鈺、丘處機、王處一，到了此書似乎還是長進不大。

馬鈺見了郭靖道：「十餘年不見，你功夫大進了啊！」此話反過來讀，全真七子原地踏步，白活了不少年紀，長輩都是如此，怎能怪小道士呢？難怪楊過從此再也看不起全真道士。

郭大俠宅心仁厚，卻哪裡知道送楊過到終南山學藝，本就是一個善良的錯誤——捨近求遠，棄高就低，怎能讓心高氣傲的小楊過心意持平？

郭靖對楊過的一片慈愛仁心，讀來讓人心熱。

楊過不識好人心腸，讀來又倍覺苦澀。

郭靖真人，不知久作真時真亦有假處，不問青紅皀白，先派楊過不是。啊道德，啊社會規範，你以正義的名義作了多少不義！

郭大俠淒然對楊過道：「我寧可你死了，也不願你做壞事。」

看看，這世界借了正義的名字，多麼輕易地會做出最為不義的事情。

郭靖畢竟是極品人物，他雖然渾沌缺乏靈性，不能理解生命中最為深刻的意義，但他的可貴在於有著最本能的憐憫和仁慈之心。

忠恕之道，郭靖幾近矣，所以郭靖高高舉起的手掌，終於心灰意懶萬念俱灰地放了下來。

蒙古大舉進攻南宋襄陽之時，郭靖黃蓉捨身而出，挽危瀾於既倒，作中流之砥柱，實是「俠之大者，為國為民」。

看他在襄陽城頭大戰蒙古兵，所向披靡，直如虎入羊群，真是威風如天神，比《射鵰英雄傳》中的形象更為高大豐滿了數分。大俠的力量，不能不讓楊過聳然動容，不肅然起敬。

楊過誤會郭靖，算計郭靖一段文字，一明一暗，一急一緩，一勾心鬥角，一心底無私。

楊過此時多處見小，郭靖處處見大，但畢竟最後，楊過之小處見出大處來，郭靖大俠的人格，感化了楊過，自幼失教的楊過，終於上好了人生的一堂大課。

郭靖道：「為善即善，為惡即惡，好人惡人又哪裡有一定的？分別只在心中一念之差而已。」

好郭靖，看他向來渾沌木訥，不善表達，偶爾發一點高論，竟是哲學專業水準，教授級別。楊過小子，再不能舉一反三，就真朽木不可雕，要打屁股了。

《射鵰》中郭靖的優點不過在樸實真誠，堅忍恒心，到了《神鵰》，郭靖已是一會百會，一通百通。

郭靖並不聰明，可貴的在於數十年如一日的修為，正面教育中的那些高尚道德恰如其分地與他內心善的一面相互融合和砥礪，以至最後心口如一，渾然玉成，成為道德武功中的典範和楷模。

所以郭靖境界自高，說出的話即是他心中如何想，口中就如何說，即使是大白話，也有一番不同常人的拔高境界和氣象。

看郭靖談到「鞠躬盡瘁，死而後已」八個字，真不含糊，對社會、對政治、對民族、對人生有大的徹悟和通達。

看郭靖在襄陽城外蒙古兵中殺進殺出，直教人熱血沸騰，恨不能跌身進入文字間，追隨郭大哥拋灑熱血。

射鵰和神鵰兩書，鵰卻大有分別。郭靖以鵰為役，楊過以鵰為友，亦是一隱喻。

郭靖，天上人物，世間所無；楊過，紅塵英雄，複雜晦澀的內心，也近於半人半獸。

十大英雄上榜人物中，郭靖以其天人一般的風采，讓人佩服，無話可說，排名第二，已是有些委屈。

·排名第一

蕭峰：近乎完美的第一大英雄

武功：★★★★★ 智商：★★★★★ 情商：★★★★★

英雄指數：★★★★★ 攻擊力：★★★★★

「北蕭峰，南慕容」，已花了大筆墨著力渲染烘托的大人物慕容公子還是沒有出場，蕭峰卻沒有半點徵兆，倏然而至，開門即現出一座重巒疊嶂的奇峰。

此又是一種令人意想不到的寫法。此書文筆跌宕變幻，奇彩多姿，極深極博。

蕭峰一出場就確立了無人可以比擬的高大雄偉形象。

更為新鮮的色彩，更為迅速和強有力的英雄意志撲面而來，遼闊而蒼茫的激情進入更高更無限的精神空間，更為悲壯的命運交響樂迸發出熾熱內核中更原始和狂野的呼喊。

在蕭峰的面前，既往的一切陳述都變得蒼白和空洞，無可阻止地進行價值的消解和缺失。

蕭峰的出現是空谷來風，是平地的一聲春雷，是我們所有凡人瑣屑生活中夢寐以求渴望著呼吸的高貴氣息，是英雄有力、驕傲、堅定的自白。

段譽喝彩道：

「好一條大漢！這定是燕趙北國的悲歌慷慨之士。」

僅此一句話，就已足可表現出蕭峰天人般大氣磅礴神威凜凜之氣勢。

真正的大英雄不需要渲染，不需要造勢，不需要烘托。

他只要就那麼在那裡隨隨便便地一站，就足可壓倒周圍的一切，讓其他任何人也不能逼視。

這種大英雄，千萬人中，你一眼就可看出。

段譽書生意氣，與蕭峰鬥酒一段，讀之豪邁之情頓生。

想世間何處可尋此等人物？可與之論杯，可與之暢懷，可與之忘憂，同消萬古同一之閒愁。

段譽好福氣，雖然情場失意，塊磊難消，但卻有幸與蕭峰這般絕頂人物結為兄弟。

蕭峰也好眼力，能賞識段譽百無一用書生意氣中與生俱來的高貴。

蕭峰道：「你這人十分直爽，我生平從所未遇。」

真即是善，即是美，即是英雄本色。在人性的本質上，兩人卻是對等。日後還有一個虛竹，也唯其一派本性的純真，使他們能聲氣相求，許為知音。

包不同自詡為「英氣勃勃」，其實比蕭峰差了幾許，就是比段譽也不用提。

觀其僕而知其主，包不同如此托大囂張，目空一切，慕容公子又怎能有大胸襟容納天下英雄？

蕭峰膽大心細，行方智圓，一舉手一投足，不怒自威，確為絕品人物。

境界自高，當然不屑於包不同這樣的尋常人物，微微一笑中，實就可使尋常人物羞愧無地。

當然，包不同不碰釘子是不知道進退的。再加上風波惡一來，兩人更是忘乎所以，大打出手。

風波惡中五色蠍毒之後，蕭峰便欲上前為之吸毒，其大勇猛，大智慧之外，還有大慈悲真處處讓人心服！

段譽搶上前，爭去此功，他服食過萬毒之王莽牯朱蛤，此事自是小菜一碟。

蕭峰要救人，是惻隱之心；段譽要救人，卻是天性純良。兩者大仁大義一般，但細微處又有所區別。

風波惡和包不同，其實並非那樣糟糕，只不過是遭上了蕭峰，當然米粒之珠不能爭光，只好比將下去。

看風波惡只求有架打便心滿意足，勝固欣然，敗亦可喜，境界亦是不俗。包不同吃了大虧，高吟「技不如人兮，臉上無光……」而去，輸得也很瀟灑，另有一種覺悟。

丐幫倏然起了叛亂，蕭峰倏然又消大禍於無形，膽識超人，誰人可比？

杏子林叛亂，最能見出蕭峰的英雄和英雄的無奈。

叛亂之起，人人必欲殺蕭峰而後快，但蕭峰就在那裡隨便一站，天人般的威風凜凜，竟又震懾得眾人不敢輕舉妄動。

這是天才和群眾之間常常存在的悲劇關係。

群眾往往是盲目的，往往易於被煽動而對指引過他們的天才忘恩負義，而天才又往往是孤獨的，對群眾的愚昧最多只能哀其不怨，怒其不爭。

蕭峰平息叛亂，卻毫無喜悅之意，反而有著說不出的孤寂和失落。他找不到對手，手中的鐵拳無從著落，他空有一身英雄氣概，卻不知使向誰處。敵意像悶濁的空氣一樣迅速、輕盈、充滿惡意和諷刺地無處不在糾纏著他，使他感到窒息和乏力，他空洞地揮舞著手，喘著氣，不知道應該如何出擊。最高傲的，最不屑於辯解和言辭的修飾的豪傑，卻不能不痛心地容忍著群眾懷疑和怨毒的眼光。

看蕭峰一件事一件事娓娓道來，以求群眾的諒解，英雄的無奈和落寞，已到了自虐和放棄的邊緣。

對敵人可以像秋風掃落葉一般的無情，但對同志呢？英雄的傷心和無奈正在於這裡了。蕭峰細數背叛他的宋長老的功績，然後刀光一閃，插入自己肩頭，自流鮮血；此後奚長老、陳長老、吳長老等，如法炮製。

英雄的心中在泣血，他要讓自虐的快感衝鋒舒緩精神上孤獨的隱痛。

「蕭峰並非一味婆婆媽媽的買好示惠之輩」，這才是他最真實的心聲。大英雄豈要去向世人證明自己的清白，博得世人的諒解？今日蕭峰這樣作了，實是有違本心，實是對同門弟子無可奈何的痛心疾首。

經過錯綜複雜和迷宮一般混亂和令人不安的模模糊糊而又緊張的預兆的漫長準備，蕭峰的悲劇像雪崩一般瀰漫著巨大的痛苦爆發了出來，情感激烈的矛盾像脫韁的野馬列衝刺狂奔，已近於崩潰的極限，進入一種如噩夢一般沉重、黏滯、陰暗、恍惚，充斥於整個時間和空間的迷惑狀態。

蕭峰的悲劇是所有英雄千古同之一哭的命定悲劇。

沒有人可以打敗他，但他卻不能不在冥冥的天意的惡作劇面前束手無策，作困獸之鬥。

命運和蕭峰開了一個太大的玩笑！

那些盲目的、愚昧的、沒有主見的，易於被煽動藉以正義的名義去作出悔之莫及的蠢事的群眾，卻被事實證明是對，在俗世的道德準則面前，蕭峰反而是錯了。他竟是契丹人，是自己一直堅定和義無反顧地仇視的異族中的一員，他自己竟是不共戴天的敵人的同類。那些背叛他的同志、朋友、群眾和別有用心之人，並不是在冤枉他，一切都事出有因，他只能放棄，退出是非之地，靠自己超人的意志去進一步求證和忍受。

從智光大師口中所述蕭峰之父的故事，讀來驚心動魄，既殘酷血腥而又令人惻然不忍。

那又是一個大英雄被命運無情和輕忽地捉弄，還是沒有人能打敗他，打敗他的只是冥冥之中不可測度的天意。

本是要來作和平使者的異族大英雄，被中原武林義士誤解。為了民族的利益，帶頭大哥、汪幫主、智光等眾多正派高手，不惜以埋伏暗算圍攻並不光明正大的手段圍剿蕭峰之父。

一對英雄父子，一般悲慘命運，致命的危機更加突出其偉大的英雄氣概，挑戰著人類生活中悲劇所能達到的最危險的極限。

冥冥中的天意，無端而起的陰謀，大者是命運的無奈，小者是像康敏這樣瑣屑的怨毒，因緣湊巧，陰差陽錯，蕭峰踏上了不歸路。

蕭峰是金大俠所有小說中近乎完美的大英雄。

他有著鋼鐵般堅定的意志，任是天大的挫折，也絕不灰心和低頭，心中既有懸疑，就一定要查個水落石出。

然而，無中生有的冤屈和罪名，卻一而再再而三鐵證如山似地加諸在他的身上。

蕭峰對阿朱講他小時候七歲殺人一段，駭人之極。

大英雄行事不可常理測度，蕭峰少年時即有奇氣，自非常人。

聚賢莊一戰，讀之可讓人熱血沸騰，是金大俠小說中經典難忘的場面。論《天龍八部》，不談到此一段，幾乎是不可能之事。

何為真正英雄？

不在其極端的場面極端的情感衝突，不在其芸芸眾生俗不可耐的瑣屑的喧嘩中，難以將英雄的本色浮雕般塑為永恆。

愈是那種孤立無援，那種遼闊的苦寂，那種讓人恐懼的既沒有回聲又沒有適當佈景的空洞舞台上的絕對孤獨，愈是悲劇性地表達出生命最為深刻和本質的無價值和絕望。

英雄在寒冷的天空無奈和痛苦地飛翔，翅膀上毀滅的火焰燃燒出神聖和寓言的火光。蒼白的背景，漠然的世俗平庸的盲目，揭示著人性中醜惡的一面和愚昧所能達到的極限。而英雄的意志卻在嗜血的自虐中達到其內在道德上的完滿。愈多的流血，愈多的疼痛和愈多的野蠻，毀容般的激情就愈是快意地享受著這與命運搏殺的血腥盛宴，英雄精神的航行愈高揚風帆，實現著夸父追日般對永恆本質迷醉的逼近和拒絕的自由超越。

明知是死地，明知勢力懸殊有去卻無回，但蕭峰慨然而行，挺身赴難。

歎眾人百般猜疑，怎麼也不敢相信為了一個嬌怯的少女，蕭峰就這麼沉著安祥地送上門來。

愈寫眾人的機心，愈見蕭峰的坦蕩；愈寫眾人的畏縮，愈見蕭峰的豪情。

蕭峰以君子之心度人，眾人卻以小人之心看他。天才和群眾之間的悲劇，千古同之一笑。

忽然極緊迫之時，蕭峰要討幾碗酒喝。愈是閒暇，愈是從容，愈見局勢之緊張，已是間不容髮。

英雄近酒遠色，蕭峰儼然有水泊梁山好漢之古意。

金聖歎評《水滸》論武松為天人，蕭峰何嘗不是天人。看他有闊處，有毒處，有正處，有良處，有快處，有真處，有捷處，有雅處，有大處，有警處，實是金大俠小說中之第一人，不亦宜乎。

大氣磅礴，勇猛剛健，是為闊；七歲殺人，不受怨屈，是為毒；誓不殺一漢人，是為正；義釋背叛他的丐幫長老，是為良；出手即重創雲中鶴，是為快；英雄有淚亦盡彈，是為真；杏子林快刀斬亂麻平息叛亂，是為捷；激賞段譽書呆子之爽氣，是為雅；單刀於聚賢莊應戰群雄，是為大；於客店中探得薛神醫大撒英雄帖，是為警。蕭峰的一身集有郭靖之闊，楊過之毒，張無忌之正，石破天之良，令狐冲之快，周伯通之真，黃藥師之捷，陳家洛之雅，洪七公之大，胡斐之警，不作第一人，可乎？

看蕭峰有十分酒就有十分精神，大喝一聲：

「哪一個先來決一死戰？」

氣魄宏大，凜然天神。英雄亦有作困獸之鬥時候，不亦悲乎？

看大宋官兵殘殺契丹婦孺，漢人狼子歹心耶？胡人狼子歹心耶？胡漢之分，是否有終極的道德意義？漢人是否就是代表著善良和正義？胡人是否就是代表罪惡和邪惡？蕭峰一定要作涇渭分明的選擇嗎？一定要站在漢人的一邊，或是站在胡人的一邊？

忽然間蕭峰發現了自己正是不折不扣血統純粹的契丹人，他一時無法正視這種殘酷的現實。

教育，是外在的教育和道德規範的強大慣性力量，折磨和捉弄著蕭峰純樸的內心。教育可以造就一個人，也可以毀滅一個人。

換了別人，比如就郭靖、張無忌，肯定很難轉過這個彎。但蕭峰是天人，他的身上聚集了英雄一切美好的優點和弱點。

蕭峰並不鑽牛角尖，他很快就解開了這致命的鬱結。他豁然開朗，「從今以後，不再以契丹人為恥，也不以大宋為榮。」

英雄只是半神，他畢竟還是有人性的弱點。英雄的弱點是強大的意志必須有所寄託。仇恨之執著，亦如世間諸般執著，既有化不開時，就有看不透處。急於尋找真相，真相卻更遙遠。執念既生，心智就有所壅塞，洞察就會缺少清明，由此鑄成滔天大錯，追悔莫及。

蕭峰的致命弱點，即在此死結上。

致命的弱點在適宜的溫度和土壤中發芽開花，結出異彩和有毒的悲劇果實。

蕭峰一定要救活和治好阿紫，他是不能讓阿朱的悲劇在阿紫身上重演。

蕭峰日夜操勞照顧著阿紫的病勢，他勞累之極，其實也是充實之極，有寄託之極。

極度的勞作可以帶給人以有規則的慰藉，有了事情作，就有了逃避的法門，就有了活下去的意義。

蕭峰是天人般人物。

看他為阿紫買人參，後來金銀用完了，老實不客氣闖進藥店伸手就拿，使人想到《水滸》中鐵牛李大哥，「一若天地間之物，任憑天地間之人公用之」，此即是真處。

蕭峰的身上，確有諸般水滸好漢的古意，令人回味無窮。

蕭峰在長白山中打虎一段，又讓人想起武松打虎。

人是神人，虎是怒虎，蕭峰忽然又有武二之凜然威風，此亦是金大俠異樣過人之筆墨。

蕭峰豪傑，傾服女真英雄。

蕭峰義釋和結拜的兄弟竟是大遼國契丹皇帝耶律洪基。

蕭峰本不想做官，要帶阿紫不辭而去，卻見耶律洪基變生肘腋，面臨危險，這才留下來為耶律洪基助一臂之力。

蕭峰自有大丈夫大英雄的豪氣，段譽這等書生可與之論交，耶律洪基這等皇帝也一般看待。只認兄弟，不管其他。同甘共苦，而非趨炎附勢。這才是真正義之所在。

挽危瀾於既倒，蕭峰再次成為耶律洪基的救命恩人。在極危險緊急的情況下，蕭峰為大局著想從權接受了耶律洪基南院大王的封號。

造化弄人，使蕭峰從一個誓與契丹為敵保家衛國的漢民族英雄，變成了契丹大遼國之中流砥柱。然而，這一切改變的都只是表象，真正不變的還是蕭峰大英雄大丈夫的那一顆大仁大義、俠骨柔腸的本心。

英雄亦是人，誰能不怕死？蕭峰坦言自己也有怕死的時候。但英雄的不同，在於能將這怕死之心收起，置之死地而後生，不是因怕死而逃避，而是有膽有識，有勇有謀，臨危不懼，由此生長出浩然磅礡、如長虹貫日般的正氣。

蕭峰道：「我和人鬥大都是被迫而為，不得不鬥。」說來輕描淡寫，其中卻有多少的驚心動魄，萬千危機。

命運的輕易和無理繼續在震動讀者和蕭峰。

在中原蕭峰萬般忍耐和克己，處處想要有所作為，卻偏偏成眾人的死敵，視之為大奸大惡之徒。而在北國蕭峰避世無為，隨遇而安，反無意間立了大功，消彌一場大亂，避免多少人頭落地，生靈塗炭，為百姓作了大好事。

種瓜得豆，種豆卻得瓜，因果顛倒，是非倒置，天意難違。

英雄在任何場景中都必然地成為主角，這是英雄的幸運，也是英雄的悲劇。越是逃避，蕭峰卻越是被更快更猛地推向了前台。

舊的矛盾尚未消解，新的衝突卻更激烈和致命地衝刺而來。

耶律洪基不僅封以蕭峰高官，還指望他領兵南下，進攻中原，蕭峰的難題更大了！

從表象的道德來說，蕭峰既是契丹人，就應是耶律洪基的臣民，就應服從皇帝高貴的意志；但從小在中原長大的蕭峰，卻又怎能下手做如此事？

違背耶律洪基，從公（皇帝）從私（義兄）的角度，都是不義；帶兵進犯中原，殘害大漢百姓，卻是不仁。

蕭峰怎生處置難題？

蕭峰才是真英雄大豪傑，嫉惡如仇，又心懷慈悲，對敵人決不妥協，又處處以天下蒼生為念。灰衣僧讚其有菩薩心腸，蕭峰本就是羅漢轉生。

耶律洪基躍馬立丘，顧盼自豪，正要顯出蕭峰的落寞和心事重重。真正的大英雄大豪傑往往因其自由不拘的豪情，而不能適應官場生活。看蕭峰每日但與遼國臣僚將士為伍，言語性子，都是格格不入，英雄雖據要津，卻寂寞異常。

蕭峰不接受耶律洪基宋王之封號，帶遼兵攻打大宋，耶律洪基惡念頓起，全然忘記當年蕭峰是如何救他性命。

政治官場，多此忘恩負義之徒，任是英雄好漢純良本質，也會被權力的毒劑腐蝕扭曲。耶律洪基利用了阿紫對蕭峰的癡愛，使蕭峰中毒受擒。

一種巨大的震撼喚醒我們生命最內在的玄妙、神秘、令人恐懼般的巨大的迷醉，這迷醉又以金子般高貴、鑽石般晶瑩的高度的清晰，將啟示和寓言推向永恆的高峰。

英雄的悲劇在人生中最黑暗的深淵邊緣，以一種極地中寒冷而眩目的白光，驚心動魄地升起。

激昂的淚水，隕石般從星際急速墮落的隔世般的傷感，使我們變得純粹和透明，使我們能夠勇敢地去承擔。

宏大壯麗的結局帶給我們永恆的回味和感激，英雄在我們的想像中長生不老，永遠如一道春日裡的陽光一般，照亮了我們心中一切沉悶、無聊、灰暗和濕熱的情感迷霧。

在英雄生活著的這片幻象的壯麗原野上，我們可以自由地呼吸廣闊天空中清新和美好的空氣，永遠使我們的心靈拔高和飛揚。

蕭峰完成了他壯美和意味深長的宿命。

胡漢之爭，胡漢的分別有什麼意義，在臨死前，蕭峰隱約看出了這一點，人道的尊嚴，人性的自由和平等，才是適宜的答案。

但蕭峰的悲劇正是先覺者的悲劇，他接近了真理，但他卻超越不了他設身處地的現實。他沒有一個他可以去忠實的社會，他也沒有一幫他可以去指引的群眾。

只有解放全人類，才能最後解放自己。

這句話是至高無上顛撲不破的真理。

當英雄的思想已遠遠超越他所處的那個社會之時，悲劇就是不可更改，他太孤獨了，他找不到同類，他只有把最有價值的東西撕碎給人看，以自己的毀滅來提醒人們的覺悟。

十大英雄上榜人物中，蕭峰以其壯美和意味深長宿命，排名第一，也是無可爭辯的眾望所歸。

二、十大書生排行

十大書生上榜人物：段譽、陳家洛、何足道、張翠山、余魚同、李岩、顧炎武、李西華、朱子柳、苟讀。

·排名第十

苟讀：書呆能掉書袋

武功：★★★　智商：★★★★★　情商：★★

書劍指數：★★★　攻擊力：★★★

函谷八友，三哥苟讀，是個書呆，在《天龍八部》中，苟讀表現不多，但有一件堪稱神奇的事，可見出他的本事來。

玄痛和使判官筆的吳領軍鬥了起來之時，苟讀卻在一旁搖頭晃腦胡說八道，插科打諢，說什麼君子先禮後兵，他的第一件兵刃是一部《論語》，他要以聖人之言來感化對方。而且

定要翻出原書來給玄痛看，讓玄痛無可抵賴，難以強辯，這才收效

荀讀和玄痛講什麼詩書禮樂，人而不仁，沒有起到收效，心生一記，突然將東晉高僧鳩摩羅什的偈句背了出來：「既已舍染樂，心得善攝不，若得不馳散，深入實相不？」

荀讀的表現這就讓玄難與玄痛都是一驚，不能不佩服這書呆子當真是淵博，連東晉高僧鳩摩羅什的偈句也會背。

荀讀繼續吟道：「畢竟空相中，其心無所樂，若悅禪智慧，是法性無照。虛誑等無實，亦非停心處。大和尚，下面兩句是什麼？我倒忘記了。」

玄痛道：「仁者所得法，幸願示其要。」

荀讀哈哈大笑，道：「照也！照也！你佛家大師，豈不也說『仁者』？天下的道理，都是一樣的。我勸你還是回頭是岸，放下屠刀罷！」

玄痛心中一驚，陡然間大徹大悟，說道：「善哉！善哉！善哉！南無阿彌陀佛，南無阿彌陀佛。」嗆啷啷兩聲響，兩柄戒刀擲在地下，盤漆而坐，臉露微笑，閉目不語。

荀讀一番話說得天花亂墜，他居然用幾句掉書袋的話，就讓大和尚玄痛頓悟，即時圓寂。

所以十大書生上榜人物，荀讀榜是有名，排名第十。

·排名第九

朱子柳：武功書法有特色

武功：★★★ 智商：★★★★ 情商：★★★

書劍指數：★★★ 攻擊力：★★★

《射鵰英雄傳》中，漁樵耕讀阻攔黃蓉和郭靖前去找段皇爺，書生朱子柳有所表現，但似乎境界不高，書沒有讀通，他和黃蓉對戲，純是作為陪襯角色，讓黃蓉大占上風。

朱子柳所出的三道刁難黃蓉的試題，是從明人馮夢龍的《古今笑》一書中化出來的。《古今笑》一書中一首謎詩和兩副妙對，本來是零碎分散的，讀來雖可一笑，但卻比較單調；經過金庸的妙手組織後，成了三道考題，便十分有意思了。

特別是兩副妙聯，由絕頂聰明的黃蓉對下聯，先後把書生和「漁樵耕讀」大大地取笑了一番，真是好看得很。在書生出三道難題之前，黃蓉曾據《論語》「暮春者，春服既成，冠者五六人，童子六七人，浴乎沂，鳳乎舞兮，詠而歸」這段話，牽強附會地得出孔子門生七十二賢人中，成年人是三十位，少年人是四十二位。雖然是胡解經書，卻顯出她異常聰穎，機敏過人。

在解答了書生的三道難題之後。黃蓉又因書生取笑她伏在郭靖背上，有違孟子「男女授受不親」的禮教，便吟出一首詩來反駁孟子胡說八道。

詩曰：「乞巧何曾有二妻？鄰家焉得許多雞，當時尚有周天子，何事紛紛說魏齊？」

原來孟子曾講過兩個故事：一個故事是說齊人有一妻一妾而去乞討殘羹冷飯；另一個故事說有一個人每天要偷鄰家一隻雞。詩中的前二句說的便是這騙人的兩個故事，末二句則說，孟子活動在戰國之時，當時周天子尚在，孟子何以不去輔佑王室，卻去向梁惠王、齊宣王求官做呢？這是大違聖賢之道的。

齊人與抓雞這二個故事，原是比喻，不值得深究；但最後，這兩句詩的指責，只怕起孟夫子於地下，亦難以自辯。

黃蓉胡解經書與諷刺孟子這兩段趣事，也非金庸所創，同樣可在《古今笑》的《巧言部第二十八》和《文戲部第二十七》找到，只是看起來沒有金庸所寫的那麼有趣罷了。

《射鵰英雄傳》中朱子柳表現不怎麼樣，《神鵰俠侶》中，朱子柳將武功與書法結合起來，頗具特色，給人留下的印象卻最為深刻。

十大書生上榜人物，朱子柳排名第九。

．排名第八

李西華：神俊之極但畢竟書生意氣

武功：★★★★　智商：★★★★　情商：★★★

書劍指數：★★★　攻擊力：★★★

李西華原來是李岩和紅娘子所生之子，英俠俊爽，但與李自成相比，卻畢竟形象蒼白黯淡得多。

李自成的神威和傲世，不將世人放在眼裡，是天生凶戾之氣，李西華明明武功高過李自成，但氣勢上卻先輸了，書生的格局，畢竟場面見小。

李西華和李自成拚鬥之時，李西華本已制住李自成，但給李自成霹靂一聲怒吼，驚了個措手不及，勝敗反而易勢。

知道李西華是李岩之子，李自成愧悔之意，是發自真心，一口鮮血噴出，李西華也未忍下殺手。

李西華飄然一現，神俊之極，但畢竟書生意氣，終還是輸了陳近南三分，給人留下的印象不深。

不過，李西華卻有幾分見識，殺吳三桂為急，立新皇帝可緩，此語可點醒夢中人。

十大書生上榜人物，李西華排名第八。

・排名第七

顧炎武：書生報國行動上卻是低能

武功：★　智商：★★★★★　情商：★★★

書劍指數：★★★★　攻擊力：★

北風如刀，滿地冰霜，如此冰霜如此路。越是多的流血和殘忍，越是多的慘烈和粗暴，越是無情地拷問著這世界的良知。呂留良和小兒子談起「逐鹿中原」、「問鼎中原」的典故，由此點明此書取名的含義，將主題在深切的悲憤中突出。

呂留良和黃宗羲，是明末清初大儒，黃宗羲作有《原君》，呂留良作有《四書講義》，二人都是極有啟蒙思想的激進思想家，在其著作中，詆斥君權，將君主視為寇仇和獨夫。

呂黃二人，在此書中僅此出現一次，是點綴應景過渡的人物，為作文時所需要，而顧炎武雖同是一代大儒，金大俠卻安排他在此書中有不少戲，當作小說中一個必要穿插的配角來寫。顧炎武也練過武功，且著意結納江湖中反清復明的豪傑志士，主動擔任聯絡工作，身體力行，是反清復明運動的精神領袖。

殺龜大會，顧炎武和陳近南成了「鋤奸盟」的總軍師。在此書第一回出現一次之後，顧炎武繼續深入，以他當世大儒的身分，為江湖豪傑出謀劃策，提升境界，充當精神領袖。對形勢的判斷和認識，顧炎武自然要比這些一腔熱血的草莽英雄要高明許多。反清復明大計，須有組織，有計劃，有方針，有目標，謀而後動，最主要的是團結對外，不能先窩裡鬥。但畢竟書生報國，理想的成分太多，有眼光，有政治熱情，實幹的能力卻不夠，顧炎武的形象還是很蒼白空洞，難以給人留下印象。把「殺龜盟」改名為「鋤奸盟」，這是顧炎武的文人習氣，文采有了，但卻沒有了生動和響亮的效果。

顧炎武當日在殺龜大會上露面，出謀劃策一番之後，就不見了蹤影，也看不出他還有什麼更好的表現，書生報國，心急眼熱，但行動上卻是低能的。落入了吳之榮手中，還是虧了小寶這最是不學無術的小滑頭活得性命。

小寶要殺吳之榮，需要找個名正言順的理由。吳之榮要拿吳六奇寫給查伊璜的信告密，小寶以其人之道，還治其人之身，便要人偽造一封吳之榮與吳三桂勾結謀反的信，以定其死罪。偽造文書，這自然是文人們的拿手好戲，查伊璜寫就，顧炎武和呂留良解釋發揮一番，自歎自賞，是文人筆墨逸事本色寫法，只是不免有許多酸腐之氣。

小寶敬重顧炎武三人，但他卻實在無法與之多相處，只覺此人枯燥無味。小寶想：「朝裡那些做文官的，個個也都是讀書人，偏是那麼有趣。」這真要值得人深思了。肉麻不是有趣，迂腐更不是有趣，如何通達明理，心胸自高，是做人大道理。

此書第一回運河之中顧炎武、呂留良、黃宗羲暢談反清復清大事，此時最後一回，又是在運河之中，顧炎武竟來勸小寶自己做皇帝，恢復漢人江山。小寶大驚連碗也拿不住了，摔了個粉碎，讀者也是瞠目結舌，再也想不到顧炎武算當時博學鴻儒竟有如此異想天開的提議。顧炎武不是當兒戲的，他們是深思熟慮，早就私下裡商量好再來向小寶說辭的。書生謀國，真會有此主意，聽他道理一套一套，真像那麼回事。小寶福氣最大，上天和命運垂青，這是他可當皇帝的最關鍵；當皇帝可以不學無術，流氓出身也不要緊，歷史上有的是例子，這是小寶可當皇帝的第二條。顧炎武只知其一不知其二，他忘了當皇帝的還有最重要的一點是要有極強的野心和欲望。小寶不是這樣的，他才不會「又辛苦又不好玩」，他要幹的事是吃飯、看戲、看美女、聽說書、聽曲子，他是得過且過，是生活的藝術家。

十大書生上榜人物，顧炎武以其書生謀國，其志可嘉，其行無益，因此排名第七。

·排名第六 李岩：書生用事破滅了浪漫的希望

武功：★★　智商：★★★★★　情商：★★★
書劍指數：★★★★　攻擊力：★★

和袁崇煥、李自成等同是真實的歷史人物，《碧血劍》中寫李岩，雖然本著史實，但還是添油加醋，做合符小說主題和氛圍的著力刻畫。

李岩雖是李自成闖軍中帶兵的將官，但身穿書生服色，談吐儒雅。《碧血劍》中寫明，李岩原來是前兵部尚書李精白之子，本是舉人，因賑濟災民，得罪了縣官和富室，被誣陷入獄。有一位女俠仰慕他為人，率領災民攻破牢獄，救了他出來。那女俠愛穿紅衣，眾人叫她為紅娘子。

李岩被逼如此，已非造反不可，便和紅娘子結成夫婦，投入闖王軍中，獻議均田免賦，善待百姓。闖王言聽計從，極為重用。闖軍本為饑民、叛卒所聚，造反只不過為求一飽，原無大志，所到之處，不免劫掠，因之人心不附，東西流竄，時勝時敗，始終難成氣候。自得李岩歸附，李自成整頓軍紀，嚴禁濫殺姦淫，登時軍勢大振。李岩治軍嚴整，又編了許多歌兒，令人教小兒傳唱，四處流播。百姓正自饑不得食，官府又來拷打逼糧，一聽說「闖王來時不納糧」，自是人人擁戴。因此闖軍未到，有些城池已不攻自破。

袁承志到李自成軍中，李岩對袁崇煥向來敬仰，聽說袁督師的公子到來，相待盡禮，接入營中，請夫人紅娘子出見。紅娘子也是英風爽朗，豪邁不讓鬚眉。

袁承志、李岩和紅娘子三人言談投機，一見如故。袁承志初出茅廬，見識不夠，李岩和紅娘子跟他縱談天下大勢，讓袁承志茅塞頓開，佩服不已。

袁承志與李岩、紅娘子相識之後，傾慕李岩的書生謀士儒雅風度，自己也買了一套書生衣巾，學作書生打扮，此處最能剖明袁承志變化的心路歷程。

與袁承志結為兄弟的李岩，其實是袁承志內心父親形象的情結。

李岩和袁崇煥之間，有許多相似之處，都是書生用事，都是才俱非凡，都是幹大事成大事的英雄人物。而且兩人最後的命運和結局的悲劇，也是驚人的相似。

本來是起義軍大功臣的李岩和紅娘子，他們悲劇的結局卻和袁崇煥一樣。

眾望所歸的李自成竟然翻臉無情，將李岩和紅娘子逼迫得走投無路，極度失望，空負安邦志，在悲涼失路的意緒中含恨自殺。

十大書生上榜人物，李岩書生用事，願望美好善良但又太簡單，因此排名第六。

排名第五

余魚同：知恥近乎勇

武功：★★★　智商：★★★　情商：★★★

書劍指數：★★★★　攻擊力：★★★

余魚同出場俊雅非凡，但他卻給人留不下太好的印象。

少年時讀此書，總覺得余魚同行事不夠光明正大，特別是與駱冰之間的那一段戲，讓人感覺極不舒服，幸好余魚同還能勇於承擔，面對錯誤，以毀容的慘重代價為自己贖了罪。

看駱冰心力俱疲，淒苦已極之時，余魚同還獸性發作，摟住駱冰求歡，此事怎能原諒？或謂余魚同是情發於中，不能自己。

他這樣一個翩翩少年，將青春貢獻給反清復明的大事業，社交面很窄，遇到同志中有這樣一個與之年紀相彷彿，才貌堪匹配的純美少婦，實在是不能抵禦那種本能的巨大誘惑力量，正如他所說，他已經用盡了理智的力氣去克制，他不斷地逃避，他甚至自虐，他實在是控制不住了。

這樣的解釋，就算再有道理，但余魚同所選擇的時機也太不對頭了。

細緻分析起來，余魚同有心理障礙，他的身世是一個謎，他嚴重的自虐自毀傾向，肯定與早年的經歷有關。

他用匕首在自己臂上刺得斑斑駁駁，滿是傷痕，和他後來三番四次不顧性命去救文泰來，最後在火中毀容，其自虐的傾向是一致的。

余魚同的可憐和值得同情之處，是他沒有一個好的環境，能醫治他內心精神上的創傷。他的心理有障礙，李沅芷後來跟了他，真要好好下一番功夫，才能解去他的情結。

余魚同感歎身世，知今是而昨非。這番撕心裂肺的痛悔再次將其自輕自賤和自虐推向極端，他隻身犯難，要去救文泰來，結果自己也落入敵人手中。

一步錯，步步錯。如果不是做錯了事，他會像那般苦惱嗎？

余魚同自稱「千古第一喪心病狂之人」，這是文人的酸氣，幹壞事，也要爭個第一，追求形式上的審美，從中減輕自己的責任，此不是真懺悔之法。

清兵設下陷阱，在樓房中堆了無數火藥，藥線一點燃，就要讓文泰來和來援救他的群雄們一起炸得粉身碎骨。余魚同在炸藥線點燃之際，奮不顧身而出，和身撲上去，用自己的血肉之軀滾滅已是熊熊燃燒的烈焰。

這捨身之舉，改變了局面，挽回了必敗之勢，文泰來得救了，但余魚同卻被燒得毀了容。肉體的痛苦和自虐的贖罪，果真如鳳凰涅槃再生。

駱冰因此原諒了余魚同，文泰來和紅花會群雄也原諒了余魚同，讀者至此，也原諒了他。人非聖賢，孰能無過。知錯即改，知恥近乎勇，這種贖罪的勇氣，畢竟不是常人能做到的。

余魚同因贖罪而燒成重傷，毀了少年俊雅的容貌，傷感身世，拋灑熱淚，肉身的痛苦和心靈的痛苦合而為一，卻健康了許多。李沅芷卻如影附形找了上來，非他不嫁，癡情不悔，一片真心，一時又無處著落。余魚同此時其實是最渴望關懷和愛情的，他是在逃避，他不敢去面對現實，他已經是更加的自卑和沒有信心。他躲著李沅芷其實是在躲著自己真實的內心。

余魚同繼續他的逃避，他走得更遠了，他要將他的哀憫和無助推向到一個極致。暮鼓晨鐘，發人深省，「你既無心我便休」這少年人浪漫而憂鬱的激情，維特式的感傷情懷，並不是真正的覺悟，更像一種幻美的月色池塘下的無緒輕煙，揮之不去惹人哀憐。

余魚同何嘗是對李沅芷的美貌和癡情沒有動心？他只是心理上有障礙，邁不開這一步而已。最後余魚同找到了台階可下，一切都是順水推舟，何樂而不為呢？不過，他要找出一個堂而皇之的大藉口為自己遮羞：「好，為了給恩師報仇，我什麼都肯」，讀此甚覺好笑。過程不是主要的，重要的是好事多磨，終於圓滿劃出了句號。

十大書生上榜人物，余魚同知錯即改，知恥近乎勇，因此排名第五。

・排名第四

張翠山：書生的見識可愛但又可悲

武功：★★★　智商：★★★　情商：★★★

書劍指數：★★★★　攻擊力：★★★

張翠山出場，是著力的華彩亮色。少年書生，瘦弱的身形，俊秀的面目，卻有著胸中陳兵百萬的豪俠膽色。他神氣清朗，彬彬有禮，謙然的溫和中又遮不住激情如火的風發意氣。

俞岱岩有危險，立即衝動起來硬生生勒住急衝的奔馬，及至發現俞岱岩重傷，悲憤起來便要與人拚命，其書生的斯文和激情的蕩漾，恰成了鮮明的對比，又暗示了其性格中不可調和的悲劇。克制和激情，是張翠山一生詩人般性格和命運的關鍵所在，他永遠都生活在情和理劇烈的衝突之中，他渴望生命的平靜，但他卻無法擺脫青春野性的力量的焚燒，他在生命之火熊熊燃燒中，表現出書生般詩意的幻美本質來。

《倚天屠龍記》極力寫出張翠山少年熱血書生的形象，看張翠山一貫溫文爾雅，知書達理，但傷痛惱怒之時決意要偷偷去打都大錦一頓出氣，而且瞞著眾人免得師兄們干預，張翠山還是少年心性，心中擱不得事，沉不住氣，比之其師父張三丰的厚重沉穩，確實差了太多。他聽任熱血和激情的驅馳，一味要快意恩仇，他的俠義情懷之中，其實缺乏對人生和社會深刻的體悟和見識，他更像是一個才子，但模樣卻見小了，終會在複雜的情理和際遇中碰壁。

張翠山逼著都大錦拿出二千兩黃金來救濟災民一段，寫出少年任俠的痛快和純然意氣用事。以暴制暴，以惡降惡，若不是張翠山顯露出霸道武功，都大錦等物欲熏心唯利是圖之輩，是不可能乖乖拿出金子來的。看都大錦等人藏藏掩掩，口口聲聲說沒有錢，委瑣卑微之態實是讓人好笑，不得已破財消災，割肉之痛可以想像，威風和橫行了半世的都大錦也有今日。

張翠山不像是個正牌的俠士而更多地像個書生，他有著書生的熱血，也有著書生的單純幼稚和境界的侷限性。在離奇劇變之時，他空有一身高明武功，卻依然不知所措，缺乏應變和沉著的大氣。龍門鏢局離奇的滅門殺戮場面，讓他心驚和顫慄，他的格局還不能承擔這生與死巨大的震撼和經驗。

情節在平直中忽然急轉而下，一個巨大可怕的陰謀讓懸念高漲。少林寺僧言之鑿鑿，當面對質，讓張翠山陷於不義的處境。少年的書生意氣，忽然平添出許多血腥恐怖的謀殺與之對應，陰謀之網已緊緊纏著張翠山，讓他舉步維艱，讓他體會了世界的難以把握的複雜和陰暗。

在湖中小舟中與殷素素的相見，張翠山竟能一愕之下登時臉紅，他的人生經驗實在是有限。在這複雜的社會中，他實在還是見識不夠，這是他致命的弱點，也是他日後悲劇的內在邏輯指向，他太著意於律己，太在意於外在的道德規範的約束。一旦情與理不可調和的衝突來臨之時，他的律己就會變質成自虐和逃避，以自我否定的極端形式來輕易而簡單地解決人生的矛盾。

張翠山性格中的致命弱點含蓄而恰當地一再被強調。他忘不了殷素素之時，便自我解脫，「持之以禮，跟她一見又有何妨？」書生的見識，可愛但又可悲，讓人扼腕嘆惜不已。張翠山書生柔弱的心性，率真而缺乏決斷，理念與情感的衝突中不是隨變和圓通。性格即是命運，張翠山後來的悲劇，此處原來可進行索引，他內心主導的觀念太強烈了，所以他處處都有「一時心意難定」的時候。

謝遜其實是張翠山人生的教師，不過學生並不完全及格。謝遜一句「假仁假義」的嘲諷，雖未觸及張翠山的靈魂，但帶來的不可抗拒的機會，使張翠山終於放下了觀念的包袱，情不自禁中向殷素素吐露了真實的心意。張翠山暫且拋開了善與惡禮教的外在束縛，鼓足勇氣，聽任生命本能意志的驅馳，打開了塵封已久的真情，接受了殷素素的愛。

極端場面，極端情景，人性的枷鎖完全打開，觀念的重負可以輕易棄如敝屣，面具可以卸下，不需要作假，也再用不著作假。冰川荒島中，張翠山終於可以放鬆下來，靜下來，傾聽內心情感的真實聲音，聽任生命率真樸素的本能指引自己暢飲生命醇美的甘泉，找回自己的本質。

張三丰的百歲壽辰中，忽生慘烈奇變。殷素素將秘密言明之後，情和理，道與義的衝突，將張翠山逼上了絕境，他那書生的癡氣再次不可抑止地發作，一種虛妄的自我迷幻的道德力量上升到不可調和的矛盾。張三丰沒有來得及阻止這一悲劇的發生，如果事先知道事件的前因後果，可以肯定張三丰會自有擔當，絕不會讓張翠山如此輕率逞血氣之勇的。

十大書生上榜人物，張翠山書生的見識，可愛但又可悲，因此排名第四。

·排名第三

何足道：自負而又自謙的矛盾心態

武功：★★★★★　智商：★★★★★　情商：★★★

書劍指數：★★★★★　攻擊力：★★★★

《倚天屠龍記》開篇重點的場面，便是郭襄和何足道邂逅之際，兩位高士和天才惺惺相惜碰撞出心靈的火花。

一劍一驢，隻身漫遊的郭襄最先出場，天姿靈秀，意氣高潔，郭襄的這一仙女般遙遠出塵的形象，也是只有何足道可與之相配。何足道出場，與郭襄共同強化了此書的立意：高士和英雄其實是最寂寞和失落的，絕頂高處的境界，沒有回音，沒有掌聲。他們不能見容和適應這庸俗的世界，他們的才能便是他們宿命的痛苦和悲劇。

何足道是一介狂士，有真本領，有真見識，他和所有的天才一樣，都給人一種古怪孤癖缺乏平易和親切的感覺；他琴、棋、劍三方面都有過人的造詣和修為，所以他自負而自稱「三聖」。他的正常的聰明和見識又讓他知道不能這樣太誇張，所以又在「三聖」之後加了「何足道」之名，使他的名號聽起來有些矛盾和不協調，他是中國知識份子自負而又自謙的矛盾心態的典型表現。

這個張狂而又克制的古怪高人，其實是純樸和易於把握的，是內心善良和信守之人。僅僅為了一個不相干的人傳一句莫名其妙的話，他千里迢迢來到少林寺，他的這份古道熱腸，實在樸素得很，沒有世俗之人的半點機心。郭襄對他有好感，是最正常不過。郭襄有「小東邪」之稱，性情與黃藥師相近，遇上何足道，又是物以類聚，聲氣相求。何足道一曲「百鳥朝鳳」，讓郭襄聽得不甘寂寞，也回奏一曲《考槃》，歌詠隱士，讓何足道搔到癢處，聽得癡了。

十大書生上榜人物中，何足道因其典型的中國知識份子自負而又自謙的矛盾心態，因此排名第三。

·排名第二

陳家洛：缺少大英雄吞天吐地的氣勢

武功：★★★★　智商：★★★★　情商：★★★

書劍指數：★★★★★　攻擊力：★★★★

《書劍恩仇錄》中陳家洛出場，才是真正溫柔書生形象，書劍二字，正是在他的身上印證。不過，與千里接龍頭隆重的氣氛不相協調的，是陳家洛當紅花會總舵主，竟是半推半就，形勢所逼。

這暗示了陳家洛的弱點，也就是書生的弱點，他所缺少的，是大英雄吞天吐地的大氣勢。書生的格局，不足以重負紅花會反清復明這樣一個大的際會。

陳家洛以一套百花錯拳打敗周仲英，這才第一次正式顯出其書劍俱絕的過人之能，有禮有節，不急不躁，技驚四座。

陳家洛和霍青桐之間是一見鍾情，陳家洛一見霍青桐之下，驚為天人，愛慕之意不由得不生起。

但這愛意的根苗還未抽芽，卻又莫名地夭折掉了。

因為轉眼間陳家洛看見霍青桐和女扮男裝的李沅芷親密異常，他的自尊受了傷害，心中不是滋味。

陳家洛的弱點很早就暴露出來了。

他勉為其難承擔了紅花會舵主的大任，他也在盡力演好自己的角色，在別人面前扮演有勇有謀，本領大得很的領袖，但他內心中書生軟弱的一面，並沒有因此而消失。他並不像看上去的表面那種自信和遊刃有餘。

他有很脆弱的地方，他很容易就受到了傷害，而且，他的胸襟也不夠寬大，起碼不像一個幹大事的領袖人物那樣寬大。

本來為了反清復明的大事業，是應該廣開才路，接納木卓倫要留下女兒相幫的好意，陳家洛卻為了難以啟齒的私人原因，說好了又變卦，拒絕了霍青桐的加入。

陳家洛後來的悲劇不是偶然的，性格即是命運，這一切早已決定。

西湖賞月之會，看陳家洛躍然上馬，胸前戴上一朵大碗公大小金絲絨的大紅花，引爆紅花會歡聲雷動，官軍中也有大批紅花會眾蜂湧前來施禮，那場面真是壯觀之極，風光之致。紅花形成了一種美麗的象徵，她代表了正義，熱情，善良，美德，自由的吶喊，解放的呼聲。

讀此一節，暢快不可言說。

歡慶勝利之時，陳家洛卻悄然而去，獨自一人去湖心呆望著月亮，放聲慟哭。此出奇的一筆，寫得極動人。

英雄的內心，原來有著這許多不為人知的傷心和悲慟。陳家洛書生的性情在此再次披露無遺。

在眾人之前，他竭力扮演好一個不負眾望的領袖人物，而他真實的內心，卻依然有著不為人知的軟弱一面。書中已多次暗示，更合乎書生本色的他，更寧願過一種逍遙適性，與世無爭的書生生活。

他在勉為其難，這是他的可貴之處也是他的悲劇之處，他既然答應了要做紅花會的總舵主，他就要全力全身心去奉獻。他只是盡人力而聽天命了。

乾隆聽到陳家洛傾述對母親的秘密思念，也真實地怦然心動，握著陳家洛的手而顫抖，兩人之間親密從來沒這麼貼近過。

對陳家洛的好意，乾隆此時確是發自內心的。而陳家洛內心對乾隆的印象也有了極大的改善，這成了陳家洛日後信任乾隆的感情基礎，也是陳家洛日後悲劇發生的隱在原因。

陳家洛是一個極重感情的人，乾隆這樣待他，他自然不會無動於衷。

乾隆送給陳家洛的寶玉上刻著「情深不壽」等等之字，陳家洛正是太重感情，太感情用事了。

感情，這對一個做大事的政治人物來說，是極其危險的。

在乾隆面前，陳家洛再次顯露了他內心的脆弱，他差點又哭了起來。

六和塔上，陳家洛和紅花會的英雄捉住乾隆，陳家洛向乾隆攤了牌。一聲「哥哥」的稱呼，陳家洛是動了真情，他已經先入為主地相信了乾隆。一種血緣的神秘親切感，一種久別重逢，骨肉相聚的凡人的感動，主導了陳家洛作為政治人物的方針大計。

陳家洛已經不再把乾隆當作假想的敵人了，他一廂情願地安排了一切。自己為情所動，他對乾隆也要動之以情。

形勢所迫之下，乾隆答應了結盟之事。陳家洛大喜，在政治上他的確是太過幼稚和缺乏經驗，只知道推己及人，只是從好的方面去想，從私人之間的信任，從血緣之間的親近，一切都是想當然。陳家洛沒有想到，人是環境的動物，就算乾隆是他的親哥哥，就算乾隆的血緣本質是純良可靠，但乾隆從小受的教育，從小所處的環境，耳濡目染養成的習氣，那要複雜得多，再加上事情還遠不止那麼簡單，在皇宮乾隆也不是想怎樣就怎樣，乾隆還有諸多難以考慮周全的牽滯。

在金大俠的小說中，最能配上「書劍」二字的男主角應該是陳家洛了。陳家洛雖然是一個在事業和愛情兩方面都失敗了的人，但他的風采還是依然讓讀者難忘，依然是讀者非常喜愛的一個角色。陳家洛的身上，最具有一種悲劇的美感。

書生的優柔軟弱，使陳家洛不能很好地處理政治和愛情兩個方面的矛盾。陳家洛的內心絕不像他表面所表現出來的少年有為的紅花會總舵主那樣堅強自信。他一開始傾慕於霍青桐，但霍青桐不僅美貌而且優秀，武功智力上都是絕頂之選，陳家洛沒有信心能把握得住。而香香公主，更為美貌，但見識上卻差了太多，陳家洛反而可以處處主動，盡情展現出自己的優勢和長處來，一剛一柔，一英雄一美人，正好節節合拍。看香香公主也是這樣，在她所能閱歷的經驗，她所能觸及的社會圈子中，陳家洛無疑是太優秀了。陳家洛又俊雅又溫柔又體貼，而且還有非凡的武功，可以讓香香公主感到安全。偎郎大會中，香香公主歡快地投入了陳家洛的懷抱。「誰給我採了雪中蓮」、「誰救了我的小鹿」，這在陳家洛是舉手之勞絕不會多費一分力氣的事，香香公主卻把它看得比天還大。愛情的遊戲中，陳家洛終於可以輕鬆勝出。陳家洛書生的弱點，真是一目了然。

陳家洛終於發現了李沅芷是個姑娘的秘密，思前想後，才明白了許多細節來。不過，事已至此，他又能怎麼樣呢？他又能拿香香公主怎麼辦？這樣的打擊，在霍青桐身上，她還可以去撐著承受，如果是香香公主，她不馬上崩潰才怪。姐姐不見了，她只是焦急而茫然地重複著：「怎麼辦呢？怎麼辦呢？」

也許，陳家洛對於霍青桐，是又愛慕又想逃避。李沅芷的事件，使他有了一個逃避的藉口，就算沒有這個誤會，陳家洛也會像對香香公主那樣爽快嗎？正如後來陳家洛自己反省他對兩姐妹的情感時想到：「難道我心底深處，是不喜歡她太能幹嗎？」陳家洛對霍青桐的愛慕，沒有把握，也沒有自信。

陳家洛經歷了大劫難之後，開始反省、覺悟和進步了。陳家洛終於意識到了，他的胸襟是不是太小了？他對霍青桐，愛慕是自然有的，但卻因她的才幹、聰明，竟又有些敬畏和怕她。他明明知道，如果處理好了和霍青桐的關係，那麼他的事業上無疑添了一個了不起的助手。他逃避霍青桐，是缺乏自信。能反省和認識到自己的缺點和侷限，這又是書生的長處。問題是，認識到不足之處，是進步，但如何去改正，這又是一件好說而難做的事。

在古城秘室中，又寫了一段羊皮冊子上記載的瑪米兒的故事，這個故事從香香公主的口中讀出來，又特別有暗示性和象徵意義。這個故事，對陳家洛和香香公主是雙重意義的。日後香香公主的行為，可以從這個故事中找到隱喻；而陳家洛，則被這個故事激發了他的雄心狀志，使他記起了他的本份，他和紅花會反清復明的事業。

陳家洛的反省終於有了決定。雖然這也並不怎麼見出高明之處，但畢竟他還是有了決定，他想拋開情愛塵緣，一心專注於他的反清復明事業。他沒有想到，他對愛情還是在逃避，他連愛情都不能妥善處理，又怎麼能處理好政治的大事呢？

書生的幼稚終於上演出最後的悲劇。陳家洛一廂情願地要在國家大事中作出取捨，要為事業的大計而作出慘痛的個人幸福的犧牲。這是殘忍的一幕，陳家洛終於忍心向香香公主攤了牌。這是一柄雙刃的利劍，香香公主無辜地受傷，但陳家洛的心頭又何嘗不是在滴血。

陳家洛苦心的支撐看得又真讓人不忍和憐惜。他的性格中有書生的軟弱和被動的致命弱點，但他擔負紅花會總舵主的大責任，是形勢所逼，他實施去找乾隆的計畫，也並非是一時心血來潮的主意，是他的義父安排，眾人認可的。但他的最可貴之處，是他一旦接下了就勇於去承擔，而且是全身心地投入，完全地放棄了自我，一切都以大局為重。他做得很累，很苦，但他真實地盡了全力。當他知道了香香公主的死訊時，他首先想到的不是個人的悲哀，他還支撐著，不讓眾人受他情緒的影響而亂了局面。他還能儘量控制心神，繼續和無塵道長過招，還能裝出笑臉，直到最後實在撐不下去，才一口鮮血噴出，此處寫得感人，而又極合其書生的性格和身分。

陳家洛的一片苦心，不能不讓人同情和原諒他。霍青桐雖然傷心憤恨，質問陳家洛「你怎地如此糊塗，竟會去相信皇帝」，但也能體諒他「是為了要救天下蒼生，卻也難怪」。仇恨入心要發芽。眾人在毒藥罐裡浸熬暗器要去報仇，陳家洛想到乾隆與自己是同母所生，一時不忍，但終也太憤怒乾隆的陰狠毒辣，將自己的短劍也在毒藥中熬了一會。

十大書生上榜人物中，陳家洛書生的弱點在於缺少大英雄吞天吐地的氣勢，因此排名第二。

‧排名第一

段譽：與生俱來的優雅書卷氣質

武功：★★★★★　智商：★★★★★　情商：★★★★
書劍指數：★★★★★　攻擊力：★★★

青衫磊落，一種高貴的青春的幻美，像一束燦爛的陽光從淡淡的霧靄中透射而出，奇彩而瑰麗的基色閒靜從容，清風徐徐一般均勻地塗抹開來。在一片溫柔羞澀寬厚的明亮中，千岩萬壑舒展而迅速地在背景中浮雲般隱動和升起。

《天龍八部》，段譽當是龍脈，一出場便是神俊非凡，真不是池中之物。看他一襲青衫，容儀如玉，明淨柔和，有著說不出的與生俱來的優雅氣質。

他毫無世俗間的機心，純作一派天真，爽朗而通達，雋秀的臉上永遠也不會顯露出塵世間經常可以見到的冷酷傲慢的可怕表情。

他是理想中的書生形象，即使其迂腐的一面也讓人覺出可喜可愛。

他更像是一個詩人。

他高興時就快樂，幽默時就想笑，傷心時就落淚，他永遠不去掩飾，他永遠不在乎別人是用怎樣的一種奇特眼光來看他。

他只是率性而為，他骨子裡貴族式的尊嚴無論在何種處境下都會讓人記憶如新。

他一出場，全書的境界就隨之而飛速上升和拔高，主題的旋律就高揚著飄蕩和奏響。《天龍八部》可作一部佛書讀，主旨處處在於破業化癡。此等題意，讀者應細察，方可從許多熱鬧場面中窺出門徑，進而登堂入室。

說到癡，段譽卻是金庸武俠小說中第一真正癡人。《天龍八部》開篇，你看他要事在身，還有閒心去聽干光豪和其師妹打情罵俏，最後還要聽得忍俊不住笑出聲來，差點因此送命。

再看他情急中墮入深崖，才能苟延殘喘，又閑下心來欣賞谷底美景，把玩茶花起來。最後無法出谷，他還有心情沉沉睡去，而且睡得甚酣，醒轉後吃些酸果躺倒又睡，而且還能大作美夢。

此等癡人，實是神仙一般快活之人，少煩神，少操心，虛其心，實其腹，亦即是近於得道之人，當真羨殺我輩忙忙碌碌、勞心勞力、掙扎生活之大俗人。

這是詩人的體驗，是對宇宙和生命體驗的夢和醉的審美。

在一種秘密的體驗中段譽感受到了靈感的巨大衝擊，一種莫名的感動，無言辭去表達，無規律可捉摸，讓他惆悵、惘然，若有所得而又若有所失。

段譽詩人氣質使他體驗了一種難以描述的本質和真理，這使他拋棄了世俗的規範和教條，迅速地達到審美的高峰，俯視著他已超越的現實。

段譽發現玉壁上的「仙影」「劍影」，秘洞中的石室，石室中「神仙姊姊」的玉像秘密，癡勁發作，再次體驗著夢和醉的無邊暈眩，對美人玉像磕了足足一千個頭之後，癡人得癡福，得到了逍遙派武功秘笈「北冥神功」之譜。

許多論者以為金大俠寫《天龍八部》之初時，心中想著一部《紅樓夢》，所以段譽出場有些像賈寶玉，筆者對此甚有同感。

段譽和賈寶玉都是富貴公子，天生情種，不通世務，對美貌女子都當神仙般地尊敬仰慕。《紅樓夢》中有太虛幻境，《天龍八部》中就有「嫏嬛福地」；《紅樓夢》中有警幻仙姑，《天龍八部》中又有「神仙姊姊」。

癡既難解，孽即隨之。

段譽又是金庸武俠小說中第一天生情種。

段譽的情種看來比賈寶玉還要勝過一籌，不僅對小婢也是姊姊長姊姊短的叫，要帶蜜餞果子給人家吃，甚至連馬兒因名黑玫瑰必是雌馬，也要口稱「玫瑰小姐」作過一揖。此絕非矯情，而是段譽也信奉寶玉的「女兒的骨頭是水做的」哲學，天生就是見了女兒就清爽。

對女性由衷的讚美和敬慕，在段譽這裡已上升到世界觀方法論的高度，毫無作態之處。所以段譽一得知有人要暗害木婉清，立即不顧個人安危，要去通風報信。

在塵俗世界中，段譽歷來是最講人道和平等的思想，他的方法不是要主動積極地而是企圖以身作則建立一種完美的人道主義倫理觀，以思想觀念的力量去改變世界。如果每一個人都能具有段譽這樣的道德水準，那麼亦幾近於「大同」了吧！

段譽柔和的性情，善良的本性，持正的心態，卻必與良好的教養有很大關係。

看他十九歲的青年男子了，見了母親還像小孩一樣的撒嬌，親密無間地與母親依偎在一起；看他向母親討賞，刀白鳳卻說：「賞你一頓板子。」此中甜蜜淳厚的親情，尤過於一般家庭。

愛的教育是最好的教育方式，此話不虛。

當然，還有一層要提到的，也許刀白鳳夫妻關係的不和諧，而把更多的母愛給了段譽，更重視對段譽的教育，段譽是得天獨厚的。

段譽情天情海中的真命天子王語嫣出現了，至此以後，悲也為她，喜也為她，魂牽夢繞，吃盡苦頭也為她。

從此之醉，為但願長醉不願醒之醉，人生若能得此長醉，亦幾近於神仙日子了。

寫王語嫣之美，又是用月步迴廊，一唱三歎之筆法。

先不見人，但聞其聲。只是一聲輕輕的歎息，就能使段譽全身一震，怦怦心跳，熱血如沸，心神俱往。

寫得真好，一聲歎息竟能作出如此文章，我亦心神馳往了！

一聲歎息便如魔咒一般勾了段譽之魂，及見其背影，只覺煙霞籠罩，恍如仙境地。

苗條的身形，披肩的長髮，折射的卻是一種純潔而神聖的氛圍，一抹精神的濃郁香氣，一片悅耳聲音的雲霧，一次宗教般情感的向上衝鋒。

及至真的見到王語嫣的面容之時，必然是毀滅的激情一般五雷轟頂的感覺。

段譽在這種巨大的撕裂靈魂的迷醉幻覺中，當然是會呈現出瘋狂的狀態！

看他耳中轟然作鳴，眼前昏昏沉沉，雙膝一軟不由自主跪下，向精神的偶像頂禮膜拜。

段譽真是金大俠書中第一情種，第一情癡，怡紅公子只怕也要輸他三分。

段譽的這種癡，這種醉，有著其表象上的乖謬離譜和可笑，但其荒唐的背後，卻有對生命激情尖銳痛楚的深刻體驗和覺悟。

生命是偶然和缺乏意義的，但覺悟者卻可以用非常的方式為之尋找和賦予意義。

段譽是幸福的，他畢竟找到了他生命的意義。

段譽對王夫人大談山茶花經一段，又是經典文字，可作一篇絕妙小品來讀。

段譽論茶花，又是與其人其境貼切相合。

不讚王夫人之茶花而讚花欄，正如不誇畫家畫好而說畫框精美一個道理，吊上王夫人的胃口。

王夫人要斬去段譽的雙腳給茶花當花肥，段譽心中有氣，趁談花經諷刺王夫人一下，每種名目皆能使聽者會意，對號入座。「落第秀才」，王夫人情場失意，可作妙譬；「美人抓破臉」，更絕配王夫人的潑辣蠻橫。

段譽如此出口成章，賣弄學問，反而救了自己的命。當花匠且又能有機會得近美人芳澤，段譽又何樂不為？

總之段譽都能在最窮厄之時找到生活的樂趣。段譽實是金庸武俠小說中第一能享受生命之恩賜之人。

段譽的愛情兵法無他，只是一味窮追亂打，不屈不撓，絕不放棄。不僅不到黃河心不死，就是到了黃河還不死心。積極主動，就不會錯過機會。

西夏一品堂高手來犯，王語嫣和眾人都中了毒，段譽的萬毒不浸和逃命絕招就派上最佳用場，救了王語嫣而去。

段譽就此能與心上人單獨相處，時聞香澤，心下自是大樂。

段譽覺得能與王語嫣合稱「我們」，實是深有榮焉。如此精細的文字，最見金大俠的格物功夫，絕不在施耐庵之下。金大俠不能稱大師才怪。段譽的死纏爛打戰術，卻是有了收效，後來包不同雖對他甚為厭憎，面子上卻再不好公然驅逐段譽了。

段譽自得其樂，對別人的冷嘲熱諷當耳邊風，真有他的一套。段譽對王語嫣的癡迷，卻又與游坦之有幾分相似處。阿紫眼瞎後，游坦之但願就此拉著阿紫的手永遠這樣走下去；王語嫣遇危險時，段譽捨命相救，背負王語嫣而逃，也是恨不得就此永遠背下去。

不過，同樣是癡戀，高下卻大有不同。游坦之在阿紫面前只願作一條狗；段譽卻永遠能在最出醜丟臉之時還保持著不可逼視的高貴的尊嚴。

游坦之心無常性，對是非沒有判斷力；段譽卻一直有主見，又能有良好的批判精神。看段譽明明心知自己的相思總無了結，應該懸崖勒馬，回頭是岸，卻又是臨時熱血上湧，直衝上前。這種矛盾，是段譽最真實可愛之處。

最讓人好笑處，是段譽背負王語嫣，緩了一口氣之後，忽然感到王語嫣軟綿綿的身子，滑膩的肌膚，心神大蕩之後，又覺不妥，自己打自己耳光。

段譽才是最可讓人信服的真君子，柳下惠坐懷不亂之類故事，與段譽相比，真偽和自然與否，立時可見。

段譽的武功，除逃命絕招凌波微步之外，絕世難敵的六脈神劍卻是時好時壞，時有時無，無奈不能得心應手。只有當慕容復傷了他老父之時，他才心中氣苦，靈感畢至，將六脈神劍使用得天花亂墜，如有神助。

段譽雖至情，更是至性。

段譽「縱使王姑娘見怪」，他也要全其真君子之大義，要打抱不平，和蕭峰站到一起。這再次表現了其大局之高明達觀

感謝慕容復，感謝他以最卑劣的表演和丟臉，主動將王語嫣推了出來。

段譽終於得償所願，精誠所到，金石為開。王語嫣終於再世為人，被段譽的一片癡意所感動，投進段譽的懷抱。

十大書生上榜人物中，段譽因其與生俱來的優雅氣質和純淨的胸懷，因此排名第一。

三、十大高人排行

十大高人上榜人物：灰衣僧、獨孤求敗、風清揚、王重陽、覺遠、張三丰、無崖子、龍木二島主、袁士霄、穆人清。

・排名第十

穆人清：授徒無方的偏心

武功：★★★★★　智商：★★★★　情商：★★★

高人指數：★★★　攻擊力：★★★★

穆人清是《碧血劍》中武功最高的前輩和高人。

《碧血劍》一書開篇，安大娘評價穆人清用了「古怪」二字，而我們卻並沒有看出穆人清的古怪之處，反而是他對袁承志的慈愛更接近於普通人。

少年的袁承志聰明伶俐，他一見到穆人清便知道恭恭敬敬地磕頭叫師父，讓這個安大娘所言的「脾氣很古怪，你不聽話，他固然不喜歡，太聽話了，他又嫌你太笨，沒骨氣」的捉摸不透的老頭，對他一見即喜，幾乎是毫不猶豫，毫不費周折地便收了袁承志為徒。

穆人清看上去其實倒是一個很不錯的和善老頭。但是穆人清對待徒弟的方式，卻多有不近人情的地方，不少突兀的舉止，確實又真實的暗示了他內在的某些古怪之處。

穆人清不僅授徒無方，而且是很明顯的偏心，雖然嘴上說歸辛樹夫婦在他的眼中還像多年之前別無二般，要歸辛樹不要誤會他自己偏愛小徒弟，但他的這種說法實在是太軟弱無力和缺乏說服力。難怪歸辛樹夫婦嘴上雖然不講，心中卻依然暗藏怨恨。

穆人清做的最過分之處，便是越級對孫仲君進行不近人情的懲罰，他親手削斷孫仲君的小指，而且從此不再讓孫仲君用劍，這樣做實在是太不給歸辛樹夫婦面子了。孫仲君再有不是，也應該由歸辛樹夫婦處理和解決，穆人清的這一番越俎代庖，實在是逾於常理。

十大高人上榜人物中，穆人清排名第十。

·排名第九

袁士霄：為人正直但性格古怪高傲

武功：★★★★★　智商：★★★★　情商：★★

高人指數：★★★　攻擊力：★★★★

《書劍恩仇錄》中，第一高人天池怪俠袁士霄，性格怪僻，但疾惡如仇，愛恨分明。

袁士霄的故事中，最好玩的地方是他和關明梅、陳正德之間既簡單又複雜的三角關係。袁士霄與關明梅可謂青梅竹馬，但袁士霄性格怪僻，最後關明梅嫁給了陳正德，避往回疆，而袁士霄又追隨其後，使得袁更加怪僻，關明梅變得暴躁，陳正德則醋性如女，他們三人情孽的糾葛，更體現人性的複雜難解之處來。

三個世出高人，各人的性格脾氣，形象造形，各有各的特點。袁士霄武功最高，為人正直，但性格古怪高傲；關明梅脾氣急躁，性烈如火，但善良忠誠，也有溫柔和細膩的一面；陳正德有點小氣會吃醋，但比較講道理，特別是對關明梅能忍讓，所以關明梅才嫁給了他。

袁士霄、關明梅、陳正德三人之間最後還算有了較好的結局。陳正德轉了性，不僅不猜忌吃醋，反而還對袁士霄曲意奉承，以此來討關明梅的喜歡。關明梅也想通了，「一個人天天在享福，卻不知道這就是福氣」，她理解了丈夫的愛，珍惜這份愛，不再去更多奢望。袁士霄也看開了，「咱們今日還能見面，我也已心滿意足」，三個怪癖的高人，最後一齊覺悟，不再意氣用事，要好好把握眼前日子，這是一樁美事。

袁士霄用計殲滅狼群一段，最是十分精彩好看，少年時讀此書，掩卷遐思，真是神往不已。想像那種浩大的工程，浩蕩的場面，只覺得已能親耳聽到野狼被困在沙城中無奈地發出的絕望嚎叫。袁士霄收拾張召重一段也讓人印象深刻。看張召重平日驕橫慣了，終於被袁士霄收拾得服服貼貼的，真是解氣，過癮。

十大高人上榜人物中，袁士霄排名第九。

・排名第八

龍木二島主：幸好並不是偏執狂

武功：★★★★★　智商：★★★★　情商：★★★

高人指數：★★★　攻擊力：★★★★★

《俠客行》中，神秘的俠客島和賞善罰惡令的懸疑，一直到最後才揭出謎底。石破天等眾俠客來到神秘的俠客島，龍木二島主終於出來亮相，細說從前，破解眾人的懸疑。

原來他們邀請眾俠客去俠客島，並沒有惡意，只是想請各路高人來島上共同參詳島上神奇的武功秘訣，集思廣益，解開武學上的一個大謎底，以將武學之道發揚光大，推高一層，對眾人絕無加害之意。

小小的俠客島上，有著江湖武林中的各種詳細檔案資料。俠客島原來是維護武林正義為己任，對武林人物一靜一動都有著詳細的考評，藉此以賞善罰惡。龍木二島主詳細舉出了幾則例子加以證明俠客島的明察秋毫。

龍木二島主武功極高，要以維護武林正義為己任，沒有過人的真本事是不可能辦得到的。他們顯示出來的武功也確實是深不可測。

當然，這只是小說，讀者並不會把它當真，因為要真正像萬能上帝那樣賞善罰惡，是不可能之事，其中的破綻漏洞就太多了。

丁不三丁不四無端殺了那麼多無辜者，也沒見著俠客島把他們怎麼了，而且丁不四還是臘八粥宴上的座上賓。

想扮演萬能的上帝裁決人世間的善惡，其實是一件很可怕的事，弄不好就會像當日白自在一樣陷入瘋狂。

現實世界中，如果真正發生了這樣的事，那將是人類極大的不幸和悲劇。

不過，幸好本書中的俠客島龍木二島主，並不是偏執狂，他們還頗為通情達理，讓人看著放心。

十大高人上榜人物中，龍木二島主排名第八。

·排名第七 無崖子：學究天人的真天才

武功：★★★★★　智商：★★★★★　情商：★★

高人指數：★★★★　攻擊力：★★★★

無崖子是真天才，學究天人，胸中包羅萬象，不僅武功蓋世，琴棋書畫，醫相星卜，工藝雜學，貿遷種植，無一不會，無一不精。此種人是不世出的奇才，能達到如此境界，如此修為，不僅有天賦，還要靠一點運氣。

無崖子是天才，但也很有怪癖，其情感生活也是複雜和曖昧難明。風流瀟灑的無崖子，同時博得了其師姐童姥和師妹李秋水的芳心。李秋水趁童姥練功入靜時在其背後大吼一聲，使童姥走火入魔，從此一輩子都是長不高的「矮美人」。李秋水終於得償心願，和師哥無崖子共浴愛河，在無量山石洞中隱居，參研天下武功絕學。童姥當然不甘心，轉而報仇毀了李秋水之容，兩人自此成不共戴天的冤家死敵。

師姐童姥和師妹李秋水為爭奪無崖子大動干戈，然而沒想到無崖子真正愛的人既不是童姥，也不是李秋水，而是李秋水的「小妹子」。

無崖子在無量山石洞中隱居時雕的玉像，畫的畫像，心目中所想的，原來只是「小妹子」，最後無崖子每日只對著玉像發癡，而把李秋水拋在了一邊，終至不歡而散。

十大高人上榜人物中，無崖子排名第七。

·排名第六

張三丰：最讓人有好感的老人家

武功：★★★★★　智商：★★★★★　情商：★★★

高人指數：★★★★　攻擊力：★★★

張君寶在《倚天屠龍記》開篇露面，寫得有許多含蓄之處。此時還是不更事的少年，見了郭襄便臉紅，感覺非常微妙。

郭襄自己本是傷心人別有懷抱，但看見張君寶孤苦無依，便放下自己的苦惱，為張君寶的前途未來籌畫。

天地茫茫的孤寂無助之中，張君寶必須獨自面對命運的挑戰，實現生命的自我價值。一個極偶然的機會，讓張君寶觸景生情，心下感悟，決心不去寄人籬下，而奮發圖強，自立門戶。張君寶獨自上武當山修練，終於豁然貫通，體悟了人生宇宙，武功道學的真諦，成了一代宗師。

由張君寶而到張三丰，自己拿主意，自己有主見是第一因素，但郭襄給他的榜樣也是很重要的。張君寶對郭襄，有一種少年人獨特的微妙敬慕和好感。郭襄的特立獨行，俠義情懷，見義勇為，打抱不平，無疑給了張君寶內在的影響。張君寶也許很想做出成績來給郭襄看，讓郭襄驚歎，改變郭襄對自己的觀感，其實是張君寶秘密的進取動力和刺激之一。

張三丰從少年的張君寶中脫胎換骨，一代大宗師的氣派已正大莊嚴在堂皇鋪排，德高望重，嫉惡如仇，老而彌堅，體悟了生命的真諦，大度中又有平易的詼諧，這是一個有血有肉真實而丰神飽滿的人世間的得道之人，他讓人覺得親切的平易。九十歲的高齡，生命還敏感和生氣勃勃地帶給人以感動。看到愛徒受傷，依然胸中大震，關切之意溢於言表。他慈愛如父，對生命充滿敬畏，但又達知天命，抑止內心的傷痛，勸張翠山看開，「世上誰人不死？」要眾弟子不要太沉溺傷悲。這樣的老人，真是讓人充滿敬意和孺慕之意。金大俠筆下，張三丰是最讓人有好感的老人家。

心腸。

張三丰得道高人，絕不是泥塑金身仙凡隔路的空洞形象。暗夜之中不能成寐，獨自在廳中臨空手書王羲之的「喪亂帖」，筆義中滿是拂鬱悲憤之氣勢，悲天憫人，有著真正菩薩心腸。

悲劇的審美雖然淬礪人性的純淨，但被撕裂粉碎的價值的美玉，帶來心靈的悸痛，又是殘忍而讓人悵然長歎的。

張三丰不愧為真正得道之人，武當七俠若能領略他十分之一的大覺悟大智慧，也許張翠山和殷素素的悲劇便不會發生。看張三丰笑迎張翠山殷素素回來道：「不用告罪，張三丰哪有這等迂腐不能的弟子？」此話真是發人深省。為人第一不可胸襟太窄，正邪兩字，原來難分，大宗師的眼裡，哪裡還有什麼世俗的僵化定見，張三丰只是一個真正懂得了生命和宇宙秘密的慈愛老人，他對生命的神奇真正驚歎和欣賞，對人生真正充滿了積極向上的熱望和理解。張三丰深刻而豐富飽滿，讓人愛戴。

張三丰在百歲壽宴中面臨沉重的打擊，「心如刀割」四字，寫得真是觸目驚心。而無忌也受玄冥神掌的重傷眼看不能活命，張三丰饒是修道再深，定性再強，也不免老淚縱橫，甚至想到死：「我還不如死了好！」張三丰的慈愛老人形象，寫得出色。

為救無忌，張三丰以百歲老人，開山立派大宗師之尊，竟不惜去少林寺求藥，其中委曲求全，忍氣吞聲，甚至低三下四，讀之真讓人不平不忍，再次讓人怦然心動。

趙敏派人假冒少林僧人「空相」，藉著向武當派報凶之時，向張三丰突施偷襲，張三丰受了重傷之時，全不在意自己怎樣，反而安慰眾人，視死如歸。對形勢的認識，他很清楚，知道自己受傷之後武當難免大劫，便將自己所新創的武功「太極拳」傳授給俞岱岩，要俞岱岩忍辱負重，以接傳本派絕技為第一要義。

張無忌出手以新學的太極拳力敗趙敏手下西域少林兩個高手阿二、阿三，被眾人認出之時，張三丰喜從天降，心花怒放，真是笑得合不攏嘴。張三丰最讓人佩服的地方便是在此處，他雖是修道之人，卻全無其他出家隱士裝模作樣的矜持。把張三丰和金庸小說中其他少林高僧相比，就能看出他是多麼的樸素自然，仍不失赤子之心，仍有極為純粹的喜怒哀樂，他的悲哀和歡樂，都是那麼的人性和真實，並不因修道而加以虛飾。

張三丰所創「太極拳」、「太極劍」，這兩種天才創造的武學，是如此的柔和自然，圓融通貫，實在是與宇宙的規律，天地的呼吸相一致。

太極拳、太極劍的風格，正是張三丰隨和謙厚樸素自然的風格，是毫無機心沖淡平易的風格。

十大高人上榜人物中，張三丰排名第六。

．排名第五

覺遠：天外有天，人外有人

武功：★★★★★　智商：★★★　情商：★★

高人指數：★★★★★　攻擊力：★★★

《神鵰俠侶》華山之巔劍已論定，忽又出現一個不知來歷的絕世高手覺遠和尚。《倚天屠龍記》中，覺遠和尚的故事還有繼續。

少林寺雖是天下武林第一大派，但往往固步自封，教條僵化，讓人大為不能佩服。天下本無事，庸人自擾之，少林寺眾正是應了這樣一句老話。潘天耕師兄弟三人已吃了大虧，還不能令他們知進知退。少林方丈天鳴禪師和心禪堂七老一齊出來，如臨大敵。何足道看在郭襄的面子，已明言不想生事，但無相禪師等人還是不依不饒，非要逼何足道動手。

燕雀巢堂，黃鐘毀棄，這是天才永遠的悲劇。覺遠才是少林寺中真正的高人，但在寺中地位低下，默默無聞。何足道要找覺遠為他傳一句話，少林寺眾竟一時想不起「覺遠禪師」是誰，讀之當真可歎可笑。何足道露了一手畫石成棋盤的高明內功，讓天鳴眾人面面相覷，心下駭然，差點就要當場認輸，還是覺遠出來，給少林寺掙回了面子。

郭襄對覺遠道：「大和尚，我瞧少林寺那些僧人，除了你和無色禪師，都有點兒古里古怪。」此是平心之論。何足道在少林寺威風十足，全仗覺遠和張君寶顯露上乘武功，讓何足道心服口服，飄然而去，保全了少林寺武林天下第一的聲譽。

覺遠和張君寶本是少林寺的大功臣，少林寺眾卻橫加猜忌，顛倒黑白，要捉拿覺遠和張君寶定罪。覺遠是有道高僧，平日的表現只是迂腐癡氣，但他並非一味固執，不知機變，平日他只是不願計較，一旦涉及到徒兒張君寶的安危，他也會奮起反擊，反將出去，保護張君寶逃走。這是覺遠至情至性之處，為了保護張君寶，覺遠捨身相救，累得脫力，終於精疲力竭，燈盡油枯坐化而亡。

十大高人上榜人物中，覺遠和尚排名第五。

・排名第四

王重陽：虛懷養晦的全真教祖師

武功：★★★★★　智商：★★★★★　情商：★★
高人指數：★★★★　攻擊力：★★★★★

全真教由王重陽首創，王重陽乃創教祖師。馬鈺等七子是他親傳弟子，為第二代。趙志敬、尹志平、程瑤迦等為七子門徒，屬第三代。楊過等一輩則是第四代了。

王重陽的事蹟，與《九陰真經》有緊密關係。

《九陰真經》中所載的武功，奇幻奧秘，神妙之極。為了爭奪《九陰真經》這部經文而喪命的英雄好漢，前前後後已有一百多人。

那經書最後終究是落在天下武功第一的王重陽手裡了。王重陽得到經書之後，卻不練其中功夫，把經書放入了一隻石匣，壓在他打坐的蒲團下面的石板之下。

王重陽的武功既已天下第一，他再練得更強，仍也不過是天下第一。當初他到華山論劍，也不是為了爭天下第一的名頭，而是要得這部《九陰真經》。他要得到經書，也不是為了要練其中的功夫，卻是相救普天下的英雄豪傑，教他們免得互相斫殺，大家不得好死。

王重陽把那部《九陰真經》壓在蒲團下面的石板底下，武林之中倒也真的安靜了一陣子。

王重陽與林朝英均是武學奇才，原是一對天造地設的佳偶。二人之間，既無或男或女的第三者引起情海波瀾，亦無親友師弟間的仇怨糾葛。

王重陽先前尚因專心起義抗金大事，無暇顧及兒女私情，但義師毀敗、枯居古墓，林朝英前來相慰，柔情高義，感人實深，其時已無好事不諧之理，卻仍是落得情天長恨，一個出家做了黃冠，一個在石墓中鬱鬱以終。

此中原由，丘處機等弟子固然不知，甚而王林兩人自己亦是難以解說，惟有歸之於「無緣」二字而已。

卻不知無緣係「果」而非「因」，二人武功既高，自負益甚，每當情苗漸茁，談論武學時的爭競便隨伴而生，始終互不相下，兩人一直至死，爭競之心始終不消。

林朝英創出了克制全真武功的玉女心經，而王重陽不甘服輸，又將九陰真經刻在墓中。只是他自思玉女心經為林朝英自創，自己卻依傍前人的遺書，相較之下，實遜一籌，此後深自謙抑，常常告誡弟子以容讓自克、虛懷養晦之道。

十大高人上榜人物中，王重陽排名第四。

・排名第三

風清揚：高人境界，做學問方法

武功：★★★★★　智商：★★★★★　情商：★★★

高人指數：★★★★★　攻擊力：★★★★★

金大俠在《倚天屠龍記》中，描寫張三丰在教張無忌劍法時，曾問張無忌，劍法還記得多少，張無忌回答說全忘了，劍法也就練成了。

《笑傲江湖》中傳劍一段，金大俠對無招勝有招解釋的更為清楚明瞭。

風清揚在山崖之上住了幾十年不願見人，但見令狐冲和自己一樣，是個至情至性之人，不忍見他被田伯光打倒，出來指點令狐冲，他對令狐冲道：「世上最厲害的招數，不在武功之中，而是陰謀詭計，機關陷阱。」

風清揚對令狐冲的武功教誨和岳不群對令狐冲的武功教誨是截然不同的，風清揚對令狐冲人生的教誨更是精妙，更合令狐冲的脾氣。

這一回的傳劍實實在在是在傳劍，風清揚的一劍中竟有三百六十種變化，九劍的總訣有三千餘字之多，這種武功是不是真是至高無上的呢？

但風清揚傳劍術與令狐冲，卻有另一種高人境界，做學問方法。

「劍術之道，講究如行雲流水，任意所至」，學問之道，其實亦是如此。

就這麼靈犀一點，福至心靈，令狐冲隨手一戳，就將名動江湖的「萬里獨行」田伯光輕易點翻在地。

恭喜令狐師兄，學得無上法門。

十大高人上榜人物中，風清揚排名第三。

・排名第二 獨孤求敗：孤獨天才的形象活脫如畫

武功：★★★★★　智商：★★★★★　情商：★★
高人指數：★★★★★　攻擊力：★★★★★

劍魔獨孤求敗故事，不足百字描摹，天外高客，孤獨天才的形象活脫如畫。為獨孤求敗立傳，文字愈少，留白愈多，愈讓讀者神思馳蕩，不能自已。「嗚呼，生平求一敵手而不可得，誠寂寥難堪也」。此何等大境界！當世人物幾人能當之？金大俠的小說，庶幾近之。

讀獨孤求敗刻於洞壁上的三行文字，可以長歌，可以短嗟，可以滿飲三杯，痛澆我輩俗人心中抑鬱難消的塊磊。

楊過在獨孤求敗石墓前神往意馳，緬懷仰幕，不禁跪拜。好！對天才血淚人生，撮土為香，頂禮膜拜，不亦宜乎？

劍塚的寓言，又是一段上上文字，絕佳小品。

弱冠前所用凌厲剛猛之劍，三十歲前用紫薇軟劍，四十歲前用大巧不工無鋒之重劍，此後漸進無劍唯有劍之境，此乃絕妙武學境界，也是絕妙學問境界。

此四層境界依稀有王國維所謂「昨夜西風凋碧樹」、「衣帶漸寬終不悔」、「驀然回首」三種學問境界之意，但更為細緻精確，更能傳神，寫出了高手的心路歷程。

十大高人上榜人物中，獨孤求敗排名第二。

·排名第一

灰衣僧：金庸小說中武功最厲害的人物

武功：★★★★★　智商：★★★★★　情商：★★★

高人指數：★★★★★　攻擊力：★★★★★

金庸武俠小說中武功最厲害的人是誰？誰武功是第一？以下做一個分析：

金庸小說按時間排序倒推，大約是這樣：

《雪山飛狐》（清）、《飛狐外傳》（清）、《書劍恩仇錄》（清）、《鴛鴦刀》（清）、《連城訣》（清）、《鹿鼎記》（清）、《碧血劍》（明清）、《白馬嘯西風》（明清）、《俠客行》（明）、《笑傲江湖》（明）、《倚天屠龍記》（元明）、《神鵰俠侶》（南宋）、《射鵰英雄傳》（南宋）、《天龍八部》（北宋）、《越女劍》（吳越春秋）。

要評選金庸小說中的武功之最，《越女劍》、《白馬嘯西風》因為是中篇，份量不夠，其武功可以忽略不計；而《俠客行》和《雪山》系列的份量，也同樣不能和《射鵰英雄傳》三部曲相比，所以我們真正要評選的焦點，是在《射鵰》三部曲、《笑傲江湖》和《天龍八部》這五部之中。

就金庸整體小說來看，似乎有這個規律：時間距我們越遠，小說中武功似乎越高。似乎隨著時間的推移，遠古年代神乎其技的武功逐步在遺失、在失傳，頗有魯迅小說中九斤老太之論「一代不如一代」。

比如，關於武功的失傳，北宋時的《天龍八部》中蕭峰所會的降龍十八掌，十八招招招俱全，威力無比，驚天地泣鬼神，而在《射鵰英雄傳》中降龍十八掌傳到洪七公，就已失傳數招，幸虧洪七公天資英明，才華過人，靠自己個人聰明，將遺失的招數補齊，保住了十八之稱，不過降龍十八掌在洪七公和郭靖使出來時，總覺得沒有蕭峰那樣瀟灑自如，天然玉成。

關於武功一代不如一代，在另一件事情上也可以看出來。

比如，《天龍八部》和《射鵰英雄傳》中，高手過招，還有大宗師的王者氣象，既是赤手空拳，又不拿兵刃，蕭峰如此，段譽如此，虛竹如此，一燈大師的一陽指如此，歐陽峰的蛤蟆功如此，黃藥師的彈指神功如此，周伯通的雙手互搏如此，洪七公、郭靖的降龍十八掌如此。

雖然洪七公有打狗棒、歐陽峰有蛇杖、黃藥師有玉簫，雖然他們幾乎不用這些兵器，但這與蕭峰、段譽、虛竹相比畢竟又遜了一籌。

《射鵰英雄傳》之後的《神鵰俠侶》、《倚天屠龍記》中，楊過拿起了玄鐵劍、張無忌也有了倚天屠龍刀，再到《笑傲江湖》的令狐冲，離開了劍已經如同廢人，他們和蕭峰、段譽、虛竹相比，其武功境界高下雲泥之別，已不言而喻。

按以上的這些分析來看，《天龍八部》顯然是金庸武功境界最高的一部書。試拿《天龍八部》和其他小說中的武功略作一對比。

《書劍恩仇錄》中，劍術第一的是「追風快劍」無塵道長，但看其對無塵道長武功的描寫，他的劍法與《天龍八部》中開篇走過場的人物無量劍東宗掌門人左子穆差不了多少。另外，在《書劍恩仇錄》中，點穴是非常厲害的武功，而在《天龍八部》中，點穴是一門小丫頭阿朱都會的粗淺入門功夫。

《笑傲江湖》中，任我行的吸星大法，使眾人談之色變，論其淵源可和《天龍八部》中星宿海丁春秋的吸星大法相提並論，比之段譽所學的逍遙派的北冥神功，珍卑自見，前者為臣，後者為君。

《笑傲江湖》中首推獨孤九劍最有創意，但此種武功只有花架子，全無內力陰陽相濟，最多和古龍「那一劍快得已超過了速度的極限」的境界相仿，這樣的劍術不要說和《天龍八部》中段譽的六脈神劍相提並論，恐怕連《天龍八部》中「劍神」卓不凡的劍芒也比不過。

《倚天屠龍記》中，明教鎮教之寶，也是張無忌的拿手絕活「乾坤大挪移」，隨便哪個讀者一看，便知這是《天龍八部》中慕容復家族「以彼之道，還施彼身」的變種，張無忌的「乾坤大挪移」最多和慕容復「以彼之道，還施彼身」差不多，遇到蕭峰，當然只有束手無策了。

《倚天屠龍記》中，張無忌武功厲害，但怎麼也不會比張三丰高，張三丰再厲害，其實也不過得到了他的師父覺遠和尚幾分真傳，所以《倚天屠龍記》中覺遠和尚的武功，應該說是《倚天屠龍記》中第一。

看蕭峰和覺遠和尚相比，同樣的場面，同樣的事情，覺遠和尚累得半死，蕭峰卻是舉重若輕。

綜上所述，金庸的武俠小說中真正武功出神入化、高妙絕倫的，非《天龍八部》莫屬，要評選金庸武俠小說武功之最，也非在《天龍八部》中尋找不可。

《天龍八部》中誰的武功最厲害呢？

「南喬峰，北慕容」，蕭峰是真正的大英雄，但他的武功卻不是最高的，別的不說，蕭峰對段譽的六脈神劍推崇有加，自知自己的降龍十八掌不敵六脈神劍，段譽的武學造化當在蕭峰和虛竹之上。

段譽的武功在《天龍八部》中也不是最高，蕭峰和慕容復厲害，但二人之父蕭遠山和慕容博比他倆更厲害許多。

蕭遠山和慕容博是《天龍八部》中武功最厲害人物嗎？也不是，且看少林寺灰衣掃地人，輕描淡寫，同時制服蕭遠山和慕容博，分解因緣，指點迷津，終止使蕭遠山和慕容博放下屠刀，立地在佛。

灰衣僧不管對付慕容復、慕容博，還是對付蕭遠山、蕭峰，都不費吹灰之力，所以不管論武功，不管論境界，少林寺無名灰衣掃地人，才是金庸武俠小說中武功最高之人。

十大高人上榜人物中，灰衣僧排名第一。

四、十大俠義排行

十大俠義上榜人物：虛竹、石破天、狄雲、洪七公、文泰來、常遇春、陸菲青、江南七怪、徐天宏、趙半山。

・排名第十

趙半山：重俠不重武

武功：★★★　智商：★★★　情商：★★★

俠義指數：★★★　攻擊力：★★★

趙半山的俠義仁慈，在《飛狐外傳》中沒顯出多少光彩來，只能是配角，為胡斐出采。金大俠借趙半山之口，講出許多重俠不重武的道理來。胡斐自幼失恃，在趙半山這裡補上了一課。日後胡斐的許多行事準則，在趙半山身上可追根溯源，找出理論上的依託來。

依然是因貪欲而生罪惡，陳禹覬覦於師叔太極拳九訣的秘密，乘其師叔病重之時下毒手，呂小妹請來趙半山主持公道，趙半山追緝陳禹，因此來到了商家堡，而關鍵時刻陳禹又抓住呂小妹作人質，一時成了僵局。

趙半山有心要幫助胡斐，藉陳禹想知道太極拳九訣秘密之機，公開講授武學，一方面穩住陳禹，一方面讓胡斐明白其拳法中的弊端，從中得以體悟。趙半山又旁敲側擊，淳淳相誡胡斐：「一個人所以學武，若不能衛國禦侮，也當行俠仗義，濟危扶困。」此話即是郭靖「俠之大者，為國為民」的翻版，亦是胡斐安身立命之處。

患難之中最能見真情。眾人圍困在鐵廳之中，王氏兄弟立即就要出賣胡斐，幸有趙半山正義凜然全力維護。趙半山非與胡斐有親有故，實是首肯胡斐的行事和為人能當上「俠義仁厚」四字，以至二人竟不以輩份論交，結拜為異姓兄弟，趙半山的精彩奇異，特立獨行處於此才發揮到頂峰，最後趙半山偷偷贈了胡斐四百兩黃金後急急馳走，胡斐哈哈一笑坦然收下，實是有趣。

十大俠義上榜人物中，趙半山排名第十。

．排名第九

徐天宏：頭腦精細心腸很好

武功：★★★　智商：★★★★★　情商：★★★

俠義指數：★★★　攻擊力：★★★

徐天宏這種人，頭腦精細，但很能為人著想，替他人打算，心腸是很好的。

他不是那種自負才高，目中無物之人，比如他就坦白承認自己不如文泰來。徐天宏這個人物寫得很真實，很平民化，離現實生活很近。

徐天宏對周綺，就太老練和花樣百出了。

他當然不是和周綺計較，只是覺著有趣，覺著逗著這個傻妹玩有意思。

即使周綺傷了他的自尊心，他也並不真正計較。

周綺一開始覺得徐天宏不老實，這是有些冤枉人了。

徐天宏有智謀，但從來都是以此對付壞人，對朋友，徐天宏其實是非常實在的，他即使有計謀，也是用在為朋友設身處地的考慮和安排上。

周綺做事想不到後果和人言，徐天宏就想辦法安排好，不讓她難堪。

周仲英喪子失妻，又是徐天宏用心思幫助他們夫妻和好，最後他還照顧周家接續香火的問題，很大度地同意自己入贅周家，更是為人著想在先。

徐天宏實在是個大好人，說他忠厚都不為過。

最後兩人終於成其好事，訂了婚，讀者一起為他們高興。

周綺與徐天宏定下名份，但脾氣照舊，碰到機會還是忘不了要衝撞幾句。

徐天宏定下計策，周綺胡亂批評不夠光明正大，陳家洛一語定乾坤：「七哥對待朋友可決無半分缺德。」這是對徐天宏人品的最好評價。

十大俠義上榜人物中，徐天宏排名第九。

·排名第八

江南七怪：至多是中人之選

武功：★★★　智商：★★★　情商：★★

俠義指數：★★★　攻擊力：★★★

妙手書生朱聰出場，卻是一副遊戲人生濟公活佛模樣；馬王神韓寶駒，名號即已驚人，自是風塵奇俠；南山樵子南茜仁，樸納粗簡，返樸歸真，儼然一得道高人；笑彌陀張阿生，身材魁梧，屠夫模樣，令人想起鴻門宴上樊將軍英雄風貌；鬧市俠隱全金發，小商小販打扮，大隱於市，不可貌相；七俠之首，飛天蝙蝠柯鎮惡，雖面惡眼瞎，卻嫉惡如仇，暴烈中全然一片倔強的耿直。此六人，各走極端，自非最高境界，唯越女劍韓小瑩，荳蔻年華，十八九歲，窈窕淑女，美目倩兮，膚凝霜雪，天然一段風姿，照出了江南七俠中寶貴的亮色，映出了滾滾紅塵艱難人生中碩果猶存的真與善與美。

江南七怪大戰銅屍鐵屍是江南七怪一生中最耀眼的一戰。明明七怪武功不如銅屍鐵屍，偏不避走，要作魚死網破之鬥，更增添此戰的懸念。

惡戰結束，張阿生臨死前韓小瑩哭道：「五哥，我嫁給你做老婆罷。」此至情至性的傷心語，讀來可以一哭。

江南七怪至多是中人之選，特別是為首的柯鎮惡，只是一味蠻橫粗糙，自以為是，居然大起疑心，以為郭靖竟以梅超風為師，並且頓起噁心，商議要把郭靖廢了，此等師父，太不高明。

柯鎮惡一句「性命要緊呢，還是比武要緊？」眾人居然聽了默然不語。此等言語事理，實不像以俠自詡的英雄豪傑言語。讀此段，江南七怪形象一落千丈，我尤嫌柯鎮惡這是非不分的老瞎子。

後來柯瞎子出現，還是一副面目可憎模樣，不分青紅皂白，一上來就又打又罵，言辭不堪，柯鎮惡道：「江南七怪這點微末道行，哪配做你郭大爺的師父？」此話說得也是。

就算柯瞎子誤解黃藥師，但黃藥師的作為又與黃蓉何干？在黃藥師面前不敢吭聲，卻拿黃蓉耍威風，看他何等正氣凜然。就算父債女還，黃蓉該死，郭靖又與之何干？話又吞吞吐吐不直說，舉起鐵杖當頭就向郭靖頭頂擊落，看他好個大義滅親。

此書正道俠義英雄人物中，最差勁最不高明我最不佩服之人，柯大俠是當之無愧的人選。煙雨樓比武最好看處，是柯鎮惡一向自視極高，強橫無禮，卻偏偏處處丟臉，又處處受人恩惠，讓他不得不內疚，不得不去受良心的譴責。

柯鎮惡終其全書，未演出多少好戲，此處卻發揮其專長，中了頭彩，反因他眼瞎對地形熟悉救了眾人突出濃霧重圍。

黃藥師舉袖抹去臉上痰沫，饒過柯鎮惡，境界確是極速飛升。

黃蓉偏要救柯鎮惡，偏要他承情，偏要給他治傷，此份仁慈，讀來讓人心酸。若不是傻郭靖面子，柯瞎子能有此福氣？

明明黃蓉是一片好心，柯鎮惡還處處提防，處處心下嘀咕，處處不識好歹，還想乘黃蓉熟睡之時暗施偷襲，真是愚不可及，沒有良心。

鐵槍廟中，楊康惡貫滿盈，終有報應之時。黃蓉忽挺身而出，欲以一死來為其父辯明清白，讀此當為之淚下，黃藥師生得好女兒。柯鎮惡明白真相後，又悲又悔，罵自己「殺千刀的賊廝鳥，臭瞎子」，好笑，略解我恨。柯鎮惡找到郭靖，左手打郭靖耳光，右手打自己耳光，寫得真是妙極。不過，柯鎮惡還是一味蠻橫，打自己倒也罷了，打傻郭靖，卻沒道理。柯鎮惡口中，忽然將「小賤人」、「小妖女」換作了「我的乖蓉兒」，好笑，有趣，讀此，總算這老瞎子還是個人，且將他饒恕算了。

在《射鵰英雄傳》中表現欠佳的柯瞎子，在《神鵰俠侶》中出現時，竟也有風雨故人來的溫馨親切的美感。但柯鎮惡還是那種臭脾氣，辛薑老而彌辣。

柯鎮惡一生多有不足稱道處，但看其行事一貫的嫉惡如仇的風格，還是應給以褒揚。貧賤不移，威武不屈，看柯鎮惡侃侃直言楊過之父楊康為惡多方，自取其死的劣跡，楊過也只能悲憤和長歎。

十大俠義上榜人物中，江南七怪排名第八。

．排名第七

陸菲青：隱士無與倫比的風度

武功：★★★ 智商：★★★★ 情商：★★★

俠義指數：★★★ 攻擊力：★★★

《書劍恩仇錄》出手不凡，開篇即是一波三折。

忽然教書先生手揮金針刺蠅，被女弟子發現，是一驚；忽然女弟子滿心歡喜只等第二日老師教她武功，第二日老師卻翩然遁去，又一驚；正怔忡無計之時，老師復又回來，渾身是血，受了重傷，再有一驚。

如此陽關三疊，讀者已心神迷醉！

陸菲青的形象是成功而生動的。

少年時讀此書，真是對陸菲青萬分崇拜，第一次看到有如此好看的小說，第一次看到有如此高明和精彩的人物，印象深刻極了，所以把文泰來、趙半山等人物都比了下去。看第二遍時，竟挑著有陸菲青出場的段落專門來讀。

陸菲青吸引人的地方，是他那隱士的無與倫比的風度。

五十幾歲的飽學宿儒，平日只是談古論今，那裡想得到他有一身高明的武功。

他的那種文質彬彬的教書先生的形象，更加強烈地反襯出了他的神秘和深不可測之處，最能讓少年時的我難以忘懷。

接下去荒山殘月，寒風凜冽，夜梟怪叫，亂石橫屍，又是詭異精彩之極。陸菲青鬥智鬥勇，力斃焦文期三人，更是讓人對其欽佩不已。

與隱士高人對照，聰明活潑天真可愛的李沅芷，在其中穿針引線，曳動情節，又是十分的高明和貼切。李沅芷發現了老師的秘密後，整晚就想著這事，那種又驚又喜的心情，最是少年人看了才最有體會。

十大俠義上榜人物中，陸菲青排名第七。

・排名第六

常遇春：草莽英雄的膽色豪氣

武功：★★★　智商：★★★　情商：★★★

俠義指數：★★★★　攻擊力：★★★

常遇春一派急切熱心腸，形象鮮活，確有草莽英雄的膽色豪氣。

一樣人還他一樣脾氣，常遇春的形象讓人想到水滸好漢，雖然武功並不怎樣，但卻有一種吞吐天地的大胸襟大氣派。

十大俠義上榜人物中，常遇春排名第六。

·排名第五

文泰來：困厄的環境不能稍減其風采

武功：★★★★ 智商：★★★ 情商：★★★

俠義指數：★★★★ 攻擊力：★★★★

文泰來的陽剛威猛，在《書劍恩仇錄》有出色表現。他的路數，近於慷慨悲歌的喬峰，故此他的出場總能給人以一種感染力。看他重傷之餘，仍是威武不屈，鐵骨錚錚，有天然生成的大丈夫雄壯氣慨，舉手投足之間，正大莊嚴，威儀堂堂。明明他是囚犯，偏偏覺得敵人反而是畏畏縮縮，瑣瑣屑屑，在他面前抬不起頭來。

有一種真正的英雄，在任何困厄的環境下都不能稍減其風采，文泰來正是這樣。文泰來的英雄氣慨，愈在大場合下，發揮得愈出色，愈是淋漓盡致，鐵骨錚錚。乾隆單獨提審文泰來那一段，乾隆的老奸巨滑，確有一套，又是懷柔又是威逼，但在文泰來面前終是黔驢技窮，看他一會兒吁氣，一會兒來回踱步，一會兒急問，一會兒又咬著嘴唇一聲不響思量應對之策。文泰來戲弄乾隆，讓讀者看得過癮之極。

文泰來重傷初癒之後，猶如出籠的猛虎，此時才略為展現其凜凜神威。看他霹靂掌勢若奔雷，掌風喝聲中，如有千軍萬馬奔騰而至，真是痛快淋漓，大快人心。霹靂掌的陽剛威猛，與後來郭靖、喬峰的降龍十八掌是同一路數，都是大開大合，正大莊嚴，最能顯出慷慨悲歌豪傑氣勢。

十大俠義上榜人物中，文泰來排名第五。

·排名第四

洪七公：道德裁判誰人敢當

武功：★★★★★　智商：★★★★★　情商：★★★

俠義指數：★★★★★　攻擊力：★★★★★

想到洪七公，總要先想到「撕作三份，雞屁股給我」一句，快人快語，洪七公真人形象已躍然紙上，鮮活如畫。

以食為天，吃竟成了天下頭一等大事，此等境界，大有說法，非凡人能解。有關洪七公許多美食文字，萬不可饑腸轆轆之時讀，讀者不可不知。

有人說，洪七公太無道理，只為了貪嘴就胡亂將絕世武學傳授，我說，非也，此知其一不知其二，洪七公固然貪嘴，但絕不含糊，他肯傳郭靖降龍十八掌，是真正慧眼識英雄。洪七公道：「傻小子心眼兒不錯」，此為郭靖的蓋棺定論，純是憑這句話，郭靖才能學到降龍十八掌，有斯人，才有斯福。以此看來，黃蓉費盡心機，種種小把戲引誘洪七公傳藝給郭靖，全是虛筆，卻非實寫，洪七公何等英雄人物，主見怎可任小丫頭擺弄。

洪七公乃妙人，「寶貝兒，來」，一段說法，連傻郭靖也被說動，笑了起來，寬起胸懷。讀者讀此，也當學到此招，若遇上黃藥師這等老頑固岳父，即可祭起「寶貝兒，來」這招，立見奇效。

四名白衣少女上來服侍，洪七公哈哈大笑，把上下衣服脫個精光，此至人無我，極高境界，傻郭靖一生都學不到。

虎瘦雄風在，洪七公重傷難癒，全無還手之力，居然還能在歐陽鋒面前神色不改，還能令歐陽鋒「感到他一股正氣，凜然殊不可侮」，這種高手風範，讓人神往不已，所謂邪不壓正，即此也。

荒島之上，強敵在旁，處境實是險極，洪七公平日粗放，此時精細過人，唱了一齣空城計，嚇得歐陽鋒以為他功力恢復，再不敢過來囉嗦。郭靖、黃蓉在洪七公的指點下，數日勤練功夫，武功勇猛精進，即是洪七公自己，受惠於郭靖熟背的九陰真經的易筋骨秘法，傷勢也大好轉。

歐陽鋒叔侄搶去木筏，自以為得計，不料又困於海中。至此，已明知歐陽鋒乃真正邪惡奸徒，專門以怨報德，洪七公居然還要再救他一次，還自以為「乘人之危，豈是我輩俠義道的行徑」。七公差矣，教條主義，本本主義，境界差了一截，又要自討苦吃。

周伯通老頑童是妙人，洪七公其實與其也有三分依稀彷彿，重傷臨死之前，只剩下一個願望，原來只要再吃一碗鴛鴦五珍膾，此公境界妙不可言。

洪七公四人到皇宮只為一碗鴛鴦五珍膾，歐陽鋒、楊康等人到皇宮卻是為盜武穆遺書，兩相對比，一輕一重，一閑一忙，一見真人性情，一見假人野心，境界高下立判。

洪七公乃天上人物，義正言辭，自信一生殺過二百三十一人，從未殺過一個好人，非此正氣，不足以降袞千仞魔道，讀此，忽有疑惑之意，道德裁判，誰人敢當，洪七公之慷慨豪情，雖過癮而佩服，但天下真有如此完人否？

十大俠義上榜人物中，洪七公排名第四。

·排名第三

狄雲：本能的狂野和不屈拯救了自己

武功：★★★★★　智商：★★★　情商：★★★

俠義指數：★★★★★　攻擊力：★★★★

長身黝黑，粗手大腳，是個地道的莊稼少年漢子，他整個人就像是田野中的黑土鑄造出來的，他有著最為樸素而粗糙蒙昧的心地，他就像一隻最本能的小動物，對這個複雜難懂的世界人生完全沒有經驗。他冒冒失失，莽莽撞撞，無畏和無知地踏上了人生之旅，他完全不知道前途處處有危機，步步是陷阱，太多精明老練的獵手在一旁暗中環視著，他輕鬆和旁若無人地自行其事，自得其樂，不知道偽裝和保護自己，將柔軟的內核輕易地暴露在陽光下，他不知道他已經留下太多的藉口和太多的機會讓捕獵者輕易地摧毀他，將他撕成碎片，他能生存下來簡直就是不可思議的奇蹟，是上蒼最為仁慈的恩典。

狄雲只是粗糙和本色，只是憑著生命本能的原始衝動使蠻和認死理。愛惜新衣服，就性命不顧，敢於和太行山大盜拚死相搏；不會喝酒，弄不懂宴席上不懷好意的酒令，但師父要他喝，他就連喝八杯，醉得一塌糊塗；萬圭等欺侮他，打得他鼻青臉腫，受其言詞相激，他果然倔強挺受，不去告訴師父。狄雲有一種原始的野性的狠勁，這也許是他能在艱難命運中突圍的原因要素之一。

陰謀的黑手伸向了狄雲，緊緊扼住了狄雲命運的喉嚨，要將他打入十八層地獄，永遠不得翻身。無辜者的惡夢，要推演到極致，要讓不義和不公施展其全部的魔性，讓人間的罪惡盡情地肆虐。

以姦淫和搶劫的陰毒陷阱冤屈狄雲，讓人想到《水滸傳》中武松被誣陷相似的一場戲。這本是一個拙劣並不高明的毒謀，但卻能在人間一而再再而三地得逞。罪惡本來雖然是相似的，不幸者卻有各自不同的不幸。

肉體的痛苦是慘烈可怕的，但比之於精神上的創傷，卻又不值一提。

狄雲動物般本能的野性和倔強，使他能頑強挺住，但戚芳嫁給了誣陷自己使自己蒙受非人折磨和屈辱的仇人萬圭，卻徹底摧毀了狄雲的意志，徹底使他感受到那種絕望之中的無依無靠不著邊際的絕對失落，他為之麻木，甚至感受不到痛苦，感受不到憤怒和悲哀，人世對他已毫無留戀之處，他唯有艱難赴死。

從萬念俱灰，到主動向丁典要求學神照功的絕技，狄雲終於緩過一口氣來，生命的希望又重新燃起。

狄雲已經開始成熟了，在他不改的本色中，多了血淚換來的人生經驗，多了對這個世界進一步的理解和認識，更多了幾分悲天憫人的慈悲胸懷。

丁典死去，狄雲放聲大哭。這哭聲是無窮無盡的悲傷和痛苦，是人性的渺小和孤獨，是對人世的醜惡和不公的不平的控訴，是對友情和溫柔憐憫的訴求。

依然是一種生命本能的狂野和不屈拯救了狄雲自己，他雖然學得了神照功，但神功未成，不是萬家弟子的對手。但他發自內心的深重義氣，他潛伏在內心深處的巨大悲憤，他誓死不服輸的狠勁和蠻勁，使他戰勝了敵人，險中求生。

隨之而來寫狄雲與戚芳再次重逢的一段戲，正是狄雲出獄後的失落迷惘和無所適從複雜內心的準確表現。愈是回憶過去，觸發往事的種種親切、傷感而懷舊的往事，愈是讓狄雲酸楚痛悔和難以自持。

戚芳和萬圭生下的女兒，戚芳為之取名為「空心菜」。這是狄雲和戚芳兩個人兒時兩小無猜的一個甜蜜而不堪回首的秘密，只有狄雲才能懂得這其中有多少不忍，他細緻咀嚼揪心的刺痛和迷醉，讓人讀之不忍。

「空心菜」，「空心菜」，戚芳呼喚女兒的一聲嬌語，擊中狄雲心裡傷痛的要害。無數的溫柔體貼，無數的輕憐蜜愛，往事似乎重現，時光似乎逆轉，萬千的委曲和怨恨似乎就此要輕輕吹散，狄雲在一剎那之間，就已經在心中把戚芳原諒了百遍。他甚至心中酸痛，感動得寧願為夢中人再受一遍罪，再吃一次苦。

這是比牢獄和毒打還要更為殘忍的刺激，狄雲終於還是從虛幻的甜蜜中醒了過來，他看到了現實中鐵打一般殘忍的事實。戚芳和自己的仇人萬圭是幸福美滿的一對，還有了一個天真可愛的女兒。戚芳對小女兒口口聲聲地說：「爸爸去捉壞人啦。」狄雲依然是「壞人」，是不可原諒的罪人，是多餘的第三者，局外人，甜蜜的生活不關他的事。

萬般難以言說的內心煎熬，幾乎使狄雲不能自持，幾乎要放棄，但他終於還是挺了過來，狄雲看到了丁典的屍身，想到丁典求他讓其屍體與凌霜華合葬的囑託，他有了堅強下去的理由。

禍不單行，福無雙至。狄雲命中的劫難還遠沒有結束，命運繼續作弄和擺佈著他，考驗著他的耐性，要看他忍受苦難和折磨所能達到的生命極限。

逃離萬家大宅的危險之地，在江邊狄雲又遇上了當日曾去牢獄中與丁典為難的惡和尚寶象，為了避免寶象認出他來，狄雲再次顯現出其生命本能極狠的野性來，他在強烈的求生意志驅使下，竟用手活生生將滿頭長髮和滿臉鬍子拔了個乾乾淨淨，真是駭人之極，讓人想著卻是殘忍可怕。金大俠小說中，像這樣蠻狠頑強的主角，狄雲真還是第一個。他更像是現實中的人物，更貼近生活，與我們血脈相連。狄雲這個形象，確是讓人難忘。

在血刀老祖與劉乘風、花鐵幹交戰之初，他心中想到：「我居然盼望壞人殺了好人，這真是太也不對。」狄雲的矛盾和無奈，寫得真實，寫得讓人同情，讀者並不會因為他有這種想法而責怪他。

狄雲恢復了本色身分，水笙對他卻依然疑懼，但天長日久，諸般大節小事，終於使水笙醒悟過來，為狄雲的俠義心腸所感動。與世隔絕，賴以生存下去的食物便是關鍵，狄雲照顧大家盡可能地自己少吃，表現出了其農家子弟純良勤儉克己的本色美德。

雪谷奇遇了結之後，狄雲已將武功練得極高，就算是血刀老祖再活轉來，狄雲也不會怕他了。堅忍的內心，強大的意志，是狄雲絕處逢生的法寶，從對這個世界的無能為力，到逐漸獲得力量去把握這個世界，狄雲的惡運終於到頭了，他不再蒙昧無知地聽從命運的擺佈，而是要去爭取自己的自主權力。

臨別雪谷之時，狄雲想：「外面的人聰明得很，我不明白他們心裡想些什麼。」此是憤世嫉俗語。我們所生活其中的這個世界，的確是充斥了太多的罪惡。

不過，知道了人心的險惡，這真是狄雲的最大進步，他不再魯莽行事，逞血氣之勇。他明察暗訪，終於偵知了事件的真相，對人世的認識，進一步加深。

十大俠義上榜人物中，狄雲排名第三。

·排名第二

石破天：世間所絕無僅有的真人

武功：★★★★★　智商：★★★　情商：★★★

俠義指數：★★★★★　攻擊力：★★★★

《俠客行》是金庸小說中奇到了頂點的一部武俠小說，一般的主人公，至多是父母雙亡，自幼孤苦，總還是知道自己是誰，而《俠客行》的主人公卻是自始至終都不知道自己是誰。

小說由江湖中流傳的一塊「玄鐵令」牌開始，引出了「狗雜種」這一奇人，他自小只有脾氣古怪的媽媽和小狗阿黃為伴，他於無意中得到了這塊「玄鐵令」牌，被「玄鐵令」的主人謝煙客帶到了摩天崖，在練功走火入魔時，得長樂幫貝海石大夫相救，竟變成了石破天，而他之所以變成假石破天，是因為他和真石破天很相像。把他當成長樂幫的幫主，是為了逃避武林中十年一次的奇禍。

《俠客行》的主人公是一位無名、無相、無知、無欲與無求的人。

他一開始是「狗雜種」，後來又是小叫化（謝煙客用），傻小子（丁不三、丁不四用），大粽子、史億刀（史小翠、白阿繡用），石破天（丁璫以及大家用），而最後的名字石破天實際上是石中玉的代用品。

說他無相，是他的身世從始至終都是一個謎。

說他無知是他大字不識一個且不通世事。

說他無求，是他知道別人想給你，你不用求就有，別人不想給你，你求也求不到。

他確實是一生不求人的，最後一次求人還是因為石清夫婦的關係，要幫助石中玉改邪歸正，才求了謝煙客一次。

他的無欲，表現在俠客島上尤為特出，所有的武學高手都樂不思蜀，而他卻不貪不迷，反而獲得了此武學的真諦。

事實上他才是一位真正的大俠，因為他連什麼是「俠」，什麼是「正義」也不知道，他做的一些事看起來雖然小，甚至有些傻氣，上當受騙還不知道，但卻是自然而無絲毫造作，所以他行俠才是最真誠、最純樸、最具俠性的。而主人公的愛情也是金庸小說中最圓滿的一位。

小說中男主人公石破天一共接觸過兩個少女，一個是丁璫，一個是阿繡。

不能說他不喜歡丁璫，她畢竟是他碰見過的第一個女孩子，他們在一起也曾度過許多快樂的時光，甚至還拜堂成過親。

丁璫熱烈、主動的個性，對石破天來說應該是有誘惑力的。

石破天是一個老實人，只好說實話，他說：「我不是不想，只是不敢。」

可以說他對丁璫，是有過強烈的衝動的，但這是性的衝動，與愛情並無多大的關係。

而阿繡，可以說是他在這個世界上唯一的知己。每一個有講不清道不明而被冤枉的人都能夠深深地理解，石破天對阿繡的感激有多深，多真。

他從來沒有自己真實身分，一直在頂替別人，而阿繡只用眼睛轉了一轉，就堅決的相信了他，可以說他在不知不覺間真正地愛上了她。

可見石破天是在不知不覺中愛上了阿繡，阿繡也是愛著石破天的。

石破天和阿繡兩個人雖然沒多少狂熱癡迷，但卻是真正地兩廂情願，情投意合，比之《射鵰英雄傳》中刁蠻的黃蓉對忠厚的郭靖，《神鵰俠侶》中至情至性的楊過與生性淡泊的小龍女，他們兩人堪稱是一對更為平凡、更接近於真實人性的真正幸福的愛侶。

石破天不是凡人，是世間所絕無僅有的真人。

一個真字，是石破天安身立命的本色。

石破天是如此的真，他全無機心，對事物全無成見，他天真得如此的本質，善良得如此樸素，他是道家中所推崇的最純粹的無為，最後因此而無不為，達到最高的境界和成就。

石破天自稱名字叫狗雜種，他連這種最具污辱的名字也能坦然接受，那麼謝煙客加諸在他身上的種種無理，不公和曲辱，他又哪裡會放在心上呢？

石破天初看像白癡，他卻潛在地具有許多優秀的品質。比如，他記性好，他心無雜念，學什麼學得又快又牢；他是非分明，一飯之恩而不忘，他見著閔柔對他好，他就不要謝煙客給他的黑白劍；他不知義氣是何物，但他的行動將讓那些義氣不離口的偽君子們羞愧無地；他是乞丐，但有自己的原則，不食嗟來之食，而且絕不小氣；他對人善意，像春風般溫暖而自然，連謝煙客都覺得受之有愧。

摩天崖上，石破天充分顯示其過人之能的生存本領來。萬事不求人，他做得到，只要他憑著堅忍的意志，吃苦耐勞的精神，用一雙勤勞的手，他可以頑強地活下去。

他張羅、設陷、彈雀、捕獸、砍柴、作飯、燒菜，自得其樂，無知無識然而是充實平靜地生存著。

謝煙客聰明用盡之後，惱羞成怒，騙著石破天教了他練九陰九陽的內功而不教他陰陽調和之法，想讓石破天最後陰陽不調相沖相克而送命，卻不知用此歹毒方法，無意中卻造就了他日後的奇緣和造化。

從石破天的口中，轉述了他的淒慘身世。讀者隱隱看到一個傷心變態的失戀情孽的不忍故事。

無名小丐狗雜種，忽然成了江南大幫會長樂幫的幫主，而且不僅沒有如謝煙客之願走火入魔死去，反練成一身怪異的高妙武功。

因為孿生兄弟相貌上的驚人相似，而引出種種出奇的誤會來，此書利用了傳奇故事中的一個老套路，但寫得卻是另有新意，絕妙的精彩。

被長樂幫眾人誤認作是他們的幫主的石破天，數年來按照謝煙客所教的方法練氣功，功力雖是大進，但終於陰陽經脈激烈衝撞起來，使之內息紛亂，神智昏迷。

石破天昏迷中卻被長樂幫眾人不管三七二十一抬了回去，隨後貝海石又悉心救治，石破天醒來後，幾如再世為人，一切都已改變，命運已和他開了個神奇的玩笑。

兩個長樂幫主，相貌絕似，但性情卻完全不同，一個惡，一個善，一個狡猾，一個憨厚，一個欺詐，一個誠實，本來是涇渭分明，不可能混淆起來的，但書中又給了一個巧妙合理的解釋，那就是眾人以為石破天練功走火入魔生了場大病後頭腦燒糊塗了，得了健忘症。愈是誤會，愈是巧合，愈是讓情節高潮疊起，作者愈可以施展種種手段，將文章渲染得多姿絢麗。

展飛來找真幫主報仇，怨毒的一掌打在石破天身上，卻幫了石破天的大忙。

石破天一口瘀血噴出後，反而體內陰陽相濟，水火交融，解去了他內息相衝突的難言苦衷，使他從此不再受謝煙客歹毒陰謀的折磨，練成了高明而古怪的內功。

接下來石破天要為展飛接骨療傷，而展飛卻以為石破天要用什麼陰險毒辣的卑鄙手段來對付自己，兩人又是各說各的，越扯越遠。

長樂幫中眾人糊塗，石破天自己也糊塗，讀者冷眼旁觀，卻看得大樂。

石破天發現了大悲老人贈給他的十八泥羅漢的秘密，而就此修練得世中罕見的「羅漢伏魔神功」，是他的緣份，也是他的福份。

當日若不是石破天的一念之差，大悲老人不會將十八泥羅漢送給他，而他若不是天性純樸，全無機心，這種神異的武功他不僅是練不成，而且反而對人極為有害。

石破天的純樸，是與郭靖、周伯通、小龍女一路的人，所以才能虛其心，實其腹，心無旁騖，神境清明，練成常人所不能的奇功。

他比郭靖還要有更為優勢的特質，那就是郭靖雖然淳樸，但資質愚魯，石破天則不僅樸素，而且還天資聰穎。周伯通也不如他，周伯通太頑劣缺乏定性，而小龍女呢，又是太多自我克制。

金大俠對石破天真是情有獨鍾，特別厚愛。

倪匡先生說石破天更像虛竹，此話不無道理，但虛竹也有不及石破天之處，便是虛竹的教條太多，對世界先有了學習得來的成見，不像石破天，真像是從石頭中蹦出來的，一派純粹的混混沌沌，一點先入之見也沒有。

十大俠義上榜人物中，石破天排名第二。

．排名第一

虛竹：最純良的自然本心

武功：★★★★★　智商：★★★　情商：★★★

俠義指數：★★★★★　攻擊力：★★★★★

段譽已大有癡心妄想氣派，虛竹竟一般的更有水準。一是書呆子，一是佛呆子，呆在一起，呆得出色。虛竹略一表現，盡是可愛好笑之處，已是出手不凡。

蘇星河擺出師父無崖子的珍瓏棋局，為的是引來天下英雄，以資考驗，尋找出具有獨特奇異天賦的人才可作無崖子的傳人，以將逍遙派的武學發揚光大。

珍瓏棋局是人生的一個寓言，變化多端，因人而施，解法卻是誰人也想不到的簡單，著重點卻在「不著意生死，更不著於勝敗」，只有勘破生死，覺悟勝敗，方可以不費吹灰之力，迎刃而解。

虛竹胡亂下一手，心靈福致，福緣深厚，於生死勝負之外，反得到解脫。

虛竹後發先至，忽然頭頂發亮，現出奇光異彩來。

寫虛竹，此書行文已過半，讀者全然想不到，此時還能在虛竹身上，另開闢出一片全新的自由世界，隱現出更為雪翻浪湧，驚濤拍岸的蔚然奇觀來。

虛竹武功極低，智力也不高，見識更談不上，更兼是個「好生醜陋的小和尚」，真的一上來一點也不出色，但不知為何，讀者左看右看，上猜下想，怎麼也不覺其有什麼「醜陋」的地方，怎麼都覺得他和郭靖一般憨厚可愛。

虛竹的好處，在於他的內心全無成見，竹節一般的中空、內虛。

因其「虛」，他不執著於生死勝敗，能作解脫；因其「虛」，無崖子傳給他武功卻少費許多手腳；因其「虛」，他能有胸襟容納百川，擁抱世界，承受大際遇的大福氣；因其「虛」，他本性中的純良，可以在適當溫度和土壤中茁壯成長。

虛竹忽然間擁有了無崖子七十餘年修為的北冥神功，當上逍遙派的掌門人，他不喜反悲，放聲大哭，此無貪無欲其實是極大氣的模樣，最能成就大事業。

原來是邊緣人的虛竹，忽然被神奇的命運捉弄，推到了權力鬥爭的政治中心。愈是出奇，愈是讓讀者心喜不已，好看之極。

看忽然蘇星河對他磕頭，拜見虛竹掌門人，看函谷八友悲喜交加，又蒙虛竹的赦令回歸師門，情節跳脫變幻，逞奇逞幻。

虛竹愈是虛靜無為，愈是不得不大有所為。

命運的恩賜，施加於虛竹這個毫無主見的被動者身上，因其虛心而毫無阻礙，將喜劇效果，愈是能發揮到極致。

一張白紙好寫最新最美的文字，好畫最為色彩斑斕的圖畫。虛竹推之不去，越陷越深，他不僅不得不答應了蘇星河的要求負起責任，還冒出非殺丁春秋不可的由衷誓言，入套已愈緊，不可能再得解脫了。

虛竹的種種順水推舟，見風使舵，不僅是一個虛字，更有了一本性純良的「仁」字。

虛可以容納，仁卻永遠把握正確的前進方向。

被逼而答應做逍遙派掌門，是仁；自發要殺了丁春秋，也是仁。

有了一念之仁，就無為而無不為了。虛竹雖是個佛門弟子，其實內在的氣質最與道家相通相近。

虛竹之仁又與蕭峰段譽之仁有所不同。

蕭峰之仁，是大英雄不平則鳴，以正義為己任，求仁得仁，是最為主動和富於進取精神的仁。此大剛大猛之仁，最易見收效，但在社會現實中，卻阻力最大，最易折戟而現出悲劇。

段譽之仁，是書生識道之仁，是體察宇宙萬物之仁，是懷著悲憫博愛之心之仁，是文化的累積效應，是教育的成果。此書卷氣之仁，雖也是正大和純粹，卻又有幾分迂闊，在現實社會中又最不容易被理解。

虛竹之仁，純出一片自然本心，是生命純良和感恩的自在本性，天然未假修飾，雖在現實社會中最被動，最柔弱，卻往往最能動人，最能生出奇效，在不經意間得大碩果。

唯虛竹本色，才能處處行事誠實於本心。

阿紫捉弄他，在素麵中加了雞湯，他確是覺到味道異常鮮美，他絲毫未受虛偽之污染，去自欺欺人。

三十六洞洞主，七十二島島主在荒山月下秘密聚會，是要對付童姥。

為了眾人都能死心塌地，不留後路，先要給「小姑娘」（其實就是童姥）一刀，以示與靈鷲宮誓不兩立。

此等殘忍之事，亦只有邪魔外道中人做得出。慕容復竟也默認此事，其心已走上偏激邪惡的左道。人品如何，實已看出。

慕容復此種行為，連他忠實的手下都為不忍，甚感歉然。慕容復何德何能，竟能在江湖中得享天人一般傳奇名頭？其實他卻是一個不值朋友擁戴，不值愛人傾心，不值下屬佩服的盜世欺世之徒。

段譽卻不同，虛竹卻不同，要是蕭峰在場也肯定不同。

段譽大叫使不得，而且是「王姑娘，你就算罵我，我也是要去救她的了」。

此處是段譽的仁者大處。平時雖迷糊出醜，關鍵時寧願不要愛情也要維護正義，段譽絕非是個死纏爛打愛情至上的花花公子。

虛竹不會說，但聽到要殺人，想也不想就衝上去先救了再說。此處是虛竹的仁者大處，雖是平時處處被動，處處隨波逐流，關鍵時卻也會主動出擊，也會去與惡的一面勇敢抗爭，虛竹也絕非是一個唯唯諾諾、平平庸庸的拿不起放不下的軟蛋。

李秋水來向童姥尋仇，虛竹助童姥逃跑躲避到西夏王宮冰窟中，由此與夢姑成其好事。血腥仇殺中處處見虛竹的迂腐和不通事務。虛竹見了李秋水溫柔斯文，通情達理的表相而全然不知防範，害得童姥被李秋水斬去一指一腿，這才背著童姥拚命逃命。

虛竹不想學少林之外的武功，卻不料將逍遙派的武功越學越多，越學越精，最後甚至將童姥的絕學生死符諸法運用和化解法門都學得滾瓜爛熟了。

虛竹一心要當和尚，守佛法，於冰窟中還對童姥說法：「眾生無我，苦樂隨緣」，「有求皆苦，無求皆樂」。

此一套外在的道理，怎可能簡單讓童姥就此覺悟呢？童姥反而要逼虛竹破戒，讓虛竹體驗一下人生中種種奇妙的物質和肉欲的靈感。

先是童姥逼虛竹喝了鶴血，繼而每日用大魚大肉灌他，非要虛竹投降不可。虛竹還算有些修為，尚能撐住，逆來順受，不嗔不怒，只是念佛和睡覺。

繼而童姥將赤身裸體的「夢姑」搬來和虛竹睡在一起，人性的本能終於不可阻止。虛竹雖明知出家人不能近女色，不能犯淫戒，但在那種非常情況下，他畢竟只是一個人，一個二十來歲血氣方剛的男人，他怎麼可能忍得住這種誘惑。

虛竹神智清明，只是瞬間之事，此後極盡纏綿，男歡女愛，冰窟中演出一段限制級的電影來。

虛竹脫胎換骨了一回，雖然知道從外在的規範和道德上來講，那樣做是不對的，是不應該的，但他卻不能不承認那是人性中最自然的快活事，他自怨自責一回，又丟不下那種致命誘惑一回。

童姥好事做到底，三日之後，虛竹和夢姑兩人迷惘之意漸去慚愧之心亦減，恩愛無極，盡情歡樂。

童姥這古怪的人生教師勝利了，學生虛竹勉強及格。虛竹見識大增之後，已產生了此就是極樂世界，又何必皈依我佛之念，這種念頭是以前想也不敢想的，想也想不到的想法。

虛竹想極夢姑，卻不願為此事而助童姥殺人，這一點也與段譽寧願得罪王語嫣也要救人，極為相像，都是內心有真慈悲的仁義之大者。

虛竹忽然又受童姥遺命擔當靈鷲宮的主人，身兼逍遙派掌門，統率靈鷲宮九天九部奴婢，操其生死大權。

虛竹的奇遇到了頂峰，正所謂善有善報，童姥雖對虛竹的迂腐大大不入眼，但畢竟還是對虛竹的純良本性有真瞭解，真佩服和真信任，傳位給虛竹，絕非她一時心血來潮，實是所咐得人。

虛竹既少見識，又呆頭呆腦，傻裡傻氣，如何能服靈鷲宮中諸多精靈聰明人物？

但這又另有說法。呆有呆的優點，傻有傻的好處，能以仁心待人恕人，又溫和又不執我見，又能尊重婦女，全沒有壞男人諸般奸滑，再加一身兼有比童姥有過之而無不及的武功，怎能不讓靈鷲宮眾女震驚又歡呼，衷心擁戴和熱愛。

虛竹是本書中最享溫柔之福的男人。

虛竹先生大功告成初試身手，輕描淡寫誠惶誠恐，化解靈鷲宮中一片血腥殺氣，真是羅漢轉生。

虛竹最欽佩書呆子段譽，因其當日眾人要殺童姥時段譽挺身詰難，此兩人一般的迂闊，確是氣味相投，結為兄弟，最是合適。

虛竹此時武功之高已是不可想像，卻偏偏處處賠著小心，賠著笑臉，瞻前顧後，投鼠忌器，謙和無比，於無所作為之處，大有所為。

同樣是靈鷲宮的武功，在童姥手上用之作惡，在虛竹手上施之為善，可見善惡生在一念之間，段譽之不願學武傷人的理論，實是不通。

看群雄的囂張，與虛竹的謙恭，成了絕妙的對比和絕妙諷刺。

虛竹一時羞愧一時傷感，東一句西一句，讓人摸不著頭腦，卻無一不是其至誠心意。別人要搜他身，虛竹就讓人搜；別人要問童姥臨死前說什麼，虛竹就如實照說。虛竹愈是毫無機心，眾人就愈是疑問百出，對比愈是強烈，就愈是富於喜劇效果。

虛竹最後被動出手，逼不得已防衛出手，他並沒有想傷害誰，但他顯露的絕世武功卻將許多人嚇都要嚇死。

最後，虛竹給眾人解除生死符之劇毒慘痛，這才令群雄喜出望外，歡聲雷動。

別人感激虛竹救命大恩對他大磕其頭，虛竹為人恭謹也連忙磕頭還回去，磕來磕去，看得人真是忍俊不住，喜極又痛快之極。

虛竹真的如一塊渾然玉成，不加雕琢的樸玉，愈是在其不通世事的迂腐和呆氣中，愈能見其純良本性的可貴。

段譽也是一塊美玉，但更像是經過文化和教養的琢磨，王室血緣洗禮的尊貴美玉，人世間難得一見，像賈寶玉的那種美玉。

最後兩個呆子碰在一起，愈發光大了不可收拾的呆氣，越呆越投機，兩人都誤以為兩人有同樣的一段相思之苦情。

段譽對夢中情人之事誇誇其談，虛竹誠心誠意隨口應和。呆氣發到了極點，是兩人酒後豪情大發，結為兄弟，而且預先訂好了與蕭峰相遇後三人再結拜一次。

看兩人的呆氣，真是覺得有十二分的可愛。

虛竹這等最知尊重女性的真君子，才最值得女性的愛戴。

靈鷲宮中眾女子此時對虛竹敬若神人，五體投地，虛竹卻大不自在起來。

看蘭、竹、菊、梅劍四姐妹侍候虛竹起居，虛竹嚇得臉色慘白，心中亂跳，真讓人嘆服其純樸的毫無污染的素心本性。

蘭竹梅菊四姐妹，長得人美似玉，美豔勝花，最絕妙處是四個人一模一樣，虛竹真是好福氣。

虛竹先生和段譽一般的癡氣，呆氣，實是妙人。他為靈鷲宮主人，統率宮中諸女，又有三十六洞洞主七十二島島主，威震天下，但他卻毫無得色，反而向蕭峰大訴苦經。

虛竹忽發奇想要將靈鷲宮改為靈鷲寺，教那些婆婆、嫂子、姑娘們都做尼姑，真是呆氣到極點，好看好笑。

酒罷問君三語，三問三答，不同人有不同回答，各見本色，可作一歎。包不同滑稽列傳中人物，故所答盡見其精靈刁鑽，幽默風趣。段譽情有獨鍾，自得其樂，卻最見其素心質樸，一往深情。宗贊王子三答，有其機智討巧之處，但卻流於輕浮和俗套，不入品。慕容復之回答，最絕，他竟沒有過真正的快樂，又沒什麼最愛之人，做人做到了這個地步，真是可憐了。

蕭峰三問而不答，悄然而去，極好。此真傷心人，此心中的一段隱痛，又何忍提起。

虛竹之三答，這才出現真命天子。夢姑終於找到了夢郎，夢郎終於再次擁有了夢姑，童話和夢境般的愛情，正要在此神秘和浪漫的場合下發生。

虛竹給段譽的便條上寫：「我很好，極好，說不出的快活」，這也只有段譽能真正理解。二兄弟一個黑暗冰窟裡，一個枯井爛泥中，品味到人生的極樂，一般的呆氣，一般的運氣，一般的福氣。

虛竹終於做不成和尚了，童姥給他的人生課程，虛竹終於畢業了。

虛竹的好處，在於內心純善的本真，做和尚念佛是真，仁慈救人也是真，誓要殺丁春秋也是真，愛著夢姑體驗生命的歡樂更是真。

虛竹一貫被動，一貫跟著環境走，但只要他看準了，他就不再改變。只要是真的感受，其他什麼外在的大道理，他也就不去管它了。

十大俠義上榜人物中，虛竹排名第一，受之無愧。

五、十大奇人排行

十大奇人上榜人物：謝遜、黃藥師、金蛇郎君夏雪宜、韋一笑、殷天正、范遙、楊逍、謝煙客、張三李四、祖千秋和老頭子。

·排名第十

祖千秋和老頭子：另有一種自我約束的法度

武功：★★★　智商：★★★　情商：★★
奇情指數：★★★　攻擊力：★★★

《論杯》一段，是祖千秋的重彩好戲。
令狐冲於酒之道，此時已初窺門徑，但在這祖千秋面前，還是小學生。
論杯一節，是酒文化之經典名段。
令狐冲的福氣來了，擋都擋不住。

先是有人送來十六罈美酒，又遇上祖千秋送上乘飲酒名目來。通過祖千秋之口，論玉杯、夜光杯、青銅酒爵、古藤杯等等，出口成章，旁證博引，講出許多酒學之道，令人大開眼界，連岳不群這等不買帳之人也暗自點頭稱是。

祖千秋的名字妙，老爺老頭子的名字更妙，最妙的卻是老頭子的女兒叫老不死。只看人物名字皆是妙品，此書怎能不妙？

老不死有怪病，須以「續命八丸」來救命，不料這藥卻給祖千秋偷了讓令狐冲喝了下去，老頭子便要殺令狐冲取其心頭熱血給女兒當藥了。

此等人行事皆不可理喻，但又另有一種法度自我約束。老頭子得知令狐冲與某人的關係後，態度一百八十度大轉彎，好看好笑。

十大奇人上榜人物中，祖千秋和老頭子排名第十。

．排名第九

張三李四：形象和行事有些晦澀難明

武功：★★★★　智商：★★★　情商：★★★

奇情指數：★★★　攻擊力：★★★★

賞善罰惡，這名頭和立意雖是不錯，但其行事詭異離奇，卻一時讓人莫辨其正其邪。

賞善罰惡使者張三李四出場，形象和行事均有些晦澀難明的曖昧之處。張三李四，一胖一瘦，一和藹可親，一面目陰沉，與那賞善罰惡令銅牌上所刻畫的一張和藹慈祥的笑臉和一張猙獰的煞神凶臉相似，對應一善一惡。

按書中後來所交代，兩人是奉了俠客島上島主之令，到江湖中來賞善罰惡。他們對江湖中的人物事先都經過周密調查，明察秋毫，毫無私心雜念，他們所殺之人，都是幹了壞事之人，只不過一般人不知道其幹的壞事而已。張三李四對江湖中的事情，實在應該說是幾乎無所不知。

但張三李四對石破天這個似乎從石頭中蹦出來的江湖好漢，卻一點也不知道。他們自任賞善罰惡使者，但胸襟氣度卻不比石破天高出多少。

石破天待其二人，只是一個真字，就讓二人摸不著頭腦，看不出善惡來了。可見，這世上的善與惡循環，並不是那麼容易看出分清的。

其實張三李四到底能否公正公平地賞善罰惡，真要大打個問號。

石破天一貫大方不小氣，這在第一回就能看到，此次他請張三李四吃烤野豬肉，自是很自然的事。

然後有來有往，石破天想讓二人拿出酒來一起喝，這又是合情合理之事。不料張三李四就此大為緊張起來，懷疑起石破天是別有用意要來加害他們，一點見不出其明察秋毫處。

石破天喝了張三李四的毒酒之後，張三李四已明白這只是一場誤會，有些內疚，但當石破天酒酣耳熱，不僅對他們毫無猜忌，還要與他們結拜為兄弟之時，兩人又顯出小氣來，結拜之時並無誠意，一片虛偽。

故事的發展，小心謹慎的張三李四最後卻在內心中服了石破天，被其一片赤子之心的熱誠所感動。

後來李四幫助石破天，便是真心實意的了，不像此時的作偽。

石破天的無為而為，確是有極大的征服人感染人的力量。

萬能的賞善罰惡使者也有不萬能的時候，石破天為他們收拾了殘局，救了他們的性命。這一次，張三李四才死心塌地對石破天服了氣，心下感激不已。

原因還在於那兩壺毒酒之中，張三李四陪石破天多飲了幾口，在鐵叉會行使賞善罰惡令之時，支撐不住而毒藥發作。石破天沒有事，是因為他已將毒逼在了雙掌之中，這使他的雙掌成了殺人的武器，只要手掌一揚，劇毒之毒氣就可以將人醺死過去。

鐵叉會中，石破天慌慌張張手足無措，卻毒倒了一大片鐵叉會會眾，因此救了張三李四的性命，然後又遵張三李四所授的解毒之法，為張三李四運功驅了毒藥。

張三李四不辭而別。但善因既已種下，他日他們將以善果相報石破天了。

關東四大門派前來，要探尋長樂幫主退位，石中玉接位的內幕實情。

石破天也趁此機會，向貝海石道出了許多疑問，貝海石又是滴水不漏把石破天應付過去，隨後，石清閔柔夫婦也趕來，指斥長樂幫貝海石讓石破天作為擋箭牌替罪羊的陰謀，要將石破天帶走。

賞善罰惡使者張三李四再次出現。這一次，張三李四的形象高大和閃亮起來，他們這才有些與其賞善罰惡的身分相稱，他們果然有過人之能，將事情調查得清清楚楚，確是明察秋毫，解了諸多當局者之迷惑。

對石破天，張三李四不再小心眼猜忌和作偽了，這次他們才真正認同了當初三人結拜之義。他們一聲一句的「三弟」的稱呼，是發自內心肺腑了。

三人分別之時，時間雖是倉促，但還是對乾了三碗酒，其情絕不藏虛。

在俠客島，張三李四出來陪他喝臘八粥，果然石破天沒有看錯人，真心換來真心，張三李四確是把他當了兄弟。

十大奇人上榜人物中，張三李四排名第九。

・排名第八

謝煙客：心胸狹隘和小家子氣

武功：★★★★　智商：★★★★★　情商：★★

奇情指數：★★★　攻擊力：★★★★

謝煙客出場，青袍短鬚，容貌清癯，而且還會彈指神通，竟活脫脫是《射鵰英雄傳》中黃藥師黃老邪的翻版。

謝煙客的武功、性格、脾氣、行事，都與黃藥師如出一轍，是個佯狂傲世、亦正亦邪的世外高人，行事風格是不能以常理測度，純是一廂情願憑個人的喜好。

謝煙客一出手，將在場的十名高手盡將比得不值一提，武功不在同一個檔次上，但他卻陷落進自己設計下的一個怪圈中。

玄鐵之令，有求必應，現在玄鐵令卻在那個可憐的小丐手中，謝煙客要遵守自己的諾言，必須要為那個小丐完成一個要求才行。

謝煙客自視是如此之高，不將凡人放在眼裡，可是拿這石破天卻一點辦法也沒有。

謝煙客一心想讓石破天求他一事，好讓他解脫玄鐵令這如芒刺在背的一塊心病，但偏偏石破天是萬事不求人，實在是妙絕，讓謝煙客只有乾瞪眼的份。

謝煙客自己津津有味地吃饅頭，想誘使石破天向他乞求，不料最後反而是石破天掏銀子付帳，反而請了謝煙客作客。

謝煙客又想指望石破天求他去摘道旁樹上的大紅棗子來吃，又不料石破天會爬樹，飛身上去摘了棗子，倒請謝煙客吃。

長樂幫高手圍攻大悲老人，石破天看不過去，謝煙客一廂情願等著石破天來相求卻敵，還是沒有料到石破天以其無知無識的無畏態度，渡過了難關。

此後，謝煙客沒有辦法便把石破天帶到摩天崖上，餓他騙他，百計折磨，還是不能讓石破天求他一事。

謝煙客暗中稱讚：「這小子雖不懂事，卻是天生豪爽，看來人也不蠢，若好好調處，倒可成為武林中一把好手。」

謝煙客沒有真正教石破天，但石破天最後卻能因他的這些善良無知的優秀品質，無師自通，毫不費力，輕鬆地修煉絕世武功。

後來石中玉冒充石破天，支使謝煙客為玄鐵令的許諾而奔赴凌霄城來誅殺雪山派，以解除石中玉的心頭之患。

謝煙客重新出場，他已消褪了神秘的光環，從神一般的高高在上，拉回了現實世界來。這並非謝煙客的武功退步，而是由於石破天已在不經意的平平淡淡中，飛越了難以想像的障礙，成了神異的真正大俠。

現在有石破天支撐局面，謝煙客自然便不能為所欲為了。

石破天一再稱讚謝煙客是大好人，心地最好，又真心誠意感謝他教自己武功、照顧自己的養育之恩。

這些話，石破天說得真誠，謝煙客聽得卻是羞愧難當，處處好像都是在諷刺其心胸的狹隘和小家子氣。

石破天感激石清、閔柔對自己的真心，將玄鐵令的誓願提出，要謝煙客帶走石中玉，代其父母管教，使之成人，真是一絕妙的願望。

石中玉因此了結他如何向雪山派贖罪的難題，石清、閔柔雖然沒能讓兒子膝下承歡，但總算保住了兒子的一條命，心頭一塊石頭落地了。

只是苦了謝煙客，不知用什麼辦法使石中玉變好，這也是本書中一個好玩的懸念。

十大奇人上榜人物中，謝煙客排名第八。

‧排名第七

楊逍：明教的靈魂和棟樑

武功：★★★★　智商：★★★★★　情商：★★★

奇情指數：★★★★　攻擊力：★★★★★

楊逍、范遙合稱「逍遙二仙」，分別是明教左、右二使，教中的地位極高，尚在「四大法王」、「五散人」之上。

明教勢力的強大，摧毀一切的氣吞萬里的聲勢，又正好與其教主張無忌的軟弱無策成了對比。峨嵋派顯出雷火彈的霸道強力的秘密武器，張無忌只知心中難過，心下不安，自疚自責，被周芷若步步進逼全無置嘴之處。張教主實在丟臉，而忽然楊逍指揮明教金木水火土五旗人馬顯露神威，駭人耳目，大長志氣，揚眉吐氣。

兩相對照，才可看出張無忌枉擔虛名，冷峻孤傲和超越世俗道德原則的美男子楊逍，才真正是明教的靈魂和棟樑。

十大奇人上榜人物中，楊逍排名第七。

·排名第六

范遙：機智勇毅行事卻太詭異離奇

武功：★★★★★　智商：★★★★★　情商：★★

奇情指數：★★★★　攻擊力：★★★★★

楊逍的冷峻孤傲和美男子的魅力，我們已經見識過，而同樣是美男子的范遙，表現給我們的卻是一種真實的毀容的激情。

范遙機警、堅忍、意志力極為頑強，但卻有一種過分的感覺，似乎太愛走極端，缺乏一種親切感。為了明教的事業，為了探查當初陽頂天失蹤的秘密，他自毀其容，並且扮成啞巴，深入蒙古人的巢穴，查探成昆和蒙古人的陰謀。他的美男子形象，到現在只是一個傳說，已經與他無關了。

范遙的出場，扮演的是汝陽王手下一個相貌醜陋的「苦頭陀」，看到張無忌眾人，他又考較了張無忌的武功，確是服氣了之後，才自表身分和眾人相見，然後又親自出馬，用計擺佈鶴筆翁和鹿杖客，要取得十香軟筋散的解藥。

范遙的行事，極為機警和多智，看他二十年間諜生涯，要面對多少凶險和難題，不有超人精明的頭腦是不行的。此外，他的忍耐力和毅力意志力的剛強也同樣驚人，扮啞巴近二十年不開口說話，這就已是相當難以想像和神奇了。

機智勇毅是范遙的好處，但他的行事卻太詭異離奇，太走極端，他為了取信蒙古人曾親手殺了本教三名香主，張無忌沒說什麼只是臉上略現不豫之色，范遙便自殘斬斷二指，簡直是有些鬥氣和要脅，驚得張無忌連忙詛咒發誓不會追究此事才罷。

倪匡先生說「跟范遙做朋友可能樂趣無窮」，這話難以使人相信，范遙並不逍遙，他的生活圈子其實很枯燥。

十大奇人上榜人物中，范遙排名第六。

・排名第五

殷天正：暮年烈士老而彌堅

武功：★★★★★　智商：★★★★　情商：★★★

奇情指數：★★★★　攻擊力：★★★★

六派圍剿明教，白眉鷹王殷天正與武當諸俠拚殺一段，最是精彩。殷天正老而彌堅，暮年烈士，風度非凡。

十大奇人上榜人物中，殷天正排名第五。

·排名第四

韋一笑：鬼神般非塵世所有人物

武功：★★★★★ 智商：★★★★★ 情商：★★★

奇情指數：★★★★ 攻擊力：★★★★

青翼蝠王韋一笑出場真是詭異非常，甚至處處帶著幾分妖異之氣。倏來倏往，飄忽不定，高傲和瀟灑之極，宛如鬼神般非塵世所有人物。最令人寒慄之處，是青翼蝠王吸人之血，遭難者喉頭齒痕宛然，是失血而死。初讀此時，真是大吊人胃口，讓讀者懸疑不已，想像無限。十大奇人上榜人物中，韋一笑排名第四。

·排名第三

「金蛇郎君」夏雪宜：沒有出場的主角

武功：★★★★★ 智商：★★★★★ 情商：★★★★

奇情指數：★★★★★ 攻擊力：★★★★

《碧血劍》中除袁承志外，另一個很重要的人物是「金蛇郎君」夏雪宜。

夏雪宜的故事幾乎貫穿全書，但夏雪宜卻根本沒有出場，因為書中一開始，他已經就是死人了。通過溫儀與何紅花兩個女人動情的回敘和追憶，他的情性、性格、身世、故事都一一地展現出來。

袁承志無意中找到金蛇郎君秘藏屍骸和秘笈的洞穴，金蛇郎君的故事也自此而後逐漸展開。

金蛇郎君行事處處透著三分邪氣，正如穆人清指出的「此人用心深刻，實非端士」。此人死後還要想著算計人，若發現他藏身洞穴之人稍有貪心，未能依照他留箭的指示先葬其骸骨再開啟寶盒，即難逃大難。

金蛇郎君的秘密不僅是絕世武功秘笈，還有重寶之圖，還有一個令人暇想不已的美麗女子的名字，以及他留下的痛悔的詩意和浪漫的撩撥人心的歎息。

袁承志與溫家諸人大戰，卻處處是為沒有出場的主角金蛇郎君夏雪宜出彩，他自己一身從穆人清和木桑道人那兒學來的高明武功反倒退而居其次成了配角。而金蛇郎君的故事繼續推演，居然溫青青是其女兒，溫青青的母親溫儀是其妻子，讓讀者大感興趣。

金蛇郎君的奇情故事浮出水面，讓人歎息、驚異和扼腕無限。金蛇郎君不是一個負面人物，他古怪、多智、亦正亦邪，行事處處透著三分妖異的邪氣，對於世界人生的看法，他有偏頗的一面，但又非常深刻，內在有一種非常規的良心道德判斷，是社會中的不公、罪惡和仇恨扭曲了他的心性，他純良的本質被仇恨的毒質侵蝕和蒙蔽了，他以暴易暴，用不公正對待不公正，用邪惡來報復邪惡，他的世界觀和方法論已走火入魔。

這樣奇異的才智之士，身上卻另有著一種邪惡的魅力，讓人迷惑和憐惜，連袁承志都先入為主地在內心深處佩服他，不自覺地對他生出親近的好感，也許正是這種奇異的魅力，使得本來是受害者的溫儀，最終卻死心塌地站在了仇人的那一邊，原諒和接受了暴力侵犯的仇人。

金蛇郎君與溫儀的故事，與《倚天屠龍記》中楊逍和紀曉芙的故事有相似之處，但前者的關係卻更純潔和感人，更缺少一種情欲的曖昧性，同樣是男性暴力對女性的侵犯，金蛇郎君的態度更接近我們常規道德所能接納的程度，也就是更為人性和合理。金蛇郎君的邪惡和仇恨，遇到了如天使般純潔溫良的溫儀之時，他內心中善的一面被本能地激發出來，他深深埋藏起來的溫柔和愛的天性再也不能人為用強地阻擋。他突然表現出來的對溫儀的柔性和極大的耐心，非常的感人。他唱小曲給溫儀聽，用木頭削成小玩具給溫儀玩，拿出他媽媽繡花的紅肚兜給溫儀看，給溫儀講小時候父母、哥哥姐姐的事，表現出他極為人性的一面，極為細膩的感情，接近於詩人的善感氣質。他沒有用強，只是耐心等待著溫儀接受自己。他和溫儀的愛情，比之楊逍和紀曉芙有著更多明白合理的解釋和理由，與楊逍相比，他實是內心對女人有著更多本能的尊重。

金蛇郎君故事的魅力，實在把袁承志、黃真、崔希敏與呂七、溫家諸人的爭鬥比了下去，袁承志處處成了金蛇郎君的代言人，處處要為金蛇郎君出彩。

袁承志不論在《碧血劍》書中如何風光，我們還是總忘不了他身後的那個魅力神奇的天才的金蛇郎君，遙想他的天才風範。溫儀最後被溫家老四殺死，了結金蛇郎君一段孽緣。溫儀臨死前得知金蛇郎君對他的珍愛和無盡牽掛思念，含笑而死，總算是心中有所慰藉。

十大奇人上榜人物中，夏雪宜排名第三。

·排名第二

黃藥師：操演怪癖的劍術

武功：★★★★　智商：★★★★★　情商：★★★

奇情指數：★★★★★　攻擊力：★★★★★

桃花島主，聞名不如見面，黃藥師武功之高，行事之邪，已到不可思議的極致。論聰明，論才智，論武學，東邪實不在北丐之下，但不知為何，卻總覺得黃藥師不夠爽勁，譬如畫鬼與畫人，畫鬼再為玄思精妙，靈幻無際，境界上卻總覺一個隔字，不若畫人更能顯出手段的高低。

黃藥師出場先鋪敘了許多文字，許多人物，許多事體，須知道都不是正筆，都只是造勢蓄勢。雖是費了這許多力氣，但與洪七公的亮相相比，還是相去不以里計。

黃藥師出場，「令人一見之下，登時一陣涼氣從背脊上直涼下來」，此句將黃藥師的印象，寫得入骨三分，此人實是不敢親近。

黃藥師操演怪癖，行事無可理論；心胸開闊起來並不計較梅超風叛師逆行，又准允陸乘風傳兒子桃花島武功，既而又授陸乘風上乘內功以醫治腿疾，忽而又斤斤計較起來，非要與傻小子郭靖過一過招，以滿足自己武功不輸於洪七公的虛榮心。

陸乘風求仁得仁，雖得黃藥師恩典，但一生終已毀滅，前途如草上朝露，早已不可收拾；梅超風因禍得福，許多罪孽竟一筆勾銷，來者猶可追，晚境倒也安心。

傻小子郭靖，不知進退，非要與未來岳父老實過招；癡女兒黃蓉，無計可施，只好向至親慈父，恃寵相脅。

黃藥師一怒而去，至此方見高人不俗境界。

黃藥師騙周伯通《九陰真經》，盜亦有道，劃下道來要與周伯通比試打石彈兒，投周伯通之所好，早已揣摸透了周伯通的心性脾氣，有備而來，絕不會空手而歸。

黃藥師雖有一個「邪」字，行事風格不入上流，其夫人卻是神仙人物，令人好生佩服。兩遍翻讀之下，竟把九經真經中文字一字不漏記住，確可驚為天人。

自古以來才子才女命薄，似乎奇才過人，必遭天忌，黃藥師夫婦，終是機關算盡太聰明，聰明反被聰明誤，黃夫人之死，令人惜哉，黃藥師邪上加邪，更走極端。

黃藥師枉自聰明一世，見識卻和江南七怪差不多，只知以貌取人，皆厭郭靖「傻頭傻腦」。洪七公、周伯通、黃蓉才是真正慧眼獨具，真正知道郭靖的大可取處，故是一個收郭靖為徒兒，一個認郭靖為義弟，還有一個更是芳心獨許，對郭靖是非嫁不可。

郭靖解開黃藥師心中的懸疑和誤會，也解了江南六怪的性命之危。一場暴風驟雨，終於過去，雨過天晴，戾氣化解，黃藥師終於開始通情達理了一些，面子雖不承認，內心的失悔，也是一大進步。黃藥師收留傻姑，打算要教傻姑武藝，做詩彈琴，奇門五行，以彌補曲靈風之死的遺恨。讀此處，不覺苦笑，既有今日，何必當初。黃藥師幾番行事，收斂了許多，畢竟愛女心切，無可奈何，原來黃藥師也有畏首畏尾，長吁短歎極為克制的時候。

煙雨樓比武之約之前全真七子、郭靖、柯鎮惡與黃藥師的大戰，黃藥師多經磨難，又有一個好女兒薰陶，作風已有大改觀，變得有幾分可愛了。此時多次手下容情，不與眾人太過計較，進步明顯。

黃藥師最後說「我平生最敬的是忠臣孝子」，忽作奇語，好！至此，我對黃老邪前嫌始消，此亦我輩中好人物。

十大奇人上榜人物中，黃藥師排名第二。

·排名第一

謝遜：半人半獸希臘神話中的人物

武功：★★★★★　智商：★★★★★　情商：★★★

奇情指數：★★★★★　攻擊力：★★★★★

金毛獅王謝遜出場，黃髮披肩，雙眼碧亮，身材魁梧，白牙閃光，真是神將一般的異人，奪人眼目，非俗世所有。

謝遜前來奪屠龍寶刀，傾刻間連斃四大幫會首腦，張翠山發書生呆氣，要與謝遜論理，卻不料謝遜的道理比他還多。

倪匡先生稱金手獅王謝遜是《倚天屠龍記》中最令人難忘的男子，正可謂英雄所見略同。少年時讀此書，甚至連張無忌也沒有謝遜給人留下的印象那麼深刻，特別是謝遜在島上那一陣驚天動地的獅子吼，寫得真是駭人聽聞，這種不戰而屈人的魔法般的武功，令人總要聯想到核武器的超聲衝擊波。謝遜的武功超越了常規武器，是屬於核時代的那種。

相比之下，張翠山正是「才子終究小模樣」，謝遜生氣勃勃的生命力高揚面前，張翠山的形象和見識都蒼白黯淡得多了。張翠山的那種才情，細緻而精巧易碎，像宋代官窯工藝精良的瓷器，更像是書房中的擺設玩意，可以小心翼翼地賞玩，但不能大生命的風雨中摔打。

謝遜的粗獷狂暴中最能體現生命原始力量張力的美感，像青銅塑像一樣厚重蒼茫悲壯雄渾，他有著最深切慘痛涕淚縱橫的生命體驗，一種痛楚和粗魯折射出對人生最真實的愛和失望。渴望生活的熾熱內在情感，使謝遜的境界腳踏痛苦而提升。

謝遜的悲憤怨毒，給人以透不過氣來的壓迫感，使人不能對之仰視。他肆行殺戮，像暴風雨一樣澎湃著毀滅的激情。他的形象使人想起希臘神話中半人半獸的天神，他強大膨脹的生命意志，居然敢於與命運和神意作對，他甚至大聲詛咒蒼天，賊老天的咒罵，是驚人和不可思議的，他將自身悲慘奇痛的人生遭遇，上升到哲學上的高度，他仇視的已不僅僅是禍害他的師父成昆，他進而仇視人生社會和宇宙間壓迫他的一切權威。倪匡先生說：「謝遜是個叛徒，他反叛的不但是殺害他全家的師父，更擴至人間的倫常道德成規、制訂這些成規的『聖賢』，這些聖賢及天下人所尊崇倚賴的萬物主宰。」

北溟浮槎，海天茫茫。要在與人世完全隔絕的地方，要在完完全全人與大自然單挑獨鬥的對立中，才能更好地刻畫和表現謝遜特異的性格，才能使他的形象更顯卓異特立。

謝遜其實是張翠山人生的教師，不過學生並不完全及格。一句「假仁假義」的嘲諷，雖未觸及張翠山的靈魂，但帶來的不可抗拒的機會，使張翠山終於放下了觀念的包袱，情不自禁中向殷素素吐露了真實的心意。張翠山暫且拋開了善與惡禮教的外在束縛，鼓足勇氣，聽任生命本能意志的驅馳，打開了塵封已久的真情，接受了殷素素的愛。

謝遜狂暴和非理性，行事完全是常規道德規範準繩所譴責的瘋狂悖倫，但讀者卻絲毫不會在感觀上對他有鄙棄的惡感，反而對他有一種莫名的親近和憐惜，同情和原諒他的非常行止，對他感覺認同，把他當成一面人類良心的鏡子。

像半人半獸希臘神話中的人物，謝遜的內在和外觀都象徵性地暗合。謝遜瞎了眼，神志又近於顛狂，他自棄於人類的世界，他自虐和毀容，強迫自己近於獸性和泯滅良知，他求死的激情正和求生的熱望一般地強烈，他驕傲地不屑於認輸，不屑於承認人性中的感動。

但正是最叛逆的非理性中的神秘直覺力量，最能在罪惡的極端中表現出最純淨的善來。張無忌的出世，天啟般使謝遜返樸歸真。生命的神奇和幻美，不可抗拒地使謝遜從極端中扭轉回來，回到他本真和最內在的謙卑和感恩。惡徒謝遜，其實內心有著最為聖潔的一面，他比其他人更配作一個身負沉重十字架的聖徒。

善和惡是人性中的兩極，由極善到極惡，再到極善，這其中的過程最具有震撼心靈的啟示的力量。為惡為善，往往在一念之間，其間的分別比秋風中飄零的一片落葉的正面背面的分別還要微小。謝遜的故事讓讀者驚疑不定，在情感的峰口浪尖上起伏。

七傷拳是一個巧妙的暗喻，最適合謝遜的身分和本色。先傷己，再傷敵，仇恨和怨毒正是這樣一把兩頭都有利刃，使自己和敵人都同時深受到或明或暗深深的傷害。報復似乎永遠是得不償失的，精神上得到的補償和安慰，絕不會比心靈的憾缺更多。

向善的謝遜將他強烈而奇特的愛全部傾注在無忌身上，這愛執著而深入，甚至充滿了獻身的激情，這愛深思熟慮，從長計議，絕不是凡夫俗子的婆婆媽媽的婦人之仁寄託了更高更深的生命的熱望，這愛甚至不惜用暴力和虐責來盡情地表達和操演。

謝遜最後的形象蒼涼悲壯，頗為感人。謝遜已完全換了一個人，不再是從前內心充滿怨毒肆意妄為的魔頭了。他更像是失路英雄，虎落平陽，龍困淺水。但饒是如此，他的雄風和機警還是有過人之處。謝遜曾經是恨得極深，現在卻是愛得極深，看他對張無忌的關心之情處處溢於言表，是愛的力量支撐他還堅強地面對人生的困難。當他誤以為無忌已不在人世之時，傷心得仰天大嘯，老淚縱橫，那種真摯和強烈的愛是觸目驚心的。

張無忌與謝遜重逢一段，讀者已是期待已久，大快人心。謝遜驚喜交集，居然不罵「賊老天」，而說出「老天開眼」這等極難得的話來。

謝遜的轉變，最合於情理。他曾被仇恨蒙蔽了靈性，做了殺人不眨眼的大魔頭，但那卻不符合他內在的良心原則，他只是一個病人，他神志迷失，做出了完全違背良心的罪孽。而一旦氣候合適，良藥入口，他醒悟過來之時，自然是對自己的罪行痛悔不已，生出必死之志，以求解脫和贖罪。謝遜是真誠的，他的惡是那麼的真實，他的善也同樣是那麼的令人心動。他性格和命運中的致命矛盾，產生出感人的悲劇。看他巨大的身影，垂頭而立，那種悔罪的形象特別地觸目驚心。謝遜做出過許多不可饒恕的惡行，但讀者卻很難仇視和鄙夷他。

射鵰三部曲中，《射鵰英雄傳》主旨是大勇，而《神鵰俠侶》的主旨卻在於大智，此部

《倚天屠龍記》，主旨卻是大仁。寬恕在全書中處處高揚著鮮豔的旗幟，處處在召喚一種精神上的仁慈大道。

寬恕的精神，卻在謝遜令人感動的覺悟中得到了提煉和昇華，更能煸發出一種令人靈魂震顫的奇光異彩來。

成昆的罪大惡極，施加於謝遜肉體和精神上的痛苦和仇恨不可不謂海一樣的深，天一樣的高，但謝遜卻沒有在世俗的天平上去稱量仇恨的得失。他和成昆的決鬥一上來先讓成昆三招被成昆打得吐血，這已經能看到謝遜的境界已獲得了一種悲天憐人的大胸襟。最後謝遜並沒有殺死成昆，謝遜制服成昆後指著他說：「成昆，你殺我全家，我今日毀你雙目，廢去了你的武功，以此相報。師父，我一身武功是你所授，今日我自行盡數毀了，還了給你。從此我和你無恩無怨，你永遠瞧不見我，我也永遠瞧不見你。」

謝遜的寬恕是有節制和有原則性的寬恕，這比那些事事和稀泥的表面化的寬恕力量更為強大，更能振聾發聵，也更合乎於人性。這種寬恕不是概念化形式主義的膚淺，而是經過深思熟慮，經過生命痛苦經驗的人砥礪和淬火，柔軟中卻有鋼鐵一般堅硬和不可動搖的精神品質。

謝遜自己也在寬恕中得新生。他安然忍受眾人的羞辱，精神的施虐遠勝過肉體的折磨，他終於獲得了內心的寧靜和解脫，輕鬆卸下了精神上沉重的十字架，在慈悲的佛法中找到了生命的寄託和歸宿。

十大奇人上榜人物中，謝遜排名第一。

六、十大搞笑排行

十大搞笑上榜人物：韋小寶、周伯通、桃谷六仙、阿凡提、明教五散人、包不同和風波惡、南海鱷神、裘千丈、黃真、錢老闆。

· 排名第十

錢老闆：混江湖的訣竅須認真體會

武功：★★ 智商：★★★★ 情商：★★★

搞笑指數：★★ 攻擊力：★★

沐王府抓走了徐天川要給死去的白寒松報仇，天地會也不含糊挾持了沐王府小郡主以為牽制。錢老闆給小寶送來茯苓花雕豬，其中正是藏了小郡主，要把小郡主藏在宮中，讓沐王府中人找不著。錢老闆言談粗俗，一泡尿，一個屁什麼的，惹得小寶發覺其談吐可喜，合自己脾氣。小寶頑童心理，昭然若揭。

錢老闆送豬，第一次送死豬，肚中藏一個人，第二次真實性送一口活豬來，讓人有疑心也要盡去。使乖騙人，不僅事先要想得周到，事後有機會還得補補漏洞。此又一條混江湖的訣竅，須認真體會，牢記心中。

錢老闆在此書出場不多，但寥寥數筆，寫得他活靈活現。他的精明、風趣、諧俗，大投小寶脾氣，所以讀者記不住李力世是誰，但錢老闆的名字卻是不會記錯的。

十大搞笑上榜人物中，錢老闆排名第十。

．排名第九

黃真：幽默滑稽不倫不類

武功：★★★　智商：★★★　情商：★★★

搞笑指數：★★　攻擊力：★★★

袁承志的大師兄銅筆鐵算盤黃真，有幾番精彩表演，但卻實在給人留不下多少深刻印象，只是為袁承志作幫襯和鋪墊。黃真的武功雖高，但力有不逮，反而是他那東方朔式的幽默滑稽，尚有幾分可取。寫黃真的特異行事風格，也算是用了十分筆力，但正如書中所說，黃真生性滑稽，「臨敵時必定說番不倫不類的生意經」。不倫不類四字，說得到家，雖然黃真賣力要表現出特異的風格來，但總歸是給人做作和不爽的感覺，有些不倫不類，套用金聖歎的話，譬如畫駱駝，雖竭力畫出，終覺不俊。

《碧血劍》一書在金大俠的小說中排名偏後，是金大俠寫射鵰三部曲之前的練筆和試驗性質的作品，黃真亦是一個試驗的人物，雖寫得不算成功，但卻是周伯通之類人物的先聲。

十大搞笑上榜人物中，黃真排名第九。

·排名第八

裘千丈：騙子決不能長遠

武功：★★　智商：★★★★　情商：★★★

搞笑指數：★★　攻擊力：★★

活寶裘千丈，處處裝模作樣，大言不慚，種種神異功夫，擺出跑江湖的架勢，視天下英雄如無物，口氣實在不小，一副此馬來頭大的樣子，讀者一時看不出什麼苗頭，不過，用不了多久，就要有好戲好，騙子能騙一時，決不能騙長遠。

十大搞笑上榜人物中，裘千丈排名第八。

·排名第七

南海鱷神：惡人中的妙人

武功：★★★★　智商：★★　情商：★★

搞笑指數：★★★　攻擊力：★★★

南海鱷神實是惡人中一大妙人。

此人乃四大惡人之一，作惡多端，不過讀者怎麼讀來都覺得其人並非全無是處，最起碼說一不二，重然諾，遵守遊戲規則這方面，比許多正人君子還要可愛得多。

寫南海鱷神的遊戲文字，輕鬆熱鬧，是金大俠的拿手好戲。

類似的文字，在《笑傲江湖》中也有，如令狐冲智勝田伯光，讓田伯光拜儀琳為師一般。南海鱷神偏要說段譽與他相像，此話真不知從何說起。然後南海鱷神一廂情願要收段譽為徒，而且趕到大理皇宮相逼。

段譽學成淩波微步後，胸有成竹，有意設下圈套讓南海鱷神鑽。

結局可想而知，不僅三招，三十招南海鱷神也拿段譽沒辦法。南海鱷神倒是信人，雖是又急又氣又怒又心不甘，但還是依約向段譽連磕了八個頭，叫了段譽師父。

讀此甚感過癮，讀者從此可以少為呆子段譽操幾分心了。

南海鱷神當初死活不肯拜段譽為師，後來卻唯恐別人不相信他已是段譽的徒兒，好笑好看。

南海鱷神終是服了段譽，知恥近乎勇，還算不錯。南海鱷神以惡來，以善終。他為了救段譽而死於段延慶杖下，死得糊裡糊塗，不明不白。此人本質不壞，只是遇人不淑，最後亦是惡報，也算贖罪，可以同情，可以饒恕。十大搞笑上榜人物中，南海鱷神排名第七。

·排名第六

包不同和風波惡：其實並非那樣糟糕

武功：★★★　智商：★★★★　情商：★★

搞笑指數：★★★　攻擊力：★★★

包不同有三分周伯通老頑童的玩童心態，但更像桃谷六仙的雄辯鬼扯。包不同平生最愛好之事便是與他人鬥嘴、詭辯、搬歪理、挑字眼，諸如白馬非馬，堅白不同之類，斷章取義，偷換概念，似是而非的三段論，最是拿手好戲。所不同的是，包不同絕非桃谷六仙那般弱智和胡鬧，他的智商高得很，有巧智，有機變，而且於大是大非之際分得極清。

包不同更像是佯狂傲世的魏晉名士風度，亦是別有懷抱之人，絕非普通插渾打科扮演小丑之角色。

包不同出場三下五除二就解決了聽香水榭亂鬥的群雄，武功高強之極，行事又是詭異莫測之極。

此等厲害人物，卻自言「慕容公子武功高我十倍」，此一次又一次造勢，真不知慕容公子是何方神仙人物了。

包不同對段譽橫看豎看，甚好！

段譽雖一介書生，不會武功，但觀其膽色，察其言行，實有卓爾不群，骨秀神奇之書生本色。

包不同真是聰明得緊，一眼就看出來段譽是慕容公子的潛在情敵，心中老大不是滋味，必除趕之而後快。

寫阿碧（而不是阿朱）一而再再而三為段譽向包不同說情，又好！

包不同最是明眼人，段譽雖不對阿朱的胃口，但阿碧對段譽卻絕對有含蓄曖昧的好感。

金大俠小說中插渾打科的諧角不少，但唯包不同最為刁鑽和刻薄，最愛耍貧嘴，機心太重，故此等而下之，為讀者所不喜。與桃谷六仙的一派天真爛漫的詭辯相比，真是差得不是一個檔次。

包不同主要是站錯了位置，日日和慕容復這等心胸狹隘之人物在一起，難免境界隨之降低。

包不同自詡為「英氣勃勃」，其實比蕭峰差了幾許，就是比段譽也不用提。

觀其僕而知其主，包不同如此托大囂張，目空一切，慕容公子又怎能有大胸襟容納天下英雄？

當然，包不同不碰釘子是不知道進退的。再加上風波惡一來，兩人更是忘乎所以，大打出手。

風波惡和包不同，其實並非那樣糟糕，只不過是遇上了蕭峰，當然米粒之珠不能爭光，只好比將下去。

看風波惡只求有架打便心滿意足，勝固欣然，敗亦可喜，境界亦是不俗。包不同吃了大虧，高吟「技不如人兮，臉上無光……」而去，輸得也很謙灑，另有一種覺悟。

十大搞笑上榜人物中，包不同和風波惡排名第六。

·排名第五

明教五散人：漫畫式的喜劇人物

武功：★★★★★　智商：★★★★★　情商：★★★

搞笑指數：★★★　攻擊力：★★★★

明教五散人，是漫畫式的喜劇人物，插渾打科，使小說平添了許多的詼諧風趣。金大俠的許多小說中，都有如此類似的人物，但又不相雷同。

布袋和尚說不得，偏是言無顧忌，最好詭辯，逞言語機鋒，口舌之利；鐵冠道人張中，持中而行，意志似鐵；周顛人如其名，行事顛三倒四，處處卻見其一片赤子之心；冷面先生冷謙，冷是他的一種精神，言語冷凝而精練，半句多話沒有；彭瑩玉彭和尚，大馬金刀，盡見雄闊處，一片熱切心腸。五人武功既高，義氣深重，皆是可圈可點。

十大搞笑上榜人物中，明教五散人排名第五。

·排名第四

阿凡提：滑稽智者和風塵異人

武功：★★★★ 智商：★★★★★ 情商：★★

搞笑指數：★★★★ 攻擊力：★★★★

阿凡提我們是再也熟悉不過了的民間故事中的人物，沒想到他能到武俠小說《書劍恩仇錄》中一遊，實在是太有趣了。

阿凡提一出現，就把大惡人張召重戲弄得夠嗆。真是天外有天人外有人，張召重這回是長了見識開了眼界。少年時讀此書，看到阿凡提出場，真是驚得目瞪口呆，又是大樂。

阿凡提在《書劍恩仇錄》中大唱滑稽戲，逗得讀者為之大樂開懷。阿凡提這個家喻戶曉，婦孺皆知的民間傳說中的風趣智者，本來先天形象就可圈可點，在此書中更兼有一身怪異出奇，舉世難匹的高深武功，自然是更好看，更能引人入勝。

滑稽智者和風塵異人形象上的揉合，提升了強烈的喜劇效果。騎瘦驢，背鐵鍋，裝模作樣，瘋瘋癲癲，言行舉止中卻處處透露出世事的洞明，人情的練達，無不具有深刻的暗示性和象徵性，往往是一針見血，直接了當而深刻地觸及事物的本質。

驢子戴官帽，此絕妙諷刺，羞殺天下多少蠢驢般自以為得計的大官小僚。母牛要生小牛，公牛不知道，驢子卻知道，此諧趣又無傷大雅，活躍氣氛。徐天宏聽了不僅不會生氣，反而滿臉是笑，對阿凡提欽佩感謝不已。鍋子懷孕，母雞值多少錢二則故事，本是從現成民間故事中信手拈來炒陳飯，但讀之仍覺十分好看，另有一種新鮮感。此乃金大俠活學活用，博採眾長，點石成金，化腐朽為神奇的大本事。

十大搞笑上榜人物中，阿凡提排名第四。

·排名第三

桃谷六仙：六個周伯通的翻版

武功：★★★★　智商：★★★　情商：★★

搞笑指數：★★★★★　攻擊力：★★★★

《笑傲江湖》最好看處，是桃谷六仙六位一體的六個妙人兒的出場。

桃谷六仙是一胎六胞的孿生兄弟，每一個都活脫脫是老頑童周伯通的翻版。

想周伯通一個都已是精彩之極了，一下子來了六個周伯通，這還怎地了得？

更何況六位一體，配合默契，心意相通，插渾打科，糾纏不清，真要樂壞了讀者，笑破了肚皮。

令狐冲乍見桃谷六仙，大驚其「武功雖高，卻似乎蠢得厲害」。其實桃谷六仙的許多蠢話，卻又是機變百出，心思敏捷，搬歪理，曲解詞義，尋常人真不是其言語機鋒的對手。

尋常人不是桃谷六仙的對手，令狐冲卻不是尋常人。

令狐冲最是機變百出，最是狡黠聰明，一下子就把桃谷六仙吃定了。三哄兩哄，哄得桃谷六仙圍著令狐冲團團轉，和他一起去解師父師娘的困厄去了。

桃谷六仙在電光火石間出手，施展出「撕人」的絕技，剎那間將成不憂撕成六塊，將岳靈珊嚇昏了過去，眾高手當場駭然失措。

令狐冲受傷後，桃谷六仙搶走令狐冲，又自作主張各運真氣，各憑己意替令狐冲療傷，哪知越幫越忙，差點要了令狐冲的性命。

事至此，愈來愈險，愈來愈奇，於險於奇中，本書的場景繼續鋪開。

桃谷六仙為令狐冲療傷一段，人物性格漸趨豐滿，六人一爭一吵，一喜一嗔，著力寫出，紙上耀然一片奇輝異彩。

桃谷六仙糾纏不清的鬥嘴，可作詭辯術的經典文獻來讀。只怕惠施公孫龍等輩，也要虛心來向其學習兩招。

岳夫人是女中豪傑，巾幗英雄，其膽識過人之處，實在其夫岳不群之上。饒是如此，被桃谷六仙抓住雙手雙足提將起來，也嚇得面無人色。

桃谷六仙，妖耶鬼耶？周伯通來了，只怕也要讓他們幾分。

誰說桃谷六仙沒有頭腦了？

看令狐冲要他們和黃河老祖二人化敵為友，他們道：「殺了我頭也不行。」為什麼呢？因為「根本不是敵人，既非敵人，這『化敵』便如何化起？」說得大家哈哈大笑。

不過，桃谷六仙吃了虧，可不會這麼算了，接下來突然發動，撞壞了祖千秋懷中無數價值連城的酒杯。

祖千秋大怒要翻臉時，六仙又有話說了：「令狐冲叫咱們化敵為友，他的話可不能不聽，咱們須行先成敵，再做朋友」，六仙的言語擠兌得祖千秋只有乾笑的份。

好桃谷六仙，簡直是扮豬吃老虎，聰明之極，厲害之極。

這等該聰明時就聰明，該愚蠢時就愚蠢的功夫，實在是令讀者佩服。

最能讓人捧腹大笑的是吃人肉的漠北雙熊送回岳靈珊後，桃谷六仙在一旁瘋言瘋語，硬把愛吃人肉之名加在林平之身上，對岳靈珊說什麼若與他成婚後，他吃人肉吃出癮來，夜裡「小林子在吃你的手指」如此等等，說得繪聲繪色，有模有樣，想像豐富，細節生動，看此桃谷六仙不僅不笨，簡直是聰明之極，連令狐冲、岳靈珊、林平之三人的情感糾葛都能看得懂，還會用嬉笑怒罵為令狐冲打抱不平，真是大出人意料之外。

十大搞笑上榜人物中，桃谷六仙排名第三。

・排名第二

周伯通：視天地為一絕大幼稚園

武功：★★★★★　智商：★★★★　情商：★★★

搞笑指數：★★★★★　攻擊力：★★★★★

周伯通亮相，乍看甚是平常，全無先聲奪目之處，但三筆二筆，老頑童神貌如畫，栩栩如生，呼之欲出，絕不含糊。

本書最好看之處，當數老頑童種種出色表演。讓人拍案叫絕的地方，還是老頑童死纏活賴，硬逼郭靖和他結拜為兄弟一段。金大俠怎麼想得出來，馬鈺、王處一、丘處機等，皆是神氣活現，為郭靖的恩師父執，而他們卻又比老頑童矮了好大一輩，老頑童是他們天人一般難以想像的長輩師叔，郭靖居然與其平起平坐。此段十分好看，當連飲三杯。

周大哥笑貌音容，天真爛漫，為全書第一可愛人物。

周伯通回憶黃藥師計騙九陰真經一段往事，周伯通娓娓道來，詳略得當，有條有理，此兄雖行為往往不合邏輯常理，講故事倒是十分拿手。

周伯通在桃花島上與黃藥師惡耗，一耗竟是十五年之久，本書若要評最有耐心之人，當然是非周伯通和黃藥師兩人莫屬了。

十五年相對惡耗的結果，最後周伯通成了贏家，周伯通在島上沒有別的事好幹，只有一個人悶練高妙武功，一不留神之間，竟已得道，武功當世無匹。這段故事，又令人想到茨威格的小說《象棋的故事》，金大俠當然不可能有意向茨威格偷招，但高手的創意，有時確可有驚人的相似巧合。

周伯通發明的「雙手互搏」之術，當真亙古未有，聞所未聞，匪夷所思，功效神奇，金大俠的武俠小說中，雖高手創意，發明高極武功之事例很多（如本書黃裳創《九陰真經》），但若綜合考慮，可賞可玩的，卻要首推周師兄，能得第一創意之大獎。

傻小子郭靖，當真憨人有憨福，拚著陪周師兄樂上一樂，摔得個七葷八素，竟照單全收，學得周大哥的種種上乘武功。

周伯通教郭靖「雙手互搏術」，兩人四手竟玩起四國大戰的遊戲，此一段讀得樂趣橫生，令人忍俊不住，非周師兄出不了如此餿主意，非傻郭靖不能如此湊趣，一對活寶，當真是能遇得上。

東邪西毒兩大絕頂高手，卻著了周伯通的道，滿頭滿腦淋上周伯通的臭尿，讀此，痛快至極，當以手拍案，大笑三聲。

周伯通神仙境界，遊戲人生，其實是第一高明之人，此書中許多寫周伯通文字，實有深意，如寫周伯通的小小狡猾，以襯托郭靖之真之憨；寫周伯通天真漫爛，以激射歐陽鋒口是心非之奸之假；寫周伯通寬厚仁慈，對黃藥師十五年的折磨一戰了之，以羞慚黃藥師之執之狹；寫周伯通不通情理不知進退非要坐黃藥師的「新船」，而洪七公卻自告奮勇捨命相陪，以輝映洪七公之見機知趣，心底無私天地寬……

周伯通、洪七公、郭靖海上遇難，本已驚險之極，周伯通忽出一奇語，要賭誰先給鯊魚吃了誰贏，生死之事，忽作兒戲語，此何等得道通天境界！死也要死得有趣，死復何憾？

周伯通為老不尊，眾人皆不去理會，偏偏黃蓉對他處處搶白，偏偏老頑童又獨怕黃蓉，拿她沒法。

周伯通惱黃蓉說他娶不到老婆，賭氣不來吃飯，妙極。周大哥何等天上神仙人物，恨不能親見。

皇宮中半夜裡老頑童裝神弄鬼，用身上泥垢搓成藥丸狀騙梁子翁等是毒藥，制得眾魔頭服服貼貼，最是好看，讀來讓人噴飯。周大哥行事愈來愈奇，愈來愈妙，只有黃蓉是他的剋星，兩三句話就能點中他穴道，打發他上路。

論武功的真才實學，周伯通竟占第一，然而周大哥意思，英雄有何當頭？不如遊戲人生，瀟灑走一回。

《神鵰俠侶》中周伯通更有上佳演出。周大哥久違了，有周大哥在，何愁沒有戲看？

想當年筆者在大學讀書，凡有周大哥文字處，必回味三遍以上，周大哥真正悟道妙人。

周伯通大鬧絕情谷，捉弄瀟湘子，戲鬥樊一翁，大戰群雄，果真神通廣大，不可思議。

其實楊過的性情，實與周伯通是一路的。

特別是不拘世俗之法，追求人性的自由自在，視天地為一絕大幼稚園，在理論上推到極至，楊便是周伯通了，所以楊過其感欣喜，對周伯通很是佩服，決心要相助周伯通的想法，是自然而然的。

周伯通遊戲人間，風采更過當年。

以前周伯通海上騎鯊，現在卻在平原上奪王旗騎駱駝，花樣翻新，脾氣依舊。

周伯通瞥一眼尹志平、趙志敬，就給二人蓋棺論定：不是甚麼好腳色，盡是些不成器的弟子。

周大哥真神人也，洞如觀火，法眼極是高明。

君子可以欺之方，老頑童一生初衷不改，即使再多吃幾個虧也還這樣。

金輪法王奸計得逞，騙老頑童盜旗去洞中取物，老頑童身中彩雪蛛之毒，上了大當，小龍女來當周伯通的守護者，實是相宜。

一個冰清玉潔，不諳世事；一個天真不改，全無機心；一個不會作假，一個作不來假。

一個單純得像一張潔白的素箋，一個一眼看得到底。

小龍女，老頑童，聲氣相求，心同一理，確是最佳搭擋。

小龍女周伯通困於洞中，小龍女提到玉女素心劍法，要兩心相悅，劍意才能相通，才能克敵制勝。

看周伯通一聽男女之愛，立即心驚肉跳，連道：「休提，休提，我不來愛你，你也千萬別來愛我」。

好看好看，好笑好笑，好個老頑童，虧他想得出來，虧他說得出口。

周伯通是最天才的創意高手，如雙手互搏術，聰明人反而學不會，質樸者卻好學得很，此亦是寓言，亦是諷世。

歎世上聰明人太多，所以老頑童這門頂尖高明的武功，只有郭靖能學，小龍女能學，此後恐怕就只有失傳了。

投之以桃，報之以李。周伯通教了小龍女秘門武功，小龍女卻教老頑童好玩的把戲。小龍女用玉蜂之蜜驅使野蜂，直看得老頑童心花怒放，樂以忘憂。老頑童真妙人也！

以野蜂驅走金輪法王，用蜂毒解去老頑童之毒，雖純是小說家遊戲文字，卻有板有眼，有根有據，令人信服。

老頑童見獵心喜，忍不住偷了小龍女裝蜂蜜的玉瓶，也想一試好玩的把戲，這等不告而取頑劣行徑，被小龍女笑著說破時，白鬍子老頭羞得滿臉通紅，飛竄而逃，當真是有趣得緊。

楊過和小龍女在重陽宮神聖的祖師堂前結拜天地，全然不把一干愚昧低劣固執自大的臭道士放在眼裡。

一片至情至性的真誠，真可驚天地泣鬼神。重陽宮眾道士至此還執迷不悟，不知改過，不知痛悔，不起羞愧和仁恕之心，只覺丟了面子，惱怒不已。

世人的愚昧無知，多類於此，群眾對於天才指引他們的手勢，總是不長眼睛。

還是周伯通出來解了難題。

老頑童，才是真正悟道之高士，其瘋瘋顛顛，為老不尊，正是其證道和覺悟的法門，庸人哪裡能知。

你看他天大的煩惱奈何不了他半點，小處的得意就可以欣喜萬分，真能羨殺我輩俗人！「東邪、西狂、南僧、北俠，中頑童」，座次排定，好！中頑童最好！正所謂「心中本無鏡，何處染塵埃？」老頑童天然一派虛心，境界其實最高！

十大搞笑上榜人物中，周伯通排名第二，有些委屈。

‧排名第一

韋小寶：他只想活得像個人樣

武功：★★ 智商：★★★★★ 情商：★★★★★

搞笑指數：★★★★★ 攻擊力：★★

《鹿鼎記》中，韋小寶是一個妓女的兒子，自幼在市井中長大，挨打受罵如家常便飯，這樣就學會了耍賴，學會了騙人，學會了講義氣，因仗義救了一個江湖大盜茅十八從此離開了妓院，開始了他奇遇生涯。他既是反滿抗清的天地會總舵主陳近南的弟子，天地會青木堂堂主，同時又是康熙皇帝前的紅人；他既對師父陳近南畢恭畢敬，衷心佩服，又對皇帝忠心耿耿，最終還做了滿清王朝的鹿鼎公；天地會叫他去刺殺皇帝，他不幹，皇帝叫他去滅天地會，他也不幹。用他自己的話來說這叫「對皇上盡忠，對朋友盡義」，當忠義不能兩全時，他就做出了決定，說：「老子不幹了！」於是率領七位美貌的夫人，以不足二十歲的年紀「告老還鄉」了。

韋小寶既不會什麼武功，也不是什麼俠客，只是一位生於妓院，長於市井的小無賴，但他因禍得福，總是那麼有運氣，最後出入於宮廷，成名於朝野，他不學又「有點術」，不俠而又「有點義氣」，他能靠在妓院聽書與看戲學得「滿腹文化」，靠在妓院混飯的經驗，學得了阿諛奉承，厚顏無恥，見風使舵的功夫；他能把莊重的宮廷、森嚴的政治舞台當成市井的賭場，而奇就奇在他雖不是「大善」但也不是「大惡」，既非「大忠」又非「大奸」，既不是「大義」也不是「大逆」，而且他運氣好得簡直難以想像。他並不是在清廷中混得好，在社會的各個層次中都混得好，甚至在國外他也能福星高照，左右逢源，他不但功勳卓著而且「豔福」齊天，一口氣要了七位美貌的夫人。

韋小寶的七位夫人除了美貌外，還有七位夫人的身分來歷，那更是皇帝也不能企及的。七位夫人中雙兒是一位官宦人家的丫頭，皇帝是不願要的；曾柔是王屋山強盜的女兒，皇帝是不敢要的；沐劍屏是沐王的千金，沐王府是反滿抗清的，皇帝是要殺的；方怡是沐王府的武士；蘇荃是叛國通敵的神龍教教主的妻子；阿珂則是李自成的女兒；建寧公主是當今皇帝的妹妹；因此韋小寶對此是得意非凡的。而韋小寶的幾位夫人，有幾位是心甘情願的呢？雙兒是主人送給他的；曾柔是他賭來的；方怡是救情人心切違心答應的；沐劍屏是他軟硬兼施與他有了「肌膚之親」後無可奈何的；建寧公主是在送親路上與他有了關係的；而蘇荃與阿珂，則是在揚州麗春院中了迷藥被他姦污的。韋小寶對這幾位的愛情，實在是不能以平常來論。

韋小寶出場，雖然是無賴出醜之極，但只那麼寥寥數筆，就已使他的形象生動起來，活靈活現，呼之欲出。小寶最先給我們的印象是潑皮、耍賴、狡猾、粗俗、惡毒陰損，髒話出口成章，天不怕地不怕，整個兒就是一個格調不高，沒有教養的小無賴，但讀者卻不知為什麼，一上來就對小寶有著說不出的親近感和好意。

小寶有什麼好？他當然有他無辜的可愛之處。他才十二三歲，還是個小孩，他還完全不能為自己的行為負責，他那種種粗俗的言行中，一片天真純樸其實是遮也遮不住的。他格調不高，沒有教養，那不是他的錯；他罵人惡毒陰損，他只是從旁人那兒學來的，其實他也並不明白其中許多隱晦的惡俗之處；他潑皮耍賴，只是要保護自己不受比他大得多的人的欺負，他其實質樸得像一個沒人照看的小動物一樣本能。在妓院這個最卑劣無恥的環境中，醜惡集大成的泥潭裡，他只是卑賤而頑強地生存著，自我操練許多活下去的本領和訣竅。他頑強的生命力幾乎與他的年紀不相稱，處處透出一種勃勃的生機，像在巨石的重壓下的一棵小樹那樣扭曲地生長，但盎然的綠意依舊是清新可喜。

很多人都以為小寶很壞，那麼小就沾染上了種種可怕的惡習。其實，小寶的心智卻是出奇的本能地健康，他比我們現實生活中的那些所謂的好人，不知要高明多少。好和壞本來就是相對的，是文化和教育的結果。一種文化背景中所謂的好，在另一種文化背景中卻很可能值得懷疑和遭人唾棄。小寶的好處，在於他內心的本真，他會騙人，但他卻絕不會騙自己。

麗春院中，鹽梟打小寶的媽，小寶驀然從大廳旁鑽出來破口大罵。那些鹽梟凶悍異常，且明火執杖，手持鋼刀，小寶居然不怕，敢於向惡勢力發難和挑戰，這種勇氣，確是讓人佩服。看座中無數成年人，誰敢在此時吭上一聲？小寶不僅有勇，而且還有智，他知道真打他不可能是鹽梟的對手，但他卻能極滑溜矮身鑽過鹽梟胯下，順便猛揑鹽梟的陰囊以報那一掌之仇。這是江湖中人看不起的下三濫手段，但這能怪小寶嗎？小寶不僅有勇有智，還有義。茅十八負傷，叫小寶別等他，小寶卻道：「他媽的，殺就殺，我可不怕，咱們好朋友講義氣，非救你不可。」小寶講義氣，他的本質真的不壞，連茅十八都要直誇他當真聰明得緊，而且順著他，把小寶當朋友，還向吳大鵬、王譚公介紹他是新交的好兄弟，還代他想了個「小白龍」的江湖外號。

小寶的身上，還有那種阿Q式的「兒子打老子」的精神勝利法。海大富把他和茅十八抓住，用轎子抬著送進皇宮，小寶心下安慰自己：「今日孝順兒子服侍老子坐轎，真是乖兒子，乖孫子！」但小寶不是阿Q，他比阿Q聰明得多，不僅精神勝利，口中佔便宜，而且還敢於行動和抗爭，瞅準時機還以致命的顏色看。

自幼在險惡環境中跌打滾爬，小寶早已練就一身過硬的求生本事。一是他的膽大心細，二是機緣巧合，小寶在危急時刻用毒，毒瞎了海大富的眼睛，又用匕首刺死了服侍海大富的小太監小桂子，而且關鍵時刻，小寶的義氣和膽識又表現出來發揮了大作用，他不顧自己安危，先讓茅十八逃走，他自己留下穩住海大富。這種江湖舉動，說是俠義也不為過。

情節自此一轉，小寶留下來冒充了小太監小桂子。無知才更無畏，小寶不知天高地厚，一切自以為得計，人不知鬼不覺，卻不知海大富早已知道他這個小桂子是冒牌貨，留下他來，只是另有極深的陰謀。海大富這個人，對主子順治忠心耿耿，像一條忠誠的老狗，他說不上什麼好壞，但為人險惡，對小寶來說，除了後來遇上的神龍教主洪安通之外，海大富真是最危險和最難對付的人物。

聰明機靈加上福氣過人，是小寶發跡的關鍵。此後，小寶果然堂而皇之做起了小桂子來，心中毫不發愁。小寶的悟性極好，學什麼學得極快，從揚州到北京，時間不長，他真是處處留心皆學問，成了老江湖。

小寶不是風雅中人，不嗜花、嗜琴、嗜棋、嗜茶、嗜酒、嗜書，也不是武林中人，嗜武，但他嗜賭。聽到海大富要他去賭錢，還給他豪賭之資，教他骰子騙局，他高興得「就算賭完要殺頭，也不肯就此逃走了」，小寶真的是本色的可愛。

在皇宮中，小寶眼見飛簷繪彩，棟樑雕花，豪院大宅，富麗榮華，不覺與他出身之地揚州相比。「乖乖龍的東，在這裡開院子，嫖客們可有得樂子了」，小寶的直覺是驚人的準確，皇宮確是世上最大的妓院，專供皇上一人狂嫖所用。小寶在妓院中有的是經驗，難怪在皇宮中能如魚得水，混得不亦樂乎。

小寶不小氣，雖然他自己卑賤慣了，「但若有人輸光了，他必借錢給此人」，小寶大方，因為他懂得人性世故，因為他知道大方是有好處有回報的，因為「那人自然十分感激」。小寶年紀雖小，卻是人精。

小寶蒙在鼓裡，海大富卻老謀深算，雖瞎了眼卻心裡明明白白。海大富教小寶一些似是而非的武功，讓他去和小玄子比試，而小玄子那邊，也有高人在指點，小玄子在進步，小寶也不落後，兩人總是維持著那麼一點兒差距，使這場不見不散的「死約會」兩方都感到有趣地一而再再而三下去。小寶在皇宮又有賭又有玩，樂不思蜀，也暫時忘了要逃跑的念頭。看小寶幻想自己是大英雄大豪傑與人訂下比武約會而頓生豪情，小寶小孩子，還幼稚得很，說他天真爛漫，也不為過。

小寶生存能力極強，適應環境極快。從揚州土話到一口流利的京片子，沒學上幾天，看他說：「明兒我準能贏他」，這個「準」字，他是白日賭錢才學會。小寶假扮小桂子，忍住了不說粗口，也是真難為他。一天小心收斂下來，才忍不住說了句「烏龜翻身」，真是不容易，小寶的適應能力，是天才。

小寶也並不是十全十美。與小玄子比武，賭錢之事，輸了就樂得假裝忘記，贏了卻肯定非要不可。見小玄子換了件新衣，心道：「你這小子，天天穿新衣，你上院子嫖姑娘嗎？」

小寶妒意大盛。但這還是正常的小孩子心理，無傷大雅。兩人相鬥了兩個月下來，日日見面，交情越來越好，小寶「不以輸贏論英雄」，毫不在意。

在上書房，小寶膽大包天去坐龍椅，「皇帝坐得，老子便坐不得？」小寶無知，但本能中卻知道眾生平等的道理，小寶是個真人，就是他作假騙人之處，也不覺其有多少不應該。小寶畢竟還是小孩子，心未堅意未固，龍椅畢竟不敢久坐。

小寶在沐王府那邊吃了白寒楓的大虧，後來小寶掙足了面子，彌補了過來，再次和青木堂兄弟們去赴沐王府之宴，心中有了準備，開始高深莫測起來。

「居移氣，養移體」，這句話不錯，小寶大場面見多了，此時年紀雖小，卻自有了一種威嚴氣象，像模像樣的派頭，先給沐劍聲一個下馬威，讓人吃了一驚，看他小小年紀，神色鎮定，大有擔當的樣子。

有人問小寶明明是一個不學無術的無賴，為何處處春風得意，有那麼多人都喜歡他，欣賞他，他混得為何如此之好？其實，小寶確有過人之處，單是在危險關鍵時刻，他的應變，他的急智，就是非常人所能想像。

上書房中，鼇拜對康熙大聲咆哮，小寶在一旁偷看，發現少年康熙正是日日和他一起過招打鬥的小玄子，驚得他叫出聲來。擅闖上書房，是殺頭的罪名，小寶心知大事要糟，但非但沒嚇破膽子，亂了方寸，反而急中生智，押上一寶，贏了個滿堂紅。小寶上前喝斥鼇拜，真是大智大勇，非常人所能為。這一來，拉大旗作虎皮，不僅遮了擅入上書房的羞，還顯出其赤膽忠心，護駕有功，真可謂一石三鳥。

知道了小玄子的身分，小寶還言笑宴宴，嘴中雖說該死，但行動上卻沒一點誠意，還伸手和康熙相握笑道：「今後若不真打，不是好漢。」金大俠說這是因為小寶一來不知宮中規矩，二來本是個天不怕地不怕的憊懶人物。其實還有一層意思，即是小寶內心真實的自尊自信。在小寶的內心，眾生平等，妓女和大官，也是一般，雖然他也知道世間有等級觀念之分，但他卻並不在意。他出身在妓院，他也不覺得有什麼自卑和低賤之處，茅十八英雄豪氣過人，武功很高，小寶也只把他當作朋友，絕不願作其徒弟而矮了一截，現在康熙便是小玄子，小寶也一般地口中尊敬，內心還是當他小玄子哥們。小寶的心其實很高很大，他秘密地通悟了生命的真諦，每一個人的生命，都有他自身存在的意義和價值，都是一般的珍貴。

小寶有了錢，最大的理想卻是去揚州開十家妓院，蓋過麗春院的風頭，小寶畢竟是小寶，他可愛，卻有許多不學無術的弱點。

海大富既死，小寶老實不客氣取而代之，並將其所有物品據為己有，真是可喜可賀。大難不死，還立了奇功，升官發財，春風得意，此時小寶已對官場上的厚黑學寶典學會了八九不離十了。為了生存，小寶頑強地修練著自己的世事洞明，人情練達，他作得極好，極有天份和悟性。

做官的第一要訣，便是要分清什麼該說什麼不該說，太后向康熙誇獎小寶處理事情識大體，小寶道：「識大體嗎，也不見得。不過我知道，有些事情聽了該當牢牢記住，有些事情，應該立刻忘得乾乾淨淨，永遠不可提起。」小寶已經懂得很了，不僅活學活用，還有總結歸納和發揮。

做官還有的訣竅，是要善於對上司察言觀色，揣摸其意，並且心知肚明，馬上去按其思路實施辦理，讓上司滿意。這一條說簡單，但做起來就複雜了，要看各人不同的悟性靈性。小寶在這方面是高手，康熙幾句話一說，小寶便知道康熙想結果鼇拜性命，馬上就行動起來。

下毒現在是小寶的拿手本事，鼇拜再野蠻兇悍，嘴上卻占不到小寶半分便宜，最後還是逃不了一死。此時情節忽然一轉，生出天地會青木堂的好漢們殺進來要找鼇拜報仇之事。小寶並不知眾好漢的來路，還以為是鼇拜的死黨來救鼇拜的，慌亂中鑽入囚室殺了已中毒迷失神志的鼇拜，隨後被天地會好漢們劫走。又是機緣巧合，小寶從此又有了新的大際遇。

反清復明熱血慷慨的主題，在此書的楔子中閃亮了一回，此後就被有意地淡化了，世俗和平民化了，與《書劍恩仇錄》中的那種理解相差太多。金大俠的第一部小說《書劍恩仇錄》寫紅花會，而封筆之作最後一部《鹿鼎記》寫天地會，但後者卻是對前者的反動和解構，是意義的消解和還原。這是巧合還是金大俠有意為之？

青木堂的好漢們，關安基、李力世、祁彪清、賈老六，崔瞎子、玄貞道長等等，雖然還是有熱血義氣，但卻沒有了神性的光彩，他們和一般人並沒有多少分別，也會衝動、發急、頭腦簡單、勾心鬥角、爭名奪利，或脾氣不好，或不明事理，相比較之下，小滑頭的韋小寶，雖是無知無識，不學無術，武功低微，但頭腦卻清楚管用得多。陳近南對小寶青眼有加，並非無中生有之事。

天地會人物中，陳近南和吳六奇兩人，尚有《書劍恩仇錄》中的那種神性和奇氣的光環籠罩在身，陳近南目光如電，小寶那骨碌碌亂轉的賊眼，頓時一驚，心中發虛，跪倒便拜，寫得陳近南好精神。小寶的本事，對付世俗凡人還行，但真正在大英雄真豪傑面前，就施展不開，別手別腳，最多不過能歪打正著。看他一向油腔滑調，這次在陳近南面前卻訥訥不敢出口吹牛了。真人面前不說假話，也說不得假話，小寶一五一十，老老實實把前後緣由告訴給了陳近南。小寶覺得說謊十分辛苦，還是說真話舒服得多，這真還是第一次。

小寶老實了一會，稍微混熟了一點，本性就自然流露，當陳近南提出讓他加入天地會並收他為徒之時，他不知不覺中又開始討價還價。

小寶的好處，是在大節上極分明和鄭重，加入天地會的誓言，這次並沒心中搗亂，是真心誠意，入會儀典告成，小寶心中熱乎乎的，有一種踏實之感，歸宿之感，「只覺從今而後，在這世上再也不是無依無靠」。

在群體中有了依託，個人的價值得以體現，但權力和義務，利益和責任，卻是緊密相關的。在陳近南主持之下，為避免青木堂好漢為爭香主之位而傷了和氣，小寶被立為香主，小寶馬上就大感壓力和吃緊起來。小寶「過河拆橋」的戲言，其實是極有見地的聰明話，設身處地為小寶著想，心中不打鼓才怪，不過，事已至此，小寶也只有走著瞧了。

明知是火坑也要跳，這是值得敬佩的犧牲和奉獻的高尚精神。小寶卻絕不會這樣，他會想辦法繞著火坑走，他有自己解決問題的方式，這個世界上並沒有一成不變的道理，不需要每個人都要一個胡同走到底。老實人不必去學著滑頭，靈活的人也不必硬去裝憨厚，只要遵循內在良心原則，通向成功和真理的道路並不只有一條。

遊戲人生，小寶繼續過著他快樂的生活，不去為暫時管不著的事情操心。沒有耐心練成陳近南教他的高明內功，他就給自己找個藉口，反正要過河拆橋當不成那個香主，便心安理得，且自逍遙自在，在宮中賭錢，在宮外茶館聽書，偶爾想起天地會之事，便自己安慰不去找他們以免誤人大事。

小寶想快活自在，青木堂兄弟們卻要找他辦事拿主意。沐王府的白氏兄弟與青木堂的徐天川發生衝突，引出反清復明的各路英雄之間的矛盾來，使小說向縱深方向繼續發展。天地會擁戴的是福建的唐王，沐王府擁戴的是雲南的桂王，還有浙江的魯王。反清未反成，復明八字沒一撇，各路英雄先為正統之爭，鬧個不亦樂乎。這窩裡鬥的毛病，擺明了難成大事。

高彥超找到小寶，要小寶主持大局。青木堂中眾好漢你一言我一語，實在沒有小寶插嘴的份。不過小寶的聰明卻是別人所難想像的，他能想到眾人找他「要拿我來做擋箭牌」，實在是了不起，且有自知之明。於是，小寶在其中虛與委蛇，裝模作樣，再把皮球踢回去。玄貞道長看得明白：「韋香主很了不起哪！」小寶確是有兩下子。

小寶畢竟是少年人脾氣，愛看歡鬧，明知自己是聾子的耳朵擺設，還是同意改裝隨眾去沐王府討公道。小寶拿出二千五百兩銀子買衣服，又拿出三千五百兩銀子給青木堂兄弟們享用，眾人情不自禁地歡呼起來。此使人想起金聖歎評《水滸》所謂「好看錢」，「人之所以必要錢者，以錢能使人好看也」。小寶雖年紀小而不學無術，有錢便好看起來。四十六萬多兩銀子的身家，可以使小寶一路來儘管做成好漢。

小寶富貴逼人，派頭十足隨眾人去了沐王府，卻吃了大虧，被白寒楓一抓之下奇痛徹骨流出眼淚來。此後，眾人談論衝突的來龍去脈，小寶最後只有瞅著空子陰陽怪氣諷刺兩句，一點辦法沒有。小寶出了醜，回來卻毫不遮掩，對大夥道：「韋小寶雖然充了他媽的香主，武功見識，哪裡及得上各位武林好手？」這是小寶的本色和可愛，眾好漢對他的親近之心多了不少。

小寶重傷之下回到屋裡，居然還有心情與小郡主和方怡調笑，其頑強的生命力和勃勃向上的生命意志，不能不讓人佩服。天下困難和危機，小寶都絕對不垂頭喪氣，作楚囚之泣，這種樂觀、豁達、圓通的人生境界，真是可遇而不可求。

在皇宮數月歷練下來，小寶對官場厚黑學已有大的心得和發揮，拍馬屁的功夫幾乎是爐火純青了，連康熙這般英明的聖主也大著其道。小寶討康熙的好，說自己用從康熙那裡學來的招數手刃敵人，讓康熙想到若是自己出手，定會比小寶更精彩十倍。這種討好，是高明和不著痕跡的，有幾分有意誇張和賣弄，卻更顯出其誠意來。

前面表揚了小寶不少好處，但隨著故事的發展，小寶繼續學習和操練官場厚黑學，小寶的本性，已有一些潛移默化的改變，再不能事事都當他小孩子，不負民事責任，只是一派無辜頑童心理。近朱者赤，近墨者黑，小寶已變得複雜多了，雖然他大處不壞，小處已多有讓人有微詞的地方。「妓院與皇宮兩處，是天下最虛偽最奸詐的所在」，小寶久浸其間，假作真時真亦假，他行事耍滑頭，真真假假之處，已讓人有些摸不透看不明白，他那流氓無產階級的習性，已逐漸變本加厲。他的人情練達，世事洞明，已更多地有諷刺意義。他的可愛之中，更多了數分可歎可笑的負面弱點。

饒是陳近南如此英雄豪傑，精明過人，也不免著了小寶之道。小寶恭維陳近南，讓陳近南覺得真誠可喜，卻不知小寶混熟了，又是在玩社會經驗，擺師父一道。陳近南立小寶為青木堂香主，本是不得已之事，此時便已不怎麼後悔了，暗中稱讚「這孩子有膽識，此刻已頗為了不起」。小寶不學無術，卻能現學現賣，不過，他智識雖說不上，膽子卻是奇大，這點也確是了不起，他見事明白也不見得，但他頭腦清楚，對資訊的掌握進行形勢判斷，卻也有真本事。小寶不像別人想的那麼好，但也絕不是個草包。

才拍了陳近南的馬屁，又來拍康熙的馬屁，千穿萬穿，馬屁不穿。小寶一番聖明無比，

「烏生魚湯」的恭維話，聽得康熙哈哈大樂。英明的大人物，面前配一個不學無術但又機靈懂事的小丑，是適宜的搭檔。即使康熙明知小寶在耍貪嘴，但無傷大雅，哈哈一樂，也能活躍氣氛，鬆弛神經，難怪康熙這麼喜歡小寶，小寶真是活寶。

太后在陶宮娥手下受了重傷卻沒有死，小寶打定主意要趕快離開皇宮這是非之地逃命要緊。臨行前，見著康熙，小寶本性中善的一面又占了上風，他講義氣，明知有被殺的危險，還是將真相告訴了康熙，不過，小寶還是聰明之極，先以小玄子好朋友的身分，讓康熙有所心理準備，不致於立即翻臉，這才從頭細說起來。

少林十八羅漢把小寶和雙兒從五台山送到北京。小寶人緣極好，連和尚都和他談得來，這真是非常人所能有的本事。和十八羅漢分手，小寶竟能落淚，他實是至情至性之人，只不過從小境遇不好，學成了油腔滑調真真假假的流氓習氣，他的本心卻是真誠的。

小寶不斷地學習官場厚黑學，到神龍教走了一趟，玩世的經驗更為老到和精妙。七分真中，他摻三分假，陪著康熙大哭一場，言語的湊趣更討得康熙的喜愛。小寶的這些負面的滑頭之處，本不值得推崇，但不知為何，讀者還是寧可原諒他，見著他的可愛。人情世故這東西，也有其兩面性，從好的一面看，能體諒人，善解人意，哄得朋友高興，摻三分假又無傷大雅，於人於己都是有益處的。人情世故壞的一面，就不用說了，它是滋生虛偽奸詐，助長人性中的卑劣的溫床，它產生鄉愿，對社會的進步起了阻力。

這次小寶哄得康熙高興，卻有些自討苦吃，康熙派小寶去五台山出家當和尚，以暗中保護順治，這就不好玩了，小寶急得哭了起來。事已至此，也沒有辦法，小寶只有另打鬼主意。小寶最厲害的一招是，找到適當時機，向康熙坦言上次抄鼇拜的家得了不少好處，又是虛虛實實，既討好賣乖，讓康熙覺得他忠誠無欺，從此又再無後顧之憂，盡情放心享受當日的賦款了。小寶真是天生聖人，這手段太高明了，在真真假假中如何找到適宜的平衡點，這是大學問。

到了少林寺，小寶代皇帝出家，做了少林寺住持晦聰禪師的師弟。頭髮剃光當和尚，太不好玩，小寶委曲得大哭，後來又見一個個白鬍子老僧來稱他師叔，又大覺有趣，哈哈大笑起來。這種時候，小寶的少年人心性，樸素簡單的情感，就暴露無遺。

小寶帶著三十六名少林武功高手，去了五台山，居然當起了清涼寺一寺之主，做起住持方丈來了，小寶的奇遇，真是不可限量。

西藏數千喇嘛包圍清涼寺，要對順治不利，小寶的見識、經驗，又與當日相比大有進步，設下計來，先讓少林寺僧和雙兒劫走了順治和玉林禪師三人，裝扮成喇嘛，妙計脫險，連順治也要稱讚小寶不傷一人而化解此事不容易。小寶現在並非不學無術，只靠吹牛拍馬起家，小寶現在有了見識和真本事了。

忽然發現朝思暮想魂牽夢繞的阿珂是九難的徒弟，小寶真是如登仙境，更加著力討好九難，殷勤服侍，細緻照顧，恨不得讓九難一高興，馬上將阿珂作主許配給自己。

小寶也有犯賤的時候，阿珂打過來，拳來身受，腳來臂受，挨過打背地還要細細回味，這和那建寧公主的受虐癖又有幾分相似了。人性是複雜的，在特殊的環境和境遇下，輕度的變態和怪癖，是最容易發生。

是不是愛情給了小寶的力量？小寶表現出許多神勇，在許多絕無機會的情況下，詭計也好，下毒也好，數次驅退強敵，成了九難和阿珂的大救星。

先是九難遭遇六名武功奇高的喇嘛的圍攻，身受重傷，小寶靠偷襲和削鐵如泥匕首之利救了九難。此事說著簡單，小寶的勇氣和無畏和機敏，是毫不含糊，阿珂比小寶武功還高些，但就只有流淚瞪眼的份。

時間和環境持續在改造著小寶，小寶變得更為複雜，善的本質雖沒有改變，但膨脹的欲念使他的內心渾濁起來，讓人難以把握，學來的那一套人情世故，官場厚黑學，假作真時真亦假，已分不清是單純的自我保護，求生本能，還是自私自利，自我中心。

小寶依然真真假假，左右逢源。當日挺身相救康熙是真情，現在見了康熙，還是只說七分話，替九難遮掩。在康熙面前，小寶還是扮演小丑角色，察言觀色，伺機奉承，裝出什麼都不明的樣子，反襯康熙的英明聖斷。

小寶的好處，在於對朋友雖是利用，但絕非一味虛情假義。義氣二字，小寶還是看得重。楊溢之幫他，他也為楊溢之作想，在康熙面前，為楊溢之說項，要康熙日後殺吳三桂，卻要饒楊溢之性命，這是難得。楊溢之善待小寶，也不枉了。

小寶將假太后的秘密告訴康熙，讓康熙救出了真太后，小寶又立奇功，升官發財，當上了一等子爵，小寶現在成了韋爵爺。

康熙對小寶，也是更加厚愛有加，表揚他越來越長進，懂得諸事謹慎，不知小寶已快修練成精了。小寶八面玲瓏，四處討好，卻與當初挺身而出站出來大罵鼇梟打了他媽之時相比，少了許多純真和可愛。但這卻不能全怪小寶，當日他和茅十八到北京之後，何處不是危機，何處不是陷阱，他無意中遭遇的每一方，何嘗不以為自己就是真理，要在這麼多夾縫中求生存，保住性命，小寶不學壞點，又怎麼辦？小寶只是個妓院出來的出生卑賤的普通人，他沒有天賦的高尚使命，他只想活得像個人樣而已。對小寶，我們確實不能向對郭靖、喬峰那樣的要求來看他，否則此書就讀不下去了。

唐吉訶德配桑丘，孫悟空配豬八戒，英雄配小丑，這似乎是合適的套子，讓英雄可以活得不那麼累，不那麼嚴肅和緊張。康熙日理萬機，有小寶這樣一個弄臣打打岔，調節氣氛，確是情理之事，讓他內心的緊張情緒有適宜的方式得以舒緩和發洩，這也是友情得以維持的一種情況。

康熙知道了《四十二章經》的秘密，康親王卻繳不出經書來。康親王找小寶想辦法，小寶則樂得做了順水人情，將經書封皮中的地圖取出，把經書給了康親王，救了康親王一命。康親王為報答小寶，送了豪華巨宅給他。神龍教這邊，小寶也給了陸高軒胖頭陀二部交差，以換解藥。小寶真是太討巧了。

小寶在大事上不含糊現真情，內在本質的純良可貴，是讀者可以原諒和接受他的許多缺點的關鍵所在。看到陳近南兩鬢斑白，神色憔悴，為反清復明事業操碎了心，悲涼失落，小寶便動了真情，將《四十二章經》中的藏寶圖拿出來給陳近南，給鬱悶憂愁的陳近南打了一劑強心針，精神頓時大振。「師父是不要銀子的」，陳近南在此書中，是多麼難得的一點亮色。看此書中哪一件事不要銀子？有幾人不在銀子面前敗下陣來？最愛銀子的小寶，卻被不要銀子的師父深深感動，小寶真的不錯。

此書人稱「無情無愛，無武無俠」，其實並不盡然，那只是一些表象，是文化背景話語霸權中的一種說法。小寶最內在本質上，是極重感情的，甚至是至性至情的，他不輕易表露出來，正表明他重感情的難得和可貴。小寶經常表現的義氣中，其實正是他重感情的明證。

他這人是非觀念並不強，根本談不上政治意圖。他捨身救康熙，是重感情；他將藏寶圖的告訴陳近南，是重感情；他想討九難的好，也是重感情。至於這幾方人物的恩怨，反清復明的大事，並不是他要放在心上的。小寶人生中安身立命之處，正在於他的義氣和重感情之上，從這個方面，才能更好地理解和把握小寶行事中的矛盾所在。

前面談過小寶和段譽其實有相通之處，還有旁證。段譽拿手的武功是「凌波微步」，小寶現在也輕鬆學會「神行百變」的武功，兩人的武功一般都是逃跑保命的絕招，真刀實槍打架是不行的。小寶的生存能力，現在更上一層樓。

小寶建了奇功，不僅攻克了神龍島，更讓康熙的心腹大患羅剎國前來修好，化敵為友，升官是名正言順，被封為一等忠勇伯，由子爵而晉級伯爵。小寶鴻運當頭，福星高照，愈是春風得意，愈是順風使舵，扯足船帆。

小寶打賭，專愛作弊，其實這並非他要貪財好勝，他更重視的是趣味二字。打賭的過程，鬥智鬥力，有趣是關鍵。以小寶今日的地位和身家，萬把兩銀子是絕對看不上眼的，但那種投機取巧帶給人的鬆弛和刺激，卻是銀子買不來的。遊戲人生，人生也因此變得輕鬆，可以有一種諧趣的態度調侃對待。這就是尼采所謂的「快樂的哲學」。

說小寶有膽識，並不是誇張。他能以誠相待王進寶、張勇等人，用人不疑，確有幹大事的胸襟和氣派。小寶不會用兵，卻如劉邦能用將，有手下一幫死心塌地賣力的幹將相幫，王屋山之戰，自是不在話下。

吳三桂派人在王屋山插一足搗亂，幫了小寶的忙，免得他陷於不義。小寶的一舉數得，既完成了康熙要他掃平王屋山的大任，又給天地會增添了有生力量，更是又獲得美人曾柔的芳心，小寶真是太好運了，人情和天意，總是幫著他，讓他遊刃有餘。

小寶欽命所差回揚州，本是衣錦還鄉，卻沒有公開張揚，小寶是有心機的，他雖不以自己的出身為恥，但畢竟還要遮人耳目，以免駭人聽聞。

小寶為發洩童年時在禪智寺採花受辱之惡氣，幾次刁難，要與揚州名擅天下的芍藥作對，顯見其一片頑童本心不改，讀者讀之，不覺他有多少斤斤計較和小心眼之處，反覺他天真爛漫，可笑可愛。

小寶不作偽，聽不懂歌妓所唱雅曲，更怒其容顏老醜，直截了當要那歌妓唱《十八摸》，雖是無禮粗俗之極，但卻勝過許多附庸風雅。小寶聽過陳圓圓的彈唱，眼界已高，也算是曾經滄海難為水了。

麗春院中，鄭克爽、阿珂一方，桑結、葛爾丹一方，最後還有陸高軒、洪夫人、方怡、沐劍屏、毛東珠等七人一方，分別要來找小寶算帳，小寶天花亂墜，說得和桑結、葛爾丹三人結拜為兄弟，又用迷春藥迷倒其餘人。

最後，小寶一場風流大戰，在麗春院床上和方怡、沐劍屏、蘇荃、雙兒、曾柔、阿珂同被而眠，色膽包天之下，成其好事。

小寶的可笑可愛之處，就在於他大局已定之時，還要無傷大雅地撒謊討巧。雙兒求他殺了吳之榮為莊家報仇，小寶明明已有主意，還要裝出十分為難的樣子，以使雙兒「大大見我的情」。小寶道：「好雙兒，你是我的命根子。」這是真話，小寶的眾多女人中，最忠心不二人，還是只有雙兒。

小寶行事的荒唐古怪，確是讓天地會群雄為之側目，不過小寶總能在最後建立奇功，也讓眾人服氣，見慣不驚了。在麗春院小寶大戰七女，又命親兵開牆破門抬出一張大床招搖過市，實在是亂七八糟，但此時小寶有了機會，順口一轉，這些荒唐事反有了冠冕堂皇的藉口，原來是為了救顧炎武、吳六奇等人。

鐵丐吳六奇慘死，小寶心下悲痛，放聲大哭，這最能見小寶內心真情所在。對朋友的義氣，小寶是不會作假的。這種傷心和憤怒，是小寶的至情至性。

堂堂皇皇氣派之極的小寶公館，讓白癡歸鍾也能感到與吳三桂的王宮相差不多，小寶確是生財有道，經營有方。

歸辛樹夫婦錯殺吳六奇，羞愧之餘，便欲去刺殺康熙以自贖罪，給天地會朋友有個交待，小寶又開始耽心，他可不願小玄子不明不白送了死。

小寶好賭，以擲骰子作弊為自己拿手好戲，不料這次卻栽了個大筋頭，輸在白癡歸鍾手裡，不得不依約將皇宮中詳細的地圖告訴了歸辛樹夫婦。

情況緊急，小寶講義氣，要救小玄子哥們的性命，只有寫信示警通報一法了。寫字是不成的，小寶有自己的辦法，又是象形，又是畫圈，又是圖示，反正皇上聖明，看了自然明白，警惕起來，多派侍衛保護就是。為了朋友小寶竟然能拿紙動筆，真是不簡單，真難為他了。小寶縱有諸般不是，但對朋友的真心卻是沒話說。

歸辛樹畢竟是老辣江湖，還是讓小寶沒能把這書畫雙絕的天書送了出去，小寶知道信沒送出，急得竟哭了起來，他對康熙的關心一點也不作假。

康熙聖明仁君，日夜操勞，確是一個勞模皇帝。為了國家大事忙得一夜沒睡覺，自然沒給歸辛樹夫婦行刺有可乘之機。小寶見到康熙平安，忍不住又眼淚奪眶而出，這是真情關心，喜極而泣之眼淚。小寶如此真情相對，康熙相待小寶厚愛有加，並不過分，確可值回票價。

康熙的聖明和洞察，畢竟非同小可。忽然康熙對小寶一聲「韋香主」的稱呼，真的是晴天霹靂，嚇得人魂飛天外！小寶一向四方討好，八面玲瓏，這下可完了，再無可迴避之處。看他神智慌亂之下，簡直要流氓習氣發作，拔劍拚命起來。

小寶畢竟腦子夠用，立即回過神來。「小桂子投降，請小玄子饒命！」這句話，真是巧妙到了極點，時機恰到好處，守中有攻，出招送向康熙的致命弱點之處。小桂子和小玄子的哥們交情，那是超越他們兩人現實角色身分的，那種不摻半點功利目的的情和義，是最純粹和真摯的，最能動人的。

康熙當然原諒了小寶，小寶諸般不是，但對小玄子哥們的真情迴護，卻是絕不作偽的。康熙能聽小寶解釋，給他機會，其實早已寬恕在前了。他當然也能看出，小寶這樣一個不學無術的傢伙，於政治頭腦、意識形態之事是毫不知機，他只是一個熱愛生活、熱愛朋友，享受人生簡單快樂的人，絕不會有許多的情結和野心抱負的。

康熙審問歸辛樹夫婦，歸辛樹拚死向康熙發起雷霆一擊，小寶又衝上去像上次為康熙擋九難之劍時一樣護住康熙，這次康熙是徹底原諒小寶了。小寶此時卻不是在關心自己的事，他在暗自著急如何通知陳近南，康熙已派人包圍了小寶的伯爵府，並有十幾門大炮對準，要將陳近南和眾天地會英雄們都炸得煙飛灰滅。

這又是一場最嚴酷和有效的人性的考驗，一邊是皇上，放以無邊的榮華富貴，一邊是師父，真情連心。小寶本質中最光輝之處在這裡表現了出來：「做人不講義氣，不算烏龜王八蛋算甚麼？」

天地會正義大業也罷，滿清韃子皇帝也罷，小寶真的不關心這些，但他關心的是人與人之間的那種投桃報李的真情。小玄子真心對他好，他就不能害小玄子性命；陳近南和天地會的好漢們對他好，他同樣不能背叛和出賣他們。小寶的道理其實很簡單，很單純，但卻很高尚，很良心，很道德。小寶這個極滑頭的無賴，其實內在有著嚴格的道德感約束，他是按照他自己的良心原則辦事的。

為了救陳近南和天地會好漢，小寶最後極不忍心對多隆下了毒手。多隆也是哥們，但「義氣有大有小」，一條命換師父眾人幾十條性命，小寶只好出其下策。

逃出皇宮之後，小寶救出了師父眾人，回頭相看，伯爵府被大炮轟成火焰，真是想著後怕。陳近南讚小寶「以義氣為重，不貪圖富貴，出賣朋友，實是難得。」此是小寶形象高大安身立命所在。

大難過去，此後小寶是大享溫柔豔福，蘇荃、方怡、公主、曾柔、沐劍屏、雙兒、阿珂，七個老婆這次再也不會跑不會生異心了，乖乖的跟著了他。小寶當日為此島取名通吃島，真是有先見之明，此時果然七個老婆通吃，真是心靈福至，大得安樂。

秋去冬來，大雪之後，北風之中，忽然千百人在島外齊呼「小桂子」，小寶聽得不禁熱淚盈眶，我讀此段也不禁熱淚盈眶。康熙對小寶，這番真情這時才表現得淋漓盡致，不枉小寶三番二次捨命救他。

王進寶和溫有方來向小寶傳聖旨。康熙又給小寶帶了六幅畫，記著小寶立下的六件大功：一是當年比武摔跤；二是刀刺鼇拜；三是清涼寺保護順治；四是代康熙受九難一劍；五是救出真太后；六是小寶用計使羅剎國、蒙古、西藏均不作亂，與康熙修好。

康熙用最真摯的溫情和友誼打動小寶，要他回去，但有一個小小的條件，便是要去消滅天地會。小寶前面聽得抓耳撓腮，心癢難耐，最後卻冷了半截。滅天地會，對不起朋友，是不能幹的。小寶只好再安居通吃島，繼續住下去。

不學無術的小寶作了爸爸，給兒女取名，竟以擲骰子而來，真是聞所未聞，世界之最。根據骰出的點子，給阿珂生的大兒子取名為韋虎頭，蘇荃生的二兒子取名是韋銅錘，都還不錯。公主生的三丫頭，小寶兩把骰子擲下去都是「板凳」，小寶硬要給三丫頭取名「韋板凳」，真讓人笑破肚子！還是蘇荃作主改了名叫「韋雙雙」，才安撫了建寧公主，皆大歡喜。

再入都門，小寶有恍若隔世之感。前塵如夢，一切都已改變，命運神奇的魔術，給了我們多少悲歡離合的驚歎。

見到康熙，小寶悲喜交集，放聲大哭。這一哭哭得好，哭得及時，哭得巧妙，康熙本有許多對小寶的不滿，這一哭便全給沖淡了，只見出兩人之間奇緣般的真情和義氣，那種真正少年哥們的意氣相投，聲氣相求。小寶完全占了上風，主宰了局面，使君臣之間的關係也淡化下去，一句他媽的，康熙也遮不住內心的感動。

小寶畢竟更成熟和精明到了十分，饒是這樣，他還是知道什麼該說什麼不該說，什麼該做什麼不該做，他準確地擺正自己位置，也同時贏得了自己的尊嚴。康熙不得不承認，小寶重情重義，雖是違旨，但「並非壞事」。

康熙派小寶去出征羅剎，攻打雅克薩城，並非真是小寶有多大本事，非他不可。兩人之間的行事，還是離不了那少年心性，小寶率兵，依稀彷彿便是康熙自己御駕親征，小寶冒險，康熙從中也能得一種參與的意思。

小寶此行，兵多將廣，真是用大炮打蚊子，但要按康熙的意思，又要給以顏色，又不可做得太過分，那就要有點學問了。這一點小寶行，小寶打一巴掌揉一下的無賴滑頭經驗有的是，羅剎人欺善怕惡，小寶使潑耍賴，使橫耍蠻，最會收拾惡人。

小寶對擄獲的羅剎兵，軟硬兼施，恩威並用。先是斬了數名兵士立威，又自立橫蠻擲骰子規矩欺人，投降者又以好酒好肉款待，在心理上先勝了羅剎兵。第二戰小寶用計困住雅克薩統兵大將圖布林青，大獲全勝。但尤其特別的是，小寶要投降的羅剎官兵全身衣服脫光，這是小寶的心理戰術，經驗之談。脫光羅剎官兵的衣褲，心理上摧毀了其高人一等不可一世的傲氣，滅敵人銳氣，長自己威風。

擒了圖布林青，折其銳氣而後放了他，小寶要堂堂正正，正大光明完勝第三戰，即關鍵的大戰役，攻城之戰。這一次，可沒有那麼容易，費了許多周折，羅剎兵槍炮厲害，還是攻不下城，一天天僵持下去已到深秋，不可再戰，康熙已下旨召小寶撤兵，小寶還是沒有辦法，卻又實在是不甘心。臨走之前，小寶令軍士與羅剎兵鬥尿，這種事也只有小寶做得出來。不料正是如此兒戲中，小寶卻找到破城的妙計，用水龍射水入城，水淹冰凍，竟收奇效，果然攻克了雅克薩城，而且未損一兵一卒。小寶雖是福將，但他這次的計策卻是貨真價實的。

小寶大立軍功，就在鹿鼎山當起他的鹿鼎公來了。隨後，他又被康熙委以議和大臣的重任，和索額圖等人與羅剎議訂和約。

這種最為嚴肅和正兒八經的事，居然讓小寶這個不學無術的人來參加，聽起來像天方夜譚，根本不可能的事，但在這絕不可能中，卻見出了康熙用人的過人之處。康熙知人識人，量器而用，在此時押上小寶這一寶，竟是收了奇效，效果是想不到的好。

羅剎人傲慢，目中無人，最會強詞奪理，橫行霸道，要讓索額圖這等文官文謅謅一本正經循規蹈矩去談判，標的與實際相去太遠，根本談不攏，曠以時日，費無數嘴舌，也是勞而無功。小寶卻是油腔滑調，搬弄歪理，裝腔作勢的老祖宗，你羅剎人強詞奪理，小寶的花樣更多，說法一套一套，讓你更是無從下嘴，更摸不著頭腦。你羅剎人耍流氓，小寶則有更厲害的流氓手段，不能不讓羅剎人對小寶刮目相看。

舌戰不行，羅剎人又想以哥薩克騎兵炫耀示威，不知小寶也早已安排好了，帶來了專門會砍紅毛鬼的台灣藤牌手幫忙，制住羅剎官兵，而且還有雙兒的點穴高明武功在一旁相助，小寶又完勝，大出風頭。不僅如此，小寶又故技重施，令藤牌手割斷羅剎兵的褲帶，這一下羅剎官兵人人雙手拉著褲子，再也不敢耍什麼花招了。

小寶不時有上佳表現，他又從看戲中學得周瑜群英戲蔣幹之計，讓費要多羅無意中聽到許多假情報，以為小寶根本沒有誠意議和，而是暗中發兵去攻打莫斯科。費要多羅這才打定主意要儘量和小寶簽下和約完事。小寶連哄帶騙，威逼利誘，終於使和約成功簽署。這國界的劃分，當然是對中國極為有利的。

讀此一回，於歡笑中卻又有許多苦澀。康熙盛世的成績，已給敗得不成樣子，至小寶那個年代至今，後來的滿清腐敗無能，又簽下多少喪權辱國、割地賠款的不平等條約，使我大中華平白喪失多少國土。金大俠作此書，必是有感而發，痛恨沙俄對我中華領土的蠶食。

小寶給蘇菲亞公主寄去自己的裸體石像，令人絕倒。萬里之遙，小寶還不忘要占蘇菲亞公主的便宜。

茅十八生了必死之心，小寶卻要處處維護，兩下勁往相反方向使，正是好看處。小寶是絕不會吃半點虧之人，當年茅十八帶他來北京，小寶還繞著彎子找機會占茅十八的便宜，讓茅十八哭笑不得。現在卻整個移位，小寶心中有大情結，只是給茅十八陪笑臉，忍氣吞聲。

康熙雖放過小寶，但還要給小寶出難題，非要殺了茅十八不可，除非拿小寶自己的腦袋來換。殺朋友，小寶是無論如何做不出來的，但要交出自己的頭，這也不是小寶的行事風格，小寶真的是被難住了。

小寶道：「奴才對皇上是忠，對朋友是義，對母親是孝，對妻子是愛……」居然忠孝節義，事事俱全。此雖是小寶的油嘴瞎吹，但其實並不離譜，小寶的大節上，確是沒有指責的，他對康熙，對陳近南，對九難，對天地會兄弟，都有一份真感情；他對母親的孝順和體諒，也是沒有話說；他對七個老婆，確實也是真愛。只是因時間、地點、文化、政治、道德、倫理不同程度的錯位，才造就了小寶的奇緣。奇緣的小寶，使他的真和善串了味。

現在小寶已經不只是憑運氣和福緣辦事了，他設下了巧妙的計策，利用了多隆和泰都統之間的利益衝突矛盾，掩飾了綁架馮錫範的行動，在多隆臨斬茅十八之時玩了調包計，讓馮錫範做了替死鬼，小寶還是救了茅十八的性命。茅十八再世為人，真正見識了一番，再不吭氣了。

一不做官，二不造反，那麼小寶幹什麼？小寶自己問自己，問到了點子上。倘若不能遊戲人生，小寶的人生又還有什麼意義？做官得罪朋友，造反得罪皇帝，小寶左右為難，兩邊的感情都割捨不下。小寶最後終於想通了，遁世隱居，都不來往，只是和老娘，還有七個老婆在一起享清福，過起自得逍遙無人管的快樂日子來了。此是小寶的最聰明處，激流勇退，天地自寬。快樂的小寶，得以美好的結局而終篇，使此書徹頭徹尾一貫地成為一本快樂的小說。

小寶的出身，在最後留下懸念和隱喻。漢滿蒙回，甚至西藏，都有可能是小寶的出處，小寶身上可能流著大中華任何一個民族血統的血液，小寶是大中華漢文化的一面象徵。

十大搞笑上榜人物中，小寶排名第一，當仁不讓。

七、十大情種排行

十大情種上榜人物：段正淳、游坦之、胡逸之、丁典、不戒和尚、完顏洪烈、武三通、袁士霄與關明梅、陳正德、譚公譚婆和趙錢孫、鍾萬仇。

·排名第十
鍾萬仇：情場上的可憐蟲

武功：★★ 智商：★★ 情商：★★

癡情指數：★★★ 攻擊力：★★

鍾萬仇是情場上的可憐蟲，但他卻有相當的自知之明，其真愛甘寶寶，寧願死在愛人的劍下，亦算得上另一種情癡情種。

鍾萬仇吃醋迷了本性。本來「知恥近乎勇」，他尚能贏得甘寶寶的尊敬，但他卻又和四大惡人攪在一起，就成小丑了。

十大情種上榜人物中，鍾萬仇排名第十。

・排名第九

譚公譚婆和趙錢孫：最上水準的三角戀愛

武功：★★★★　智商：★★★★　情商：★★

癡情指數：★★★★　攻擊力：★★★★

譚公譚婆趙錢孫本是師兄妹，年輕時不免出現二男愛一女的三角戀愛局面。那時譚婆喜歡誰，也說不清，總之是譚婆那時少女愛耍小性子，譚公呢？曲意奉承，打不還手，罵不還口，這樣譚婆就嫁了譚公；趙錢孫失戀痛苦得連姓名都不要了。幾十年過去了，三個人還是這樣糾纏不表，而且更上水準。

此段調笑節目，如漫畫一般，折射俗世中一些男女情愛道理，讀之可作會心一笑。

倪匡先生由此引申出妙論來：

「同樣道理，妻子愛花錢買這買那，做丈夫的努力賺錢即可，不要太多干預批評。」看來，挨打不還手的法寶，男同胞們還要努力學習研究一番才是。

十大情種上榜人物中，譚公譚婆和趙錢孫排名第九。

·排名第八

袁士霄與關明梅、陳正德：情孽糾葛點燃真情

武功：★★★★★ 智商：★★★★★ 情商：★★

癡情指數：★★★★ 攻擊力：★★★★

袁士霄與關明梅可謂青梅竹馬，但袁士霄性格怪人僻，最後關明梅嫁給了陳正德，避往回疆，而袁士霄又追隨其後，使得袁更加怪僻，關明梅變得暴躁，陳正德則醋性如女，他們三人情孽的糾葛，更體現人性的複雜難解之處來。

關明梅和陳正德一對活寶，是世外高人，因此行事不近情理，不在乎他人的意見和感受。六和塔上天山雙鷹莽撞前來搗亂一番，上來不分青紅皂白亂打一氣，雖然很快就發現是個誤會，但面子上掛不住，還是不管場合和時機，一意孤行。

霍青桐黯然離去，途中遭遇關東三魔，險遭毒手。天山雙鷹關明梅陳正德趕到解圍，引出天池怪俠袁士霄來。三人世外高人之間的三角感情糾角，寫出一段趣筆。

三個世外高人，各人的性格脾氣，形象造形，各有各的特點。袁士霄武功最高，為人正直，但性格古怪高傲；關明梅脾氣急躁，性烈如火，但善良忠誠，也有溫柔和細膩的一面；陳正德有點小氣會吃醋，但比較講道理，特別是對關明梅能忍讓，所以關明梅才嫁給了他。

霍青桐向天山雙鷹哭訴委曲衷腸，卻是找錯了人。關明梅話沒聽完，馬上衝出去要殺陳

家洛和香香公主，真把霍青桐給急暈過去了。天山雙鷹性格太不夠細膩，難怪老都老了還要像小孩子那樣吵來吵去夾雜不清。

香香公主單純和天真無邪的魄力，這次把天山雙鷹也給征服了。看到陳家洛和香香公主之間令人豔羨的溫柔場面，天山雙鷹也心動了。他們補上了人生中愛情的一課，對感情之事又明白了幾分道理，兩人就此得以彼此諒解，和好如初。

袁士霄、關明梅、陳正德三人之間最後還算有了較好的結局。陳正德轉了性，不僅不猜忌吃醋，反而還對袁士霄曲意奉承，以此來討關明梅的喜歡。關明梅也想通了，「一個人天天在享福，卻不知道這就是福氣」，她理解了丈夫的愛，珍惜這份愛，不再去更多奢望。袁士霄也看開了，「咱們今日還能見面，我也已心滿意足」，三個怪癖的高人，最後一齊覺悟，不再意氣用事，要好好把握眼前日子，這是一樁美事。

陳正德臨死前對關明梅說：「我對不住你，……你回到回部之後，和袁……袁大哥去成為夫妻……我在九泉，也心安了。」三個世外高人之間的情感糾葛，在此點燃感人的真情火花。關明梅自刎以明其志，情深義重，讀之讓人不忍。

十大情種上榜人物中，袁士霄與關明梅、陳正德排名第八。

・排名第七

武三通：變形的情欲，亂倫的禁忌

武功：★★★　智商：★★★　情商：★★

癡情指數：★★★★　攻擊力：★★★

武三通在《射鵰英雄傳》中尚是正直老實、憨厚有為的樵夫，時間的魔術師奇特地扭曲了他的心智，他竟然暗戀上了自己收養的義女而陷入萬劫不復的魔障。

變形的情欲，亂倫的禁忌，納博柯夫《羅麗塔》的故事，在金大俠的武俠小說中竟有具體而微的原型。金大俠對人性深刻的洞察，豈是凡人所能想像。

「大丈夫何患無妻？」瘋人武三通，最後終於也解脫了情孽之鬱結，對妻子捨身相救的感恩，對生子老來彌愛的親情，終於破孽化癡，武氏父子三人抱頭痛哭一段，那是一種追悔的喜極而泣。

十大情種上榜人物中，武三通排名第七。

．排名第六

完顏洪烈：風流無賴，西門慶變種

武功：★★　智商：★★★★　情商：★★

癡情指數：★★★★★　攻擊力：★★

楊鐵心之妻包惜弱，和金國王爺完顏洪烈之間，上演了一齣「農夫和蛇」的寓言劇。包惜弱好心救了金國王爺完顏洪亮，完顏洪亮卻心懷鬼胎，恩將仇報，害得包惜弱有家歸不得。完顏洪亮騙走包惜弱，待包惜弱生下楊康後，用盡心思，使包惜弱最終嫁給了他。完顏洪烈用盡水磨功夫，「潘、驢、鄧、小、閑」，畢竟不過一風流無賴，西門慶變種。不過，單論完顏洪烈對包惜弱的感情，其癡迷、激烈和執著的程度，也是驚人的。十大情種上榜人物中，完顏洪烈排名第六。

．排名第五

不戒和尚：另一套符合良心原則的道德準則

武功：★★★★　智商：★★★　情商：★★

癡情指數：★★★★★　攻擊力：★★★★

和尚名以不戒，確是讓人看著痛快。

和尚真的不戒嗎？非也，只不過他不戒的是世俗的律條，其實他心中自有另一套符合良心原則的道德準則，所以他也至情，他也至性，他也行俠仗義，急人所急。

為不戒和尚立傳，雖筆墨不多，卻令人有無窮遐想。

只是為了追求美麗的女尼而作和尚，終於感動了女尼，生出了小尼姑來，中間有多少翻江倒海，驚濤拍岸的激情衝鋒和戰鬥呢？

最絕妙的是，不戒和尚愛女心切，硬要拉郎配，讓令狐冲娶儀琳為妻，全然不管令狐冲的想法，也全然不顧女兒的面子和含羞。此心腸極熱之人，卻往往辦不出好事。

十大情種上榜人物中，不戒和尚排名第五。

·排名第四

丁典：真善美的閃光點

武功：★★★★★　智商：★★★★　情商：★★★

癡情指數：★★★★★　攻擊力：★★★★

一個悲慘的故事不夠，還要寫另一個悲慘的故事來相映襯，要見出這世界滔滔之中，永遠痙攣的悲劇的激情，是如何殘酷和不堪重負地將我們所主宰。丁典講述了他驚心動魄的往事，狄雲這才震驚地知道人心是如何的險惡，世界的表象是如何的不可信。戚長發、萬震山、言達平竟然是忘恩負義殺其師父的兇手，三人為了想搶奪其師父的一部劍譜，不惜聯手向師父行刺，重傷其師父，逼得其師父跳江逃命。三人的師父臨終之前，將神照經傳給了丁典，丁典因此才練成了一般武林人物無法想像的絕世功夫。

連城訣的秘密，繼續披露，戚長發三人所搶奪的那一部劍譜中，原來隱藏著一個有關於巨大寶藏的秘圖，此後江湖中人物順跡而至，誤以為寶藏為丁典所得，丁典身上由此引出許多麻煩來。

丁典和凌霜華之間的愛情故事，最為動人，也是此書中一個突出的真善美的閃光點，在此書諸般人性的極度醜惡演練中，尤顯其可貴和奪目之處。在菊花漫爛開放，清雅高潔的浪漫氣氛中，兩人因菊花而生出此生不悔的情緣，一見鍾情，兩情相悅，從此海枯石爛，此心不渝。

最為理想的愛情中，卻有一個最大的反角在其中橫刀奪愛，百般難詰，而這個反角竟是凌霜華的父親凌退思。凌退思的蛇蠍心腸，寫來真是讓人心驚肉跳。虎毒不食子，但凌退思因貪欲的惡性膨脹而生出的狠毒，竟能將女兒作為無辜的犧牲品。假意將女兒許配給丁典，凌退思卻暗中布下陷阱毒計，將丁典毒倒擒獲下獄。凌霜華為明其對丁典的真情，自毀容貌，以絕了其父相逼之念。丁典心中的痛惜，他有高明武功，本可以輕易越獄得到自由，但卻依然甘願在牢中關著，只為了每天要看凌霜華窗口放的花。

丁典是粗豪的江湖豪傑，凌霜華是個「人淡如菊」清秀絕俗的才女，英雄美人，悲劇感人。丁典對狄雲道：「兄弟，你為女子所負，以致對於天下女子都不相信。」人性還有真情在，丁典給狄雲上了一課，使只會認死理的狄雲，也能理解了這世界的豐富和複雜，恢復了他內心中純良樸素的一面。

丁典的悲情之旅卻已走到了盡頭。薔薇花瓣飄零，凌霜華香消玉殞，丁典再次中了凌退思布下的「金波旬花」之毒。

丁典臨死之前把「連城訣」的口訣告訴了狄雲，他在春水碧波般淡綠的菊花的美好的回憶和幻象中無悔地死去，他生活過，轟轟烈烈地戀愛過，他得到了凡人們所不能奢望的鑽石般光芒四射的偉大真情，他加倍和濃縮地品味過了高尚的愛情的甜蜜和痛苦，鮮花和自由的希望妝點了他的人生，他的人生並沒有虛度。

十大情種上榜人物中，丁典排名第四。

・排名第三

胡逸之：癡情有潔癖和變態之嫌

武功：★★★ 智商：★★★ 情商：★★

癡情指數：★★★★★ 攻擊力：★★★

百勝刀王胡逸之，本是風流英俊，當年有武林第一美男子之稱，癡迷於陳圓圓的美色，竟甘為傭僕，二十三年跟隨陳圓圓，只為了偶爾能見到陳圓圓一面，聽到陳圓圓說幾句話。

百勝刀王的癡，與小寶的癡，正好是移形的對比和重疊，似是而非，有相通的一面，又有絕大的分別。

愛情為何物，各人的眼中真有不同的見地。對胡逸之來說，愛情只是不求回報和索取，只是默默的犧牲和奉獻，是只問耕耘，不求收穫，是只求內心的安寧。對小寶來說，愛情則是純物質性的，本能和原始的衝動，是志在必得，是佔有，是只看結果不問過程。金大俠說這兩人「癡心雖有高下之別，其中卻也有共跡之處。」共同之處是顯見的，但高下之別，卻是難說得很。

胡逸之的癡情，在現實社會是行不通的，而且還有潔癖和變態之嫌。他發誓此身癡情，但絕不會伸一根指頭碰陳圓圓的衣角。這樣的想法難能可貴，但感動的卻是他自己。他追求的是一種浪漫的幻美，是自我的一種陶醉，是一種虛妄的移情，是對愛情，更是對生命的否定，這樣的主意，其實並不可取。

十大情種上榜人物中，胡逸之排名第三。

·排名第二

游坦之：最不可理喻的癡戀

武功：★★★★★　智商：★★★　情商：★★

癡情指數：★★★★★　攻擊力：★★★★★

游坦之是一個有著奇特份量的特殊人物。

天龍八部中，他竟也能占上一席之地。他的行為事體可配摩呼羅迦，人身蛇首的大蟒蛇，奇極怪極，讀之惻然不忍。又有許多對人性弱點的感慨，給人留下的印象極深。

倪匡先生提示我們，讀游坦之，可與《笑傲江湖》中的林平之對看。可以從兩人許多的相同和不同中看出作者更深的言外之意。

坦之，平之，在名字上本就是一對稱，兩人都涉及到類似的復仇故事。

最初，兩人都是錦衣玉食養尊處優的富貴公子。造化弄人，兩人都有滅門之禍的慘烈巨變，兩人心中都念念不忘復仇之事；但性格即是命運，兩人性格上的不同，造就了兩人行事和境遇上的不同。

林平之怨毒於心，堅忍執著，在千難萬險中偽裝和保護自己，為達目的不惜用一切手段，最後練成絕世神功，報了大仇，也毀滅了自己。

游坦之不同，雖也有要強的一面，但本質上是軟弱和胸無大志，內心中其實不堪於這報仇之重負，心理負擔太重，簡直就是不能承受，表面上念念不忘報仇，內心卻猶猶豫豫，躲躲閃閃，想給自己找藉口，找退路。

所以，他向蕭峰的報仇方式，看上去幾如兒戲，幼稚之極；當他一看到阿紫，驚為天人，如癡如醉執著得不近情理。在近乎殘忍、自虐般地迷戀著阿紫之後，他再也不談報仇之事。

游坦之對阿紫的癡戀，其實是他自己心理的逃避，是他人生活下去所能找到的藉口，是他的不幸，也是他的幸運。他從此終於能有了生活的目標，終於空洞蒼白的內心有了寄託，平凡的性格也因此有了幾分奇氣，他終於能忍受作為人的諸般巨大的苦惱。

林平之的故事寫得成功，但並不複雜；游坦之的故事也很成功，但卻更為複雜、深刻、隱晦、難懂，帶給讀者的更是諸般迷惘難受的困惑。

阿紫卻和游坦之正是一對。

一個有變態的施虐癖，一個有畸形的受虐狂；一個太有心計，一個全無主見；一個毒辣，一個懦弱；一個拚命折磨，一個全然不反抗；一個願打，一個願挨；兩者相反卻相成，一拍即合，配合竟是默契。

阿紫虐待游坦之的情節，是讀者論者對阿紫形象最為挑剔和提出批評的地方。

阿紫確是太過分了，那麼凶殘歹毒的事她也作得出來。放「人鳶子」，已是出格，但阿紫玩幾遍又覺不新鮮，竟想出鐵頭人的更殘忍的主意，將游坦之頭上鑄上鐵罩面具。

大蟒神摩呼羅迦蛇首人身，游坦之頭顱鑄鐵，鐵頭人身，與之作一契合。

施虐和受虐雙方的快感衝鋒向極限，兩人真是奇特的一對。

游坦之身心俱毀，那還有半點人的樣子，在阿紫面前真是連狗都不如。

除了游坦之對阿紫那一點不可理喻的癡戀，游坦之頭腦已被徹底洗白了，空空蕩蕩不留一物，他甚至連仇都不想報了。

阿紫對游坦之百般折磨，游坦之卻決不言悔，最後，阿紫膩了，拿游坦之廢物利用，以游坦之餵毒，助她修煉星寂海詭異武功。

陰差陽錯之際，游坦之竟有機緣習得易筋功，自療傷毒，苟且活命，另有一番造化。

種種非常變故，使游坦之再世為人，為一渾渾沌沌智力更低幼稚小兒一般，雄心壯志當然沒有了，報仇之事連想也不去想了，甚至我執之念也極為淡薄，他一心所想只有一個殘忍虐殺他的蛇蠍美人阿紫。

人性的軟弱，人性尊嚴的喪失可以到了如此驚人的地步，真是駭人之極，前所未聞。游坦之以其另一種性格上的怪異而有極鮮明的特點，而生動鮮活起來。

阿紫視游坦之，直如蟲豸一般，何時曾把他當作一個人看。阿紫要用冰蠶來練星宿派的奇功，擺明了要讓游坦之送死，游坦之竟也是視死如歸，飲毒藥如飲甘泉。臨死前唯一的要求，只是要阿紫能記得，他是一個人，名叫游坦之，不是動物、小丑，馬戲「鐵丑」。

本性的迷失，昏昏噩噩，全然不能感受到痛苦，受虐的變態，在極端逃避中也能達到忘機的快樂，也能了悟生死。游坦之為半人半獸之摩呼羅迦，境界上升到另一種水準上。

還是造化弄人，游坦之不僅沒死，冰蠶之奇功反而被他全部接收，他迷迷惑惑中竟練就了一身堪與天下頂尖高手一較短長的絕等武功，搏殺一般二、三流江湖人物只是揮手投足間的等閒事。

上天註定了還要將游坦之的悲劇推演到極致。游坦之還有精彩的戲路，還要繼續讓讀者且驚且疑。

游坦之歸入星宿派門下，還自為得計，兩下一拍即合，正所謂物以類聚，氣味相投了。阿紫眼瞎，卻是游坦之的機會。

看游坦之忽然能握著阿紫柔軟滑膩的小手，拉著阿紫乖乖地前行，終於略償其癡迷的畸戀。

從鐵丑到莊大哥，游坦之於極冷極深的地獄忽飛升上天堂極樂境地，讓人讀之可笑可歎又復可憐。

游坦之大戰丁春秋，兩人均以本派弟子生命為兒戲，一般的歹毒。丁春秋的弱點在其不自量力，游坦之的弱點卻在迷失本性。當丁春秋制住阿紫之時，游坦之就隨即傻眼，要他東就東，要他西便西。

阮星竹和段譽都大加讚歎游坦之對阿紫的情義深重，其實大謬。為愛人下跪，游坦之肯下跪，段譽思量一番，也肯下跪。但為愛人行不義之事，游坦之可以，段譽就不可以。

愛情不是唯一的，愛情也只是諸善中之一種，因愛而害義，真正的仁者不為。十大情種上榜人物中，游坦之排名第二。

·排名第一

段正淳：分段忠實的愛情

武功：★★★★　智商：★★★　情商：★★★★

癡情指數：★★★★　攻擊力：★★★

段譽是情種，這是在世界觀的層面上的事。其父段正淳是情種，卻是真真切切落實在方法論上的事，兩者之間的高下，當然不可混為一談。

此書中，段正淳的風流孽債實是情節發展的關鍵所在，許多意義非常重大的線索，都要從大理段二身上引出來。段正淳本人並沒什麼出眾之處，但對此書卻非常重要。

段正淳的愛情是分段忠實式，倒並非全然勾三搭四。

看他見了刀白鳳，眼中全然是鳳凰兒；見了秦紅棉，又只知道世間上有一個紅棉；見了甘寶寶，一心一意又只想著對寶寶好。

這種精確劃分的分段忠實的愛情，大有更精彩之處。

當段譽和木婉清陷入困境之時，段正淳真是忙極亂極，又要擔心兒子（其實是侄子）段譽和女兒木婉清的安危，又要顧著在情婦們之間搞平衡抹稀泥調和矛盾，他不嫌累，也算是有過人之處。為刀白鳳，他捨命擋了秦紅棉的毒箭，又怕秦紅棉不高興，故意裝腔作勢送上前去讓其踢上一腳，以緩解其怒氣。最後竟是刀白鳳秦紅棉聯手向他進攻，真是太複雜了。

段正淳畢竟還是對女人有兩手真功夫，終於暫時平息了刀白鳳和秦紅棉的怒火。

大理段二雖風流好色，卻非卑鄙無恥之徒。

也許正是段正淳這般通情達理，深諳女人的心理，處處能有仁有義，才使這眾多情婦一個個對他死心塌地。

能持身以正，大局為重的男人，其實是最受女人歡迎的男人。

因為這樣的男人比較能夠把握，能帶給女人以安全感，能舒緩女人的焦慮。

被馬夫人誤導，蕭峰把段正淳當成了帶頭大哥，真是太高估大理段二了。

段二不過是最能享受人生的富貴閒人，何德何能竟能號令天下頂尖英雄？

段正淳為人風流，卻於英雄好漢四字極為看重，此亦不容易。細謹和大行，小讓和大禮，若真能看得清，認得準，亦可安身立命。此比之寡廉鮮義，卑鄙無恥之偽君子，不知高級多少倍。

蕭峰論段正淳不算英雄，英雄好酒遠色，段正淳不合標準。

大理段二何許人也？

富貴閒人，最能熱衷於風流。所謂潘、驢、鄧、小、閑，段二真是最夠本錢。

首先是段正淳相貌不俗，雖不是小白臉俊俏的那種，但卻濃眉大眼，堂堂正正，另有一種真男人味道。

其次是性能力，也不用懷疑啦，能對付眾多美女，想必有過人之處。

再次是錢，段正淳身為親王，富可敵國，錢也不是問題。

再次是做小，看他分段忠實式愛情，對每一個情婦都軟語溫存，肯下水磨功夫，最能討女人喜歡。

最後是閑，親王不像皇帝負擔國家大事，自是清閒快活，有的是時間與美女作伴。段二風流，不亦宜哉？

不過，風流債太多，難以一一償還。常在河邊走，哪有不濕鞋？冒險太多，總會有致命危險。

十大情種上榜人物中，段正淳排名第一，實至名歸。

八、十大倒楣男排行

十大倒楣男上榜人物：慕容復、林平之、蕭遠山、李自成、陽頂天、林震南、徐錚、商寶震、周仲英、張朝唐。

·排名第十

張朝唐：倒楣的歸國華僑

武功：☆ 智商：★★★ 情商：★★★
倒楣指數：★★ 攻擊力：☆

《碧血劍》的開頭，寫了一個與小說的中心情節及主要人物毫不相干的故事，即渤泥國華裔青年張朝唐，因仰慕故鄉人情、風土，回到祖國，卻幾次遭到明朝官兵的殺害，幸得袁承志相救，回到了渤泥國。

寫渤泥國百姓安居樂業，逍遙自在，正要與崇禎年間天下大亂成一對比。張朝唐從渤泥來中華觀光遊歷，儼然是歸國華僑身分，不過卻是最為倒楣的歸國華僑，本來一腔熱望，意氣風發，遇上亂世危叛，人命危賤，朝不慮夕，只被驚嚇得心中透涼。

以張朝唐落難歷險記為線索，由此牽出「山宗」朋友結盟聚會，祭祀被崇禎昏庸糊塗殺害的薊遼督師袁崇煥的正題來。

張朝唐養尊處優，在步步荊棘的道路上張惶失措，全無主意，使人想到《西遊》中的唐僧。此人雖純是過場人物，但舉止言行甚合分寸，而且還在山宗朋友聚會時寫了幾句像模像樣的祭文，給人還是留下生動的印象。

《碧血劍》的結尾，與開篇對應，又寫了張朝唐這個倒楣的歸國華僑。這是十年後，明朝覆滅，建了大順王朝，張朝唐以為天下太平了，因而又回到了中土，誰料遭遇竟與上次一般無二，又是被驚嚇得心中透涼，只不過清兵換成了李自成的大順朝的官兵。

小說的這樣開頭和結尾言簡意賅地描繪出了小說的歷史背景與氣氛，同時也暗示了小說中主人公的命運。

十大倒楣男上榜人物中，張朝唐這個倒楣的歸國華僑，排名第十。

·排名第九

周仲英：糊塗混蛋之極

武功：★★★　智商：★★★　情商：★★★

倒楣指數：★★　攻擊力：★★

《書劍恩仇錄》中鐵膽莊中，上演一幕慘烈的悲劇，讀此每有不忍。

張召重展現其可懼的奸惡之處，他利用周英傑年幼無知，不能受激的弱點，騙得周英傑說出了文泰來藏身之處，擒獲了文泰來。周仲英回莊後得悉此事，大驚大怒之時，失手將幼子周英傑打死，殘酷的故事，讓人心驚肉跳。

周英傑小孩子何辜？他又懂什麼事？讀此，每對周仲英大生反感。子不教，父之過。看周英傑從小嬌生慣養，沒有良好的適宜的素質教育，一旦遇到複雜的局面，只知自以為是，還像平日間一樣驕橫沒有分寸。

周英傑就算有錯，也要先問作父親的過錯。然後錯已鑄成，不能挽回，對幼子大發脾氣又有何益？失手打死了兒子，顧全了自己的江湖義氣，這是非常殘忍和愚昧的舉動。

周仲英倒楣之極，也是糊塗混蛋之極。

十大倒楣男上榜人物中，周仲英排名第九。

·排名第八

商寶震：情願作了情欲的奴隸

武功：★★　智商：★★　情商：★★

倒楣指數：★★★　攻擊力：★★

金大俠在《飛狐外傳》書中一再描寫情欲力量的不可思議的魔術，這魔法不知不覺中左右了人們的行動，做出種種違背常理的事情來。情欲不是受人所制，而是自行其事，一旦被適宜的環境和溫度觸發，就立刻膨脹起來，放蕩不羈，毫無節制，不停地要求衝破理智回竹籬，讓激情得以放縱和宣洩，無所顧忌地淹沒日常的規範。

商寶震正是這樣。他明明知道馬春花一家是母親所痛恨的敵人，但他還是抵禦不住內心情欲的衝擊。看他直要把心掏出來，直願當場死去，情熱如沸早已顧不得許多。他握著馬春花柔膩潤滑的小手，被情欲力量震撼得直要掉下淚來，他心甘情願作了情欲的奴隸。情欲力量毀滅了商寶震的人生，他確實的夠倒楣，但他自己要不要反思一下，他有沒有自己的責任？

十大倒楣男上榜人物中，商寶震排名第八。

·排名第七

徐錚：老實便是他的悲劇

武功：★★　智商：★★　情商：★★

倒楣指數：★★★　攻擊力：★★

《飛狐外傳》開篇另一出色人物是老實人徐錚。寫徐錚的老實，寫得極為本色到地，徐錚為師妹所迷，看師妹看得呆住了，是其憨處；徐錚不畏強權，怒目逼視三位武官，是其直處；徐錚毫不客氣要點拔商寶震兩招，是其不通世務，腦筋轉不過彎處。老實人可愛，但老實人擺明了要吃虧，他難以適應這個複雜的社會，處處皆有陷阱的人情，他的老實便是他的悲劇。

徐錚老實人，見了馬春花與福康安的私情之後頭腦發昏，連胡斐也懷疑上了，可發一笑。徐錚和商寶震的悲劇是小人物的悲劇。錯誤的人，選擇了錯誤的時間，遇上了錯誤的事件，這就是真實的世界，人與人不同的世界，等級分明的世界，為誰辛苦為誰忙，反認他鄉是故鄉。

胡斐程靈素為馬春花打抱不平，拔刀相助，到頭來發現原來馬春花和福康安是你情我願，別人只是在管閒事。

胡斐最後禱告徐錚、商寶震靈前，「馬姑娘從此富貴不盡，你們兩位死而有知，也不用再記著她了」。此是極委婉無奈的諷世語，小人物只有認命，正所謂倒是死了乾淨，免得生閒氣活受罪。

十大倒楣男上榜人物中，徐錚排名第七。

·排名第六 林震南：見識了些許毛皮便沾沾自喜

武功：★★　智商：★★★　情商：★★★

倒楣指數：★★★★　攻擊力：★★

林震南向兒子傳授老江湖的經驗，大言炎炎，面有得色，可笑可歎。想世間有多少如此井蛙人物，略見識了些許毛皮，便沾沾自喜，一世心滿意足。

接下來滅門之禍不明不白無端引起，仇殺，神秘，驚怖。林家鏢局中人一個接一個莫名其妙死去，卻連兇手的影子也未見到。

不久前才大言炎炎、慷慨陳詞的林震南，這才認清了形勢的嚴峻，兩腿發軟，作不得聲。林家棄家出逃，終於見到了幕後殺手，但最讓林震南可怖的還不是前面發生的種種慘事，而是他發現自己祖傳之秘「辟邪劍法」，對手卻人人會使。

林震南夫婦終於還是不免奇禍，林震南夫婦臨終之前，終於還是有了一些渺茫的希望和慰藉，這當然是因為林平之被岳不群收為弟子的緣故。

不過，幸好林震南夫婦不明就裡，如果林震南夫婦知道岳不群偽君子的真面目，只怕要死不瞑目了。

懷璧其罪，十大倒楣男上榜人物中，林震南排名第六。

・排名第五

陽頂天：原則性不強不能大局為重

武功：★★★★★ 智商：★★★★★ 情商：★★★

倒楣指數：★★★★ 攻擊力：★★★★★

在秘道中無忌和小昭發現了陽頂天之死的秘密，找到了陽頂天的遺書和明都的秘傳神異武功乾坤大挪移心法，正如陽頂天在自己的遺書中所寫的那樣，陽頂天雖名為頂天，但一生卻是悲劇和鬧劇，「誠可笑也」。

一個勢力極大的教派的領袖人物，應該說陽頂天一定有過人之能，事業成功，但他的私生活卻相當失敗。陽頂天發現自己的妻子居然和其師兄通姦，光明頂的秘道正是二人幽會的大好場所，這樣的打擊，確是相當的可怕，饒是頂天立地的明教教主，也無法承受。陽頂天因此練功時走火入魔，坐斃在秘道之中。

在陽頂天留下的遺書中，我們略可看到他性格上的弱點和悲劇。他個性中有寬厚溫和的一面，這在政治人物中並不多見，這也使他不能很好地以大局為重，最後因私生活的失敗而影響了明教的整個事業。

陽頂天違規帶夫人進入秘道，這便是他原則性不強之處，這也是他私生活悲劇引發的原因之一。

十大倒楣男上榜人物中，陽頂天排名第五。

·排名第四

李自成：悲涼失路痛悔的心境

武功：★★★　智商：★★★★★　情商：★★★★

倒楣指數：★★★★　攻擊力：★★

《碧血劍》一書金大俠對李自成農民起義的態度，在同情和認可中又帶著許多批評和惋惜。對照《鹿鼎記》中的描寫，顯然本書中李自成的形象，更有正面的積極意義，貶抑中卻有更多正面的肯定。

《碧血劍》一書中的李自成，雖然出場並不多，但卻給人一種生猛鮮活的感覺，給人留下的印象較為深刻。這是一代天驕，一代英豪，卻又是見識不高，目光短淺的江湖草莽，終覺是小模樣。

李自成豪邁爽朗，勇猛磊落，同時又狹隘淺薄，好大喜功，命運給了他驚人的機會，但他卻沒有抓住，勝利很快沖昏了他的頭腦，權力腐蝕了農民起義軍自上而下的層面。君主專制獨裁的制度，是一切罪惡產生的根源，李自成要當皇帝，一切就開始變得醜惡起來。

李自成對崇禎太子說：「我就是老百姓，是我們百姓攻克你的京城，你懂了麼？」李自成一開始出現的是老百姓的形象，正是這個形象奪取了人民的信任和支持，打開大門迎闖王，闖王來了不納糧。可是李自成的農民軍，入城不到一日，便四處搶掠姦淫，反而成了老百姓的對頭。

《鹿鼎記》中，李自成的形象已改變了許多。其草莽英雄的粗豪，殺人如麻的冷酷，狡詐多智的求生能力，吞吐風雲雄邁的殘留風采，以及悲涼失路痛悔的心境，逐漸凸現，躍然紙上。

李自成差點就要做成皇帝，他從最輝煌的人生尖峰時刻跌落到逃命的谷底，確實是夠倒楣的了，十大倒楣男上榜人物中，李自成排名第四。

·排名第三

蕭遠山：日暮途窮倒行逆施

武功：★★★★★　智商：★★★★★　情商：★★★

倒楣指數：★★★★★　攻擊力：★★★★★

蕭遠山當日投崖自殺，雖一則痛惜妻兒之慘死，另一卻是自悔破了往日之不殺漢人的誓言。蕭遠山大仁大義，大英雄，其磊落胸懷，天地可表，日月可鑒。後來蕭遠山性情大變，所謂是日暮途窮，倒行逆施起來。種種行事極為乖張可怖，與當日之仁義俠膽真是不可同日而語。

造化弄人，怨毒於人，或能於不知不覺中在時間的沙漏中將痛苦和仇恨刻蝕得愈來愈深。所以蕭遠山當日仁義，現在作惡，實是時間和傷心之痛扭曲本性使然。

蕭遠山是邪非邪？看他當初在雁門關的豪情和仁心，是還在蕭峰之上的真英雄；看他後來為報仇的種種非常極端手段，又與慕容博也差不了許多。

怨毒於人，可以將天使變為惡魔，人性的善的一面，也不是永遠的可靠。

這世界竟是如此的複雜和難解，何日才是真正大解脫？

最後蕭遠山和慕容博同時出現，當日雁門關的情仇恩怨，翻出老賬，重新清算。真正的罪惡之源頭，原來在於慕容博。

天外有天，一山更有一山高。

一個少林寺中執雜役掃地的無名無姓的灰衣僧，舉手投足間便制伏蕭遠山和慕容博兩大當世頂絕高手，且一番言語細說從前，諸般因緣業果，盡都了然於胸，說得眾人無不大驚失色，空歎許許多多的機關算盡，反成一番笑柄。

蕭遠山本是大好男兒，終因仇恨入心，無處渲洩，而扭曲了心性；慕容博也並非真正小人，只為王霸雄圖，復辟大計，行事不擇手段，而墮入下流。

最後是戲劇性的迴避血腥衝突的完滿結局，在灰衣僧的神力點化啟悟下，蕭遠山和慕容博在極短的時間內經歷了由生到死，再由死到生的最為複雜和深刻的神秘生命的體驗，放下屠刀，立地成佛。

蕭遠山本來是好好的生活，莫名其妙就被改變，鬧得家破人亡，妻離子散，在十大倒楣男上榜人物中，蕭遠山排名第三。

・排名第二

林平之：樸素的良心被污染、扭曲

武功：★★★★　智商：★★★★　情商：★★★

倒楣指數：★★★★★　攻擊力：★★★★

林平之出場，儼然是一翩翩寶貴佳公子。看他眾星捧月，耀武揚威，風光八面，揮金如土，那裡見識過人世間的艱辛苦難、奸險欺詐。

正要在此寫出他顧盼生輝的得意情狀，以和他日後奇慘無比的落魄情景相對照。路見不平，撥刀相助，林平之好一副少年血性！但畢竟溫室裡的花朵，那裡見過風刀霜劍的陣仗。失手殺人之後，林平之面無人色，心驚膽顫，全然不知機變和應付，紙上談兵的公子哥兒的德性，寫來如畫。

林家忽然已置於必死之地，林平之忽遭此奇難，悲憤之際，隻身跨出血線叫罵挑戰，傲視四方，卻無人答理，林平之氣得伏在床上放聲大哭。此寫得極細緻極近情，以林平之血性之少年，悲憤出罵，是其本色；以他少不更事，不曾見過此等慘烈場面，氣極而大哭，是其性情。

觀全書林平之種種行事，皆不脫出以上兩大特點。性格即是命運，信然。

林平之忽遇奇變，人生大起大落，從此開始了他千磨萬難的驚險不歸路。父母被青城派弟子劫走，林平之隻身逃脫，再無依靠，再無錦衣玉食，體面和尊嚴可以收拾起來了；忍辱負重，這刻他就已經學會，心靈這一刻已開始扭曲和變形。「寧做乞兒，不做盜賊」，最後的一點驕傲，也是那麼的可笑和脆弱。

從福建，到南昌，再到長沙，林平之歷盡辛苦，一點一滴地在偵知事件的真相。在長沙林平之拿走了青城弟子的包裹，胸中才略吐一口惡氣。看他在小店又擺回昔日揮金如土的豪闊，好笑，紈褲弟子，終不成大器。

林平之誤打誤撞，冒了塞北明駝木高峰的弟子，將錯就錯。此段情節，全看林平之忍辱負重之一個忍字，其情可憫。今日所受之折辱，播種於血脈和骨髓的深處，等待蓬勃發芽。林平之日後之怨毒偏激，扭曲人性，全在這些點點滴滴之處潛移默化。

岳靈珊道林平之和其父岳不群的性格脾氣相像，真是不是一家人不進一家門了。岳父如此，女婿如此，均是肚裡打官司，心裡作文章，有戲好看。令狐冲敢喝藥酒，林平之也敢喝藥酒，此並非林平之自己說的不怕死，實是林平之暗中與大師哥較勁。

余滄海被七大高手圍困，林平之卻上前挺身相救，何也？當然林平之是要留著余滄海自己報仇。報仇，此時已是林平之唯一的人生目的，要是余滄海死了，他的人生還有什麼意義呢？林平之是為本書中最被命運捉弄的悲劇人物。

想他當年錦衣玉食，是個嬌生慣養享福不盡的富貴公子哥兒，命運的多舛，造化的輕忽，使他徹頭徹尾脫胎換骨地進行了改變。

他從一個心情純良，全不識人間險惡的美少年，終於變成了怨毒刻薄、心胸狹隘、扭曲變態的魔頭，這是誰的錯？

想當初林平之本性並不壞，看他開篇時為素不相識的村野酒店醜女打抱不平之事，就知道他是有正義感的。

可命運之手將他拋向了惡夢的深淵。滅門之災降臨了，一切都在於祖傳的辟邪劍法。報仇無門，又遇人不淑，投入了更卑鄙的岳不群門下，劫難使他變得更為敏銳，更為多疑，更深入地隱藏真實的內心。

在那些奸惡兇險的環境下，為了生存下去，為了報深仇大恨，他不能不以卑鄙去適應卑鄙，以陰險來對付陰險，一步一步地走下去，他樸素的良心被污染、扭曲和變態了，他從一個極端走向了另一個極端。

林平之的遭遇實是值得人同情。

難怪岳靈珊在知道了這一切的秘密後，並沒有怨恨林平之，還是癡心體諒他，為他辯解，為他寬懷。

看林平之的行事，聽林平之的心聲，真是驚心動魄。

用最慘烈的手段，付出最慘重的代價，林平之「揮刀自宮」，終於練就了神功，以其人之道，還治其人之身，開始了他的復仇行動。

對余滄海的復仇，完全是貓戲老鼠一般，林平之此時的武功，不知高出余滄海多少，看他復仇的手段，完全照搬本書開篇余滄海殘害林平之一家的情節。

林平之要在殘忍的復仇中細細地品味著扭曲的快感，他並不急於殺余滄海，只是緩緩地戲弄著余滄海。

隨後是木高峰，木高峰也是覬覦林家劍法的另一強敵，林平之此時可以揚眉吐氣了，但此一戰，林平之雖報了大仇，代價卻異常慘重，他瞎了雙眼。

岳靈珊最後終於明白了林平之並非真的愛她，林平之只不過是要借她來保護自己免受岳不群的毒手，因為林平之看出來了，他最險惡的仇敵並不是余滄海，而是岳不群。

林平之利用岳靈珊，岳靈珊能怪他嗎？

林平之竟投向了左冷禪的一邊，他寧可與真小人在一起臭投相投，卻再也不能忍受偽君子的奸險和可怖。

真小人前能遵守一種罪惡的遊戲規則，偽君子卻防不勝防，全無從捉摸。

怨毒於人，可以將人性中惡的一面發展到極致。

此時的林平之，早已迷失了其當初樸素的本性。

明明他知道岳靈珊是無辜的，岳不群的陰謀與她並無關係，明明知道岳靈珊待他是一片真情，他還是將內心的憤怒和怨毒發洩在岳靈珊身上，殺害了岳靈珊。

在十大倒楣男上榜人物中，林平之排名第二。

・排名第一

慕容復：心比天高，命如紙薄

武功：★★★★★　智商：★★★★　情商：★★★

倒楣指數：★★★★★　攻擊力：★★★★★

《天龍八部》寫姑蘇慕容氏，先是大造聲勢，重墨濃彩，烘雲托月，令讀者對姑蘇慕容有極深刻印象，驚其為鬼神一般神仙可怖人物。

但是慕容復第一次出場，喬裝西夏武士李延宗，此種風格，真比蕭峰相差不以里計。蕭峰處處見大，慕容復處處見小；蕭峰出場威風八面，慕容復出場卻偷偷摸摸；兩人之間，高下立判。

南喬峰，北慕容。前面花了大力氣去渲染姑蘇慕的氣勢和神秘，大吊讀者胃口。及到慕容復真正正式出場，卻是冷清清靜悄悄，一點也不起眼。

慕容復在珍瓏局時出現，除了略提了其一筆外貌二十七八、面目俊美、瀟灑閒雅之外，實也普通之極，不足為奇，而且慕容復下棋著了魔道，出了一個大醜，更與前文渲染的氣勢不相吻合。但到了正面描寫慕容復的武功，看他與丁春秋大打出手的場面，卻也不見有多少精彩和贏面處。倒是其一而再再而三地殺人，露出許多其猙獰血腥的殘忍本色來。

古人所謂有春秋筆法，褒貶盡在言外。慕容復的行事，作者雖未正面批評，但已讓讀者看了齒冷。

直到三十六洞洞主，七十二島島主在荒山月下秘密聚會之時，慕容復的雄才略有所出彩的表現。

陷於數百上千的邪魔外道人物的包圍之中，一個浪打過來都能使慕容復幾人粉身碎骨，慕容復卻能沉得住氣，應對得體，且能從容瀟灑出手，以華麗的武功身法博得眾人的喝采。

也許這是慕容復領袖才能的表現。

愈是在大場面之中，愈是人物眾多之時，愈是能逆風而上，勇於表現自己，去追求那種萬物矚目的成就感。

看慕容復在月夜荒山群雄虎視之下的表現，實與他單打獨鬥丁春秋要高明了許多。

慕容復如小孩子的「人來瘋」一樣，愈是富有挑戰和冒險性，愈是讓其可上下其手，大有作為。

慕容復深藏在心平時沒有機會表現的領袖欲，經世才，此時得以有上佳表現。

危雲飛渡任從容，有膽識，有眼光，有應變，有風度，有機智，有計謀，直說得三十六洞洞主點頭，七十二島島主頷首，慕容復與眾人化敵為友，站到同一陣線上去，自以為得計，卻不知還是白費心機。

寫慕容復之假，卻處處著筆於段譽之真。

段譽的真歡喜，真嫉忌，真傷心，真灰心，無一不是寫在臉上，表現在言語上。

慕容復另有野心，眾邪魔心懷鬼胎，獨有段譽一人超然於這些江湖恩怨，一心只想著王語嫣這段沒有指望的單戀。

眾人之間，真不知孰為重，孰為輕，孰為緊要，孰為小事？

慕容復其實是很大度，或者說是他沒有功夫來吃醋，連不平道人都看出段譽瘋瘋顛顛，心在王語嫣身上，猜到八九分，慕容復還能視而不見，不與段譽計較，他真是做大事情的人。

三十六洞洞主，七十二島島主在荒山月下秘密聚會，是要對付童姥。

為了眾人都能死心塌地，不留後路，先要給「小姑娘」（其實就是童姥）一刀，以示與靈鷲宮誓不兩立。

此等殘忍之事，亦只有邪魔外道中人做得出。慕容復竟也默認此事，其心已走上偏激邪惡的左道。人品如何，實已看出。

慕容復此種行為，連他忠實的手下都為不忍，甚感歉然。慕容復何德何能，竟能在江湖中得享天人一般傳奇名頭？其實他卻是一個不值朋友擁戴，不值愛人傾心，不值下屬佩服的盜名欺世之徒。

西夏國國王招婿，正是慕容復心懷異志實現野心的千載良機。看慕容復、鄧百川、公冶乾、風波惡、包不同五人忽然凜然正襟，一齊肅立，容色莊重，「復國之志，無時或忘」，此處才現姑蘇慕容家慷慨悲劇之精采處。惜其領頭人慕容復太過急於求成，墮入魔道，辜負了眾人的期望。

此處倒不便深責慕容復，這些餿主意實是公冶乾等人先提起的，自古成大事者不拘小節，大英雄大豪傑須當勘破情字一關。

此話亦是不錯，政治和野心永遠都是純粹的愛情墓地，不一樣的人有不一樣的人生價值。這事傷害的只有一個王語嫣，風波惡重重拍了自己一個耳光，總算這人還有幾分良心。段譽後來以六脈神劍勝了慕容復，不為已甚，更兼照顧王語嫣，不想因太霸道的六脈神劍誤傷了她心上人的性命。慕容復卻像紅了眼的瘋狗，卻不依不饒要拚命，趁段譽相讓時，將判官筆插入段譽之肩上。

蕭峰趕到救了段譽，如老鷹捉小雞一般提起慕容復，冷笑一聲「蕭某大好男兒，竟和你這種人齊名」，將慕容復擲回鄧百川等人處。

好！一句話，批死慕容復！

慕容復執著於一念，處處看不開，悟不透，自討苦吃。為了一個面子關係，一個虛妄的尊嚴，連其父的疾苦也不顧了，真是忍人，實也沒了心肝。

野心是這樣的可怕，它可以毀滅生命中最美好的情感，甚至毀滅自己。

慕容復有才學，有風度，有智慧，有膽識，但他沒有德行，他本來可以成為讓人豔慕和景仰的美學化身，但野心背叛了他的人性，他最後只能是一個小丑。

慕容復自以為得計，心中暗笑段譽糊塗，一心要娶王語嫣而反要助他做西夏駙馬，不知讀者心中都在笑他糊塗。

到了最後慕容復來找王夫人想以花言巧語借刀殺人，慕容復的行事舉止，甚至言語體態，都已不像個人樣，整個脫形了，打擊太大。看他以前是多麼的謙和、儒雅、風度翩翩、冷靜、沉著、從容、寧靜，現在呢，卻是油腔滑調，做乖使巧，全沒有正經樣子。

慕容復完全毀了，正像偽君子岳不群真相畢露後走形一樣，慕容復最後都快不像個男人了。

慕容復已不復是人，為了想當皇帝，竟想出了給段延慶當乾兒子的餿主意。

包不同平時雖不討喜，於大是大非，卻看得極清，好言相勸，反被慕容復重掌打死。

慕容復真是日暮途窮，倒行逆施，最後連最忠心的手下都不恥其卑鄙行徑，合則留，不合則去，棄之而去。

此書最後，以慕容復精神錯亂，坐在土墳上頭戴紙冠，阿碧用糖騙鄉下小孩跪拜叫他吾皇萬歲，此作警世語收尾，讓人惕然。

慕容復心比天高，命如紙薄，到頭來竹籃打水一場空，在十大倒楣男上榜人物中，排名第一。

九、十大惡人排行

十大惡人上榜人物：歐陽鋒、段延慶、丁春秋、海大富、成昆、金輪法王、張召重、凌退思、血刀老祖、玄冥二老。

·排名第十

玄冥二老：賣身投靠充當打手

武功：★★★★★　智商：★★★　情商：★★

凶惡指數：★★★　攻擊力：★★★★★

金庸的武俠小說，基本上每部小說中都有一兩個武功極高的大惡人，專門出來行兇作惡或者助紂為虐，給正面人物出許多難題，使小說有更多的懸疑和更多的高潮，《倚天屠龍記》中的玄冥二老，便是這樣的角色。

玄冥二老在《倚天屠龍記》中的角色和金輪法王在《神鵰俠侶》中的作用差不多，雖然都是大惡人，武功奇高，但戲份並不多，性格和形象也沒有什麼出彩之處，都是漫畫式的臉譜式的角色。

玄冥二老一個叫作鹿杖客，一個叫作鶴筆翁，他們最厲害的武功是玄冰寒掌，屬於絕對超一流的武功，張無忌小時候吃過玄冰寒掌的苦頭，差一點就要送命。玄冥二老武功雖然是超一流的人物，但人品卻很差，境界也不高。鹿杖客好色，鶴筆翁好酒，其行事和言語完全沒有什麼高人的風範，不過是利慾薰心的世俗人物罷了。

老而不尊，老而無德，僅僅是賣身投靠充當打手，所以在金庸十大惡人排行榜中，玄冥二老只能位居末位，排名第十。

・排名第九

血刀老祖：極惡的悍勇

武功：★★★★　智商：★★★　情商：★★

凶惡指數：★★★　攻擊力：★★★★

狄雲扯光了鬍髮，又穿上了寶象的僧衣，被人誤為採花淫僧，衙門公人來緝捕，汪嘯風來幫忙插上一手，眼見就要當場一劍殺死狄雲，正引頸就劍，忽然奔出正牌的血刀老祖來，輕鬆打退汪嘯風，救了狄雲，並搶走穴道被點無還手之力的水笙，騎了鈴劍雙俠的黃馬白馬公然而去。原來血刀老祖是寶象的師父，誤以為狄雲是寶象的徒弟，故有此救人之舉。

狄雲夾在中間，無從分辨，雖然明知血刀老祖是大壞人，也只有識時務，得過且過，走一程算一程。此後狄雲多次心懷鬼胎，想救水笙，偏偏讓水笙更誤會，以為狄雲要對其非禮，而狄雲在迷惘無奈之中，敷衍血刀老祖，竟讓血刀老祖對他大為喜歡，一再稱他良心好，乖孩兒。雙重的誤會，不斷加深，使狄雲尷尬之極。

血刀老祖凶惡之極，武功卻又是十分高明，一人獨戰一路來追趕他的江南群雄，竟然並不怎麼費力，每每在危險時刻都能全身而退；血刀老祖的厲害，更使故事因複雜化而變得更為緊張。

「落花流水」在雪谷中大戰血刀老祖，本來是可以穩操勝券，但天時地利卻盲目地站到了血刀老祖那邊，憑著極惡的悍勇和雪地作戰的經驗，血刀老祖反而占了上風。

最後，當血刀老祖略微恢復內力，搶過血刀要殺水笙之時，狄雲出手相救，和血刀老祖纏鬥在一起。血刀老祖扼住狄雲的頸子之時，意想不到的奇蹟出現了，狄雲在極度的窒息中，體內未練成的神照功發揮了潛力，必死之境反而幫助了他自動衝開了任督二脈，神功初成，一腳蹬死了血刀老祖。

十大惡人上榜人物中，血刀老祖排名第九。

‧排名第八

凌退思：誰相信有這樣狠毒的父親

武功：★★　智商：★★★★　情商：★★

凶惡指數：★★★★　攻擊力：★★

丁典和凌霜華最為理想的愛情中，卻有一個最大的反角在其中橫刀奪愛，百般難詰，而這個反角竟是凌霜華的父親凌退思！

凌退思的蛇蠍心腸，寫來真是讓人心驚肉跳。虎毒不食子，但凌退思因貪欲的惡性膨脹而生出的狠毒，竟能將女兒作為無辜的犧牲品。假意將女兒許配給丁典，凌退思卻暗中布下陷阱毒計，將丁典毒倒擒獲下獄。凌霜華為明其對丁典的真情，自毀容貌，以絕了其父相逼之念。

狄雲遵照丁典的遺囑，去將丁典的骨灰與凌霜華合葬，卻發現了凌霜華竟然是被其父親凌退思活埋而死的。

有這樣狠毒的父親，讓善良的讀者怎忍相信？

十大惡人上榜人物中，凌退思排名第八。

‧排名第七

張召重：大而不當的大反角

武功：★★★★★ 智商：★★★ 情商：★★

凶惡指數：★★★★ 攻擊力：★★★★★

張召重是《書劍恩仇錄》書中的第一大反角，武功極厲害，但給人的感覺總是大而不當，如大象的笨拙，如驢子的愚蠢，如豬的貪婪，如狼的狠毒。

這是一個集醜惡之大成者，醜惡得頗有幾分份量，正堪與眾英雄作對手。正是他惡的厲害之處，才能襯托出英雄豪傑的本事來，才能顯出正義的力量來。

少年時讀此書，一看到張召重出場就心知不妙，這個大惡人大奸人太厲害了，專門搞破壞作壞事，心裡還不滿作者把這惡人的本事寫得太大，給紅花會英雄們出了那麼多的難題。大戰群狼，引狼群入古城迷宮一段，張召重因逃避群狼襲擊累得昏了過去，陳家洛又一次放過了他，而且還救了他性命。

少年時讀此就最為不滿，想不通如此大奸大惡之人，陳家洛為何還要救他，而且陳家洛救張召重，只是怕香香公主看他殺這無力抗拒之人而不高興。陳家洛只是想在美人面前掙分做英雄，就當了一回東郭先生，以至後來又差點大吃苦頭。

陳家洛救張召重，張召重卻是不領情，肚子裡只是盤算如何脫困後殺了陳家洛搶走香香公主回去領功。壞人壞到這個份上，才算是夠水準。

張如重自作孽不可活。余魚同為師父報仇，將張召重拖入沙城群狼之中後，陸菲青心中不忍，念其同門相誼，本飛身下來要救他，他卻不識好歹，要加害陸菲青。如此局面一亂，眾英雄救出陸菲青之時，張召重已自投狼吻了。

十大惡人上榜人物中，張召重排名第七。

‧排名第六

金輪法王：癡人說夢

武功：★★★★★　智商：★★★　情商：★★

凶惡指數：★★★★★　攻擊力：★★★★★

《神鵰俠侶》一書中，金輪法王是最大的反角，雖然處處與楊過小龍女、郭靖黃蓉為難為敵，不過也只是跳樑小丑，面具人物，沒有鮮明的性格特徵和個性。

英雄大宴中，霍都王子、金輪法王一行前來攪局。小龍女大戰金輪法王，這時當然不是蒙古國師的對手，還是郭靖出面，以正大莊嚴的真實修為，震住了金輪法王。

到了後來，楊過小龍女用全真劍法和玉女劍法二劍合一的奇異劍法，擊退了凶惡無比的金輪法王，捨命救了黃蓉和郭芙。金輪法王已經不再那麼可怕了。

郭靖身負重傷，不巧又是黃蓉臨盆之時，金輪法王夜闖襄陽城，無人能敵，局勢又陷危機。危急時刻，李莫愁趕來湊熱鬧，她搶去襁褓中的嬰兒，奔出城去，與金輪法王、楊過大戰在一起。還是楊過智謀百出，雖武功差一些，畢竟險中求勝，用計使金輪法王中毒受傷。金輪法王騙老頑童盜旗去洞中取物，老頑童身中彩雪蛛之毒，上了大當，金輪法王奸計得逞一回。

金輪法王癡人說夢，要收郭襄為徒，實在是忽發奇想。

最後一燈大師、周伯通兩大高手共戰金輪法王。老頑童不講江湖規矩，好！正要除惡務盡，對敵人要像秋風掃落葉般無情。

周伯通以玩心和武學為人生極高目的，既是頑童，又是武癡。大敵當前之時，要拜金輪法王為師，學他那神奇的「龍象般若功」，「何不先傳了我，再圖自盡不遲？」

周伯通愈是誠懇，愈是反襯金輪法王忽忽不樂之苦境。

《神鵰俠侶》一書中，金輪法王忙了半天，終是白忙一場。

十大惡人上榜人物中，金輪法王排名第六。

‧排名第五

成昆（圓真）：不是一個精彩的惡人角色

武功：★★★★★　智商：★★★★★　情商：★★

凶惡指數：★★★★　攻擊力：★★★★★

光明頂上，明教光明左使楊逍與五散人、韋蝠王再次內哄產生爭執，圓真（成昆）正好坐收漁利。八大高手齊受重傷不能行動之時，張無忌就再次成了解決全局的關鍵。

張無忌的軟心腸使他吃過許多虧，但他一點也沒吸收教訓。這次他又中了圓真的奸計，中了圓真的幻陰指，幸好張無忌已非當日吳下阿蒙，他的武功已高得不會在乎這一般的偷襲暗算了。

圓真得意忘形之時，將自己的秘密說了出來，原來他便是十惡不赦的成昆，張無忌義父謝遜不共戴天的仇人。這一下無忌大受刺激，怒發欲狂。復仇和怒火中燒的力量，又給張無忌帶來新的機緣和境遇，他在說不得的布袋之中，真氣激蕩，衝破體內玄關，使他學到的九陽神功徹底圓滿通貫，大功告成。

圓真（成昆）當真是最大的奸雄，他幹盡了諸般壞事，偽裝的面具卻一點沒有撕破，依然能呼風喚雨，掌握局面，此人實在是可怕。

罪惡之極端的化身的成昆，雖然費盡心機，布下奇謀毒計，最後還是輕易而可笑地一切成空。與正面人物的高大形象相比，成昆其實還是份量不夠，不足匹配，不能作旗鼓相當的對手，所以成昆給讀者留下的印象並不深，他並不是一個精彩的惡人角色。在金大俠的小說中，惡人的排行榜，成昆排名因此要後了許多。

十大惡人上榜人物中，成昆排名第五。

・排名第四

海大富：陰沉老辣讓人看不透

武功：★★★★　智商：★★★★　情商：★★

凶惡指數：★★★★★　攻擊力：★★★★

海大富陰沉老辣，讓人看不透，摸不清，是最可怕的人。他的武功絕高，與他的形貌又成有趣的對比。他面色蠟黃，彎腰駝背，不住咳嗽，像身患重病，再加上他還是個說話尖聲尖氣的老太監，這個人物，充滿了灰暗的黴味，正象徵著皇室宮闈中的那種不可告人的醜惡隱秘的一面。暴政和專制獨裁的王朝，正像海大富一樣，練功過猛急於求成而在內部出現深刻的危機，身患重病，要不停的服藥，而且服的還是毒藥，服多了一點就會送命。

海大富在皇宮中多年，已修練成精，對康熙一舉一動的意圖，猜得明明白白。他告誡小寶：「你是什麼東西，真的能跟皇上做朋友？他今日還是個小孩子，說著高興高興，這豈能當真？」這是處世的真理，這是階級社會上層和下層之間永遠的悲劇。小寶總算聰明，一點即透，很快明白這個道理來。

海大富說小寶膽大心細，聰明伶俐，這是知人之談，對小寶的本事，他確是瞭解不少。小寶再厲害，畢竟是個孩子，怎可能鬥得過海大富這成精的老狐狸呢？小寶的將計就計，早就讓海大富知道得清清楚楚，他不揭穿小寶，只是為了利用小寶。現在他知道自己病重來日不多，便不再偽裝，現出猙獰面目，要先殺小寶。小寶本來絕無生路，但他福氣好，有剛從鼇拜府中得來的寶衣護身，這才大難不死。

陰陽怪氣，詭秘冷酷的海大富，原來身上負有主子順治交代給他的重大使命。小皇帝的父親，原來並沒有死，而是因董鄂妃逝世，傷情難以自持，看破紅塵，去了五台山當了和尚。這是一個天大的秘密，幾乎所有人都以為順治死了，連小皇帝康熙也是如此，並不知道這裡面有如此的隱情。順治雖然當了和尚，還記掛著愛妃不明不白的死，吩咐了海大富暗中查訪，並授權給海大富，要他見機行來，殺了元兇，代順治報仇。這個使命，成了海大富生命中唯一的意義，他以全身心地投入，而且為了對付窮凶極惡的敵人，他即干冒奇險，暗練專門對付「化骨綿掌」的武功，拚著身體受傷，卻練成奇功。

海大富查出來，宮中端敬皇后、孝康皇后、貞妃、榮壽王四人都是死於非命。心思縝密的海大富，暗中留心，終於從韋小寶與康熙之間的戲耍打鬥中找到了蛛絲馬跡，找出了真凶，原來是太后。

海大富智計驚人，武功也極高，他揭破太后的陰謀之後，接著兩人一番性命相搏。海大富眼已瞎，打鬥上必然要吃虧許多，他卻早已謀劃好了，和太后說了許多話，正是要激怒太后，先出手攻他，他才以逸待勞，攻其不備，數招之下先使太后受了重傷，接著海大富繼續以言語擾亂太后神智，讓她心意煩躁，難以自制，再施以雷霆萬鈞的一擊。小寶沒被打死，反而跟過來將這些秘密真相聽了個明白，海大富聽出了小寶的腳步聲，誘使小寶來攻擊自己背心，一掌又將小寶打得飛了出去。海大富對付小寶留下空隙，卻給太后有了可乘之機，在重傷之餘，殺了海大富。

功虧一簣，聰明反被聰明誤，要不是海大富急於對付小寶，他本可以勝出的，想來海大富心中一定恨極了這個來歷不明毒瞎他雙眼的滑頭滑腦的無賴小子。

十大惡人上榜人物中，海大富排名第四。

・排名第三

丁春秋：最像跳樑小丑的高手

武功：★★★★★ 智商：★★★★★ 情商：★★★

凶惡指數：★★★★★ 攻擊力：★★★★★

丁春秋出場，更像一個漫畫人物，與前文伏筆所謂「神仙人物」，真是差得太遠了。

雖然書中一再強調丁春秋的武功是如何高，星宿派在江湖中又是如何的讓人聞之變色，但怎麼看丁春秋都不折不扣像一個沐猴而冠的跳樑小丑。

看種種丁春秋自己擺出來的場面，眾弟子又是絲竹又是鐘鼓，吹吹打打，開路而來，擂鼓三通，鑼聲一鐺，眾弟子演戲般滾瓜爛熟地背誦起來：「恭送星宿老仙弘施大法，降服丐幫的魔小丑」、「師父功力震爍古今……」真是拿肉麻當有趣，拿庸俗當高雅。

星宿派武功倒並非想像的那樣高，吹牛拍馬阿諛奉承低級無恥不要臉的功夫，卻是天下第一。

才寫游坦之喪失人性尊嚴，忽又寫星宿派毫無人性尊嚴，看來無恥和卑鄙之間也有許多種類的不同，程度的分別。

丁春秋與人過招比武的場面，是武俠小說中獨一無二的發明。

星宿派弟子無恥也罷，卑劣亦罷，拍馬溜鬚也罷，總算還是世俗間平常之事，最不可思議的是，丁春秋的武功，竟能在高帽與馬屁齊飛、法螺共鑼鼓同響之際，隨之大漲，興致橫飛，立時打破僵局，要將蘇星河這方趕飛殺絕。

看來丁春秋頗懂得心理學，知道用鼓舞鬥志，增強信心的方法來發揮身體上的潛能。

金大俠格物的功夫無可比擬，就是在這些細枝末節上，也能見出其錦心繡口的非常大才。

十大惡人上榜人物中，丁春秋因其肉麻庸俗得極有水準，排名第三。

·排名第二

段延慶：一報還一報

武功：★★★★★　智商：★★★★　情商：★★

凶惡指數：★★★★★　攻擊力：★★★★★

《天龍八部》中四大惡人之首段延慶，果然另有一種高明的惡法。

他與大理皇室段家有奇特的淵緣，因此要來復仇。他用毒計要讓段譽和木婉清兄妹亂倫以使段氏皇室蒙羞。段譽和木婉清被段延慶施以春藥，兩人毒發後在石室中情況尷尬之極，也是危險之極。

段延慶行刺段正淳，一擊不中，飄然高引，知進知退，雌伏雄守，當此天下第一大惡人實為不虛。

如果套用《笑傲江湖》中任我行之話，段延慶應是最不佩服之三個半人之第一人。

慕容復對段延慶，想以權術攏絡利用，卻不知段延慶另有打算。

靠利益和權術而結合的聰明，最不可靠，勾心鬥角，爾虞我詐，古往今來，這樣的例子難道還少？

刀白鳳幼稚愚蠢之極，她竟作賤自己，去找一個天下最醜陋，最污穢，最卑賤叫化睡覺。這個叫化就是段延慶，而段譽則是段延慶的骨肉。

此是《天龍八部》中最駭人聽聞的爆料。

段延慶本來要段譽的命，忽然得知這一真相，一時間也心性大變了，因為他也有了兒子，而且是個極出色的兒子，段延慶真的歡喜得頭腦發昏，竟在不知不覺中著了慕容復的迷藥之毒。

一報還一報，真是天理循環報應不爽。

十大惡人上榜人物中，段延慶排名第二。

‧排名第一

歐陽鋒：機關算盡太聰明

武功：★★★★★　智商：★★★★★　情商：★★

凶惡指數：★★★★★　攻擊力：★★★★★

出場，果然是妖異無比，氣派儼然，而又鋒芒內斂，寫惡人之惡、之霸道，此處已得極至。黃藥師與歐陽鋒笙簫印證上乘武學，後來又加上洪七公以嘯聲參戰，寫得極驚險，又極雅致。

歐陽鋒城府極深，尋常時間，喜怒不形於色，太富心機，只在肚中九曲盤旋，此人最後竟精神錯亂，此當為城府極深人之前車之鑒。

歐陽鋒終於猙嶸畢露，圖窮匕見，原來是為《九陰真經》。郭靖心想，「你是武學大師，竟使這些卑鄙勾當」，此語一招點中歐陽鋒穴道，讀歐陽鋒時，處處不可忘記這句話，即是讀懂歐陽鋒。

洪七公教郭靖寫給歐陽鋒「九陰假經」，此是妙計，只不過竟輕易騙到歐陽鋒，倒是沒有想到。或是歐陽鋒太過熱衷，又應了「機關算盡」一句批語。

善惡相對，善的力量寬厚、仁慈，有時卻會大而不當，惡的力量卻尖銳、頑強，執著一念，毫不手軟，決不會放過任何一個機會，所以這個世界，更多的時候是善消惡長。東郭先生的故事，農夫和蛇的故事，總是會改頭換面，一版再版，永遠找得到市場。

歐陽鋒明明已無生理，洪七公卻一念之仁憐憫其多年修煉不易，給予其才華不恰當的敬意，救了歐陽鋒卻反遭其毒手，自此以下，形勢既危且殆，不過給金大俠的故事，再次贏來機會，充分發揮其千迴百轉之能。

歐陽鋒名心、利心、欲心、貪心，心心看不破認不清，最後終於參不透人生最大的機鋒。「我是誰」三字，當頭棒喝，饒是練成一身古怪天下絕學，卻又能拿來何用。

《神鵰俠侶》中，歐陽鋒卻不是當初的老毒物，他在瘋癲之中，反而有了幾分真性情。歐陽鋒忽發奇想要收楊過為兒，讓楊過叫他爸爸，令人拍案叫絕。乍一看此情節是荒謬沒頭沒腦，細想來卻又是有幾分道理。

歐陽鋒與嫂子通姦，生了名為侄子實為兒子的歐陽克，可歐陽鋒作繭自縛，自尋死路，因此在瘋了的歐陽鋒內心深處，有此一段情結，一段缺憾；楊過呢，自幼喪父，渴望父愛，與歐陽鋒正好一拍即合。

《神鵰俠侶》以仁慈和憐憫的大手筆作洪七公和老毒物的蓋棺定論：

相逢一笑泯恩仇，大限到頭終歸靜。

古龍說真正的知己不是朋友而是敵人，此話不虛。生命的真諦和意義，往往只有在對立面的反方才能得到假設和求證，更不用說像洪七公和歐陽鋒這樣絕的高處獨立的高手。

高處沒有回音和掌聲，不僅缺少朋友，就是連合格的敵人也很難找到，所以真正意義上的敵人，是極為難得和可貴的，因敵人的存在而使生活發現意義，變得充實和不再孤寂。

當敵人消失之時，也是自己解構之日。

洪七公和歐陽鋒鬥了一生一世，在太多的地方可以證實，其實仇恨的背後彼此卻惺惺相惜，對敵人充滿敬意

十大惡人上榜人物中，歐陽鋒最為複雜難解，表演也最充分，戲份也最重，因此排名第一。

十、十大偽君子排行

十大偽君子上榜人物：岳不群、何太沖、公孫止、朱長齡、花鐵幹、趙志敬、汪嘯風、白世鏡、杜希孟、湯沛。

．排名第十

湯沛：一肚子男盜女娼

武功：★★ 智商：★★★ 情商：★★

偽善指數：★★ 攻擊力：★★★

《飛狐外傳》中，外號「甘霖惠七省」，三才劍掌門人湯沛，滿口仁義道德，其實一肚子男盜女娼，正是此位正人君子大英雄逼死了袁紫衣的母親銀姑。

十大偽君子上榜人物中，湯沛排名第十。

·排名第九

杜希孟：假仁假義的偽君子

武功：★★　智商：★★★★★　情商：★★

偽善指數：★★★　攻擊力：★★

玉筆山莊莊主杜希孟，被苗人鳳題以對聯「方信世間有英雄」，其人品和武功如何乍看上去當然不用多說。不過此人的真面目卻是假仁假義的偽君子。

杜希孟假仁假義，當年平阿四帶著幼小的胡斐投奔他，他卻起心不良，想侵佔胡一刀的武學秘本。平阿四發現不妙，帶著胡斐逃脫，但胡斐母親的一包遺物卻失落在那裡。《雪山飛狐》中胡斐與杜希孟相約，正是要了卻這一段恩怨，要回自己母親的遺物。

杜希孟能蒙蔽苗人鳳，想來是有一套騙人的本事。

十大偽君子上榜人物中，杜希孟排名第九。

·排名第八

白世鏡：好色也不見水準

武功：★★★ 智商：★★★★ 情商：★★★
偽善指數：★★★★ 攻擊力：★★★

《天龍八部》中，喬峰遭遇杏子林丐幫叛亂，白世鏡出場，義正辭嚴，鐵面無私，讀者真的以為他是一個正直的人，不料到後來發現，原來白世鏡表面上是道貌岸然，滿口仁義道德，肚子裡卻滿是男盜女娼，低賤下流，不折不扣還是一個偽君子。

白世鏡一開始出場時書中介紹他是丐幫的執法長老，向來鐵面無私，幫中大小人等並未違反幫規者，見到了他也要懼怕三分，總而言之，他是一副德高望眾，有頭有臉的人物。

杏子林叛亂那一段，白世鏡疾言厲色，完全站在喬峰那一邊，對搞叛亂的人是面如寒霜，對喬峰卻恭敬有加，讓人一開始就對他有很好的印象。後來白世鏡終於暴露了偽君子的真面目，連蕭峰都感到心中一呆，又驚又怒，讀者當然更是覺得不可思議了。白世鏡的另一方面暴露出來，當然也讓讀者看得是連連咂舌。

白世鏡的出手也非常毒辣，一上來就出手拗斷了段正淳的雙手腕骨，如此的毒手連蕭峰一時都沒有想到。誰也沒有想到，白世鏡的這一番表現原來只是在吃醋。

白世鏡的醋還吃得非常厲害，他見馬夫人康敏稱呼段正淳為「段郎」，竟然又反手給了馬夫人一個耳光，讓馬夫人雪白的臉頰頓時紅腫，疼得流下淚來。

白世鏡一點也不知道憐香惜玉，即使是好色也不見水準。馬夫人向白世鏡獻出媚態，白世鏡居然罵道：「小淫婦，瞧我不好好泡製你。」話說出來真是讓人噁心。

十大偽君子上榜人物中，白世鏡排名第九。

‧排名第七 汪嘯風：內心何嘗不是有許多骯髒

武功：★★★ 智商：★★★ 情商：★★★

偽善指數：★★★★ 攻擊力：★★★

汪嘯風人性中的軟弱和卑劣之處，在危機的考驗下便表現出來了。沒見表妹水笙前，他心想只要表妹水笙能保住性命無礙就謝天謝地了，見了表妹水笙時又進了一步，又想江湖上人人知道此事，自己的面子怎麼能保住。世人也大多如此，總是得隴望蜀，有了好還要好，欲求沒有上境。

當初汪嘯風不要水笙動手，而是自己親自動手殺狄雲這個「血刀淫僧」，他說可別把水笙女俠牽扯在內，江湖上那些人的嘴可有多髒。其實，汪嘯風的內心又何嘗不是同樣地有許多骯髒呢？

十大偽君子上榜人物中，汪嘯風排名第七。

・排名第六

趙志敬：實在是不長進

武功：★★　智商：★★★★　情商：★★

偽善指數：★★★★　攻擊力：★★

全真門下竟有趙志敬這等委瑣沒出息人物，實是大為辱沒王重陽之門庭，讓人大起一代不如一代勢微之悲。

趙志敬只授楊過口訣而不教其修煉的實在法門，此小卑鄙，大可惡。

趙志敬實在是不長進。

趙志敬道：「這是我的弟子，愛打愛罵，全憑於我。」嘿，這般規矩，這種道德，不遵守也罷。

尹志平卑鄙，其實趙志敬更卑鄙。

尹志平的卑鄙只是人性一時的變態扭曲和軟弱，讓獸性做了肉體的主宰；趙志敬卑鄙卻是骨子裡扎扎實實的壞，通身上下，每一個毛孔每一個細胞都已腐爛變質，代表了人性中最惡和醜的一面。

卑鄙是卑鄙者的通行證，趙志敬以更高明的卑鄙操縱和控制了尹志平，兩人結伴而行繼續滑向沉淪和萬劫不復的深淵。

趙志敬磨拳擦掌，野心按捺不住，想到「英雄豪傑欲任人事者，豈能為色所迷？」呸，真是癡人說夢。歎天下多少這般癡人說夢者，喜作如此大言欺世。

十大偽君子上榜人物中，趙志敬排名第六。

・排名第五

花鐵幹：大俠原來是卑鄙的懦夫

武功：★★★　智商：★★★　情商：★★

偽善指數：★★★★★　攻擊力：★★★

「落花流水」四人出場，聲勢奇大，氣派不凡，是一個爆閃現出的亮點，將情節推上一個高潮。忽然之間，只聽四個方向，分別有個長聲叫出「落花流水」四字，每人呼叫四字的節奏不同，各將其中一字作拖長音，高呼之聲或豪放，或倏揚，或中氣充沛，或內力甚高，如此寫出陸、花、劉、水四大俠出場，是特別照顧，突出其高大的正義俠客形象，以與後文對此四人意想不到的描寫成反照。

四人之中，其餘三人聞名不見面，只是引而不發，先讓水笙之父水岱亮相。水岱一出手就給血刀老祖一個震驚，太極劍名家的風範，躍然紙上。

極端情景下的極端衝突，最能提示出人性中善與惡的真相出來。是金子還是沙礫，在烈火中去煆燒才最能分辨得明明白白。太平無事之時自詡是仁義英俠，不完全都能作數，危急和患難的關頭，才最能考驗出誰是英雄誰是狗熊。花鐵幹的故事，正是這樣的一個警世寓言。

情景被封閉和鎖定。藏邊的大雪山之下，天意和眾人開了個大玩笑，雪崩將「落花流水」南四奇等人與血刀老祖、狄雲、水笙一起封在了山中。雪崩封山，這是一個與世隔絕的小舞台，但是沒有觀眾，沒有裁判，沒有外在附加條件的干擾，每一個人的表演，此時可以完全聽從內心真實理念的指揮，不需要做假，也沒有必要做假，臉上偽裝的面具可以拋下，善和惡兩方面都可以聽憑良心原則盡情地發揮。

花鐵幹的真面目就此自動地暴露，他的表演最為發人深省。

「落花流水」四位大俠在雪谷中大戰血刀老祖，本來是可以穩操勝券，但天時地利卻盲目地站到了血刀老祖那邊，憑著極惡的悍勇和雪地作戰的經驗，血刀老祖反而占了上風。先是由於花鐵幹急功近利急於求成，反而失誤，失手刺死了「落花流水」中的劉乘風。這難以原諒的錯誤，過度地刺激了內心本來就極脆弱的花鐵幹，儘管沒有人怪罪他，他心智神明已經因痛悔和驚懼而開始動搖。接下來血刀老祖又用詭計殺了陸天抒，斬斷了水岱的雙足，花鐵幹的鬥志徹底更喪失了，內心中最為醜惡的懦弱膽怯，不由分說地佔據了他的內心，使他不能省時度勢，看不到其實血刀老祖已累得脫力，他本可以不費吹灰之力就能取勝。花鐵幹的雙膝軟了下來，跪著投降，苟且活命。這是驚人的一幕，在江湖中享有正義的盛名的花大俠，原來不過是一個卑鄙的懦夫，一個膽小鬼。一旦他邁出了投降的第一步，就正如打開了他心中的潘朵拉盒子，人性中所有的醜惡，他都可以毫不知羞恥地盡情表現出來。

血刀老祖死去，花鐵幹本來完全可以主宰局面為所欲為的，但他心術不正，境界低劣，做了虧心事，心中發虛，外強中乾，理不直氣不壯，加上狄雲那種正氣凜然的蠻勁和狠勁，又有烏蠶寶衣護體，所以儘管給了花鐵幹許多的機會，他還是沒能把狄雲水笙奈何。

水笙想到：「一位成名的大俠，到了危難關頭，還不如血刀門的一個惡僧。」這是此書處處不忘要警示讀者的主題，世界的人生社會的惡象，善和惡之間有時的區別其實很難真實地把握。

到了後來，花鐵幹竟然動了死屍的主意，吃起死人肉來，真是可怖駭人之極，人性的脆弱和不可靠竟然到了如此慘不忍睹的程度。狄雲奮力保護住了水笙父親的屍體，也差點為此送命。

身受過不白之冤和非人的折磨之人，最是對冤枉之詞敏感。當花鐵幹說起下流話血口噴人，誣指狄雲和水笙之間的清白之時，狄雲深受刺激，大發狂性，憑藉血性之蠻勇要與花鐵幹拚命，花鐵幹被狄雲的這種氣勢所震懾，竟然遠遠躲開，不敢再上前相逼。

冰散雪融之後，花鐵幹此時又搖身一變當起了他的大俠身分，還成了中原群俠的首領。這世間有多少這樣的欺世盜名之徒？

十大偽君子上榜人物中，花鐵幹排名第五。

·排名第四

朱長齡：世澤的美德靠不住

武功：★★★ 智商：★★★★ 情商：★★
偽善指數：★★★★★ 攻擊力：★★

背信、貪婪、欺騙、陰謀，朱長齡的故事是一則獨立寓言，人性因貪欲而變得無比醜陋，最後卻機關算盡太聰明，反害了卿卿性命。貪欲的鬧劇上演，奇謀費盡心思，一切的奸詐和罪惡，只惹來一場可笑的自我作孽，真是愚蠢無比。

朱長齡相貌堂堂，又是忠良之後，但世澤的美德也同樣靠不住，祖上的善美品質被貪欲腐蝕和異化了，這是可以警世的悲劇。

一切只是可笑的鬧劇。為了騙無忌說出謝遜和屠龍刀的下落，朱長齡費盡心機，也是賠足了本錢。他讓女兒施以美人計，又不惜將豪院巨宅燒成白地以之取信，還讓武烈扮成謝遜毒打自己，但他的陰謀並沒有得逞，無忌天佑，及時醒悟了。

貪欲可以如此讓人蒙蔽心性，變得奇蠢無比。最後朱長齡一起隨無忌摔下懸崖，他寧願死也不想放棄滿足其貪欲的機會。在雲海茫茫的半山腰平台之上，無忌笑言，「這會就有一把屠龍寶刀給你，你拿著它卻又如何？」

說得好，到頭這一身，難逃那一日，機關算盡，卻又如何？

朱長齡自作孽不可活。無忌神功大成之後，並未絲毫為難他，他反而又使狡詐詭計將無忌騙得墮下崖中。前面的教訓他絲毫沒有吸取，貪欲已經永遠地蒙蔽了他的心性，使他神智不清，要繼續害人害己。無忌在洞外的山谷優裕地過了五年，他在平台上餐風露宿受了五年罪，五年的時間還不夠他反省，還不夠讓他迷途知返，最後他被困在狹窄的洞中，進也進不得，退也退不得，得到了自己應有的報應。

十大偽君子上榜人物中，朱長齡排名第四。

·排名第三

公孫止：禽獸不如

武功：★★★　智商：★★★★　情商：★★

偽善指數：★★★★　攻擊力：★★★★

人實在不可貌相。以貌取人，失之子羽。

看公孫谷主，英俊瀟灑，一揖一坐之間便有軒昂高舉之概，但論者以為任一個讀者，都只會覺得其人面目可憎，言語無味。小龍女要嫁他，太失水準。

禽獸一般的公孫止，何以生出天仙般善良清純的女兒？造物的輕忽和弄人，又有什麼辦法？

為了一己的私欲，連「虎毒不食兒」這種動物世界最簡單的良心原則也拋諸腦後，對自己的親生女兒也能忍心痛下殺手，公孫止簡直是禽獸不如。

裘千尺和公孫止生時切齒為仇，到頭來同刻而死，同穴而葬，一起跌成一團肉泥，你中有我，我中有你，再也分拆不開，此一絕妙諷刺。

十大偽君子上榜人物中，公孫止排名第三。

・排名第二

何太沖：卑俗委瑣寡廉鮮恥

武功：★★★★　智商：★★★　情商：★★

偽善指數：★★★★★　攻擊力：★★★★

何太沖的故事，最是敗人胃口。崑崙派原本是高遠清雅神仙般讓人仰慕的地方，出了個掌門何太沖，大煞風景。倪匡先生說何太沖與《神鵰俠侶》中的公孫止有三分相似，此是看到了精髓。

何太沖懼內而好色，色厲內荏，外強中乾，卑俗委瑣。他與其結髮之妻班淑嫻的關係，也與公孫止與裘千尺的關係相似，都是老婆有恩於丈夫，丈夫對老婆由敬到畏，最後便是怕之如虎了。所不同之處，只在程度上，何太沖和班淑嫻的矛盾，還沒有惡化到極端的地步。

張無忌有恩於何太沖，救過他和他的愛妾五姑。但班淑嫻前來威逼之時，他竟毫不猶豫地選擇讓無忌做替死鬼以求自保，此人真是一點道德良心都沒有，完全寡廉鮮恥。十大偽君子上榜人物中，何太沖排名第二。

・排名第一

岳不群：「偽君子」一詞的代稱

武功：★★★★★　智商：★★★★★　情商：★★★★

偽善指數：★★★★★　攻擊力：★★★★★

好個岳不群！看他一出場便是正大莊嚴寶相，俠心義膽的模樣，怎能不叫林平之五體投地，心悅臣服，不再作他想。

苦孩子林平之似乎終於找到了歸宿，不能不喜上心頭，熱淚盈眶。

初讀此書，怎能想到此時如此，它日又會那樣呢？

周公流言，王莽謙躬，若此書到岳不群爭作五嶽派掌門之時便止，誰能想到日後岳不群偽群子卑鄙罪惡的登峰造極呢？

岳不群夫婦上玉女峰來探望面壁思過的令狐沖，看三人之間的親情自然流露，愈是寫得動人，愈是讓人感歎不已。

知人知面不知心，人世間人與人的關係竟是這樣的複雜，這樣的難解，這樣的讓人心寒不已。

岳不群夫婦率眾弟子上峰考較令狐冲武功的修為進步。令狐冲心中迷迷惘惘，揮之不去的盡是秘洞石壁上專破華山派劍法的招數，在情急中糊裡糊塗地使出來，竟收奇效，震掉了師娘手中的長劍。

岳不群盛怒之後講出了華山派本門武功中氣宗和劍宗正邪門戶之爭的典故。此為金大俠的政治寓言。

從現實政治中勾心鬥解，爭權奪利的卑鄙中，讀者又可以在武俠江湖中得到印證。

岳不群臉色鄭重，一廂情願以為桃谷六仙有陰謀，此陰謀家本色，總以為天下人都和他一樣，想方設法要計算他人。

岳不群處處能曉人以情，動人以理，看得真讓人膽寒，此金大俠春秋筆法，褒貶在文字之外。

福建向陽巷林家老宅，終於出現了辟邪劍譜的蹤跡。

令狐冲拚死奪回劍譜，卻終因傷重失血而暈了過去。等他醒來之時，陰謀已經合圍和突進，盜劍譜之冤名已可恥地糾纏著他揮之不去，屈辱深入和酸楚地刺痛著他的內心。

岳不群義正辭嚴，讀之讓人不寒而慄，若不是寧中則天性的仁慈環護著令狐冲，此時岳不群就要理由充足地殺了令狐冲。

令狐冲痛心絕望之時，忽然恒山派女尼認出了那個佯作顛狂而實則俠義的「吳將軍」，便是對她們有救命之恩的令狐冲。

投之以桃，報之以李，恒山眾尼立即出手，將重傷的令狐冲保護起來，生命再一次顯現了神奇的希望之光，善意的回報使令狐冲重新看到了生命價值之所在，鼓起了直面血淚人生的勇氣。

人間自有真情。無論岳不群如何巧舌如簧惡毒咒罵令狐冲，恒山眾尼卻心中自有一把正義的尺度；患難中建立的信任，是虛妄的言辭所不可能摧毀的。

性急的儀和忍不住對岳不群出言相譏，一聲「偽君子」的判語，如晴空霹靂一般振耳發聵。

《奪帥》一回之後，全書最陰險的陰謀在這裡揭曉，最驚人的高潮洶湧突至。

岳靈珊風頭出盡，此後便是其父親岳不群登台唱好戲了。

到了此時，岳不群依然不改其表象的謙謙君子風度，明明是司馬昭之心已路人皆知，他還要裝腔作勢，說什麼「君子無所事，必也，射乎？」文謅謅的附庸風雅。

金大俠何等如椽大筆，將偽君子的形象刻畫得入木三分。

從此，漢語文化中，「偽君子」一詞的內涵，有了實質性的完善注釋和豐富。「岳不群」即是「偽君子」一詞的代稱。

「恭敬不如從命」，岳不群假惺惺地邁出了關鍵的一步，與左冷禪開始了一場令人瞠目結舌的決鬥。

岳不群與左冷禪決鬥一段，詭異中更讓人毛骨悚然，如不潔之物，見之在大驚怖中又噁心不已。

看岳不群正大莊嚴之相忽一變，如鬼、如魅、如幽靈、如妖異，倏然間左冷禪已被岳不群的繡花針刺瞎了雙眼。

歎左大掌門苦心積慮，嘔心瀝血多年的大經營忽成水中月鏡中花，如泡沫般粉碎，當日萬般辛苦，究竟為哪般？

令狐冲重傷劇痛中，頭腦有些清醒了，這才想到剛才如此行徑，實是讓親者痛，仇者快，辜負了盈盈和恒山弟子的情義。

令狐冲見師父得勝，反而有著說不出的害怕。此處寫得極好！

此一瞬間，如當頭棒喝，剎那覺悟。

既往種種，如電閃一般劃過心頭，許多難解之不合理處，突然四通八達地聯繫在一起，照亮了心頭那久久不敢逼視的最黑暗角落。

岳不群得勝，如願當上五嶽派掌門，除令狐冲和盈盈心底雪亮，眾人卻還未能識破其偽君子真面目。

群雄歡呼，就連方證和沖虛道長也上前道賀。

歎世間多少偽君子，還如此一般在遮人耳目。

偽君子，偽君子，作偽可一時，豈能真長久？

金大俠一句話點了題：「各人有各人的緣份，也各有各的業報。」

岳不群作的孽，卻在其女兒和夫人身上先遭報應。

岳靈珊何辜？岳夫人何辜？

一己作惡，竟牽連了多少人遭殃？

為惡的罪孽，往往是為善的功德所難以抵消和彌補的。

一切已真相大白，有如此卑鄙醜惡的丈夫，岳夫人怎再有絲毫的生趣，岳夫人自殺身亡，和岳靈珊一樣，何嘗不是要為岳不群贖罪？

寓言終將會富有意味地結束，完成它似是而非的宿命。無邊地膨脹著的激情適時地開始收縮，將其虛妄的價值粉碎貢獻出來。

岳不群卑賤地死去。

自作孽，不可活，沒有人要殺他，是他自己急不可待地要衝向萬劫不復的毀滅深淵，他死於儀琳的劍下，倒是別有意味。

在本書中，儀琳代表著聖潔，岳不群則是卑污的集大成者。正義，畢竟會在最後的關頭高揚著勝利的旗幟。

岳不群為了得到辟邪劍譜可謂是機關算盡，先是讓勞德諾和岳靈珊去福州摸底，又大作好人收林平之為徒，再把令狐冲罰去面壁一年，好讓自己的女兒與林平之朝夕相處。

岳不群以出名的「偽君子」手段，最後如願以償，得到辟邪劍譜，滿足了他的野心和貪心，但是這個代價卻是太大了，他虛偽的面目終於如紙包不住火，最後師徒成仇，妻死女亡，權術和野心毀滅了他自己！

將「偽君子」這個詞賦予了更為豐富的含義，十大偽君子上榜人物中，岳不群理所當然排名第一。

十一、十大奸雄排行

十大奸雄上榜人物：東方不敗、任我行、左冷禪、朱元璋、吳三桂、洪安通、（方證、沖虛）、陳友諒、向問天、鳳天南。

·排名第十

鳳天南：地主惡霸的典範

武功：★★★ 智商：★★★ 情商：★★

奸雄指數：★★★ 攻擊力：★★★

《飛狐外傳》改寫了佛山血印石的民間傳說，「吃螺誤為吃鵝，祖廟破兒腹明冤」一段故事，寫胡斐為民申張正義，打擊地主惡霸。

破兒腹明冤故事，相當的慘烈，是現實小說的題材。社會中的不公平，階級之間的矛盾，一旦到了尖銳和對抗的不可調和的極致，就會出現這種人性泯滅人吃人的真實事件來。

胡斐整治鳳天南的情節，又讓人想起水滸傳中魯達整治鎮關西一段。以其人之道，還治其人之身，胡斐終於逼出了鳳天南出來，兩人在武功上見個高下。鳳天南的黃金棍長七尺，徑一寸半，有心的讀者早已用公式計算過，似乎重得不合情理，而且也太值錢了。這是金大俠賣的一個小破綻。

胡斐把鳳天南狠狠教訓了一頓，但好人心軟，沒有忍心下殺手，放過了鳳天南。沒想到鳳天南變本加厲，又殺了鍾阿四一家之後遠走高飛，胡斐此時後悔已晚。

鳳天南終於還是怕了胡斐，不過這種人有錢，有錢人總以為錢就能解決一切問題，錢能通神，錢可作交遊地。鳳天南要收買胡斐，可謂用盡心機，不過他沒有想到，機關算盡，還是沒有算到胡斐會為了一個素不相識的平民鍾阿四，要與他誓死周旋。

天下掌門人大會成了惡人的大展覽、大聚會，鳳天南這時也趕著來送死，胡斐正愁找不到他，他這時來湊熱鬧，省了許多手腳，也省了許多口舌筆墨來交代這場官司。鳳天南此來，也有秘密武器，就是銅棍中藏有巧妙機關的無影銀針，和田歸農仗寶刀之利一樣，鳳天南憑藉暗器機關，也是大為風光一陣。

鳳天南作惡在湯沛之前，也是要清算的對象。好歹鳳天南是其親生父親，袁紫衣下不了手，不過鳳天南惡有惡報，天網難逃，卻死於湯沛之手，倒是為我們解決了一個難題。

十大奸雄上榜人物中，鳳天南排名第十。

．排名第九

向問天：內心更為複雜

武功：★★★★　智商：★★★★　情商：★★★
奸雄指數：★★★　攻擊力：★★★★★

令狐冲無意遇上了向問天，心中那股不平的怨氣正巧有了適宜的發洩機會，使他勇敢地站到了身處弱勢的向問天這邊。

令狐冲幫助向問天，全然不在於對或錯的理性判斷，不在於世俗道德規範的合拍與否，在他心中不平之氣的激蕩中，他只聽從自己的法則，只聽從直覺和情感的指引。

向問天是否是魔教人物，這不重要，重要的只是令狐冲欣賞向問天的那種白眼看人的干雲豪氣，而且看見向問天為鐵鍊所縛，頓有同病相憐之感，惺惺相惜之意。

不著一字，盡得風流。

向問天和令狐冲之間這種看起來有些莫名其妙的友誼就這樣建立起來了。

這種友誼，沒有任何世俗利害關係在裡面摻假，因而也就更純粹和真實。

令狐冲拔劍相助，最後卻是向問天反過來救了令狐冲。此一段文字，將向問天的豪俠粗放本色著力刻劃出來了。

看向問天以寡敵眾，危機四伏之際，全不把敵人放在眼裡；看他武功高強，心狠手辣，對敵人絕不容情；看他粗中有細，機變警惕，不是一味蠻幹；看他說過的話從不改口，有王霸之氣；向問天實是一代梟雄豪傑。

《笑傲江湖》中「聯手」一段文字，依稀彷彿與《天龍八部》中喬峰大戰聚賢莊一段有些相似，但區別又是顯然，其一奇一正，一詭奇神秘，一爽朗磊落，一有驚無險，一氣氛慘烈，讀者可以細心體味。

向問天雖然給讀者留下的印象不錯，但他的內心更為複雜，能夠作為任我行的副手，其實也是奸雄人物。

十大奸雄上榜人物中，向問天排名第九。

・排名第八

陳友諒：搞陰謀詭計沒有好下場

武功：★★★　智商：★★★★★　情商：★★★

奸雄指數：★★★★　攻擊力：★★★

成者為王敗者為寇，歷史往往就是這樣。

《倚天屠龍記》中朱元璋最後成就一番霸業，而另外一個頗有影響力的人物陳友諒卻只能承受失敗的命運。

《倚天屠龍記》中，陳友諒大搞陰謀詭計，他在靈蛇島欺騙金毛獅王謝遜，在丐幫中撥弄事非，後來又引誘了武當七俠宋遠橋的兒子宋青書走上了斜路被陳友諒害死，陳友諒成為了一個典型的野心家和陰謀家。

搞陰謀詭計的人總是沒有什麼好的下場，陳友諒雖然也是一個奸雄，但心術不正，氣度上輸了朱元璋很多，他的失敗其實也是咎由自取。

所以在金庸的小說十大奸雄排行榜中，陳友諒只能排名第八。

·排名第七

方證、沖虛：權利鬥爭肯定有醜惡面

武功：★★★★★　智商：★★★★★　情商：★★★

奸雄指數：★★★★　攻擊力：★★★

《笑傲江湖》中少林寺的掌門人方證大師和武當派的掌門人沖虛道長，金大俠顯然是作為兩個正面人物來寫的，然而讀者仔細讀完全書，卻不能不生出些許的疑問，感覺到這兩大人物其實也非常善於搞政治、搞權謀，這一點金大俠在《笑傲江湖》的後記中也承認了。

方證大師、沖虛道人、定閑師太、莫大先生，代表政治善的一面，欲以政治和權勢的手段，為福於五湖四海；而任我行、東方不敗、岳不群、余滄海等人，則代表政治惡的一面，以野心、權術、陰謀、詭計追求權勢，卻是為了一己之私欲。

由少林寺的掌門人方證大師和武當派的掌門人沖虛道長出面策劃的一場針鋒相對的政治鬥爭，將令狐沖排作了大將和先鋒。

最不政治，最任性和追求自由人性的令狐沖，卻不得不介入政治鬥爭，是一絕妙諷刺。

不過，這是善的一面的政治，將權勢從大奸大惡之徒手中奪回來，使之造福民眾，無論如何，卻是好事，都是佛法中的善果和無量功德。

沒有人打敗任我行，是他自己打敗了自己。他可以號令天下，但他卻不能號令宇宙間的自然規律。

方證大師、沖虛道長精心策劃對付任我行的計謀也忽然喪失了意義，變得滑稽和可笑起來。

方證大師、沖虛道長和左冷禪、任我行一樣，也是政治人物，因為《笑傲江湖》本來就是一部政治和權術之作，在政治和權術之中，即使是正面人物，想要做得十全十美，不授人以柄，幾乎是很難做到的事情。只要有政治和權利的鬥爭，就肯定會有殘酷和醜惡的一面表現出來。

所以在金庸小說十大奸雄排行榜中，方證大師、沖虛道長也可佔有一席之地，排名第七。

·排名第六

洪安通：寓言式的政治人物

武功：★★★★★ 智商：★★★★★ 情商：★★★

奸雄指數：★★★★ 攻擊力：★★★★★

神龍教主洪安通，是一個寓言式的政治人物。

神龍教忽然間起了內亂，局面大變，神龍教主洪安通及夫人蘇荃，起用新進少年人，對那些老舊功臣加以清算貶謫，甚至是殺戮，激出巨變。青龍使許雪亭首先發難，暗中在大廳中下了毒藥，使自洪教主夫人以下眾人皆中毒，動彈不得，自己雖沒中毒，卻先受了洪教主的重創。剩下來唯一一個福大命大碰巧沒中毒的韋小寶，便成了如何收拾局面的關鍵人物了。此時，陸先生胖頭陀等都加入背叛行列，要小寶去殺洪教主，而洪教主和夫人則許諾小寶當白龍使，要小寶站在他們這邊。小寶本有意殺洪教主，但沐劍屏這時出現，告訴小寶殺不得，因為她和方怡服了毒藥，只有教主才有解藥。小寶主意已定，兩邊都不幫，要洪教主和眾人言歸於好，既往不咎。小寶給了台階，洪教主馬上就下，詛咒發誓，日後決不清算此事。

局面安定下來，小寶為洪教主解說那篇陸先生所授的石碑碑文。此等作假，洪教主豈有不知之理，但不揭穿，大家皆大歡喜。小寶此次助洪教主和夫人消彌內亂，深得二人歡心，蘇荃傳給小寶三招防身保命功夫「美人三招」，洪教主也一時高興，又自創了「英雄三招」教了小寶，小寶日後真還用得著。

神龍教主洪安通和小寶師父陳近南兩人最後一般悲劇收場，但洪安通卻死得輕於鴻毛，自取其咎，可笑可憐；陳近南死不瞑目，死得無辜，可歎可感。洪安通狼子野心，只留笑談，陳近南壯志未酬，永值追念。

洪安通抓小寶回神龍島，本是為了鹿鼎山寶藏的大秘密，想以此作最後翻本機會，但此人野心既大，疑心更重，不能用人，一味高壓政策，暴力壓服，終於激出致命的內亂。聽到建寧公主說破洪夫人身懷六甲，洪安通臉上掛不住，心理也承受不起。這個最霸道橫蠻的人，一向把自己當成萬能和主宰一切的神，一向以為一切都在他的把握之中。他早不近女色，洪夫人懷胎，自然是背叛他的明證，他那最為自尊的背後，便是最缺乏的自信。這一次自信心受到毀滅性的打擊，洪安通便崩潰了，他要殺人滅口，讓所有知道這件醜聞之人都死去，他還要妄想保住可憐的一點面子。他的瘋狂，使蘇荃終於也勇敢站出來反對他，明白告訴他，從來就沒愛過他。這個世界上，沒有他能信任的人，他只有去死。

十大奸雄上榜人物中，洪安通排名第六。

·排名第五

吳三桂：確有其大奸雄的樣子

武功：★★★　智商：★★★★　情商：★★★

奸雄指數：★★★★★　攻擊力：★★★

小寶到了雲南平西王府與吳三桂周旋，像模像樣，果然是個欽差大臣的樣子。饒是吳三桂老辣陰沉，小寶卻一點也不怯場，只是油腔滑調，旁敲側擊，使吳三桂的囂張氣焰，不得不收拾幾分。為小寶接風洗塵的酒宴上，小寶不倫不類，裝瘋賣傻的一番話，說得吳三桂臉上一陣紅一陣白，高深莫測。康熙果然是英明皇帝，派小寶擔當如此大事，絕不是因為小寶拍馬屁而昏了頭，拿這種事來開玩笑。康熙識人，知道小寶雖然是天不怕地不怕的憊懶無賴，其實有舉足輕重的本事，這是旁人學不來的。小寶主動伸手向吳三桂要錢，這倒不是他貪財，而是有意讓吳三桂掉以輕心，不去提防他。

小寶無意中發現了吳三桂陰謀造反的秘密。吳三桂竟然在連絡蒙古、西藏、羅剎國要共同對朝廷發難，而且神龍教也參與其事。其中又重點寫羅剎國的火器厲害，為後文作伏筆。玄貞道人現身說法，又將羅剎國的火器渲染一番。

小寶雖不學無術，但實在是聰明過人。在吳三桂的書房中，見了屏風上黃鷲猛虎國，竟能由此引伸一番，試探吳三桂，這可是沒人事先教過他的。又見了萬里江山圖，不懷好意別有用心地連聲叫好，真把吳三桂弄得心中怦怦亂跳，口乾舌躁，看吳三桂還是不是把小寶當草包。

吳三桂書房中竟有一部《四十二章經》，小寶藝高人膽大，竟然當著吳三桂之面玩了調包計，吳三桂再奸滑似鬼，也想不到小寶有此奇招。

寫吳三桂，確有其大奸雄的樣子。看他身軀雄偉，高視闊步，絕非一味阿諛奉承，當怒則怒，受不得閒氣，但又老奸巨滑，說開了便笑臉哈哈，並不受激。吳三桂有陰險處，有狠毒處，有暴躁處，有狂妄處，又有克制處，謹慎處，狡猾處，深沉處，是個人物。

十大奸雄上榜人物中，吳三桂排名第五。

·排名第四

朱元璋：奸雄成事

武功：★★★　智商：★★★★★　情商：★★★★

奸雄指數：★★★★★　攻擊力：★★★

郭靖勇，楊過智，張無忌仁。

射鵰三部曲中的三位主角，張無忌的仁，雖另有光彩，卻顯力量不夠。

所以張無忌將《武穆遺書》贈與徐達，可謂所托得人。從這一點看，張無忌還是有自知之明，知人之智。

朱元璋用奸雄之奇計，逼退張無忌，讓張無忌自動讓位，退出政治舞台，這只是一個恰當的契機給張無忌以退路而已。

西方哲人所言，性格即是命運，張無忌的性格已經決定了他必將退出政治舞台。仁、智、勇三個方面，仁是不適宜擔當政治和權力的大事的，所以即使沒有朱元璋對張無忌玩弄奸雄之奇計這一事件，張無忌還是會找機會退出。

奸雄真能成事。張無忌最後卻敵不過自己手下的大將朱元璋，只好眼巴巴把教主之位拱手相讓給了朱元璋，讓朱元璋一統天下江山成為皇帝。

朱元璋、徐達等人的幾場戲，又儼然是明《英烈傳》的通俗版，草莽英雄人豪氣，雖粗糙卻另有一種攝人的壯美。

十大奸雄上榜人物中，朱元璋排名第四。

．排名第三

左冷禪：權力的渴欲使他不擇手段

武功：★★★★★　智商：★★★★★　情商：★★★★

奸雄指數：★★★★★　攻擊力：★★★★★

大野心家左冷禪，他是所謂「正派」中的領袖人物之一，他是嵩山派掌門人兼「五嶽派」盟主，他利用盟主之位，建立霸權，對各門派之事橫加干涉：不許衡山派劉正風「金盆洗手」；支持華山「劍宗」封不平與「氣宗」岳不群爭奪掌門之位；派人阻擊恒山派門人；挑動泰山派的內亂……。為了地位，為了權力，人會變得虛偽，變得喪心病狂，變得不擇手段。權力使人墮落，使人變鈍，使人變得不可理喻。

《聞訊》一回寫左冷禪為了五派合一，不惜追殺定閑、定逸師太，《圍寺》又寫令狐冲率群雄圍寺失敗且反遭人圍攻，此計即出自左冷禪的計謀，從聞其名到出場整整經過了二十回，此乃可見金大俠心思之巧，也可見左冷禪不是簡單人物。左冷禪不僅有雄心和計謀，而且在和任我行相鬥中又贏了任我行，才高志大，只是行事鬼鬼祟祟，不是英雄豪傑的行徑，此人當是一代梟雄。

任我行在當世高人之中，心中佩服三個半人不佩服三個半人，第一不佩服的是五嶽劍派盟主、嵩山派掌門左冷禪。此是天下第一野心家陰謀家，權力的渴欲使他不擇手段，他武功了得，心計極深，「想合併五嶽劍派，要與少林、武當鼎足面三，才高志大，也算了不起」，可是卻「鬼鬼祟祟，安排下種種陰謀詭計，不是英雄豪傑行徑」，所以任我行列之為第一不佩服之人。

左冷禪的陰謀詭計，在此之前較大的行動就有：

借正義的名義屠殺劉正風一家；喬裝暗殺、蒙面攔截岳不群夫婦及華山弟子。

假扮魔教教眾在二十八鋪布下埋伏殺恒山派弟子，使定靜師太力戰而亡。

在鑄劍谷圍攻定閑、定逸及恒山弟子。

此次借正派力量設計圍困令狐冲及一干草莽豪傑以消滅異己。

本書中江湖許多仇殺，皆是左冷禪陰謀挑鬥而起。

任我行不佩服的其他二個半，未及說出，讀者可猜想一番。

左冷禪肆無忌憚地張揚著他勃勃不可抑止的野心，處心積慮之後，他終於發動了他向權力衝鋒的大戰役。

於封禪台下商議五嶽劍派合併的大事，選擇的地點，正是其野心遮掩不住之處。

左冷禪確是作好了精心的準備，謀劃了必勝的計策，看他上下其手，分化瓦解，各個突破，果然不同凡響。

對付恒山派，左冷禪抬出已故掌門人的大招牌，欲堵住令狐冲等人的嘴。

螳螂捕禪，黃雀在後。

左冷禪明處的一場計算，卻怎知岳不群暗處還有更高明的計謀。

左冷禪有大野心，但才幹還是不足以支持。

十大奸雄上榜人物中，左冷禪排名第三。

·排名第二 任我行：天生的領袖人物

武功：★★★★★　智商：★★★★★　情商：★★★★

奸雄指數：★★★★★　攻擊力：★★★★★

任我行在獄中未見其面，就已先聲奪人，豪爽王霸之氣概，倏然就已確立。看他侃侃而談，料事如神，見識過人之處，實能令人頓開茅塞。

令狐冲與任我行比劍，因任我行的絕妙武功，激發出令狐冲對獨孤九劍精妙的理解。

金大俠道，獨孤九劍的精妙在於使劍者的靈悟，「一到自由揮灑，更無規範的境界，使劍者聰明智慧越高，劍法也就越高，每一場比劍，便如是大詩人靈感到來，作出了一首好詩一般。」

金大俠何嘗不是大詩人？此一段奇妙文字，何嘗不是一首好詩？

任我行則是個天生的領袖人物：

其一，他知道如何以言行舉止得體來博得公眾的好感。

令狐冲本來心中不滿於任我行手段的毒辣，但不久就覺得這位任教主談吐豪邁，見識非凡，確是罕見的大英雄大豪傑，而轉變了印象。

其二，敢作敢為，行事不以常理測度，為達到目的可以不擇手段。

任我行為了達到控制他人為己所用的目的，以江湖手段逼鮑大楚等人，快刀斬亂麻解決問題。

其三，慧眼識人，能容人用人。

任我行要與令狐冲結拜金蘭，令狐冲對他有援救之恩只是一方面，更主要的是他知道要打敗東方不敗不是易事，必要有一等一高手相助才行，二人結拜為兄弟之後，自然而然令狐冲必然要幫他成其大事。

其四，拿得起放得下，不作兒女態，不以小仁小義影響大事。

任我行、向問天二人為讓令狐冲加入魔教，可謂威逼利誘無所不用其極。利誘是以日後魔教教主之至尊高位許諾；威逼，若令狐冲不加入魔教，任我行則不會傳其療傷秘訣，令狐冲命不可保，剛才明明任我行承認他得脫黑牢，令狐冲「出力甚大」，但此時為了大事，就完全不顧這些個人之間的恩怨，此種事非常人可作出。

令狐冲還是令狐冲，當初他既然為一口傲氣拒絕少林方丈，此時又怎可能受任我行之威脅呢？

任我行是個草莽英雄，不能理解令狐冲那種人性自由之飛揚的境界。

任我行指點江山，激揚文字，對當世高手中佩服三個半不佩服三個半之妙論，足見其胸襟和膽識過人之處。

第一佩服的是東方不敗，此何許人也？其名號的驚世駭俗，也是大有可觀。能完勝任我行之人，確可排名第一。

第二佩服的是少林寺方丈方證，絕世武功，卻性本慈悲，不能不讓人折腰。

第三佩服的是華山派前輩風清揚，此絕無有異議。

半個佩服的是武當掌門沖虛道長。

任我行對待敵人也是佩服，卻是一般人不易做到的。

任我行一朝得志，往日傷疤之痛便忘，聽眾人跪倒高呼「教主千秋萬載，一統江湖」，躊躇志滿，哈哈大笑。

權力對絕大多數人來說，都是一種最為有毒的腐蝕劑，至此，任我行形象一落千丈。

任我行得意忘形之際，令狐冲心中一陣驚怖。

自由與鐵幕政治，永遠不能相容。以暴易暴，又有多少分別？

在權勢的扭曲中，卑鄙和諂媚成了通行證。

令狐冲繼續在覺悟：

「言者無恥，受者無禮」，當權者既辱沒了自己高貴的人格，也玷污了天下英雄的清白，此種悲劇，「過去幾千年是這樣，今後幾千年恐怕仍會是這樣！」

金大俠此一番言語，讀之令人汗流浹背。

任我行果然有幾分道行！

看他才逃出黑牢，就盡數收拾好殘局，重整旗鼓搞定局面。此種政治才能實是不容易。

一時間魔教威風再現，聲勢不凡，不由得不讓令狐冲在心中暗地佩服：

「任教主胸中果然大有學問。」

鷸蚌相爭，漁翁得利。

最變態可怖的東方不敗死了，最大的野心家陰謀家左冷禪死了，最卑鄙險惡的偽君子岳不群死了。

此時，江湖中唯任我行獨尊，他大暢其志，本應是得意非凡，但卻偏偏心中有著說不出的茫然和失落。

岳不群等人輸了，他贏了，但這輸和贏，又有多少意義？

任我行要征服整個江湖，掃蕩少林，誅滅武當的王者計畫終因他暗疾的發作身亡而化為泡影。

沒有人打敗任我行，是他自己打敗了自己。他可以號令天下，但他卻不能號令宇宙間的自然規律。

十大奸雄上榜人物中，任我行排名第二。

·排名第一

東方不敗：絕世魔頭類於人妖

武功：★★★★★　智商：★★★★★　情商：★★★★

奸雄指數：★★★★★　攻擊力：★★★★★

東方不敗本是奸雄中的奸雄，但貪婪卻最先將報應招至其身。

人性的扭曲和變態，倒行逆施，已註定了自身悲劇的毀滅，輕視天下豪傑，焉有不敗之理？寫東方不敗，文字極奇詭，極妖異怪誕，讀完後還覺觸目驚心。

看《笑傲江湖》前三十回，為東方不敗造勢，何等藐遠和不可逼視，然後東方不敗卻在電光火石之間，倏然幻化，倏然現形，倏然又灰飛煙滅。

東方不敗確是不敗，他沒有敗於任何人，他只是敗給了自己。

東方不敗出場，駭異之極，原來這名動天下的絕世魔頭，竟不男不女，類於人妖。

看精緻的風景，妖麗的玫瑰，醉人的花香，珠簾錦帷，富麗的燦爛的繡房中，人妖東方不敗款款作態，擺腔拿調，有著說不出的陰森森的妖異鬼氣，讀之令人作嘔。

更為詭異的是東方不敗的武功，就那麼粉紅色的一閃，風雷堂堂主童百熊就倒下去了。

殺人的竟是一枚最精緻細巧的繡花針！

那風能吹起，落水不沉的纖纖繡花針，竟能撥開令狐冲的長劍，簡直不可思議。

以一敵三，東方不敗與令狐冲、任我行、向問天三人大戰，卻還是東方不敗大占上風！東方不敗名不虛傳，果然不敗。

還是盈盈，在最緊要的關頭急中生智，劍斬楊蓮亭，惹得東方不敗心神大亂，不顧生死去救援，此時拚著向問天受傷，令狐冲和任我行才聯劍殺了東方不敗；即使如此，東方不敗臨死前的雷霆一擊，還是刺瞎了任我行一目。

「欲練神功，引刀自宮」，此為寓言也！有所得必有所失，讀者不可不戒！

看當今世界，此等「欲練神功，引刀自宮」之事，其實並非絕無僅有。

葵花寶典被毀去，最好，留之貽惡無窮。

十大奸雄上榜人物中，東方不敗排名第一。

十二、十大壞蛋排行

十大壞蛋上榜人物：楊康、萬圭、段天德、吳之榮、石中玉、歐陽克、霍都、福康安、鄭克爽、宋青書。

·排名第十

宋青書：名門世家子弟的敗德

武功：★★★　智商：★★　情商：★★★

壞蛋指數：★★★　攻擊力：★★

宋青書也純是跳樑小丑，似模似樣地即光發揮一回，底氣卻單薄之極，做壞人也不能做得完滿，做得酣暢，不值多談。

宋青書性格的缺陷和悲劇，還未來得及完全和充分的展開，便在鬧劇的出醜和丟臉中草草收場退去。

宋青書實在沒給我們留下多少值得思考和反省的借鑒，他不過是名門世家子弟的敗德，不過是為莫名其妙的情孽的犧牲品，比之與他的角色有些相似的《神鵰俠侶》中的尹志平，他的失敗不足引起驚歎之聲。

十大壞蛋上榜人物中，宋青書排名第十。

．排名第九

鄭克爽：金玉其外敗絮其中

武功：★★　智商：★★　情商：★★★

壞蛋指數：★★★　攻擊力：★★

鄭克爽的出現，使小寶追阿珂的難度，忽然變得難以想像的高，這是因為鄭克爽的優勢巨大無比。鄭克爽相貌比小寶俊雅十倍，談吐高出百倍，武功也不用說，而且他是延平郡王王子，陳近南和天地會都是他的下屬。最關鍵的是，阿珂對此人一見鍾情，柔情蜜意連瞎子都看得見。小寶心中氣苦，但小寶絕不放棄。

桑結喇嘛一干人趕到，生死考驗間，鄭克爽便原形畢露，那種富貴公子的草包樣子就表現了出來，臉上青一陣白一陣，沒有了主意，沒有了擔當。想上前廝殺，又怕保不住性命，不想上前，又怕別人說他膽小不是英雄行徑。平日侃侃而談耀武揚威的樣子，只是外強中乾的假面具。鄭克爽和劉一舟都是同一類人，繡花枕頭，好看不中用。

小寶看不起鄭克爽，心道：「你是王府公子，跟我這婊子兒子相比，又是誰是英雄些？」英雄不是用嘴說的，小寶的風頭，終於蓋過鄭克爽，情場角逐的法碼，小寶一下子重了許多。

小寶把鄭克爽當猴耍一段最好看處，大出惡氣。讀者的立場，當然是站在小寶這邊，鄭克爽愈是出醜，讀者愈是替小寶高興。阿珂也繼續在表現她的淺薄。上回鄭克爽已經原形畢露，擺明是個金玉其外敗絮其中的草包公子了，沒有擔當，沒有膽識，做不來大事，但阿珂還是癡心不改，愛慕有加。

阿珂愛鄭克爽什麼？英俊瀟灑的外表？尊貴羨人的身分？阿珂其實不懂愛，她愛的是虛榮。小寶只好用自己的不夠正大光明的方式，繼續給阿珂上課，讓鄭克爽將其醜陋的一面儘量表演充分。

以為自己是延平王世子，陳近南只不過是自己的幕僚之屬，便不把天地會好漢放在眼裡，鄭克爽實在不懂事，自己討打。小寶遇上了自己青木堂兄弟徐天川等人，派眾人戲弄鄭克爽，眾人正好出一口惡氣。

沐王府吳立身等人，當日小寶對其有救命之恩，知道了小寶的尷尬事，正好有此機會大大報答一番。吳立身一幫人裝扮成鄉農，誣指鄭克爽對鄉姑「阿花」做下姦淫之事，捉住他要去與「阿花」拜堂成親，好不熱鬧。鄭克爽連番莫名其妙遇上奇禍，哪裡知道其中的古怪。

阿珂對小寶的態度，已略有轉變。對於小寶精靈古怪的本事，阿珂不能不服氣。鄭克爽受難，阿珂求著小寶去相救，小寶樂得繼續演戲。看到鄭克爽與「阿花」拜堂，小寶真是開心之極。小寶還不過癮，又讓眾人強逼著他和阿花拜了一次堂。

此後，平西王府的楊溢之又出場，戲演得更絕更妙。楊溢之等人扮蠻子抓走鄭克爽要拿回去煮來吃，小寶卻英雄救美，又趁機占阿珂便宜。諸般妙計，還是抓不住阿珂的心，一劍無血馮錫範救回鄭克爽之後，阿珂卻撲進鄭克爽懷裡，看得小寶咬牙切齒，更是激發出光棍的狠勁韌勁，心裡依然詛咒發誓，不贏回阿珂誓不為人。

小寶遵從師願，饒了鄭克爽性命。不過死罪雖免，活罪難逃，小寶威逼鄭克爽寫了三百八十萬兩銀子的欠條，才放了他和馮錫範。

十大壞蛋上榜人物中，鄭克爽排名第九。

．排名第八 福康安：內心早已出賣給了魔鬼

武功：★★　智商：★★★　情商：★★★

壞蛋指數：★★★★　攻擊力：★

馬春花心目中的白馬王子福康安和其母親一起合謀，要用毒藥了結她的生命。馬春花真可憐，她以為自己是誰？她甚至還坦然地把胡斐推薦給福康安。福康安這享受著人間豪侈的尊貴人物的想法，又是一般人所能簡單測度的嗎？

物欲的過份滿足早已使這些尊貴的人成為非人，他們已不是人民的同類，他們的內心早已出賣給了魔鬼。

胡斐見福康安滿臉春風，神色甚喜，以為「這人全無心肝」，兒子被搶，也全不在乎。不知這與兒子被搶與否，全無關係。此是做大官者最拿手本事，此時就是他死了爹媽，在外面見人，也會照樣笑得出來，所謂官場的厚黑學，正合此景。

福康安設天下掌門人大會，讓武林各門各派排定坐次，是存心挑起武林各門派的紛爭，讓武林中人自相殘殺，清人好坐收漁利。此所謂二桃殺三士之故事，反清復明的紅花會當然要來攪散此會。

十大壞蛋上榜人物中，福康安排名第八。

·排名第七

霍都：多出幾道難題而已

武功：★★★　智商：★★★★　情商：★★★

壞蛋指數：★★★★　攻擊力：★★★

英雄大宴中，忽然霍都王子、金輪法王一行前來攪局，一時精采紛呈，甚是熱鬧，三場賭局定下，好戲開演。

朱子柳以書法入武功，《射鵰英雄傳》中已見過，不足為奇，他本已勝出，無奈霍都突襲暗算，吃了悶虧；點蒼漁翁為師弟報仇，大戰達爾巴，又無奈兵器被震斷，英雄無用武之地。三場賭局眼看輸了兩場，大勢不妙，終於輪到楊過露一手了。

楊過一出場，先博一個口彩。

「小畜生罵誰？」「小畜生罵……」，楊過討便宜的套子，頗有韋小寶的幾分神韻。霍都上當入套，一而再再而三，後來還要叫楊過「爺爺」，虧金大俠想得到寫得出。

接下來楊過用其機緣湊巧學來的打狗棒法，戲鬥霍都，一邊插渾打科，一邊奇招疊出，過癮之極，就是在性命相搏的緊要關口，楊過還念念不忘小龍女，竟為了討小龍女歡喜，捨威力奇大的打狗棒法不用，以「玉女劍法」大戰霍都；最後楊過以其人之道還治其人之身，收拾下霍都。

霍都這個反角和壞蛋，也是應景人物，並沒有什麼出奇之處，只不過是給我們的主角們多出幾道難題而已。

十大壞蛋上榜人物中，霍都排名第七。

·排名第六

歐陽克：拚死要作花下鬼

武功：★★★ 智商：★★★ 情商：★★★

壞蛋指數：★★★★ 攻擊力：★★★

歐陽克，身陷荒島，才脫性命之憂，色心即起，黃蓉心下焦急洪七公的傷勢，和歐陽克牽手抬著洪七公上岸，歐陽克卻想入非非，只管去感受黃蓉「柔膩溫軟的小手」，又想到「得與佳人同住於斯，縱然旦夕間就要喪命，也是心甘情願」，此謂色膽包天，可發一笑。

此段中最好看之處，是黃蓉秀眉豎起，兇神惡煞，而歐陽克卻訕訕自嘲，陪著小心，兩下心境，成一絕對。

洪七公身處絕境，竟將丐幫幫主之位傳給黃蓉，此在意料之外，卻是情理之中，實是合宜之極，好看。郭靖已學成降龍掌法，此時黃蓉學會打狗棒法，此又是一佳話。

歐陽克拚死要作花下死的風流之鬼，求仁得仁離死也差不多了，黃蓉布下機關，歐陽克色迷心竅，就此鑽入，被巨岩壓住下半身，實是自討苦吃。

十大壞蛋上榜人物中，歐陽克排名第六。

·排名第五

石中玉：教育失策的悲劇

武功：★★★　智商：★★★★　情商：★★★

壞蛋指數：★★★★　攻擊力：★★★

丈夫明理，妻子賢慧，偏偏卻有一個不爭氣的闖禍的兒子。這是世上最無奈的遺憾事，最可憐天下父母心。

石清將兒子石中玉，送到雪山派大弟子「風火神龍」封萬里門下學藝，倒不是看重雪山派多了不起的武功，而是為了他們無法教好自己的兒子。

石清閔柔二人，說他們教子無方，一點也不為過。

夫婦兩人拿頑劣的兒子沒法，便想假借他人之手來代他們管教兒子，其實這更是不明不智，不負責任。

試想石中玉這樣在蜜水中泡大的頑劣小子，連父母都拿他沒法，自然就更是天不怕地不怕。去了雪山派，當然不會服氣，當然要鬧出事來，胡鬧了之後想後悔，卻已來不及了。

這種教育失策的悲劇，作父母的真的先要好好內省。

話又說回來，石中玉這傢伙，闖的禍也太大了。在雪山派凌霄城中，他竟逼姦掌門人白自在的孫女，雖未得手，卻將雪山派攪得雞犬不寧，一塌糊塗。白自在的孫女受辱而跳崖自殺（其實沒死），白自在遷怒於人，將封萬里砍去一條臂膀。白師母又不滿丈夫的暴躁而離家出走，白師嫂痛失愛女而發瘋。

石中玉被加以「荒唐無恥，窮凶極惡」八字考評之語，真是一點也不過分。

石中玉闖了禍逃跑了，兒子的賬現在要算到父母身上來。雪山派就在石清閔柔的身上來要人。

兒子不爭氣，做出了有辱門庭之事，兩夫婦其實是有苦難言，心中痛苦不堪，無法排解。他們爭著要去赴俠客島喝臘八粥之艱險約會，其實是另一種逃避，想以此有益於人之舉動去一了百了，解脫煩惱。

十大壞蛋上榜人物中，石中玉排名第五。

·排名第四

吳之榮：吹牛拍馬沒有分寸

武功：☆　智商：★★★　情商：★★

壞蛋指數：★★★★★　攻擊力：☆

與慕天顏相比，吳之榮真的是太差勁了，只能一味吹牛拍馬，沒有分寸，沒有尊嚴，為謀取上司歡心無所不用其極，再卑鄙的事也做，所以這種人其實只能得寵一時，最終倒台最快，絕不會像慕天顏老謀深算穩坐釣魚台。

吳之榮以揭發《明史》案興起一場滔天文字獄而發跡，嘗到甜頭後，就此一發不可收拾，這次又將顧炎武、呂留良、查伊璜三人抓了起來，要在三人的詩文中，再找出謀反罪名興起冤獄。不料這次他告密找錯了人，找到了小寶。小寶小事馬虎，大節卻分明得很，就此機會要救出顧炎武三人，結果了吳之榮。

十大壞蛋上榜人物中，吳之榮排名第四。

．排名第三

段天德：戲份不多但卻很重要

武功：★　智商：★★★　情商：★★

壞蛋指數：★★★★★　攻擊力：★

《射鵰英雄傳》中有一個戲份不多但卻很重要的壞蛋，那就是段天德。段天德幹的壞事在金大俠的小說中並沒有什麼出奇和出格之處，但他卻和我們的大主角郭靖有重大的關係，甚至直接影響到大俠郭靖的成長。

全真派大俠丘處機被官府追殺逃至牛家村，結識了兩位忠良之後楊鐵心與郭嘯天。不料卻給郭楊兩家招來殺身之禍。郭嘯天被奸臣段天德所殺，丘處機追段天德至臨安法華寺，責令法華寺長老焦木大師交出段天德。焦木大師無奈之下在醉仙樓設宴，請來江南七怪做和事佬，醉仙樓上丘處機認定是焦木與段天德狼狽為奸，與江南七怪以內功鬥酒，雙方各顯神通大打出手，就在兩敗俱傷之時，段天德出現了。

段天德趁機殺死了焦木大師，帶走了郭嘯天的妻子李萍。丘處機與七怪一代俠士卻被小人捉弄悔恨難當，卻皆不服氣。於是丘處機提議，雙方分別找到兩位忠良的遺孤，並且教他們的孩子武功，十八年後讓他們醉仙樓比武以決勝負。

郭嘯天之妻李萍被凶惡的段天德所擒，歷盡艱辛，終於逃出魔掌，在荒漠的草原上獨自生下郭靖，險遭夭折。

江南七怪初遇郭靖時，郭靖還是個什麼都不懂的小孩子，他甚至說不出父母的名字，但對害死爹爹的壞人的名字郭靖卻咬牙切齒地記得很清楚：「他……名叫段天德！」

郭靖後來終於是為父親報了仇。

殺段天德一段，筆法多有深意，郭靖要殺段天德為父報仇，偏不是郭靖下手，而是楊康倏地躍起，噗地一聲將段天德頭骨打得粉碎。段天德死後，偏又是郭靖先哭，然後才是楊康拜在地上，磕了幾個頭，站起身來……想到母親身受的苦楚也痛哭起來。古人所謂春秋筆法，此處亦頗得其意。

十大壞蛋上榜人物中，段天德排名第三。

．排名第二

萬圭：人性的醜無以復加

武功：★★★　智商：★★★　情商：★★

壞蛋指數：★★★★★　攻擊力：★★

萬震山父子知道戚芳發現了真相，竟兇相畢露，要殺戚芳滅口。讀之最令人髮指的是，萬圭不僅不顧念夫妻情分，還要聽其父親的話，要斬草除根，連他們的女兒空心菜也要殺害，其人性的醜惡，真是到了無以復加的地步，這種人真是萬死不足贖其罪。

一直在暗中關注事態發展的狄雲，出來救了戚芳，以其人之道，還治其人之身，將萬震山父子二人用磚砌牆封在了牆中。

十大壞蛋上榜人物中，萬圭排名第二。

．排名第一

楊康：認賊作父不可救藥

武功：★★★　智商：★★★★★　情商：★★★

壞蛋指數：★★★★★　攻擊力：★★★

「比武招親」，本是極舊的一題材，金大俠信手拈來，寫得卻完全是另一番新意，另一種境界。穆念慈雖臉有風塵之色，但明眸皓齒，容貌娟好，可惜名字不對勁，與其義母包惜弱的名字，卻倒是絕妙一對，日後其命運的不幸，也相彷彿。

楊康出場，容貌俊美，武功又是不同凡響，楊康出招，穆念慈就中招，「世界上沒有無緣無故的愛，也沒有無緣無故的恨」，穆念慈死心塌地地愛楊康，究竟為那般？男人不壞，女人不愛，有沒有這說法？

楊康真是壞得有水準，「右臂抄去，已將她抱在懷裡」，還笑道「你叫人一聲親哥哥，我就放了你！」又脫下穆念慈的繡花鞋，「嘻嘻而笑，把繡鞋放在鼻邊作勢一聞」，輕薄一番，最後一笑，「招親嗎，哈哈，可多謝了！」

穆念慈「比武招親」的錦旗已剪得稀爛，郭靖茫然不解，「她不再比武招親了？」郭靖傻得可愛，卻不知穆念慈已芳心暗許。

楊康折斷小白兔雙腿，再來讓母親醫治，討其歡心，此事已足可批死楊康，對親生母親尚且如此玩弄權謀，惡已是他的本質，日後他種種不恥惡行，全是本性使然，全然不可救藥。

楊康居然拜梅超風為師，梅超風居然看得中楊康，物以類聚，人以群分，豈非真有如此道理？

楊康已經知道真相，還要認賊作父，已是不可救藥；郭靖要殺段天德為父報仇，偏不是郭靖下手，而是楊康倏地躍起，噗地一聲將段天德頭骨打得粉碎。段天德死得其所，偏又是郭靖先哭，然後才是楊康拜在地上，磕了幾個頭，站起身來……想到母親身受的苦楚也痛哭起來。古人所謂春秋筆法，此處亦頗得其意。

郭靖與楊康對拜八拜，結為兄弟，全忘了當日在趙王府中，看見楊康將兔子折斷腿給包惜弱醫治時全身顫抖的怒氣，郭靖勇則勇矣，智則差得太遠。郭靖與楊康同行，郭靖自然而然，心安理得，楊康卻甚不了然，心懷鬼胎。

天作孽，猶可活，自作孽，不可活。儘管黃蓉和歐陽鋒均有殺楊康之心，楊康卻終死於自己的歹毒和自作聰明。

十大壞蛋上榜人物中，楊康排名第一。

十三、十大皇帝排行

十大皇帝上榜人物：康熙、保定帝、鐵木真、忽必烈、皇太極、耶律洪基、順治、乾隆、崇禎、宋哲宗。

．排名第十

宋哲宗：最能紙上談兵的皇帝

武功：☆　智商：★★★　情商：★★

英明指數：★★　攻擊力：☆

《天龍八部》大結局寫武俠江湖的文筆，忽轉而莊重作史。金大俠以史筆寫宋哲宗，這一段約七千字左右，為文雖短，卻寫出了宋哲宗這個悲劇皇帝的神韻。

宋哲宗的悲劇，在於他的理想與他的實際能力距離太大，他更多地像一個紙上談兵的人物，理論上有許多想法，但在實際運用上卻缺少變通和從權的能力，難以處理諸種複雜矛盾和關係。

宣仁高太后，對宋哲宗從策立之初，到臨終囑託，都可以說還是相當盡心盡責，努力愛護和教育著這個小皇帝。宋哲宗呢，卻因這種過份周到的呵護而感到窒息和束縛，所以高太后一死，宋哲宗便要急不可待地改弦易轍，去實行他所崇敬的父皇宋神宗的變法之政策。但宋哲宗雖仰慕其父的敢作敢為，卻比其父的經驗和素質都要差，結果急功近利，適得其反。其志大才疏，其事業心和實績，其理想和現實能力，真的反差太大，陷入悲劇而不能自拔。

金大俠就史實上宋哲宗親政這一段，契入遼國對大宋的蠢動，契入蕭峰面臨胡漢恩仇的重大抉擇，非常的巧妙而又讓人信服。以此展開全書波瀾壯闊的落幕式，極具觀念上的衝擊力量。

十大皇帝上榜人物中，宋哲宗排名第十。

·排名第九

崇禎：可悲可憫氣數已盡

武功：☆ 智商：★★★ 情商：★★

英明指數：★★ 攻擊力：☆

崇禎皇帝是袁承志的殺父仇人，是個剛愎自用的特級混蛋，但當袁承志親眼看見崇禎皇帝時，袁承志的觀感又要複雜得多。

袁承志甚至還救了崇禎皇帝，表面的原因是因為這是先國後家，先公後私的大義，而更深層次的原因卻另有兩個方面。

一是崇禎皇帝是阿九的父親，二是崇禎皇帝又是一個頗能讓人同情的悲劇人物，袁承志心想「他做皇帝只是受罪，心裡一點也不快活！」

崇禎是一個可悲可憫的氣數已盡的末代君王，他勵精圖治卻又積重難返，他內心後悔卻又不肯認錯，一句「諸臣誤朕」的遺言，證明了他剛愎自用，至死未悟。

十大皇帝上榜人物中，崇禎皇帝排名第九。

．排名第八

乾隆：風雅外表下的骯髒嘴臉

武功：★　智商：★★★★　情商：★★★

英明指數：★★★　攻擊力：★

乾隆形象不凡，絕不因為他是反角而概念化地將其寫得瑣屑平庸。

看乾隆形相清癯，氣度高華，確有龍鳳之姿。更兼之他能詩善琴，溫雅儒籍，談吐得體，境界不俗，頗有一大政治家領袖人物風範。

乾隆能識人，且亦有雅量，一上來就將絕世稀珍的古琴贈與素不相識的陳家洛，這不是尋常帝王能做得到的事。

乾隆的過人之處，還在於身分已明之時，敢於赴陳家洛西湖賞月之約。

不過，乾隆的這些好處，這種好的形象，沒過多久就開始自動破碎了。

獨夫畢竟是獨夫，乾隆風雅的外表之下，終於還是露出其貪色貪欲骯髒的嘴臉來了。

西湖花船之上，酒不醉人人自醉，乾隆聽了玉如意的歌，見了玉如意之色，身子已酥了，心中盡在盤算著好色之事，早把那些仁義禮信拋諸腦後了。

陳家洛回海寧的故園探望家鄉，謁拜父母的墳墓以寄託哀思，沒想到在這裡又見到了乾隆。這時乾隆已經知道了陳家洛就是他的親弟弟。

乾隆聽到陳家洛傾述對母親的秘密思念，也真實地怦然心動，握著陳家洛的手而顫抖，兩人之間從來沒這麼貼近過。

對陳家洛的好意，乾隆此時確是發自內心的。而陳家洛內心對乾隆的印象也有了極大的改善，這成了陳家洛日後信任乾隆的感情基礎，也是陳家洛日後悲劇發生的隱在原因。

乾隆到西湖去湊熱鬧，選花魁，這是他的本色事體，他自然最拿手，如魚得水。

紅花會群友趁乾隆嫖興正濃之際，活捉了他，將他劫走秘密轉移。

陳家洛和乾隆那種以前的微妙的親情，還是煙消雲散。乾隆的富貴逼人，為富不仁的本色，最後顯露出了其已不需要作偽遮掩的醜陋來。但是缺乏政治經驗的陳家洛，還是幼稚和不能醒悟。他已孤注一擲地信任著乾隆，讓一種渺茫的希望的幻景徹頭徹尾地佔據了他的理智。

陳家洛的心上人香香公主，現在給乾隆抓在了皇宮中關著，由對陳家洛的嫉妒怨憤，乾隆轉而要利用陳家洛急功近利的幼稚的政治熱情。乾隆心中已生出毒計，一石二鳥，既要得到香香公主，又要擺脫陳家洛這個心腹之患。

乾隆不僅自私卑鄙而且還懦弱膽怯，在政治的漩渦中他身如浮萍，同樣身不由己。此一時，彼一時，六和塔上他為形勢所逼的誓言，現在在太后的淫威之下，已經徹底瓦解。十大皇帝上榜人物中，乾隆皇帝排名第八。

·排名第七

順治：性格軟弱胸襟不夠

武功：★　智商：★★★　情商：★

英明指數：★★★　攻擊力：★

《鹿鼎記》中，順治原來並沒有死，而是因董鄂妃逝世，傷情難以自持，看破紅塵，去了五台山當了和尚。順治雖然當了和尚，但並未就此諸事全了，他還記掛著愛妃不明不白的死，吩咐了海大富暗中查訪，並授權給海大富，要他見機行來，殺了元兇，代他報仇。

順治出家的消息暴露後，喇嘛要來找他，神龍教中人也要來動手，實是情形堪危，但順治還是學老僧入定，一切隨他，小寶只好露出身分，以調遣官兵來守山作逼，此辦法也未能奏效。

小寶又出主意，想和雙兒一起劫走順治，以免順治被敵人搶走。玉林卻早已作好安排，請來少林十八羅漢護寺，小寶這才放下心來。見到了順治，小寶懂得攻其致命弱點，激怒順治，這才使順治承認了自己的身分。

寫順治，也寫其作為真實的人的真情流露。順治雖然出家，但父子連心，對康熙是極牽掛，說到康熙懂事，以朝廷大事為重，不覺聲音哽咽，掉下淚來。小寶瞅準時機，順杆爬上，連忙將太后陰謀詭計等等要言不煩說出，真說動了順治。

順治要小寶回去告訴康熙「永不加賦」四字，此亦是開明仁君，功德無量。《鹿鼎記》中的順治，還是不失為一個好皇帝，只是性格軟弱，胸襟不夠，遇事看不開，只有走逃避這條悲劇之路。

康熙比順治要高明得多，既是仁君，又有擔當，更有一個人之所不能忍的一個忍字，終能成就大業。太后雖然狠毒，但順治還是心慈手軟，要小寶告訴康熙，不可對其失了禮數，不可有怨恨之心。順治卻不知人無害虎心，虎有傷人意，對敵人的仁慈，最後會給自己帶來毀滅的悲劇。

十大皇帝上榜人物中，順治皇帝排名第七。

・排名第六

耶律洪基：官場多此忘恩負義之徒

武功：★★　智商：★★★★　情商：★★★

英明指數：★★★★　攻擊力：★★

蕭峰和女真朋友打獵時遇到一隊契丹人，交戰起來蕭峰自是所向披靡，擒得其首腦。後來蕭峰見其人頗有英雄豪傑慷慨大氣風度，遂起惺惺相惜之意，平白就要放了那人。那人感激之餘，對蕭峰甚為佩服，兩人就此結為兄弟。

蕭峰義釋和結拜的兄弟竟是大遼國契丹皇帝耶律洪基。蕭峰這次落葉歸根，真正做了契丹人，而且還是官位很大的契丹人，這是命運的諷刺，亦是命運的恩賜。

蕭峰結交耶律洪基，反倒是耶律洪基的福氣。

蕭峰本不想做官，要帶阿紫不辭而去，卻見耶律洪基變生肘腋，面臨危險，這才留下來為耶律洪基助一臂之力。

蕭峰自有大丈夫大英雄的豪氣，段譽這等書生可與之論交，耶律洪基這等皇帝也一般看待。只認兄弟，不管其他。同甘共苦，而非趨炎附勢。這才是真正義之所在。

挽危瀾於既倒，蕭峰再次成為耶律洪基的救命恩人。在極危險緊急的情況下，蕭峰為大局著想從權接受了耶律洪基南院大王的封號。

耶律洪基不僅封以蕭峰高官，還指望他領兵南下，進攻中原。耶律洪基躍馬立丘，顧盼自豪，頗有幾分王霸之氣象。蕭峰不接受耶律洪基宋王之封號，帶遼兵攻打大宋，耶律洪基惡念頓起，全然忘記當年蕭峰是如何救他性命。

政治官場，多此忘恩負義之徒，任是英雄好漢純良本質，也會被權力的毒劑腐蝕扭曲。十大皇帝上榜人物中，耶律洪基排名第六。

‧排名第五 皇太極：天縱英明也有致命弱點

武功：★　智商：★★★★　情商：★★★

英明指數：★★★★　攻擊力：★

皇太極是袁承志除崇禎之外另一個大仇人，袁承志前去刺殺他，但讓袁承志和讀者都沒有想到的是，皇太極與范文程等商議朝庭大事，表現出的卻是向善的一面，英明透徹、寬容合理，代表著文明和進步的一面，甚至讓袁承志聽了之後，只覺句句入耳動聽，渾然忘卻行刺之事。

寫皇太極的行止，寫得極為高明，著眼之處超越、高撥，決不是概念化和簡單化，一種站在歷史之上的高度，帶給讀者以更深刻的思考和回味。

袁承志行刺皇太極，卻失手被擒。饒是他有一身驚世駭俗的絕世武功，逞匹夫之勇，卻毫無用處，這似乎是金大俠要告訴我們的。袁承志雖然想繼承其父親的遺志，但他的見識、眼光與他父親相比卻差得太多。他的心中，僅僅是有太多的仇恨，但這卻是不夠的，對於歷史、政治、社會、人生，他的認識和所知實在是太有限了。

相比之下，皇太極的境界，實在是比袁承志要高了許多。儘管袁承志對皇太極有太多刻骨的仇恨，皇太極卻實在並沒有把他當回事，把他的重要性看得很低，以至於擒住袁承志之後，並沒有用心看守住他，讓他有機會逃走。

天縱英明的皇太極，同樣也有他自身的練門和致命的弱點。滿清的宮闈，正如所有的獨裁集權的政治黑幕一樣，充斥著淫亂和骯髒，皇太極莫名其妙地死在了宮闈的陰謀之中，袁承志目睹了這一切，目瞪口呆，為之驚異和心緒不寧。政治和權術複雜程度，遠遠超過了袁承志的理解和想像，他心中空茫茫的一片，無從著落，這是一種準確和驚人的寫照。

十大皇帝上榜人物中，皇太極排名第五。

·排名第四

忽必烈：謙和的背後另有雄才大略

武功：★ 智商：★★★★★ 情商：★★★

英明指數：★★★★ 攻擊力：★

《神鵰俠侶》中寫忽必烈，不同一般梟雄，竟是儒雅氣象，不過，漸漸看到其用權術、用智謀，其謙和平易的背後，另有一種雄才大略。

十大皇帝上榜人物中，忽必烈排名第四。

·排名第三

鐵木真：王者之相，一代天驕

武功：★★ 智商：★★★★★ 情商：★★★★

英明指數：★★★★★ 攻擊力：★★

鐵木真英雄，排兵佈陣，調度得法，指揮有序，勇謀皆備，權術精妙，真有過人之能，有王者之相，一代天驕，絕非浪得虛名。鐵木真英雄，實已近奸雄。

寫哲別英雄，英姿颯爽，箭術百步穿楊，血性漢子，一片赤子之心，心口如一，全無機謀，敢做敢當。哲別英雄，與鐵木真相比，終究是氣魄不夠，模樣見小，他終為鐵木真收用，實是相宜。

王罕英雄，卻是過時的英雄，偏偏有一個不爭氣的活寶兒子桑昆，沒有本事，卻又不能容人。哲別受桑昆之辱後，鐵木真親自給哲別敬酒，胸懷真是大極。面臨桑昆侮辱性的挑畔，四眾都忿忿不平，鐵木真卻神色自若，氣魄又是大極。鐵木真乃人中龍鳳，出頭自是指日間事。

桑昆與札木合安排詭計要害鐵木真，鐵木真蒙在鼓裡，幸有郭靖急馳小紅馬追上去報信，場面已經拉開，雙方短兵相接，就要有一番大廝殺，但力量的對比，卻太過懸殊，鐵木真這邊的隨從只有數百人，桑昆一方的追兵卻有數千人，千鈞一髮，危如累卵，雖有郭靖哲別等人箭術神奇，但追兵勢大，如潮水般湧來，哪裡抵擋得住！

鐵木真言：「要是肯拋下朋友部將，一人怕死逃走，那便不是你們的大汗」，好言辭！好漢子！難怪日後能成一番大事業！

救兵終於來了。鐵木真脫困，不僅未加追究，反而厚禮卑辭送走都史，並且假裝胸口是箭，受了重傷。八日之後，鐵木真大兵忽如天降，殺得王罕、札木合潰不成軍，取得決定性的勝利，鐵木真終於成為了「成吉思汗」，事業向巔峰走去。

《射鵰英雄傳》的大背景中，最後金國之敗已成定局，成吉思汗戰績赫赫，事業如日中天，蒙古軍已揮師直搗金人老巢，千軍席捲，勢如破竹，情緣孽緣，又擺到了桌面上。

成吉思汗的戰書，六字真言，「你要戰，便作戰」，好！一代天驕，形象栩栩如生，讀此，恍惚如讀歷史，渾然忘了這是金大俠在寫武俠小說。

十大皇帝上榜人物中，鐵木真排名第三。

‧排名第二

保定帝：第一有道之仁君

武功：★★★　智商：★★★★★　情商：★★★★

英明指數：★★★★★　攻擊力：★★

皇室的威風和氣派，絕非一般江湖中名門大派可比。為了救段譽，甚至保定帝也御駕親征，還帶著隨從逢山開路遇水搭橋，將萬劫谷大門蕩為坦途。

雖然說是段氏皇室還遵從祖先遺風，大面上還要遵守武林規矩，但骨子裡並不是那麼一回事。

皇室和平民的差距，不可能簡單平等對待的。

保定帝確有龍象之姿，看他或微笑，或搖頭暗笑，或緩步上前，處處都是正大莊嚴、不急不躁、不忙不亂，舉手投足，甚合九五之尊身分。當他得知四大惡人之首段延慶原是失蹤的正牌皇子之時，仍然處變不驚，言對得體。

「正明身為一國之主，言行自當鄭重。」保定帝為金大俠書中第一有道之仁君。君為輕，民為重，天下非天子一己之天下，民為主，君為客，君為民僕，萬方有罪，罪在朕躬。

保定帝能有如此類似的開明思想，真是了不起。

當不當皇帝倒是小事，重要的是要讓天下百姓平安，豐衣足食，四境升平。所以雖已明知段延慶是正牌皇子，但卻怎能執著於小仁小義，將皇位傳給無德之人？矛盾不可避免，但還要以國事為重。

十大皇帝上榜人物中，保定帝排名第二。

・排名第一

康熙：聖明仁君完成俠之大者

武功：★★　智商：★★★★★　情商：★★★★★

英明指數：★★★★★　攻擊力：★

《鹿鼎記》中，小皇帝也是孩子，同樣有少年人愛玩鬧的天性，正是這一點，小玄子把小寶當成了寶貝，小寶的本色，小寶的真，是小玄子夢想也難得到的東西。皇帝雖然貴有四海，但他卻得不到普通人那種真心相待的感情，不論是友誼還是愛情，皇帝都沒有，如果有，也是變質串味的東西，所以做皇帝，其實也有極孤獨和可憐的地方。小玄子是幸運的，他找到了活寶小寶。這個假冒的糊塗的小太監，居然不能從服飾上認出小皇帝來，一上來就和小皇帝頑皮打鬧，真把小皇帝給樂翻了。

又是機緣湊巧，小寶也會那麼一點武功，比小皇帝差一點，又差不太多，兩人打鬥起來，小皇帝雖然十分費力氣，但最後還能占一點上風，維持和保護了自己的虛榮和尊嚴。愈是這樣，小皇帝就愈喜歡小寶，真的把他當成了小哥們。如果事情相反，小寶或是不堪一擊，或是武功太高，那就沒戲了，這小哥們的友誼也建立不起來了。

《鹿鼎記》第一回的立意，逐鹿和問鼎，本是要反抗暴力，詆斥君權。但寫康熙，卻完全是從正面來寫，賦予他積極善良的意義。康熙被寫成了一個好皇帝，少年的他，也是有非凡之處，說得上是英明和果斷，他明明恨極了鼇拜，但他知道鼇拜手握重權，是難纏難扳動的人物，沒有策劃好之時，他依然能壓抑怒火，控制自己，不僅不怪罪鼇拜，反而順著鼇拜的心意去殺蘇克薩哈。康熙真是一個天生的政治人物，能如此退讓隱忍，另圖大事，他小小年紀，實在不容易。康熙不願在小寶面前顯得沒有主意，這也是他做領袖人物的高明之處，要維持自己的神話和尊嚴，給下屬永遠要有信心和希望，天大的難題也能一肩承擔。

康熙仔細分析宮中刺客絕不會是吳三桂派來的，其中有三處可疑的地方，韋小寶聽了佩服，這次卻不是討好，而是真心誠意的了。少年皇帝的英明聖斷，於此已可見一斑了。最後康熙罵了句「他媽的」，惹得韋小寶心花怒放，果然是少年哥們。英明的皇帝中，心中也隱藏著幾分韋小寶式的流氓習性，人性是複雜的，沒有一張白紙似的純白的聖賢。

寫康熙，是把他當作真實人物來寫，寫他和普通人一樣有喜怒哀樂。康熙少年皇帝，事事如意，但午夜夢迴想到父母早亡，還是會流淚哭泣，此真實細膩，使康熙這個人物在小說中有了立體感、層次感，內涵豐富起來了。知道了父皇未死而在五台山出家，又知道了太后如此陰險毒辣，康熙是驚喜交加，但這個少年皇帝的厲害之處，在於此時還能沉住氣，不動聲色，一切忍耐下來，要小寶先去五台山查個明白，作好準備，有萬全之策，無後顧之憂時，才會對太后發難。

康熙和小寶夜探慈寧宮，又是少年人愛玩冒險心性，其實是極擔風險。如果露出痕跡，局面便會不堪收拾。探明了真相，康熙怔怔落淚，反覆思量，是一個小大人，又極有擔當。

康熙盼得小寶平安回來，見面就一句「他媽的」，這憋了多日的秘密切口，正體現二人之間少年人真誠不藏私的友情。貴為天子，還是和常人一樣，其尊貴和威嚴的面具下，有真實的人性弱點，一樣會愛會憤，會喜會悲。聽小寶講了順治在五台山出家，以及要小寶轉告給他「永不加賦」的一席話，康熙不覺怔怔流出了眼淚。他畢竟不如常人，可以無拘無束地隨心所欲表露情感和行事，他的權力帶給他更多的責任，使他有更多的避忌，考慮更多的後果。

康熙給小寶的密旨，以四幅圖畫示意，這是亙古未有之事，只能發生在這一對少年哥們身上，天大之事，還是離不了童心童趣。小寶在少林寺出家只是過渡和幌子，正經差事是藉此機會帶少林寺武僧去五台山保護順治，以此遮人耳目，不會興師動眾。康熙的機心，確是巧妙。

康熙和順治父子相見那種真情流露之處最為感人。

寫康熙和順治父子相見的場面，是虛寫和側寫，著筆不多，只見康熙抱著順治雙腳放聲大哭，而順治也熱淚滾滾，輕摸康熙的頭頂，說道：「癡兒，癡兒。」而後重點渲染康熙順治父子相會的心情激蕩，是康熙從順治的房中出來，心潮澎湃，拉著小寶同在門外庭前階石上並肩而坐一番談心。

康熙少年皇帝，擔當諸多國家大事，外表英明聖斷，其實內心一樣有柔弱處，本有父王可以依託和分擔，但順治出家，千斤重擔只能一人承擔。平日他是絕不會如此推心置腹將自己的想法說給小寶聽的，此次真情激蕩，不能平靜，而小寶這少年哥們，就成了康熙最好的談話對象。

對順治父子連心的感情，體現在康熙對小寶說，他永不敢忘順治所囑愛惜百姓，永不加賦這句話上。戀戀不捨，渴望父愛，渴望友情的理解和支持，康熙是個有血有肉很重感情的開明仁君，做皇帝，要對得起天下的百姓，這樣的想法，真是不容易，不由得讀者不喜歡這個深情重義的少年天子。

對社會的認識，康熙也是極深刻和明達，他甚至能理解漢人對清人的憤怒和不滿，承認清兵入關殺人放火，害死無數百姓是做的大大的惡事，所以他想當好皇帝，對漢人百姓仁愛和給予補償和贖罪。對當前政治形勢，康熙更是分析精闢，瞭若指掌，他知道矛盾的關鍵是在平西王吳三桂處，吳三桂是他政權最大的威脅，但又不能急於求成。心中無數的家國大事，康熙只能把渴望父愛的親情先收拾起來，放過一旁，最終不得不離開父皇之時，康熙再次泫然欲涕依依不捨。

康熙對小寶談了這許多心事，小寶雖是忠實聽眾，其實似懂非懂，不過康熙對他的這種友情，小寶絕不是不知的。九難行刺康熙，小寶挺身而出代康熙捱了一劍，這見出小寶的真心和感情。

康熙這個少年皇帝，確是有非凡過人的才能，見識之高，讓人佩服。身處深宮，卻對天下大事瞭若指掌，運籌帷幄之內，決勝千里之外，這天地會英雄們的反清復明大計，是沒有指望了。凡是愛惜百姓，必能享國長久，天下不是一人之天下，而是百姓之天下，能想到這些治國安邦的道理，康熙的龍庭自然可以穩坐。書中插入南懷仁、湯若望為康熙授課一段，足以見出康熙的開明和啟蒙意識。

康熙這個聖明仁君的角色，當得也絕不輕易。他為之犧牲多少正常人都能得到的快樂，沒有人會去體諒他。日夜操勞，縈懷於國家大事，小寶和建寧公主在胡天胡地之時，康熙還在對著地圖發楞。比較起來，小寶真是討巧和快樂得多了。讀此書，沒有哪個讀者願意當康熙，誰都願意是小寶，只憑虛妄的言辭和福氣，便能搞定一切。

康熙對吳三桂的分析，對開戰局勢的判斷，處處見出其雄才大略之處。大局時決定，並不在幾場戰事的勝負之上，幾座城池的得失之人，康熙全國一盤棋，要以整體的實力和厚勢勝出，不在局部上和吳三桂爭執，他做好三五年甚至七八年持久戰的打算，要把吳三桂拖垮，累得精疲力竭，再作大反攻的決戰。當皇帝的能有如此長遠眼光，不好大喜功，確是不容易。康熙的精明之處，一再讓讀者吃驚，更讓小寶吃驚。小寶抄鼇拜家所得寶衣之事，康熙居然也知道，小寶真的要冒身冷汗了。

康熙聖明仁君的正面形象，最後作了一個總結。愛惜百姓，勵精圖治，天下太平，百姓安居樂業。康熙做到了大俠們想做但沒有辦法做到的大事。金大俠十五部武俠小說，主旨八個字「為國為民，俠之大者」，若以此八字觀之，康熙才算得上是最成功的俠之大者。身為異族統治者，卻能想到天下百姓一視同仁決不絲毫虧待漢人。康熙憂國憂民，聽見台灣颱風為災，便悶悶不樂，眉頭不展，甚至淚光瑩然，而且立即裁減宮女太監，減衣減膳，省下銀子去救世濟災民。這些悲天憫人的大俠胸懷，確是值得大書一筆。由聖明仁君而完成俠之大者的美好理想，這也是金大俠十五部武俠小說的最後反思，深具諷刺和警世意義。現實生活中，俠，是沒辦法行得通的。

十大皇帝上榜人物中，由聖明仁君而完成俠之大者的美好理想，康熙理所當然排名第一。

十四、十大僧道排行

十大僧道上榜人物：玄慈、渡厄、渡劫、渡難三大神僧、枯榮長老、黃眉僧、澄觀、鳩摩智、全真七子、武當七俠、函谷八友、無塵道長。

・排名第十

無塵道長：原來也有一段傷心苦戀

武功：★★★★　智商：★★★　情商：★★

修行指數：★★★　攻擊力：★★★

《書劍恩仇錄》中，劍術第一的是「追風快劍」無塵道長，無塵道長的劍術隨心所欲，很是高明，特別是與乾隆的御前侍衛「一葦渡江」褚圓比劍一段，給人留下深刻印象。

無塵道長戲弄褚圓，將褚圓全身衣服割成碎片，七零八落，不成模樣，甚至將褚圓頭臉的辮子、頭髮、眉毛全部剃得乾乾淨淨，最後將褚圓的褲帶也給割斷了。

紅花會群雄黃河邊救文泰來，陳家洛不敵張召重，無塵道長接上大戰張召重一段，在此極緊要關頭，忽插以閒筆，介紹無塵道長來歷，無塵道長原來也有一段傷心苦情的畸戀。

無塵道長缺了左臂，因此腿上功夫練得出神入化，以補手臂不足。

原來無塵道長少年時混跡綠林，劫富濟貧，做下了無數巨案。無塵道長武功高強，手下兄弟又眾，官府奈何他不得。有一次無塵道長見到一位官家小姐，竟然死心塌地的愛上了她。那位小姐卻對無塵道長並沒真心，受了父親教唆，一天夜裡無塵道長偷偷來見她之時，那小姐居然要無塵道長把一條手膀砍來給她，以證明無塵道長是真心愛她。

這本來是一件無理和荒唐的事情，無塵道長竟然一語不發，真的拔劍將自己的左臂砍了下來。無塵道長痛暈在地，埋伏的許多官差，便湧了出來捉住了他。

無塵道長手下的兄弟打破城池將他救出，又把小姐全家都捉了來聽他發落。眾人以為無塵道長不是把他們都殺了，就是要了這小姐做妻子。哪知他看見小姐，心腸一軟，叫眾人把她和家人都放了，自己當夜悄悄離開了那地方，心灰意懶，就此出家做了道人。

無塵道長人雖然出了家，可是本性難移，仍是豪邁豁達，行俠江湖，被紅花會老當家于萬亭請出來做了副手。

知道了無塵道長來歷，無塵道長的形象頓時生動了許多，不再是一呆板的配角人物了。

十大僧道上榜人物中，無塵道長排名第十。

·排名第九

函谷八友：最不務正業的武林人物

武功：★★★ 智商：★★★★★ 情商：★★★

修行指數：★★★ 攻擊力：★★★

逍遙派的門風似乎確是太逍遙，不拘一格，隨心適性。做祖師爺的無崖子且自逍遙，不去約束徒弟，不去防範家賊的反骨。

做師父的蘇星河倒是忠實地學習無崖子的諸般雜學，師傳門門絕技都學通了，但最重要的武功卻不能精深，揀了芝麻丟了西瓜。

做徒弟的函谷八友，一代不如一代，更是受了「逍遙」之害，只求一味快適意，武學的正途未深入門徑，分心旁騖，都於旁門末節上花了太多功夫。

無崖子聽任蘇星河只通不精，蘇星河更是不僅不去點醒函谷八友要務正業，更對函谷八友的雜學褒獎有嘉，用心指點。

只有一個丁春秋一門心思鑽研武功，一門心思要算計大家，最後的結果當然是逍遙的反而不能逍遙，不逍遙的得計卻逍遙得得意自在。

君子可以欺之以方，小人不能不防，此是險惡世界生存的硬道理。

無崖子是真天才，學究天人，胸中包羅萬象，不僅武功蓋世，琴棋書畫，醫相星卜，工藝雜學，貿遷種植，無一不會，無一不精。此種人是不出世的奇才，能達到如此境界，如此修為，不僅有天賦，還要靠一點運氣。

蘇星河也算不錯了，但天份和運氣卻要差上幾分，所以儘管已是真誠努力了大半輩子，也只能學得其師父的幾分似是而非，通倒是通了，精則遠不可能。

函谷八友無疑又要等而下之，天分和運氣，連蘇星河也趕不上，終於是畫虎不成反類犬，大而不當，最後只有大吃丁春秋的悶虧。

學我者生，像我者死，天才真的是不能模仿的，此為後世學者之大戒。

蘇星河後來痛悔於丁春秋的欺侮，於其行事有所覺悟，寫書函遣散八位弟子，從此裝聾作啞，不言不聽，創下「聾啞門」，想在「聾」和「啞」之際不再毫無節制地浪費精力，專心研究武功，以圖對付丁春秋，不過已為時晚矣！

雖然如此，函谷八友，在此一回的表現，還是有不俗之處，給人留下深刻印象。

函谷八友，首先是至性之人，對師父的感情，對同門的友誼，看得很重，以致蘇星河已不再認他們為弟子時，還結伴在一起切磋，以寄託懷舊傷感之哀思。

縱觀各人，雖各擅長一技，但在金大俠小說中，還更另有神乎其技的人物，他們並不是最高明的。

如康廣陵的琴藝，當然不如《笑傲江湖》中的任盈盈、曲洋、劉正風。

范百齡觀珍瓏局幾乎嘔血斃命，似乎也不見高明。

薛慕華的醫術，又比不上胡青牛、平一指的駭俗驚世。

如此等等，函谷八友給人留下的印象，可以褒獎之處更多的是其性情的梗直，嫉惡如仇，寧死不屈，知其不可為而為之的大無畏勇氣。

函谷八友，大哥康廣陵，習琴；二哥范百齡，學的是圍棋；三哥苟讀，是個書呆；四哥吳領軍，擅丹青；五哥薛慕華，是所謂薛神醫；六哥是馮阿三，是巧匠；七妹石清露，是藥花聖手；八弟李傀儡，學演藝。

十大僧道上榜人物中，函谷八友排名第九。

·排名第八

武當七俠：性格不同各有特色

武功：★★★★　智商：★★★　情商：★★★

修行指數：★★★★　攻擊力：★★★

武當七俠中，各人的性格不相同，各有各的特色。宋遠橋慈和，俞岱岩精練，俞蓮舟嚴肅，張松溪機智，張翠山儒雅，莫聲谷剛直，殷梨亭排名第六，最為稚氣軟弱。

武當七俠中，除了張翠山之外，就算殷梨亭的戲比較多了。

殷梨亭更像一個善感多愁的少年，情感細膩而熾熱，為情所困所苦，也最看不開想不通。紀曉芙是他初戀的偶像，從此再也不能從他心中消滅。癡心失戀，殷梨亭很長一段時間形銷骨蝕，傷心落魂，不能從這意外而沉重的打擊中恢復過來，直到有了楊不悔，殷梨亭找到了移情的對象。

第一次在光明頂殷梨亭見到楊不悔，險些暈倒，「啊」地叫出聲來，身上發冷發熱，因為楊不悔「長挑身材，秀眉大眼，竟然便是紀曉芙」。殷梨亭的癡情和執著，同時也正是讓楊不悔對他感動和憐惜的主要原因。

十大僧道上榜人物中，武當七俠排名第八。

·排名第七

全真七子：名動天下表現並不怎樣

武功：★★★★　智商：★★★★　情商：★★★

修行指數：★★★★　攻擊力：★★★

全真七子名動天下，但真正的表現和境界，其實並不怎樣，只不過是二三流角色。全真七子有時簡直要和江南七怪境界差不多，也會不分好歹，一味蠻幹。最沒有道理是全真七子布下北斗陣大戰黃藥師，雙方都中歐陽鋒奸計，結果全真七子損失了一個譚處端，黃藥師也送掉了一個梅超風，實在是不智。

《神鵰俠侶》中全真七子的老大馬鈺見了郭靖道：「十餘年不見，你功夫大進了啊！」此話反過來讀，全真七子原地踏步，白活了不少年紀，長輩都是如此，怎能怪小道士呢？

難怪楊過從此再也看不起全真道士。

全真七子中，丘處機率直明快，虎虎生氣，雖急躁但有胸懷和氣度，應是第一人。《射鵰英雄傳》中，丘處機出場，銀粲飛天瓊瑤匝地，四下裡白茫茫一片，讀者眼中更只有丘道長斜背的長劍把上左右飛揚的黃色絲縧豔麗驚心。

丘處機和江南七怪的十八年賭約的提議，確是高妙。此一賭，應是金庸小說中之第一豪賭，賭的已不是金錢、不是意氣，而是仁慈、豪情、智慧、耐心、俠道的真義。「人生如露，大夢一十八年，天下豪傑豈不笑我輩癡絕耶？」能出此語，丘道長的境界畢竟不俗。

馬鈺的境界，比江南七怪不知高明多少，馬鈺的風格是認真和仁厚，教郭靖高明內功一段，一句「你這孩子很有志氣」，一語中的，孺子可教也！半年之後，郭靖身輕足健，武功大進，「江南七怪只道他年紀大了，勤練之後，終於豁然開竅，個個心中大樂」，讀到此，我亦心中大樂。

王處一的形象著墨不多，但其性格亦已活脫鮮明，其認真和仁厚有馬鈺之風格，其粗糙和嫉惡如仇的性急又彷彿長春子丘處機。王處一讚郭靖根基不壞，喜郭靖宅心仁厚，恕道待人，眼光自然比江南七怪高了許多。

王處一和郭靖是來找楊康問罪「比武招親」之事，楊康早已安排好來個死無對證，郭靖上當情有可原，王道長受騙，則顯出其粗疏和性急，不讓於其師兄丘處機，難為大器。趙王府中，王處一雖有粗疏之處，臨場急智的發揮還是乾淨俐落，以楊康相要脅，終於將郭靖安全帶出群狼惡視的險惡境地，不過與靈智上人最後對上一掌，雙方都吃了大虧。

赫大通其實是不通。《神鵰俠侶》中，赫大通道：「何必為一個小孩子傷了和氣？」小孩子不是人？可以當貓當狗打殺算了？全真道士參玄悟道，悟的什麼破道？

全真七子中，劉處玄與孫不二也不怎麼樣，《神鵰俠侶》中說他們兩人連袂北上想去對付李莫愁，那知李莫愁行蹤詭秘，忽隱忽現，劉孫二人竟是奈何她不得。

十大僧道上榜人物中，全真七子排名第七。

・排名第六

鳩摩智：佛法中的熱鬧光棍

武功：★★★★★　智商：★★★★★　情商：★★

修行指數：★★★★　攻擊力：★★★★

雪山大輪明王鳩摩智，法號響亮，有大境界大氣象，名字卻差了許多，確與其大反派角色相符。一封信就以黃金打製，哪像個得道高僧，分明是一熱鬧光棍。

段譽聽鳩摩智聲音親切謙和，彬彬有禮，絕非強兇霸橫之人，卻不知天下多少強橫惡徒，正要以謙謙君子形象撐門面。

愈是大奸雄，愈以精彩筆墨描，寫得鳩摩智好一派明星風光。

擺明垂涎於天龍寺六脈神劍絕世武學，偏要惺惺作態，找出許多正大光明理由，又是傷感，又是懷舊，又是誠懇，又是推心置腹，最後就又是威逼，又是利誘了。鳩摩智說得天花亂墜，使得聽者動容，聞者悱惻。看天龍寺中高僧之一本相大師極想與人方便，心下已有允意。大輪明王果然是有大智慧之人，果然是奸雄之祖宗。繼而鳩摩智展示少林七十二絕技中三種指力之時，本因、本觀、本參亦都怦然心動。

枯榮方丈不愧是天龍寺之精神領袖，三言二語，點醒夢中人。

段譽被鳩摩智擄走，要脅迫他交出六脈神劍心法，身處憂患苦境，但他豁達樂觀的高貴本性，使他能隨意而安。

來到江南，看到美麗的春色之時，依然是心懷大暢，醺然欲醉。死到臨頭還有這等閒情逸致，真癡得可愛，癡得出色。

歎鳩摩智枉許為異邦高僧，境界和覺悟哪能相比。日後鳩摩智在段譽手中點化頓悟成佛，正是相宜。鳩摩智確是要多向段公子好好學習學習。

天龍八部中有一種「迦樓羅」，是一種大鳥，翅有種種莊嚴寶色，鳴聲悲苦，以大毒龍為食。

段譽為龍，且服食過莽牯朱蛤，為一好大毒龍。

鳩摩智專門與段譽作對，且外表亦是冠冕堂皇，可配迦樓羅。

迦樓羅最後因食毒龍太多，體內毒發，自焚後燒去肉身只餘純青琉璃色之一心。

鳩摩智於此也很類似，最後吃了段譽的大虧，武功全失，反覺悟成佛，心地澄明乾淨。

十大僧道上榜人物中，鳩摩智排名第六。

·排名第五

澄觀：呆子和尚會湊趣

武功：★★★★★　智商：★★★　情商：★★

修行指數：★★★★　攻擊力：★★★★

小寶窮追爛打泡阿珂，中間又夾寫一個呆子和尚澄觀，寫得有趣，湊趣，大為增添了小說的喜劇性。

澄觀有一點像《神鵰俠侶》最後出現的少林寺高僧覺遠，但比覺遠更是不通世務，更為糊塗透頂，讓小寶當猴耍，幫著小寶去對付阿珂，還對小寶的高深莫測佩服之極，無時不在揣摸和學習小寶這位「師叔」玄機極深，禪理難明的指教。讀書人中有書呆子，澄觀則是佛呆子，武呆子。

小寶要找阿珂，阿珂卻送上門來，纏著小寶要殺他報仇洩憤，這阿珂其實頭腦也不好使，不明事理。阿珂愈是要找回面子，其實就愈是給小寶機會。終於在澄觀的幫忙下，阿珂落入了小寶手中。

十大僧道上榜人物中，澄觀排名第五。

·排名第四

黃眉僧：最有狠勁的有道高僧

武功：★★★★　智商：★★★★　情商：★★

修行指數：★★★★　攻擊力：★★★

段正明請來黃眉僧化解段譽和木婉清陷入困境之劫。黃眉僧對付段延慶下棋一段，堪稱經典文字。

一上來黃眉僧以鋼鐵所製木魚在大青石上劃橫線，段延慶以鐵杖劃分隔號，不久兩人就中規中矩劃出一張縱橫十九道的圍棋盤來，雖不真刀劍相見性命搏殺，氣氛場面也同樣駭人之極，扣人心弦。

更讓人吃驚的是黃眉僧的狠勁。

為了能執黑占先行之利，黃眉僧竟自剁一趾贏得先手。此等狠毒殘忍手段，忽從慈眉善眼有道高僧手中使出，連惡人之首段延慶也要為之側目。

佛法中有以身飼虎的故事，黃眉僧大概與此相差不遠了。

十大僧道上榜人物中，黃眉僧排名第四。

·排名第三

枯榮長老：佛法中的漫畫人物

武功：★★★★ 智商：★★★ 情商：★★

修行指數：★★★★★ 攻擊力：★★★

《天龍八部》中，枯榮長老名號出奇，相貌更出奇，發功之時半邊臉皮光滑有如嬰兒，半邊臉卻宛然皮包骨像半個骷髏頭。佛法中的禪意，形象為一幅漫畫。十大僧道上榜人物中，枯榮長老排名第三。

·排名第二

渡厄、渡劫、渡難三大神僧：德高望重卻不識好歹

武功：★★★★★ 智商：★★★ 情商：★★

修行指數：★★★★★ 攻擊力：★★★★★

《倚天屠龍記》中張無忌兩番大戰少林寺渡厄、渡劫、渡難三大神僧，是真功夫，大本事，有十分光彩，總算將平日許多畏首畏尾不尷不尬的平庸行狀補過許多，讓讀者仰視其氣吞山河的大氣勢。

渡厄、渡劫、渡難三位少林神僧，不通世事，被圓真（成昆）的花言巧語所迷惑，假其辣手對付天下武林高手。

渡厄、渡劫、渡難三人為有德高人，其實看過去，武功高是事實，有多少德卻不然。世間多有這般所謂德高望重之人，行事完全是老糊塗，自大自狂，自以為是，受人指派，助紂為虐，不識好歹，反而幹出許多敗德之事。

成昆畢竟是做賊心虛，張無忌在三位少林神僧面前細說從前，一一指證成昆的陰謀詭計，若是成昆能沉住氣，泰然處之，繼續圓謊，那三位神僧當然不會神到就此分出善惡黑白。成昆向張無忌下殺手偷襲，是低估了張無忌，不僅一擊不中，而且真的讓三位神僧產生懷疑。成昆智者千慮，終有一失。張無忌一貫好好先生示人以德的做法，也常有收到神效的時候。關鍵時張無忌不與三位少林高僧為敵，反對他們施以援手，不能不讓三位高僧心中生出慚愧。

十大僧道上榜人物中，渡厄、渡劫、渡難三大神僧排名第二。

・排名第一

玄慈：最有擔當的高僧

武功：★★★★★　智商：★★★★★　情商：★★★

修行指數：★★★★★　攻擊力：★★★★

玄慈與神山，並稱「降龍伏虎」兩羅漢。

玄慈是本書一個關鍵角色，但戲份卻並不多，唯見其德高望重，智方行圓，侃侃而談，機鋒過人，確有一代高僧風範。

神山則是等而下之，犯在一個「貪」欲上，好武，便垂涎於少林武學秘笈，起來攪渾水，想從中漁翁得利，此等人物，智識武功都不出色，難以給人留下印象。

虛竹大戰鳩摩智，論武功當然應該不在話下，但卻必須只使用少林寺入門功夫羅漢拳和韋陀掌來迎戰，就如同捆綁了手足，當然就吃虧之極了。饒是這樣，鳩摩智也大感吃力，最後還是用兵刃偷襲才傷了虛竹。

忽然梅蘭菊竹四劍出場，少林莊嚴寶剎，翻作嬉笑之所。虛竹尷尬，僧眾驚訝，鳩摩智卻有了話說。

少林寺僧如何處罰虛竹，就大費一番腦筋了。

虛竹護寺有功，但做出了如此多膽大妄為駭人之極的奇事，又犯了如此多的律條，他這少林寺和尚怎好再當？一時間各大有德之大和尚爭執紛紜，拿不定主意。

玄慈不愧為少林方丈，見事最為清明，平和之中又有凜然不可犯之正氣，當眾宣佈了對虛竹的處置，不僅要責打虛竹，要廢虛竹少林寺武功，還要將虛竹逐出山門，清理門戶。

玄慈得道知機，參悟了生死情仇，卻又擺不脫塵網俗套陷阱的埋伏。

書中最後，玄慈吩咐對虛竹執行杖責，掀開虛竹僧衣，露出他腰間整齊的九點香疤，引出葉二娘驚呼：「我的兒啊！」

讀者一驚，虛竹一驚，無惡不作的葉二娘，竟是虛竹親生母親！

虛竹的父親，竟是少林寺方丈玄慈。虛竹從小失散父母，又是蕭遠山報仇所賜！既造業因，便有業果。

玄慈終於選擇了死亡來贖罪，這是他的擔當，是他的覺悟；葉二娘也選擇了死亡來贖罪，只怕她罪已不容贖。

虛竹受了責罰，疼的只是皮肉。二十四年來無父無母孤苦無依，此日忽又有了生身之父母，忽又親見父母雙雙而亡，這才是真正的心疼。

玄慈和葉二娘的故事，使人想到霍桑的名篇《紅字》，如今，這痛楚的紅字，卻將永遠在虛竹心頭烙下悲慘的回憶。

十大僧道上榜人物中，玄慈排名第一。

金庸人物：生動的眾生情愁

作者：覃賢茂
發行人：陳曉林
出版所：風雲時代出版股份有限公司
地址：10576台北市民生東路五段178號7樓之3
電話：(02) 2756-0949
傳真：(02) 2765-3799
執行主編：劉宇青
美術設計：吳宗潔
業務總監：張瑋鳳

版權授權：覃賢茂
出版日期：2024年7月
ISBN：978-626-7464-04-5

風雲書網：http://www.eastbooks.com.tw
官方部落格：http://eastbooks.pixnet.net/blog
Facebook：http://www.facebook.com/h7560949
E-mail：h7560949@ms15.hinet.net
劃撥帳號：12043291
戶名：風雲時代出版股份有限公司

風雲發行所：33373桃園市龜山區公西村2鄰復興街304巷96號
電話：(03) 318-1378
傳真：(03) 318-1378
法律顧問：永然法律事務所 李永然律師
北辰著作權事務所 蕭雄淋律師

行政院新聞局局版台業字第3595號 營利事業統一編號22759935

定價：580元

國家圖書館出版品預行編目資料

金庸百年-精萃三書 / 覃賢茂著. -- 初版. -- 臺北市：風雲時代出版股份有限公司, 2024.05　冊；　公分

ISBN 978-626-7464-03-8(第1冊：平裝). --
ISBN 978-626-7464-04-5(第2冊：平裝). --
ISBN 978-626-7464-05-2(第3冊：平裝). --
ISBN 978-626-7464-06-9(全套：平裝)

1.CST: 金庸 2.CST: 傳記

782.886　　113003805